"十二五"普通高等教育本科国家级规划教材

二十一世纪"双一流"建设系列精品教材

品牌营销学

（第四版）

Brand Marketing

主编 郭 洪

西南财经大学出版社

中国·成都

图书在版编目(CIP)数据

品牌营销学/ 郭洪主编.—4 版.—成都:西南财经大学出版社,2022.2
(2025.1 重印)
ISBN 978-7-5504-5251-0

Ⅰ.①品… Ⅱ.①郭… Ⅲ.①品牌营销 Ⅳ.①F713.3

中国版本图书馆 CIP 数据核字(2022)第 010793 号

品牌营销学(第四版)
PINPAI YINGXIAOXUE

郭洪　主编

责任编辑:金欣蕾　冯雪
策划编辑:金欣蕾
责任校对:王青杰
封面设计:墨创文化
责任印制:朱曼丽

出版发行	西南财经大学出版社(四川省成都市光华村街 55 号)
网　址	http://cbs.swufe.edu.cn
电子邮件	bookcj@ swufe.edu.cn
邮政编码	610074
电　话	028-87353785
照　排	四川胜翔数码印务设计有限公司
印　刷	郫县犀浦印刷厂
成品尺寸	185 mm×260 mm
印　张	21.125
字　数	468 千字
版　次	2022 年 2 月第 4 版
印　次	2025 年 1 月第 3 次印刷
印　数	3001— 4000 册
书　号	ISBN 978-7-5504-5251-0
定　价	49.80 元

前 言

中国加入世界贸易组织（WTO）后，中国企业日益融入世界经济一体化所产生的国际市场竞争之中，2019 年我国进出口总值在国内生产总值（GDP）中的占比达到 35%，高于同期发达国家平均水平。目前，国际市场上企业之间的竞争已经从产品竞争、资本竞争演变为品牌竞争，品牌成了企业赢得市场竞争的法宝；同时，随着国民收入水平的不断提高，人们对国民品牌消费的意识越来越强烈，趋势也越来越明显。党的二十大报告提出："完善中国特色现代企业制度，弘扬企业家精神，加快建设世界一流企业。"我国企业要成为世界一流企业，就要掌握自己未来的命运，获得持续生存与发展的能力，就必须以品牌为中心展开营销活动，这已成为品牌经济时代的企业经营法则。

品牌无国界，它是衡量一个国家经济实力和发展水平的主要标准，其经济管理优势显著。我国第三产业增加值占 GDP 比重逐年增加，并将继续提高，2019 年，第三产业增加值占 GDP 比重达到 53.9%，对经济增长的贡献率高达 59.4%，而品牌在服务型企业竞争中的作用较其他两大产业更为重要。然而在国际分工中，我国所处的制造大国地位使得我国资源环境约束日益强化。因此，要加快供给侧改革，实现经济结构转型，转变经济增长方式，建成资源节约型和环境友好型社会，政府与企业就必须高度重视和加强品牌建设。2017 年，国务院将每年的 5 月 10 日设立为"中国品牌日"，吹响了把我国建设成为"品牌强国"的号角。可见，品牌营销学是一门伴随着市场经济的发展而出现的、以品牌为研究对象的现代市场营销学。

为了适应品牌实践发展和高等院校教学需要，我们再次修订了《品牌营销学》，更新了案例，增加了学科发展的新成果。本书内容分为两大部分：第一个部分是品牌知识，包括第一章至第四章。该部分深入剖析了品牌的内涵和分类、相关范畴；并从品牌与消费者、品牌与企业的关系出发，全面分析品牌的作用机理，使读者树

1

立品牌意识；阐释了品牌营销战略与品牌组织管理的基本问题。第二个部分是品牌管理，包括第五章至第十三章。该部分围绕单一品牌营销管理的步骤及内容，结合国内外品牌营销实例，系统阐释相关理论与方法，具体包括品牌识别、品牌定位、品牌推广、品牌维护、品牌创新、品牌增值、品牌延伸和品牌国际化。此外，考虑到教学需要，每章均设有本章小结、思考题、案例分析题。

在编写和修订过程中，我们广泛参阅和采纳了国内外已出版、已发表的有关品牌营销方面的资料，以及中国管理案例共享中心的部分案例资料。在此，我们谨向每一位作者、译者致以诚挚的谢意。同时，十分感谢西南财经大学出版社和为本书出版付出劳动的同志。

参与本次修订的人员及其分工如下：郭洪，西南财经大学工商管理学院教授，负责第一、二、七、九、十、十二、十三章；李先春，西南财经大学工商管理学院讲师，负责第三、四、六章；李永强，西南财经大学教授，负责第五、八、十一章。

受笔者水平限制，书中难免存在不妥之处，敬请读者批评指正。

编者

目　录

品／牌／营／销／学

第一章
界定品牌

品牌是市场经济发展过程中一个极为普遍、极为重要的经济现象，也是品牌营销学中最重要的范畴。搞清楚品牌及与其相关的一些基本概念之间的关系，是我们学习品牌营销有关知识的基础。

第一节　品牌及其分类

一、品牌的内涵

尽管品牌实践在很早以前就已经开始，但是直到 20 世纪 50 年代著名广告大师、奥美广告创建者大卫·奥格威（D. Ogiwey）才第一次给出了较为科学的品牌概念①，而我国直到 20 世纪 90 年代才引入了这个概念。一直以来，国内外许多学者从不同的角度对品牌进行了界定，并深刻地揭示出品牌内涵。综合众多观点，我们把品牌定义为：品牌是品牌主（以企业为主）使自己的产品和服务与竞争者的产品和服务区分开来的各种符号的集合，它既是与品牌有关的各种经营管理活动的结果，也是社会对这些活动评价的结果。与其他类型的组织比较，品牌对于具有企业性质的这类组织而言意义更为重大，因此本书主要以企业为研究对象。以下详尽分析品牌的内涵。

（一）品牌是企业使自己的产品和服务与竞争者的产品和服务区分开来的各种符号的集合，这是品牌最基本的功能

任何品牌都需要一组标识自身个性的特殊符号使自己与其他竞争者的产品和服务区别开来。众多名牌如海尔、华为等名称和苹果被吃掉一部分的苹果、奔驰的飞驰车轮、耐克的钩状图形等图标（logo），长期以来给购买者带来最直观的视觉冲击，已经潜移默化地成为这些品牌产品密不可分的组成部分。一个成功的符号能够强化消费者的认同感，给消费者留下美好而深刻的印象，从而为品牌成功奠定良好的基础。正因为如此，美国市场营销协会（American Marketing Association，AMA）在其 1960 年出版的《营销术语词典》中与著名营销专家菲利普·科特勒（Philip Kotler）都将品牌定义为：品牌（brand）是一种名称、术语、标记、符号或设计，

----

① 品牌是一种错综复杂的象征，它是品牌的属性、名称、包装、价格、历史、声誉、广告风格的无形组合。品牌同时也因消费者对其使用的印象及自身的经验而有所区别。

1

或是它们的组合运用，其目的是借以辨认某个销售者或某群销售者的产品或服务，并使之同竞争对手的产品和服务区别开来①。

（二）品牌是企业经营管理活动的结果，是企业文化的公开展示

品牌代表企业给予消费者品质、服务、价格和便利性等方面的承诺和保证，这些承诺和保证体现在企业日常经营管理所进行的具体活动之中。你在中国工商银行存款时，不用担心自己可能做出了存在风险的选择，因为该知名品牌是卓越品质、优质服务和良好信誉的综合象征。难怪旁氏化妆品公司的广告说："你可以在某些时候愚弄某些人，你可以在某些时候愚弄所有的人。可是，你不可能愚弄每个人达123年之久。"事实上，企业唯有通过文化才能够真正将每一个员工凝聚在一起，实现对消费者的承诺。企业文化像包围着地球的大气层一般每时每刻都在影响着员工的行为，并向社会公开展示企业的精神风貌。可口可乐公司认为："我们卖的不是商品，我们卖的是一种文化，是一种美国精神。"

（三）品牌是一种无形资产和资源，能够提高产品和服务的附加价值

对组织尤其是企业来说，品牌是其拥有的最具价值的无形资产。可口可乐前总裁罗伯特·伍德鲁夫（Robert Woodruff）曾假设：万一发生不测，公司全部有形资产化为灰烬，只凭"可口可乐"品牌，公司就能够东山再起。原因是可口可乐的品牌价值远超出其有形资产的全部价值。然而，我们应当认识到，品牌的价值不是由企业决定的，而是由市场决定的，并且，市场消费者对企业品牌的评价的高低决定其品牌资产价值的高低。早在2010年微软公司的视窗操作系统（Windows）的市场价值就已达2 000多亿美元；而一个有名无实的品牌（只是通过法律程序注册的一个名称、商标、图案等），对于消费者而言是没有意义的，对于产品而言也是次要的，甚至是累赘。

以上仅分析了品牌的基本含义。事实上，有关品牌的界定可谓众说纷纭。我们认为这些争论（见表1-1）更能够丰富和加深人们对品牌内涵的理解。

表1-1　品牌的不同解释

类别	内容
输入视角	标识（符号，分为文字标识和抽象标识） 法律工具（确保有法律效力的所有权声明，如注册商标） 公司（公司员工及其文化） 速记法（使消费者记住品牌名称及其特征的艺术形式，因此品牌的标识、定位、广告语等应简洁清晰、便于记忆） 风险减弱器（能够降低企业和消费者的可预见的风险） 定位（品牌定位，包括价格定位、功能定位和表意定位） 个性（作为个体的品牌所表现的人性化方面） 价值链（品牌资产价值的创造过程） 展望（品牌使命或战略） 附加价值（为消费者提供的其乐于接受的情感价值和为企业带来的额外收益） 本体（品牌识别系统，包括产品、组织、个性和符号）

① 科特勒，洪瑞云，梁绍明，等. 市场营销管理（亚洲版）［M］. 梅清豪，译. 2版. 北京：中国人民大学出版社，2001：422.

表1-1（续）

类别	内容
输出视角	印象（品牌形象和品牌体验） 关系（品牌与消费者之间关系的总称，集中表现为品牌忠诚度）
时间视角	演进的实体（品牌成长历史）

资料来源：彻纳东尼. 品牌制胜：从品牌展望到品牌评估［M］. 蔡晓煦，译. 北京：中信出版社，2002：24.

注：括弧是本教材作者另加的解释。

二、品牌的构成要素

通过上文，我们了解到品牌包含许多信息，下面进一步分析品牌的构成要素。

（一）显性要素

显性要素是品牌外在的、可见的、能够给消费者感官带来直接刺激的那些东西，如为产品设计的各式各样的包装。

1. 品牌名称

品牌名称是形成品牌的第一步，也是建立品牌的基础。品牌名称，即文字标识在品牌体系中所起到的提纲挈领的作用，是品牌传播和消费者品牌记忆的主要依据之一。它是产品同质性和一贯性的保证，是一种象征货真价实的符号，同时也是品牌内容的概括和体现。它不但概括了产品特性，而且体现着企业的经营观念与文化。比如当你拿起安利（Amway）牙膏时，你会确信它就是真正的安利牙膏，而当你再次使用该产品时，你又会充满信心，因为它的品质不会发生改变。此外，随着电子商务的不断发展，品牌域名已成为一种非常重要的品牌名称形式。

2. 视觉标识

视觉标识是品牌用以激发视觉感知的一系列识别物，给人以更直观、更具体的形象记忆，帮助消费者更有效地识别品牌产品。视觉标识，即图标，是一种抽象的标识。它包括四方面内容。①标识物。它是品牌中可以被识别、但不用语言表达的各种图形符号。②标识字。它是品牌中标注的文字部分，通常是名称、口号及广告语等，如"海尔兄弟"，飞利浦"让我们做得更好"。③标识色。它是用以体现自我个性以区别于其他产品或服务的色彩体系。④标识包装。它是显示产品个性的具体包装物。例如：可口可乐不断创新的包装物成为其"抓眼球"的利器，谷歌（Google）的蓝、红、黄、绿的组合色极具个性。

（二）隐性要素

隐性要素是品牌的内在因素，不能被直接感知，存在于品牌的整个创建过程中，是品牌的核心部分。

1. 品牌承诺

承诺方是品牌的拥有者，接受方则是品牌的消费者。一个品牌对消费者而言是一种保证，因为它始终如一地履行着自己的诺言，如"好空调格力造"。好的品牌承诺会使消费者在购买品牌时有十足的信心。产品本身不可能永远保持不变。事实上，许多优秀的品牌的产品都是随着消费者需求的变化和科技的进步而不断更新，但仍受消费者钟情，这是因为企业经营者灌注在产品中的承诺始终保持不变。一家企业是否有先进的技术，对产品质量和服务质量是否有很高的要求，对保护生态环境是否足够重视，以及是否具有社会责任感，这些经营理念在很大程度上影响着消费者对品牌的情感。

2. 品牌个性

如果品牌缺乏独特的个性，就不可能成为真正的品牌。个性是强势品牌必须具备的条件之一，即如何通过某种对顾客有利的方式表明自己的特色。品牌个性将转化为目标顾客群心目中将该品牌区别于其他品牌的一种认知。组织创造了品牌的个性，而这种个性带来的相关暗示满足了不同人群的需要，从而使品牌和消费者之间建立起更加密切的关系。通常，大多数消费者更愿意与那些有特色、有情感的品牌打交道。所以，制定品牌营销战略的重要目标之一就是要确认、发展、维护和加强品牌所具有的个性。

3. 品牌体验

品牌体验是建立品牌忠诚的基础。体验营销理论的提出者伯德·施密特（Bernd H. Schmitt）博士认为，消费者在消费时是理性和感性兼具的，他们在消费时经常会理性地进行选择，但有时也有对狂想、感情和欢乐的追求。消费者是品牌的最后拥有者，品牌是消费者经验的总和。在品牌的整个成长过程中，消费者一直扮演着"把关人"的角色：他们对品牌的肯定、满意、信任等正面情感归属，能够使品牌经久不衰；相反，他们对品牌的否定、厌恶、怀疑等负面感知，必然使品牌受挫甚至夭折。假定某人在某家全球连锁快餐店进餐时，发现汉堡包中夹有一条菜虫，而且事后得到店家没有履行的各种保证，那么他就会对该品牌失去信任，甚至感到厌恶，就永远不会光顾该品牌的所有店铺。因此，顾客情感是脆弱的，企业应当认真对待每一位顾客。

三、品牌的分类

研究品牌分类的目的在于指导企业认清自己的品牌的类别，进而实施有效的品牌管理。

（一）大众品牌与贵族品牌

按品牌产品消费对象的不同，品牌分为大众品牌与贵族品牌。

1. 大众品牌

大众品牌是指品牌产品面向所有消费者或者中低收入消费者的品牌。大众品牌分为两类。一类是面向所有消费者的大众品牌，如洗衣液、牙膏、口香糖、纯净水、可乐等品牌。这类品牌产品的基本特征是满足消费者的实用性和共同性的需要，如人的健康与基本生活需要等。在与顾客沟通方面，这类品牌注重功能性利益宣传，如洗得干净、防菌防蛀、口感好等。另一类是面向中低收入消费者的大众品牌。这类品牌大多选择该类产品中最大的消费群体作为目标市场顾客，而放弃针对某些顾客群的市场策略。如国产轿车中的哈弗、奇瑞、吉利品牌，美国的福特汽车品牌，德国的大众汽车品牌等，通过提供性价比高的产品来满足工薪阶层的购车需求，而不是将高收入者作为自己的目标市场。一般来说，这类品牌定价合理、实用价值高、功能性指标完全达到甚至超过消费者预期，因而大众品牌并不是低档次的代名词，它只是强调面向大众而已。质量上乘、服务周到、购买方便、不断创新的大众品牌完全能够成为强势品牌。因此，高价并不是大众品牌的特性。

2. 贵族品牌

贵族品牌亦称奢侈品品牌。奢侈品是市场上价格与质量关系比值最高的产品，奢侈品行业是一个拥有高边际收益的行业。我们不能仅将奢侈品看成"定价高于大众消费品"的商品，它还包含更多的寓意。首先，奢侈品的内在特征如豪华是消费者能够看得见的，而品牌标识则把这些东西外在化；其次，奢侈品是创意、灵感和美的化身，是一种艺术表现形式，同时也要求购买者具备较强的支付能力和鉴赏能力；最后，奢侈品是贵族阶层的标志，为拥有它的人带来荣耀与显贵。正因为如此，贵族品牌的目标市场仅限于上流社会和社会精英，因而其销售量一般较小。如轿车行业中奢侈品的佼佼者——劳斯莱斯，有史以来仅生产了十多万辆。其全部设计力求将车的实用功能和部件巧妙地掩盖起来：豪华的皮革、温馨的灯光、低噪音的引擎，给人的感觉就像是坐在豪华的客厅里一样。

3. 区别大众品牌与贵族品牌的意义

无论是大众品牌还是贵族品牌，都有名牌和非名牌、强势品牌和弱势品牌之分。虽然名牌产品存在溢价，比其他同行业品牌卖得贵些，但仍然有一个合理的价格范围——如果价位高得离谱，其就会失去顾客。因此，名牌并不是昂贵的品牌、奢侈品品牌，而是能够获得一部分溢价的品牌。

企业应当明了贵族品牌的特质。贵族品牌的高价主要不是来自产品的质量特征（技术指标或材质等），而是来自产品的美学和艺术价值。因为贵族品牌的购买者的真正购买目的不是指向品牌产品的实用性功能，而是品牌所象征的社会地位与品位，如宾利的顾客购买的不是其交通工具的功能，而是它象征的尊贵地位。但是，大众品牌的购买者更关注产品的实用价值或时尚性价值。因此，对于大众品牌和贵族品牌，企业应当采取不同的品牌营销策略。贵族品牌要强化消费者（包括普通大众）的品牌意识，同时要设置障碍阻止普通大众接近，为贵族品牌创造一种社会优越感和距离感，让普通人梦寐以求却又只能为少数人所享用。而大众品牌则完全相反，它是鼓励大众消费，并创造各种便利条件，让消费者接触、购买和使用产品。

总之，区别大众品牌与贵族品牌的目的是提醒企业弄清楚自己要做大众品牌还是要做贵族品牌，因为大众品牌和贵族品牌是两类完全不同的品牌。因此，任何跨越两者界限的举动，即将贵族品牌向下延伸或者将大众品牌向上延伸，是注定要失败的。

（二）功能性品牌、情感性品牌与体验性品牌

按品牌提供给消费者的核心价值的不同，品牌可分为功能性品牌、情感性品牌

与体验性品牌。

1. 功能性品牌

功能性品牌以独特的产品功效方面的优越性来显示品牌产品的价值，并使该独特性与该品牌建立起强有力的联系。如高科技产品大多以功能性的方式建立品牌，一旦这种独特的功能为目标市场所感知和认同，那么这个品牌的功能性特色就确立下来，并为企业今后的发展带来源源不断的利润。典型的功能性品牌有英特尔公司的奔腾芯片，这种芯片以其卓越的品质引领现代电脑科技潮流，且不断地以更新换代的产品保持品牌的领先地位。国内市场也不乏优秀的功能性品牌，如海尔洗衣机、长虹彩电、格兰仕微波炉、达克宁等。

2. 情感性品牌

情感性品牌试图通过品牌与消费者在感情方面的交流互动来树立品牌在消费者心目中的地位。它强调的是品牌的情感性利益点；而功能性品牌则强调品牌的功能性利益点。如娃哈哈纯净水就是以情取胜，从"我的眼里只有你""爱你就是爱自己"到"爱的就是你，不用再怀疑"，都显示出一个典型的情感性品牌形象。现在，情感性品牌越来越受到企业的追捧，因为产品功能的创新总是有限的，且持续性不强。几乎所有的家用产品可以诉之感情，因为它满足了消费者广泛的心理需要。当然，人的情感是复杂的，因而情感性品牌的类别也是多种多样的。例如，一些品牌可以表达对他人的爱慕（情侣戒指）、尊敬与孝敬（养生堂的龟鳖丸）、关爱（宝洁的舒肤佳）；还有展现个性和表达自我的情感性品牌，如万宝路的"男人的世界"、喜来登的"男人绅士风度"。

3. 体验性品牌

体验性品牌通过让消费者获得身临其境的、独特的消费或购物体验而使消费者产生一种体验性联想，从而在消费者心里建立起品牌形象和地位。体验性品牌最典型的例子发生在服务性行业，如旅游观光的体验、商场超市或专卖店的购物体验、娱乐休闲场所的活动体验、教育业中的免费试听活动。所有这些行业的服务提供者，都可以通过让消费者充分体验品牌魅力而获得肯定，并向潜在的消费者进行推荐。体验性品牌较为集中的行业是时装、化妆品、药品、汽车和餐饮等。

需要注意的是，品牌的这种分类不是对立的，而是可以兼容的。一个品牌可以同时具有其中的两种或者全部三种利益点，只是可能有不同的侧重点。

（三）产品品牌与共有品牌

通常，按照产品和品牌名称之间的关系的不同，品牌可划分成产品品牌与共有品牌。

1. 产品品牌

产品品牌是这样一种品牌：该品牌名称只与特定的某种产品或者某类产品发生关系；消费者能将产品的某些特征，如口味、外观、触觉和使用体验等与品牌本身联系起来。简单地说，产品品牌就是以产品而闻名的品牌。如万宝路香烟、康师傅方便面都享有很高的市场声誉，但是与产品相对应的制造商美国菲利浦·莫里斯公司（Philip Morris）和中国顶新集团则未必家喻户晓。几乎所有的品牌，一开始均表现为产品品牌，如海尔的电冰箱、长虹的电视机、娃哈哈 AD 钙奶等原产品（最早使用某品牌名称的品牌产品）。但是，大多数公司在其长期发展过程中会扬弃原产品品牌的概念，转而选择共有品牌策略或者产品品牌与共有品牌组合应用的策略。

产品品牌策略可分为两种模式。一种是宝洁模式，又称"一品一牌"模式，即每一种产品皆自身独立的品牌名称，或者我们可以理解为公司推出每一个新产品都同时赋予其一个新的品牌名称。宝洁（P&G）在同类产品中推出多种品牌，目的是吸引更多的顾客，获取更高的市场占有率。如该公司在中国洗发水市场上先后推出了海飞丝、飘柔、潘婷、沙宣、伊卡璐等品牌，在洗衣粉市场上推出了汰渍、碧浪等品牌。另一种是菲利浦·莫里斯模式，又称"一类一牌"模式，即企业在不同产品类别中使用不同的品牌，也就是每一类产品对应于各自独立的品牌名。如该公司在烟草市场上使用"万宝路"（Marlboro），在食品市场上使用"卡夫"（Karft），在啤酒市场上使用"米勒"（Miller）。该公司之所以采取这种模式，主要是因为香烟、饼干和啤酒等产品在消费者心目中存在很大的差别。

2. 共有品牌

共有品牌是指一个品牌名称同时被用在多种密切相关或者关联度不高的产品上。这样的品牌为企业的多种产品所共有，而不是像产品品牌那样只与其中某种或某类产品联系在一起。简单地说，共有品牌就是以企业名称闻名为特征的品牌，也称为企业品牌。国内某些著名的品牌如海信、方正、联想、TCL 等属于此类，国际上一些著名的品牌如通用电气（GE）、西门子（Siemens）、松下（Panasonic）也属于此类。通常，共有品牌所支持的产品系列在工艺、技术、价格、目标市场等方面存在一定的相关性。

共有品牌是由原产品和其延伸产品形成的"共同体"。如海尔品牌由电冰箱起家，逐步延伸至各种家用电器，其后又向电子行业进军，如海尔电脑、手机等。但是，企业必须注意的是，将共有品牌扩展到某些无关的领域可能出现品牌危机，逐渐使品牌成为一种没有明确特征和核心价值的标签，因为品牌延伸受到原产品和核心产品的类别限制。消费者选择品牌延伸产品的联想过程大致经历了这样的通道：品牌延伸产品→品牌名称→品牌原产品→相关性判断→接受或拒绝尝试性购买。因此，企业将品牌延伸为共有品牌，需要谨慎对待采用品牌名称的各种产品之间的相关性。海尔公司对此颇有心得。该公司除了经营电器和电子类产品外，还曾涉足制药业（海尔药业）、银行业（2001 年控股的青岛商业银行）和保险业（海尔纽约人寿保险有限公司）等行业。海尔集团在这些产业里一开始就采取了不动声色的策略，因为这些产业与电器制造业需要的核心竞争力相距甚远，与"海尔"这个品牌难以兼容。

3. 产品品牌与共有品牌的联系

产品品牌与共有品牌并不是矛盾的，这里有四种可供企业选择的策略：只有共有品牌没有产品品牌；只有产品品牌没有共有品牌；共有品牌与产品品牌共同使用、共拓市场；某些产品用产品品牌，某些产品则选用产品品牌与共有品牌的某种组合。上述四种策略在不同的企业都有应用。

事实上，如果产品品牌与强大的共有品牌相联系，其既可以从共有品牌强有力的形象和认同中获益，又可以保持自己的个性；而产品品牌反过来又会提升共有品牌的可信度。目前，通用汽车公司、宝洁公司、联合利华公司等无不采用这种组合模式，如联合利华推介完产品后，总是要显示一下公司图标和"有家就有联合利华"的字样。可见，产品品牌与共有品牌可以同时使用、相互支持。

最后，我们应当注意到这一种分类对于企业选择品牌发展战略具有重要的意义，尤其是在品牌命名、设计和推广方面意义重大。在现代品牌林立的市场环境中，新生企业应多考虑如何集中宣传力量，在某方面有所突破。

（四）厂家品牌与商家品牌

按照经销商销售的商品品牌的归属关系的不同，品牌有厂家品牌和商家品牌之分。

1. 厂家品牌

厂家品牌，也称制造商品牌，是指生产制造企业拥有的，并在其推出的各种产品上打上的自己的品牌标识。长期以来，品牌建设一直是厂家思考的问题，也是品牌研究者关注的主要问题。在我国，厂家品牌的发展经历了一个从无到有、从成长到成熟的过程：从无品牌生产到有品牌生产，再到以创品牌为核心的品牌营销。但是，从国外品牌的发展状况看，随着我国商家实力不断增强与地位的不断提升，未来商家品牌在我国必然存在着巨大的发展空间。

2. 商家品牌

自 20 世纪 90 年代以来，商家开始从过去普遍经销厂家品牌产品发展为推出属于自己的品牌产品，用自身的信誉为担保，对自有品牌产品负责，并借助遍及国内外的连锁商号力推品牌。英国、法国、美国等西方国家的商家品牌在日用品市场上已经拥有强大的市场地位。

商家品牌，又称销售商品牌、自有品牌，它是指商家自己不生产制造产品，而是通过向制造商购买的方式获得产品，并在产品上贴上商家自己的标记而产生的品牌。这种品牌类型最早出现在 20 世纪 20 年代英国的马狮公司（Marks & Spencer）。该公司的经营者敏锐地意识到厂家的生产技术能力较强，但产品不能很好地反映出顾客的需要，因而决定自己开发新产品，然后再寻找生产产品的定点企业，等到产品生产出来之后，再全部在本商家的零售店里出售。为了保证产品质量，商家很少更换产品的生产厂家。

此外，我们应当注意，商家品牌是一种独立的品牌形式，它不同于商家店牌。商家店牌属于服务性品牌，是商家向顾客提供无形服务的品牌，如服务人员是否彬彬有礼、热情友好，购物环境是否优良舒适，商品品种是否齐全，价格是否公道，商业信誉是否良好等。然而，在顾客眼里，商家品牌是有形产品与无形产品的结合。自有品牌与自主品牌、民族品牌是不同的概念，不能混为一谈。

3. 厂家品牌与商家品牌的差异

两者的差异主要表现在两个方面。

一是生产与销售上的差异。厂家品牌的运作方式是厂家自主研发、自主生产，并借助于商家的营销网络或自建渠道销售产品。因此，厂家品牌的厂家将生产置于自己控制之下，与商家合作开展销售工作。为了促使商家积极进货，厂家经常采取"拉"的策略，即先说服消费者，让其拉动商家进货。而商家品牌的运作方式不同，消费者与厂家不直接发生关系。商家是先开发产品，再去物色合适的生产基地，然后收买全部产品，再通过属于自己的销售店铺将产品推向消费者。

二是价格上的差异。价格策略的不同是两种品牌带给消费者最显而易见的差别。一般来说，厂家品牌产品的销售价格较高，而商家品牌产品的定价低一些，这是因为商家品牌满足一般性需求，而厂家品牌则可能带来个性化需求的满足。厂家品牌往往提供一些商家品牌所没有的、特别的品牌附加价值；而商家品牌是提供质量有保证的、大众化的需求满足，它往往不能为消费者带来情趣。自然，厂家品牌要卖得贵一点。同时，大批量进货、简易包装和自销等方面的成本优势也是商家品牌产品售价较低的重要原因。

厂家品牌与商家品牌各自优势的比较见表1-2。

表1-2　厂家品牌与商家品牌各自优势的比较

品牌价值归属	厂家品牌创造的价值	商家品牌创造的价值
帮助选择和节省时间	帮助识别	帮助识别
	节省购物成本	节省购物成本
降低购物中的不安全性	提供质量保证	提供质量保证
	降低购物风险	降低购物风险
	优化匹配	无/弱
令人愉快的要素	鲜明特色，附加价值	无
	持续一贯的满意和熟悉	弱
	情感上的共鸣	无
	社会道德伦理	弱

除了以上四种分类外，品牌还可按照影响辐射地域范围的大小，分为地区品牌、国家品牌和国际品牌；按照品牌在行业市场上的竞争地位，分为领导型品牌、挑战型品牌、追随型品牌和补缺型品牌；按照商标知名度层次的不同，分为驰名商标① （周知商标）、著名商标、普通商标；等等。

---

① 中国于1985年加入《保护工业产权巴黎公约》。该公约第六条之二规定，凡成员国"应依职权，或依有关当事人的请求，对商标注册国或使用国主管机关认为在该国已经属于有权享受本公约利益的人所有而驰名、并且用于相同或类似商品的商标构成复制、仿制或翻译，易于产生混淆的商标，拒绝或取消注册，并禁止使用。"2014年5月1日起实施的《中华人民共和国商标法》中的第十四条规定，生产、经营者不得将"驰名商标"字样用于商品、商品包装或者容器上，或者用于广告宣传、展览以及其他商业活动中。立法目的是消除不正当竞争。驰名商标本质是对商标的一种保护，并不代表商品质量，不是荣誉称号。

第二节　品牌与产品、名牌、商标之间的关系

一、品牌与产品

品牌与产品之间或者产品与品牌之间存在联系，但两者并不能等同。没有好产品的品牌缺乏根基，但好产品不一定就能够成为真品牌。产品是工厂所生产的东西，品牌是消费者所购买的东西；产品可以被竞争者模仿，品牌却是独一无二的；产品易过时落伍，而成功的品牌却能经久不衰。具体来说，品牌与产品的区别如下：

（一）产品是具体的，而品牌是抽象的

产品是物质属性的组合，具有某种特定的功能以满足消费者的使用需要。消费者可以触摸、感觉、耳闻、目睹产品。但品牌是消费者对产品一切感受的加总，它灌注了消费者的情绪、认知、态度和行为，如产品在功能方面是否有优势，是否值得信赖，是否代表某种特殊意义或情感寄托，是否在生活中必不可少等。

例如，戴手表，是"戴"时间、款式，还是"戴"品牌？一块普通手表只值几十元、几百元，而一块百达翡丽（Patek Philippe）或者劳力士（Rolex）表高达几万元或数十万元甚至更昂贵，这十倍乃至上百倍的价格差异难道仅是产品质量、性能和款式之间的差别吗？不！百达翡丽或劳力士表的价值主要来源于品牌的价值，而不是产品本身的价值，心理和精神消费才是消费者购买的真正目的。品牌是身份的象征。改革开放前，国人拥有一块手表就是荣耀，那是产品时代；而现今是品牌时代，仅产品优秀已经远远不够。大街上几十元、几百元的手表很少有人问津，而价值千元、万元的手表却成为许多人渴求的对象，因为它们是体现自我价值、身份和地位优越感的绝佳道具。

同样的产品，贴不贴品牌标签对消费者而言意义完全不同。一件西服或 T 恤，如果不附加产品以外的任何信息，你穿着时的感觉也许就是款式、颜色、质地而已。但若西服上印有"阿玛尼"（Armani）、"纪梵希"（Givenchy）或"雅戈尔"的标识，人们穿着时就会有一种庄重与高雅、洒脱与温馨的感觉。而当 T 恤上印的是"耐克"或"李宁"时，浮上你心头的或许又变成了一位执着追求胜利与实现自我超越的体育明星形象。同样的西服或 T 恤，它们的使用功能是一样的，却因品牌不同而带给消费者截然不同的心理感受和个性体验，品牌的意义远远大过产品本身。消费者更愿意购买有品牌的产品，并愿意付出更大的代价。品牌让产品升华，而产品只是产品而已。因此，当产品趋于同质化时，品牌将取代产品本身的使用功能，成为消费者购买的理由与保证。这样，产品与产品间的竞争就演变成品牌与品牌间的竞争。

但是，从产品到品牌并不是一个简单的或者一蹴而就的事情。每个品牌都有自己的产品，但不是每个产品都能架构一个品牌。品牌的铸就需要企业经营者、品牌管理者以及员工等多方面力量的长时间的努力。技术研发人员和生产者的职责是保证产品功能与品质，提供给消费者产品的使用价值。品牌营销者负责赋予产品某些

人格化的情感、形象、生活方式、荣耀、地位等附加价值，并将此信息通过整合传播的方式，有效地传播给目标市场的顾客。消费者经过一段时间的体验，形成对产品的联想。当多数消费者对产品本身及其附加信息产生认同与信赖等正面的认知，并采取积极的行动后，产品才真正成为一种品牌。可见，从产品到品牌的过程是消费者拥有品牌经验的过程，是企业产品信息长期保持一致性传播的过程，是品牌始终展示个性和形象的过程，是企业经营者和全体员工时刻关注消费者的过程，是品牌与消费者互动沟通的过程。

（二）品牌以产品为载体，产品是品牌的基础

市场经验告诉人们，产品不一定必须有品牌，如市场上出售的包装简易、价格低廉的普通商品以及大多数农副产品，但每一个品牌都对应着一种产品或一系列产品。产品是品牌的基础，没有好的产品，用以识别商品来源的品牌就无法生存。产品只有得到消费者认可、接受和信赖，并能与消费者建立起长期而密切的关系，才能使品牌发展。因而，品牌是以产品为载体的，品牌是对企业及其产品同消费者之间关系的反映，这是品牌营销者必须认识到的。

品牌总是使人联想到产品自身的属性，即有别于其他品牌产品的特色、质量与设计等产品特征。例如，奔驰轿车意味着工艺精湛、品质精良、安全耐用、行驶速度快等，这些都是奔驰厂家广为宣传的重要产品属性。正是因为它具有令人称道的优良品质，才使其成为受社会尊敬的名牌。品牌除了使人联想到产品本身的功能性属性之外，还可能转变成情感性利益。就奔驰而言，"工艺精湛和品质精良"属性可以转化为"安全"；而"昂贵"属性可以转变成"这车令人羡慕，让人感到我很重要而受人尊重"；"耐用"属性则意味着"可以使用多年或多年不再需要购买新车"；等等。由此可见，品牌利益是不可能脱离产品的。

（三）产品会过时落伍，但成功的品牌经久不衰

产品有市场生命周期，而品牌并没有市场生命周期。产品的市场生命周期，即产品生命周期，不是指产品的使用寿命，而是指具有某种形式的产品从进入市场到退出市场所经历的全部时间。产品之所以只有有限的生命，是因为科技进步、需求变化与市场竞争加剧。科技发展为产品生命周期提供了条件，需求变化与市场竞争加剧使得产品生命周期存在着变短的趋势。正是产品不断更新换代，不断推陈出新，才能够使品牌持久地延续下去。一个品牌在市场上存在时间的长短，取决于该企业的经营管理能力的高低和品牌营销能力的高低。正如我们对品牌的定义，品牌既是与品牌有关的各种经营管理活动的成果，也是社会对这些活动评价的结果。所以，产品会过时落伍，而成功的品牌是经久不衰的。

如果说"品牌以产品为载体"强调的是用产品创品牌的话，那么"品牌比产品更重要"则强调的是用品牌推产品。用产品创品牌和用品牌推产品是品牌营销的两个阶段。前者是后者的前提与基础，后者是前者的目标与结果。当今，国内市场上充斥着种类繁多的同质产品与替代产品，而一部分企业仍停留在产品推销与广告上，忽视品牌价值，更有甚者，认为经营产品就是经营品牌。这些企业认为，创品牌需要投入大量的金钱，需要花费大量的时间，需要坚持不懈的努力，因而放弃品牌建

设。殊不知，品牌是通往国际市场的通行证，企业要走向世界，要在消费者挑剔的眼光中发展，就必须走品牌营销之路。

总之，认清品牌与产品之间的区别尤为重要，这是学习和研究品牌理论的基本前提。我们绝不能因为产品是品牌的载体而将两者画等号，我们始终应当坚持这种观念：品牌是企业的核心竞争力，而产品不是。正如大卫·奥格威所说："产品和企业的一切活动都是为了建立自己的品牌，使自己的品牌在消费者心目中形成一个不同于其他产品的形象。让我们牢记，决定一个产品在市场上最终地位的是其品牌的特性，而不是产品之间的细小差别。"品牌与产品之间的本质区别见表1-3。

表1-3　品牌与产品之间的本质区别

品牌	产品
系统概念	系统里的一个元素
在顾客心目中形成的东西	由工厂生产出来的东西
企业核心竞争力的构成要素	容易被模仿和不断被替代的事物
无形资产	有形资产
情感性事物	功能性事物

二、品牌与名牌

首先，我们分析一种市场现象：现在许多国内企业热衷于"名牌战略"，这本无可厚非，但是，有的企业认为，名牌就是知名品牌，故而将精力集中在提升品牌知名度的各种宣传促销活动上面。难道知名度就是衡量品牌是否是名牌的唯一标准吗？那么，为什么市场经济改革后我国的许多闻名遐迩的"名牌"却相继消失得无影无踪了呢？事实上，名牌分为两类。一类是纯粹的知名品牌，即只有知名度高的商标。这些品牌大多是靠着铺天盖地的广告等促销手段扩大影响的，所以它们很短命，我们可称其为劣质的名牌。另一类则是高忠诚度、高美誉度和高知名度的品牌，它们是品牌经营者长期努力建立起来的名牌，如世界级名牌劳力士手表已有200余年的历史，可口可乐有100多年的历史，我国的贵州茅台、北京和成都同仁堂商号等亦有数百年的历史，这些名牌才是真正的名牌，有的人称其为强势品牌（strong brand）。由此可见，名牌除了强势品牌（真名牌）外，还包括劣质名牌（俗称假名牌）。而我们所称的"品牌"是指强势品牌和其他正在努力创建强势品牌的品牌（目前知名度不高的品牌），有的品牌专家为了更明确地表达此层意思而直截了当地称它们为"真品牌"[1][2]。

（一）假名牌与品牌

"假名牌"只是"高知名度"的代名词，而品牌除了包括知名度外，还包含其

---

① 耐普. 品牌智慧［M］. 赵中秋，罗臣，译. 北京：企业管理出版社，2001：11-13.
② 《品牌智慧》对"真品牌"的定义是：某一品牌带给消费者情感和功用方面的某些利益，并使他们对该品牌产生独特看法，他们基于此而形成了对该品牌印象的总和。

他内容。"品牌"一词来源于古挪威文字 brandr，意为"烙印"，即如何在消费者心中留下深刻的印象。品牌是一个复杂而综合的概念，它是商标、名称、产品、包装、价格、服务、历史、声誉、文化、形象等的总和。

从创建过程来看，假名牌往往是企业通过投入巨额广告费用打造出来的，如秦池、孔府家宴、巨人集团等曾经采用广告轰炸的手段而红极一时。而建立一个品牌则是一项长期、复杂而浩大的系统工程，包括品牌战略规划、精准定位、系统设计、运营管理、延伸与扩张等一系列围绕品牌建设、增值获利而展开的品牌营销活动。

从发挥的作用看，品牌比假名牌的力量更大、时间更持久、效果更明显。高知名度除了在短期内引人注目与促进销售外，并不能对企业的长期价值做出贡献。而品牌则被赋予了一种象征意义，能够向消费者传递一种生活方式，最终影响人们的生活态度和观念，进而为企业带来长期利益。

总之，我们的意见是，企业应当及早树立正确的名牌营销观念。

（二）真名牌与品牌

真名牌有着许多鲜明的特征，如必须为消费者所熟知，具有较高的知名度；产品质量有保证，有较高的市场美誉度；多数情况下品牌产品是某一行业或区域市场的领导者，具有较高的市场占有率；名牌产品给人带来的"心理利益"大于非名牌产品等。因此，真名牌能够给企业带来巨大的经济利益。几乎所有有理想的企业组织有将自己的品牌建设成真名牌，即强势品牌的愿望。对于国家而言，它是一个国家和民族实力的重要表征，标志着国家的经济发展水平，代表着先进生产力。可以说，没有国际性的真名牌就没有现代化的经济大国。

由此，我们可以看出两者之间的关系：真品牌不只是品牌发展扩张的外在表征，它对品牌的知名度、美誉度和忠诚度都有很高的要求；真名牌是品牌中的一种，是企业发展壮大的结果；真名牌是品牌动态发展的过程，一般而言，名牌等级与品牌存续的时间成正比。

三、品牌与商标

日常生活中，人们已经习惯于使用商标来区别企业及其产品，因此许多人经常将品牌与商标两个术语混用，认为商标就是品牌，品牌就是商标，甚至有少数企业以为产品经过工商行政管理部门注册登记后就自然成为品牌。事实上，商标就是商标，品牌就是品牌，两个概念不能混淆。因为它们之间的区别是显而易见的。

（一）商标是品牌的一个部分，而不是全部

商标（trademark）是指生产经营者为使自己的产品与他人的产品相区别，而使用在产品及其包装物上的由文字、数字、图案和颜色搭配的，以及上述要素的组合所构成的一种可视性标识。简单地说，商标就是用于商品或服务上的、便于消费者识别的各种可视性标识，它与产品不能分离，并附着于产品之上。我们知道，品牌除了包括品牌名称和视觉标识等显性要素外，还包含品牌承诺、个性和体验等隐性要素。显然，商标包含在品牌的显性要素之中，而品牌中的各种隐性要素则与商标不产生直接的关系。

13

（二）商标属于法律范畴，品牌属于市场范畴

商标作为法律概念是指注册商标，它强调的是对生产者和经营者合法权益的保护，是品牌中受《中华人民共和国商标法》等法律保护的部分。注册商标具有独占性、地域性和时效性。一个品牌中的可视性标识不经注册，就不能成为注册商标，不受法律保护，因此品牌中只有一部分受法律保护，这部分就是注册商标或者说受保护的各种可视性标识。例如，浙江一家企业生产的"圣达"牌中华鳖精，作为品牌，它不仅包括"圣达"名称、图案，而且也包括"中华鳖精"这四个极具个性的字的字体及色彩。可是，"中华鳖精"属于产品类别名称，就像电视机、音响、冰箱一样不能受到法律的保护。所以，当江苏另一家企业生产了类似的产品，并且使用完全相同的字体、色彩冠其产品名称为"中华鳖精"时，浙江圣达也无能为力。此外，企业在国内注册的商标只在中国境内受中国法律的保护，一旦产品出口到国外某一国家，如果商标没有在该国家有关机关注册，商标的法律效力就消失了。这时，他人可以仿制、假冒甚至抢注品牌的商标，此类事件屡见不鲜。品牌强调的是生产经营者与顾客之间关系的建立、维系和发展，它是企业全体员工长期努力的结果，其价值是由消费者和社会来评价的，因此品牌属于市场范畴。

（三）商标和品牌的作用不同

商标的作用主要表现在通过商标专用权的申请、审核、确认、续展、转让和争议仲裁等法律程序，与竞争者相区别，并保护商标所有者的合法权益；同时，促使商品生产经营者保证商品质量，维护商标信誉。在与商标有关的权益受到或可能受到侵犯的时候，商标就显示出法律的尊严与不可侵犯。目前，许多国内品牌已经开始重视借助商标的法律效力，使其所产生的权益尽可能多地受到法律保护。品牌的市场作用主要是有利于提高产品的附加价值，促进销售，增加效益；同时，品牌有利于强化顾客的品牌认知，引导顾客选购商品，并建立顾客的品牌忠诚。

第三节　品牌文化与品牌形象

品牌是一种文化现象，优秀的品牌都蕴含着丰富的文化。在品牌形象塑造过程中，文化起着支撑和催化的作用。文化使品牌更生动、更具吸引力、更具内涵，使消费者牢记品牌，从而达到建立与提升品牌形象的目的。有人说，如果你想了解美国文化，那么只要吃一次麦当劳、喝一瓶可口可乐、穿一件李维斯牛仔服足矣。可见，这些品牌已经融入美国文化之中。时至今日，国内有一部分企业不重视品牌文化的建设，这些企业的产品因无法满足消费者的情感需要而不能获得品牌文化所带来的超值利益。

一、品牌文化

文化具有历史继承性和影响广泛性的特征，是语言文化、审美文化、价值观念、消费习惯、道德规范和生活方式等的总和，影响、作用于每一个生活在该文化环境

里的人的思维方式和行为模式。文化并不是空洞的，人们在日常生活中无时无刻不感受到它的存在。如中国人"家"的文化使得每逢佳节，就会出现车站、机场人山人海，人们赶着回家的景象；但凡与"家"有关的产品广告都会勾起国人对家的美好思念。品牌作为连接企业与消费者的桥梁，必然要求它具有自己的文化特色。品牌文化（brand culture）是凝结在品牌之中的企业价值观念的总和，是企业经营观念和社会文化相结合的产物。品牌所蕴含的文化内涵是品牌价值的核心与源泉。通过文化识别，品牌与周围文化属性相同或相近的消费者结合成一个以品牌为中心的社会。

（一）品牌文化的表现形式

品牌总是通过一些外在的、形象的表现手段来折射品牌的文化特色。品牌文化最直接的表现手段是品牌名称。成功的品牌都有一个好名字。一个响亮、上口、容易记忆、寓意深刻的品牌名称能够使消费者受益。例如，以无锡市太湖针织制衣总厂为核心的江苏红豆集团拥有的"红豆"品牌，外销名为"Love Seed"，已成为享誉国内外的名牌，其成功的一个重要原因是"红豆"具有深刻的象征意义。唐代诗人王维写道："红豆生南国，春来发几枝？愿君多采撷，此物最相思。"自古以来，红豆就是相思的信物，将此名用于服装品牌必将产生特有的情感魅力。一时间，"红豆"衬衫成为人们寄托相思之情的信物，年轻的情侣通过互赠"红豆"衬衫以表爱慕之心，老年人把它视为吉祥物，海外侨胞用它来寄托思乡之情。

商标是商品生产经营者为使自己的商品同竞争者的商品相区别而使用的一种具有明显特征的可视性标识。在现代社会，商标已经成为产品的代名词，设计上具有浓郁文化特色的驰名商标是企业重要的无形资产。万宝路总裁马克斯·韦尔曾说："企业的牌子如同储户的户头，当你不断地用产品累积其价值时，便可以尽享利息。"

企业要使品牌立于不败之地，就得在包装方面下功夫，因为包装是诱发消费者购买动机的一个直接因素①。产品包装是品牌的脸面和衣着，撞击着顾客购买与否的心理天平。一般而言，精心设计、精心制作的外包装与优质的内在品质结合在一起，更加能够引发消费者的情感共鸣，刺激消费者的购买欲望。另外，企业在外包装的设计上，要扎根于一种与之相匹配的民族文化之中，这样才能发挥其对品牌的贡献。

品牌造型是指企业通过选择和提炼某一人物、动物或植物的个性特点，以夸张的手法创造出具有人的性格特征的新形象，以展现出企业的经营理念和产品特色。品牌造型具有很强的信息传递能力，生动活泼的形象能更直观地激发消费者的想象力；它所具有的人情味在无形中建立起品牌与消费者之间沟通的桥梁，使"冷冰冰"的产品带给公众亲切感。如憨态可掬的"康师傅"，聪明活泼的"海尔兄弟"，迪士尼的"唐老鸭""米老鼠"，滑稽的"麦当劳叔叔"等都是品牌造型。

① 杜邦公司的营销人员经过周密的市场调查后发现了"杜邦定律"：63%的消费者是根据包装和装潢进行购买决策的；到超市购物的家庭主妇，由于精美包装和装潢的吸引，所购物品通常超过她们出门时打算购买数量的45%。

15

总之，品牌文化的社会传递方式是多种多样的，除品牌名称、商标、产品包装、品牌造型可以作为品牌文化传播的手段之外，品牌产品、员工行为、广告语、品牌成长历程和故事，甚至企业建筑物及内部装潢等都无时无刻不在投射品牌文化的内涵。

（二）品牌文化的本质

品牌文化是社会文化和企业经营理念的写照。

提及品牌所蕴含的社会文化，我们就要讲一下可口可乐新配方的故事。1985 年 4 月 3 日，当可口可乐公司迫于市场竞争的压力而不得不推出更可口的新可乐以后，媒体对此进行了广泛的传播，81% 的美国人在 24 小时之内就得知这一消息，其公众知晓率竟然超过了 1969 年的阿波罗登月事件。新可乐问世的当天，就有 1.5 亿人品尝了它。新产品走进市场如此之迅速，几乎是绝无仅有的。但是，由于老可乐的消费者极力反对，甚至发生了游行示威，可口可乐公司不得不在新可乐上市的 79 天后恢复老可乐的生产。这起事件使人们发现了产品深处隐含的文化因素和民族精神："可口可乐"不再只是一种碳酸饮料，而是美国精神的象征，是美利坚民族的文化。

劳斯莱斯（Rolls-Royce）的徽标是"飞翔的女神"，她集中体现了劳斯莱斯的文化意蕴：她降临在劳斯莱斯车的车首上，她是一位优雅无比的、至高无上的女神，她代表着人类的崇高理想，她代表着优雅与富足，她将道路旅行视为卓尔不凡的感受。至今，只要看见那"飞翔的女神"，人们就会马上想到劳斯莱斯轿车的形象。她作为成功人士的象征，其意义已经远不是什么代步工具了；对渴望成功的有志之士而言，她更能激发他们矢志不渝地追求理想。可以说，世界上每一部劳斯莱斯轿车都在讲述着一位成功人士的传奇故事，都是一面文化旗帜。

同时，品牌文化也是企业经营理念的写照。所有成功的企业都有正确的经营理念以及在它基础之上形成的企业文化。不言而喻，上百年的老企业有很多东西都改变了，唯有企业精神恒久不变，它是企业长久不败的精神支柱。海尔集团经过几十年的市场锤炼，在品牌营销实践中逐渐形成了属于自己的一套企业经营理念，形成了"海尔"品牌特有的文化内涵。对于竞争，海尔有"斜坡球体论"：企业如同一个正在斜坡上向上运动的球体，它受到来自市场竞争和内部职工惰性形成的双重压力；如果没有一个止动力，它就会下滑，这个止动力就是企业内部管理。以这一理念为依据，海尔集团创造了"OEC（over all every control and clear）管理法"，即全方位地对每人、每天、每事进行控制和清理，做到"日事日毕，日清日高"。对于质量，海尔集团全体员工形成了"有缺陷的产品就等于废品"的共识。海尔认为，如果让带有缺陷的产品出厂，这个产品就没有生命力。为此，张瑞敏在企业建立之初就令工人砸烂 76 台存在缺陷的冰箱，从而唤起了全体员工的质量意识。对于服务，海尔认为"服务始于销售的开始"，并创造了海尔星级服务体系。星级服务体系原本是服务业（如宾馆）的质量管理体系。海尔对待顾客就像酒店对贵宾那样提供服务，这的确是创新之举，这也是海尔品牌文化的重要组成部分。

（三）建设品牌文化的目的

市场营销和品牌竞争的实践证明，品牌的文化内涵是提升品牌附加价值和产品竞争力的原动力，是企业的一笔巨大财富。品牌文化是企业有意识创造的属于自身品牌的独特个性，是拉近企业与顾客关系的手段；而消费者的精神需要是品牌文化的来源，是品牌文化存在的意义。企业创建品牌文化的根本目的是通过满足消费者的精神需要来提升品牌产品的价值，即"产品+品牌+文化=超额利润"。

1. 品牌文化的价值

产品不能没有品牌，品牌不能没有文化。缺乏文化的产品是不具有品牌生命、灵魂和气质的产品。正如苹果、星巴克、香奈儿、哈雷·戴维森等品牌经营者将永恒的文化注入产品之中，展现了产品的"文化背景资源优势"，才使这些产品登上了世界名牌产品的殿堂。品牌文化已经渗透到企业经营的各个层面，也渗透到企业生产的每个产品之中，使产品具有了特殊的价值，给企业带来了无形的巨大财富。当今，品牌已成为品质和文化、物质和精神高度融合的产物。

专栏：小故事·大启示

中国人寿

2018年7月5日，两艘共载有127位中国游客的游船在返回泰国普吉岛途中，突遇特大暴风雨发生倾覆，其中47位中国游客不幸遇难。获知事故消息后，中国人寿迅速启动突发重大事故应急预案，在政府有关部门的统一指挥下，快速响应，积极主动做好理赔服务工作。经排查，游船上共有17位中国人寿的客户，其中16位不幸遇难。2018年7月18日，在征得被保险人王某的家属同意后，中国人寿理赔人员主动上门收集理赔资料，开通理赔绿色通道，简化理赔手续，当场给付保险金40万元。随后，中国人寿陆续给付其余16名客户的保险金，共计202.25万元。

中国人寿的企业文化体系以"成己为人，成人达己"为核心理念。"成己为人，成人达己"体现的是一种"己""人"相互成就的哲学观念。"成己为人"指的是只有不断地发展和完善自己，才能更好地为他人服务；"成人达己"指的是只有通过成就和帮助他人，才能不断地创造自己的价值，实现自己的理想。中国人寿一直秉持"诚实守信、客户至上"的服务理念和"一个客户，一个国寿"的发展理念，凝聚精神力量，向"建设国际一流金融保险集团"的愿景砥砺奋进。

2. 消费者的精神需要

品牌文化之所以有价值，是因为它满足了消费者的精神需要。根据马斯洛的需要层次论，当低层次的物质需要得到满足后，高层次的精神需要就成为人们购买行为的主要激励因素。随着经济发展与社会进步，人类的消费方式正逐步从生存消费、理性消费向感性消费过渡。感性消费在很大程度上是以产品蕴含的文化内涵为形式，以满足消费者精神需要为目的的消费方式。从品牌的角度看，消费者的精神需要可分为象征需要与情感需要两类。

象征需要，即自我概念，是指人存在着向外部世界表现自己的心理需要。为了满足这种需要，消费者不太注重产品的功能性利益，而是更注重寻求产品的符号价值。如耐克乔丹系列篮球鞋使消费者感觉自己像个篮球明星；青少年把自己的头发染得五颜六色，意在向社会尤其是父母、朋友表明自己的叛逆性、新潮性及独立性。

因此，我们可以从消费者所使用的品牌、他们对不同品牌的态度、品牌对于他们的意义等方面来判断消费者的个性。消费者对自己有明确的认知，他们在选择品牌时将考虑使用该品牌是否符合自己的"自我形象"，考虑拥有某些品牌是否给他人有关自己的正确形象的信息传递。他们乐于购买有助于加强或者比较接近自身形象的品牌。实际上，人们选择品牌犹如挑选朋友，一个人总是选择那些性格接近、情投意合的人作为朋友，同样，人们也喜爱与自己的自我概念最接近的品牌。

情感需要是人类原生性和直观性的心理体现方式。情感对人的行为的影响是巨大的。人们在消费领域中的情感需要主要表现在审美需要、羡慕需要、创造性需要和利他主义等方面。例如许多人总是喜欢把自己同伟大的事物和伟大的人物联系起来，当前许多品牌运用品牌代言人策略就是为了满足这些人情感方面的需要。

（四）品牌文化战略

创建一个强大的品牌文化，是品牌营销战略的核心使命之一。品牌文化战略（brand culture strategy，BCS），是指企业在品牌核心价值的指导下，通过各种品牌文化营销方式，在企业内外传播与渗透品牌的核心价值观，使员工与消费者对品牌在精神上高度认同，从而形成一种文化氛围，最终建立很高的顾客忠诚度。品牌文化可分为两种：一种是企业品牌文化，如通用电气公司的品牌文化是努力争取世界一流，追求高绩效、打破陈规；另一种是产品品牌文化，如可口可乐的产品品牌文化是美国式自由、英雄主义。

在多数情况下，企业品牌文化和产品品牌文化是重叠在一起的，如迪士尼公司的品牌文化也是其产品的品牌文化，"快乐文化"既是迪士尼公司的品牌文化特征，又是其延伸出来的产品品牌文化，像米老鼠、唐老鸭等。但是，母子品牌战略延伸出来的品牌文化往往不一样，如宝洁公司的企业品牌定位是提供世界一流的生活用品，美化人类生活，企业希望消费者能够建立一种"体验一流日用品，享受美好生活"的品牌文化。但品牌文化延伸出来的各种产品品牌文化的侧重点不一样，如海飞丝是建立一种"无头屑，良好仪表"的文化，而飘柔则强调的是"完美秀发，自信人生"的品牌文化。

创建品牌文化的流程一般包括以下七个步骤：

1. 认识与整合品牌文化资源

企业建立品牌文化的第一步是确认可以加以利用的、包括企业内部和外部的各种文化资源；然后根据品牌定位，筛选与品牌定位相关联的文化因素。外部文化资源是指品牌在市场上已形成或者已经存在的一些资源，如企业名称、企业形象识别系统（CIS）、商标等。内部文化资源的基础是企业文化。企业应在品牌定位的指引下，通过整合内外资源，确保内外部文化的一致性。

2. 建立品牌价值体系

企业在收集和整合内外部的各种文化资源之后，根据品牌定位，对各种文化因素进行提炼，确定品牌的价值体系。如香港李锦记集团的品牌文化定位是"传播中华民族优秀的饮食文化"，品牌价值是"一流的品质，正宗的口味"，那么它延伸出来的产品文化体系就可以在企业品牌价值体系的基础上进行延伸，使顾客对公司的品牌都产生出一个凡是李锦记集团的产品都是一流的饮食产品的品牌形象，进一步延伸出中华优秀饮食的健康文化传统。此外，品牌价值体系也应是企业内部所倡导的，如李锦记集团的企业文化体系就是让每一个员工都清楚地知道他们工作的价值就是为中华民族优秀的饮食文化而努力，这才可以使内外部的文化价值高度一致。

3. 建立品牌文化体系

由于对不同的顾客群体以及对同一顾客群体的不同产品会有不同定位的品牌文化，因此企业要明确品牌内涵及其价值，明确对顾客的承诺、品牌附加值等因素，以及明确针对特定产品的品牌内涵及其价值。一般地，企业确定品牌文化体系需考虑以下几个因素：品牌文化的适用范围、品牌文化的个性、品牌文化的价值、消费者群体、品牌提升与顾客之间的关系。

4. 建立品牌文化管理体系

品牌文化管理体系包括内部管理体系和外部管理体系。品牌文化内部管理体系是指根据品牌文化定位，通过实施各种管理行为，包括现场管理、服务管理、营销管理等，使企业内部全体成员从认知上达到高度一致，做到言行如一、身心一致。品牌文化外部管理体系是指通过各种公关活动、宣传媒体及载体，围绕品牌文化体系进行长期渗透，让顾客潜移默化地接受这种文化。

5. 制订与实施品牌文化建设方案

在掌握信息、明确目标的基础上，精心设计和组织实施与品牌文化建设有关的具体方案是品牌文化战略中非常重要的步骤。方案应当对品牌文化建设过程中所需要的条件与解决的问题加以明确和安排，如组织条件、资金保障、方案实施步骤与重点、方案实施进度与要求等。

6. 方案实施的审查考核

一种品牌文化的建立不是一蹴而就的，需要花费较长时间才能够建立起来。完善的品牌监控体系是品牌文化迅速形成的制度保障。在品牌文化建设阶段，企业品牌负责人要对品牌文化的实施过程和情况全面、认真地进行市场调研与监控，在品牌文化定位的基础上对品牌文化的各种载体进行全方位校验，防止品牌文化的变异。

7. 优化品牌文化

在品牌文化的形成过程中，企业根据市场和顾客需要的改变，不断检验品牌文化的定位，在此基础上进行品牌文化的创新、整合，这个过程就是品牌文化的优化。例如，企业要创新品牌文化的内涵，可以一种品牌文化资源为突破口，带动其他品牌文化资源的丰富和发展；围绕技术领先提升企业品牌文化；以知名品牌组建企业；等等。同时，企业要注意与顾客保持良好的沟通，加强其对品牌文化的理解和融入。此外，企业应根据品牌现有和未来的市场占有率、盈利能力指标对品牌文化进行分类管理：对于市场占有率、盈利能力均较低的品牌，企业应退出或转让；对于市场占有率、盈利能力均较高的品牌，企业应加大投资力度、进行重点优化；对于市场占有率高、盈利能力低的品牌，企业应重新建立品牌文化；对于市场占有率低、盈利能力高的品牌，企业应加大投资和推广品牌文化的力度。

总之，品牌的建立不仅要有知名度、美誉度和忠诚度，更要讲究信仰度。顾客对品牌的忠诚最终取决于他们对品牌内涵的理解和认识。企业通过一些传播语或所谓的差异化营销方式取得的顾客忠诚，是不可能持久的。正如一个人可能通过广告认识一个品牌然后去购买它的产品，但你无法保证他以后在没有任何外部诱惑的背景下去消费你的产品，更无法确认他可以自觉地去维护他心目中的品牌形象，这一切皆因为他没有对品牌形成一种信仰。认识品牌、接受品牌、忠诚品牌到信仰品牌，这个过程并不是所有的品牌都能经历，很多品牌往往在忠诚品牌的阶段就已经失去顾客。而品牌信仰的伟大之处在于它不只是忠诚者会自己去消费品牌，他们还会自觉地维护品牌，帮助品牌拓展其他忠实的用户。而这些都要求品牌有一种强大的文化支撑，因此品牌文化战略是实现品牌信仰的唯一途径。

二、品牌形象

在竞争日趋激烈的全球经济中，消费者对商品的选择日渐多样化，而促成其做出购买决定的动因在很大程度上是品牌形象。有人说，20 世纪 60 年代的市场竞争主要是数量与规模的竞争；20 世纪 70 年代的市场竞争主要是价格的竞争；20 世纪 80 年代的市场竞争主要是质量的竞争；20 世纪 90 年代的市场竞争主要是服务的竞争；21 世纪的市场竞争主要是品牌竞争，其背后是品牌形象的竞争。以"形象力"为核心的品牌竞争已成为现代企业竞争的重要特征，品牌形象已经成为企业的一笔巨大的具有战略价值的无形财富，这是企业形象及其品牌形象受到中外企业界高度重视的根本原因。

形象本质上是主体与客体相互作用的一种心理活动过程，是主体在一定的知觉情境下，采用特定的知觉方式对客体的感知。品牌形象就是通过品牌营销活动建立的，受形象感知主体影响而在心理联想方面所形成的关于品牌各要素的图像、概念及态度的集合体。品牌形象不但是一种资产，而且应当具有独特性。

（一）品牌形象的价值

耐克（Nike）是国际著名的运动鞋品牌，但它并没有属于自己的厂房来制作鞋子，而是把别人生产的鞋子贴上自己的商标，赚数倍于生产厂家的钱。为什么？因为它卖的是"Nike"这个牌子！牌子为什么这么值钱？牌子为什么魔力这么大？因为它有光辉的形象！品牌形象既是建立强势品牌的基础，又是品牌经营的目标。品牌形象是社会公众对品牌长时间的认知与评价所形成的观念，这种观念一经形成后就难以改变。正是由于品牌形象具有此种"惯性"特征，因此品牌营销者一开始就应当打好基础，塑造良好的品牌形象，力争不出现工作失误而对品牌形象造成负面影响，从而影响顾客对品牌的忠诚。

首先，建立良好的品牌形象是赢得顾客忠诚的一条重要途径。品牌形象越好，顾客对品牌的评价越高、依赖度越高，顾客的品牌忠诚度就越高；反之，品牌形象越差，品牌忠诚度就越低。没有顾客愿意反复购买形象差的品牌产品，这样就会危及企业的生存与发展。

其次，品牌形象的好坏直接影响企业凝聚力的大小。良好的品牌形象表明企业拥有良好的工作环境、较高的管理水平等，因而员工在工作时心情愉快。良好的品牌形象还能够给员工带来良好的经济收益和社会认同，而且它是员工长期努力的结果，绝大多数员工都会像"爱护自己的眼睛一样"爱护自己亲手培育起来的品牌形象。此外，良好的品牌形象有利于吸引社会优秀人才，这也有利于提高品牌形象，进一步增强企业员工的凝聚力。

最后，良好的品牌形象有利于营造良好的企业外部环境，比较容易得到公众、政府、金融机构、股东的支持，有利于企业开展各项经营业务，提高企业及其品牌的竞争能力、生存能力和发展能力。

（二）品牌形象的构成

构成品牌形象的基本要素包括产品形象、服务形象和文化形象。产品和服务形象又可称为品牌的功能性形象，它是指品牌产品及服务能满足消费者功能性需求的能力，是消费者形成感性认识的基础，也是生成品牌形象的基础；而文化形象是品牌的精髓。

1. 产品形象是品牌形象的代表

产品形象主要表现在质量形象与品牌标识系统形象两个方面。质量形象是产品形象的核心，是品牌的生命，因而世界名牌厂家无不把追求卓越品质放在品牌营销战略的重要位置。一般来说，影响品牌质量形象的因素有很多，如产品的耐用性、安全性、可靠性、实用性、适用性、便利性、精密性、外观造型的新颖性等。另外，品牌标识系统也是产品形象的一个重要组成部分。人们凭借感官接收到的外界信息中83%来自眼睛，正因为如此，许多成功的品牌经营者借助于新颖别致、个性鲜明的商标图案与包装装潢来吸引顾客，赢得顾客的喜爱，从而达到提高品牌竞争力的目的。

2. 服务形象是品牌竞争制胜的利器

服务形象是企业及其员工在售前、售中和售后过程中所表现出的服务态度、服务方式以及由此产生的评价结果。随着市场经济的建立和完善，服务工作的重要性已经变得越来越突出，服务内容、手段与方式的改进以及服务质量的提高也变得日益紧迫。实践证明，优质服务是在激烈的市场竞争中取得优势的关键。格力、国际商业机器公司（IBM）、奔驰等企业正是将"顾客至上"作为品牌经营的指导准则，在实际工作中全力以赴提高服务质量，树立服务形象，从而成为强势品牌的典范。

3. 文化形象是品牌的灵魂

随着社会经济的发展和商品的丰富，人们的消费水平不断提高、消费需求不断增加，对商品的要求不仅包括了商品本身的功能性，也包括商品带来的无形感受与精神寄托。而营销者赋予品牌文化形象，正是为了满足消费者的情感与精神方面的需要，如身份、地位等个人心理要求。一旦品牌所蕴含的文化个性为消费者感知和接受，将极大地提高品牌的认知度和忠诚度。

此外，企业形象与使用者形象也是驱动品牌形象建立与发展的重要因素。实践中，人们经常依据反映企业形象的指标，如创新能力、企业规模、资产状况、盈利能力、人员素质、企业信用等来评价品牌形象。在品牌形象的树立过程中，良好的企业形象经常为营销者所利用，如五粮液集团推出一种新品牌酒类时，使用的广告语为"系出名门",欲借"五粮液"的美好形象推动新产品品牌形象的确立。

品牌产品所对应的消费群体，即使用者形象，如使用者年龄、职业、收入水平、受教育程度、生活态度、个性和社会地位等信息，亦是驱动品牌形象建立与发展的重要因素。因为消费者购买某品牌产品关注的不只是产品本身，也十分看重与品牌相关的使用者形象。当个人察觉到自己同品牌产品的消费者不匹配时，就会选择适合自己的其他品牌；反之，当个人觉得该品牌使用者的某些特征是自己所期望的，那么就会购买该品牌产品。因此，营销者应当重视品牌使用者行为（尤其是显著性使用者行为）对品牌形象已经或未来可能产生的影响，并主动引导使用者行为向品牌形象转变。

（三）品牌形象的塑造

1. 在正确的原则指导下塑造品牌形象

这方面的原则主要有：一是坚持突出品牌特色的原则。品牌特色是强势品牌所必备的，品牌只有具备鲜明的形象特色，才有利于消费者认知，才能在竞争中获胜。可供选择的特色形象主要存在于经营策略、市场定位、资源优势等方面。例如海南椰树集团公司利用海南岛独特的椰子、菠萝、杧果等热带水果优势以及海南火山口地下优质矿泉水等资源优势，生产各种天然饮料而一举成名。二是坚持品牌形象支持品牌战略的原则。企业塑造良好的品牌形象是为了结合品牌实力，打造品牌优势，并最终创出强势品牌，因此品牌形象必须要支持品牌战略，要与品牌战略的目标相一致。三是处理好变与不变的辩证关系。品牌本身具有某些内在的、恒定的内涵，连续性是品牌立足和发展的关键所在。然而，时间记录着生活方式、消费热点、科技与竞争等因素的交替变化，那些墨守成规、停滞不前的品牌也会失去生命力，因此稳中求变才是保持品牌活力的要点。

2. 按照科学的程序塑造品牌形象

企业塑造品牌形象主要有两大基本步骤，即进行市场调研，诊断品牌形象现状；开展品牌诊断分析，进行品牌形象定位。形象定位是确定品牌服务的目标市场和品牌形象特色的过程。在品牌形象定位或者再定位时，企业必须以市场细分为基础，确定品牌服务对象，然后再根据目标消费者群体的特点、竞争品牌的形象定位以及企业自身资源条件，确定品牌形象特色。

3. 根据品牌形象定位确定品牌形象策略

品牌形象策略主要有定势策略、强化策略和迁移策略。定势策略是指企业根据未来市场变化趋势，特别是消费者需求的变化趋势，确定品牌形象特色发展方向的策略。强化策略是指企业不断扩充现有品牌形象内容，进一步展示现有品牌形象特色的策略。迁移策略是指企业采取一系列措施逐渐将企业现有的品牌形象转移到新的品牌形象上的策略。

4. 在品牌营销战略指导下建立具有鲜明特色的品牌形象

企业在建立具有鲜明特色的品牌形象时，要注意以下几方面：第一，加强产品与服务形象的塑造。第二，以品牌文化建立和提升品牌形象。第三，注重广告宣传。广告宣传是企业有意识地向社会公众介绍品牌形象的重要工具，也是社会公众形成品牌知识和进行品牌评价的重要手段。第四，不断完善品牌形象。品牌形象的塑造绝不是一劳永逸的事情，而是一个不断修正与完善的过程。所有成功的企业都很注重这一点。第五，防止品牌扩张对品牌形象可能产生的副作用。品牌扩张是以产品类型和顾客类型多样化为目标的，它可以扩大品牌覆盖的市场范围和影响力。然而，无组织的或者过度的品牌扩张也会削弱品牌的整体形象，因为这种扩张可能使品牌系列产品各自的特色以及它们之间的联系变得模糊不清，从而降低顾客品牌忠诚度。

本章小结

品牌是品牌主（以企业为主）使自己的产品和服务与竞争者的产品和服务区分开来的各种符号的集合，它既是与品牌有关的各种经营管理活动的成果，也是社会对这些活动评价的结果。其中，品牌符号是品牌最基本的要素。品牌是组织文化的展示，也是组织最宝贵的资源。品牌是由显性要素与隐性要素构成的。品牌的主要类别有大众品牌与贵族品牌，功能性品牌、情感性品牌与体验性品牌，产品品牌与共有品牌，厂家品牌与商家品牌等。

正因为品牌与产品、名牌、商标之间存在着一定的联系，所以许多人分辨不清品牌与其他三个概念之间的关系。产品与品牌之间的关系表现在：产品是具体的，而品牌是抽象的；品牌以产品为载体；产品会落伍，而成功的品牌经久不衰。名牌分为假名牌和真名牌两类，而品牌是指真名牌以及其他正在创真名牌的品牌。商标是品牌的一个组成部分，属于法律范畴，同时商标的作用也不同于品牌。

文化是提升品牌形象与增加品牌价值的基本因素之一。品牌文化是凝结在品牌之中的企业价值观念的总和，它本质上是社会文化和企业经营理念相结合的产物。品牌文化主要通过品牌名称、商标、包装、品牌造型等形式表现出来。建设品牌文化的目的是通过满足消费者的精神需要来提升品牌价值，因此实施品牌文化战略是企业获得良好经济效益的重要途径。

思考题

1. 什么是品牌？它有哪些基本构成要素？
2. 区别大众品牌与贵族品牌的意义是什么？
3. 厂家品牌与商家品牌存在哪些区别？
4. 品牌与产品之间是什么样的关系？
5. 品牌与商标之间有哪些方面的不同？
6. 品牌文化的本质和目的是什么？怎样看待品牌文化与企业文化之间的关系？
7. 如何创建品牌文化？
8. 品牌形象主要有哪些价值？
9. 塑造品牌形象应当注意哪些问题？

案例分析题

我的品牌之路在何方？①

退货风波

2009 年 10 月，一个星期一的早上，许强接二连三地接到好几通客户的电话：不好意思，M108 款羊毛衫你得再便宜 2 元钱，要不我就取消订单啦，对不住了！

M108 款羊毛衫是公司今秋的主打款，那可是许强自己设计出来的。样品刚送出去，批发商的订单就纷纷而至。短短一个月时间，许强的工厂就已经生产销售了 10 万件，每件批发价为 60 元，几乎供不应求。他正开足马力生产更多产品，怎么会一夜之间这么多客户要求降价甚至取消订单呢？

2009 年的浙江，仍然笼罩在金融危机的阴霾之中。在服装行业，许多工厂纷纷裁员，也不断有外贸公司关门歇业。于是，更多的出口型企业把目光投向国内市场，竞争异常惨烈，许多厂家甚至不惜低于成本价出货。许强设计的这款羊毛衫的热销，早就引起了许多同行的注意。2009 年 9 月中旬，就有客户提醒过许强，已经有厂家在仿冒生产。今天突然接到这么多退单电话，许强开始意识到问题的严重性。他一面用"价格好商量"来拖住客户，一面立刻启程，从台州北上嘉兴濮院一探究竟。濮院是全国最大的羊毛衫专业市场，许强 70% 的销售量都是从这里批发出去的。

创业初成

在从台州到濮院 400 多千米的高速路上，许强每年都要来回好几趟，看着窗外熟悉的风景，几年的创业经历也如途中美景历历在目。

台州民营经济发达，很多产业都颇具规模。就拿羊毛衫产业来说，成百上千家大大小小的企业已经覆盖了整个产业链条：有专门加工细毛线的，有专门把细毛线加工成衣片的，也有把衣片加工成成衣的。加工好的羊毛衫批发零售到各地，嘉兴濮院就是全国最大的批发集散地。

许强的父母一直经营着一家有着五六十人的衣片加工厂，主要承揽着几个比较大的成衣厂的业务。他是家中独子，是父母辛苦一生的全部希望。他还清晰记得自己考上名牌大学计算机专业的时候，父母难以言表的喜悦让他暗下决心：一定不能辜负父母的期望。

谁知现实并不像他想象的那样一帆风顺。2005 年从大学毕业后，他带着父母的期望和闯荡一番事业的雄心，在上海找到一家外企的工作。虽然那已经是一份令同龄人羡慕的工作，但他几乎养活不了自己：眼看上海房价每天都在翻跟斗，父母拿出多年的积蓄做首付给他买了一套住宅，他每月的工资扣除房贷后所剩无几，还要经常伸手向父母要。这远不是他想要的生活，理想与现实的落差成了他心中一份难以排解的忧愁。

家里发生的一次意外终于让他下决心离开上海，回家乡接手父母的生意。那时

---

① 本案例选自中国管理案例共享中心。

他已经在上海工作了一年多，父亲在干活时不小心摔伤，需要卧床休息几个月，没人打理的生意开始赔钱，他怎么好意思再伸手要钱。于是，他很快做出决定，卖掉上海的房子，回家接手父母的生意。

2007年，许强把业务延伸到成衣制造环节，从衣片加工厂转成了服装制造厂；计算机专业背景使他能够在电脑上设计出新颖的服装式样；同其他精打细算的浙商一样，许强还十分擅长成本控制。就这样，凭借着这三板斧的功夫，经过两年的发展，许强的厂房面积扩大到7 000平方米，员工人数达到110人左右，年产羊毛衫45万件，父母的生意在他手上翻了两番。

没完没了的价格战

三个小时的车程很短，他一到濮院，就直奔老城区的羊毛衫批发市场，找到经营批发生意的父母的老朋友老王。老王告诉他："你不知道啊？现在市场上好卖的货不多，你的那款衣服，现在有十几家厂在仿造，仿造最多的就是老黄的厂。他们自己的款式今年全部滞销，现在是见谁仿谁，不仅仿你的，市场上谁卖得好就仿谁。"

"又是那帮人，仿就算了，还要低价挖我的客户？这也太不讲规矩了吧！王叔，这样的价格战就真的没完没了吗？前几天我问过一个工商局的朋友，想去查查，他们也没有办法。"许强无奈地说，"这样下去，又会跟去年一样，大伙都没得赚，又是赔本赚吆喝。"

"要不你找他们谈谈，坐下来商量一下，你卖东北，他卖西北？"老王建议道。

"嗯，我打电话跟他们谈谈。"许强说完就开始拨老黄的电话。结果完全在意料之中：对方先是不承认，等到戳穿后，又摆出一副死猪不怕开水烫的样子。看来价格战不可避免了。

接下来，许强赶紧去拜访了几位客户，决定每件降价2元，如果出货超过3万件，还有3%的折扣。他希望借此来稳住客户。

但他明白，这毕竟不是长久之计。中国是世界的服装加工工厂，高中低档的服装都贴着"中国制造（Made in China）"的标签。但那些售价动辄就几千上万的欧美大品牌，给中国的服装加工厂的加工费只有几十元，甚至更低。

做外贸单子的加工厂没多少钱赚，不做外贸单子的加工厂更没钱赚。很多像许强一样的加工厂，都是把衣服卖给那些大批发商。这些批发商贴上各种商标后，再批发到全国各地。

众多的加工厂彼此都没有什么明显的优势，就如同许强的设计优势还没等发挥作用，老黄的抄袭就逼得他只能加入低价混战。就这样，许强的命运因此注定：总也甩不掉的价格战，总也控制不了的利润下降。

唯一的出路就是走差异化道路，做服装品牌！因为一旦有了品牌，在这假货横行的行业里，即使被抄袭，也仍然会得到顾客的青睐，而不必纠缠于惨烈的价格战！

品牌梦想

许强做品牌的想法不是一天两天的事了。当年刚入行的时候，他就深受两件事的刺激。一个是当地一服装老板买断了上海某老牌羊毛衫品牌的商标使用权，现在通过授权生产，每年获得的授权费用就有 400 多万元。另一个是他的亲戚，一家500 人规模的服装企业老板，托人在香港注册了一个洋气十足的商标，然后聘请明星来担任代言人。品牌有了知名度后，批发商争相订货，结果给每件衣服带来了 6元的额外利润。

许强在 2008 年就开始尝试做品牌。他在上海和台州都注册了两个自己的商标。可现实似乎跟他开玩笑，大批发商对这两个陌生的牌子充满抵触，他们喜欢使用更具知名度、听起来更洋气的牌子。许强知道，光是去工商局注册个商标还远远不是真正意义上的品牌。

品牌之路谈何容易

看着许强沮丧无奈的神情，老王心里很不落忍。他突然想起一个从上海打来的电话，马上兴奋地告诉许强：我侄子小宇是上海联华商场的业务经理，他们最近准备做一次大型的折扣活动，你设计新款又快又好，要不直接过去看看有没有机会？

许强心里正充满凛凛寒意，听到老王的消息，马上振奋起来，没有回家就直接开车奔往上海。

小宇和许强年纪差不多，两人在商场里边逛边聊。知道许强想做品牌的想法，小宇很神秘地把他拉到三楼名品专柜区，指着一款女装问："这款衣服怎么样？"

那是一个欧洲名牌的专柜，小宇指的那款女装样式新颖、布料考究，正挂在玻璃柜里，几个方向的灯光柔和地笼罩着它，显得很有品位。许强上去看了看标签：3 180 元。他不禁伸了伸舌头。小宇不说话，指着标签上的一行字给他看，上面写着：中国深圳制造。

小宇仍不说话，拉着他直奔二楼，指给他看另一款衣服。那是一个陌生的国产品牌专柜，狭小的面积里挂满了各式女装。许强赫然发现其中有一款女装就是刚看到的那款欧洲大牌！他狐疑地上前看了看标签：318 元！小宇指着标签上的制造商给他看：深圳某制衣有限公司。

两人在小宇办公室坐下后，小宇告诉他："深圳这家制衣厂的老板一直做外单，质量很不错。一次，工厂办公室接外单的员工不小心把这个款式的 5 000 件订单写成了 8 000 件，结果欧洲公司只寄来 5 000 个标签，多出来的 3 000 件，光是材料费每件就要 100 多元，再加上加工费，每件成本都快 300 元了，卖不出去就是近百万元的损失！情急之下，这家公司只好注册了自己的商标，自己联系销路。这件事情之后，这家公司开始正儿八经做自己的品牌了，他们不仅联系各大商场建专柜，还要自建网店呢。半年过去了，钱都砸进去好几百万了，同样的衣服，人家卖 3 180元，他还是只能卖 318 元，也没见他卖得更快些！现在像这样的工厂还真不少，衣服质量也不错，款式都是最新的流行款。但做品牌真不是件容易的事，可不是花点钱做做广告就行了。"

两个年轻人不觉已聊到傍晚，许强不得不起身告辞。小宇拍了拍他的肩膀说："好在我们还年轻，方向定了，剩下的就是闯呗。怕什么！"

返回台州的路上，大雾弥漫，许强小心翼翼地开着车，就像小心翼翼地经营着他的小企业一样。他很清楚，品牌之路是未来的方向，就像他非常清楚家的方向。

可茫茫旅途，势单力薄，他要如何做起呢？

[案例思考]

1. 羊毛衫行业为什么总是避不开价格战？

2. 有了好的产品就一定能创出品牌吗？注册了的商标就成了品牌吗？

3. 许强在上海联华看到的同样的衣服，贴上不同的标签，售价相差十倍，这个差价意味着什么？你怎么看待品牌与价格之间的关系，请说明理由。

4. 许强赢取竞争的难点和关键点是什么？

第二章
品牌关系

品牌关系包括两个层面的关系：品牌与消费者之间的关系，品牌与企业之间的关系。我们通常所说的品牌关系是指品牌与消费者之间的关系，这是本章所要讨论的问题；而有关品牌与企业之间关系的内容放在第三章。品牌关系是指某个品牌与其目标市场的消费者之间在情感与行为方面建立起来的相互关系。品牌产品的消费、品牌的形象与价值皆是由消费者决定的。品牌只有同消费者之间建立起长期的、相互信赖的双赢关系，才能获得顾客的认同、赞誉和忠诚，才能塑造出真正的强势品牌。因此，研究品牌关系、探讨如何建立品牌忠诚等问题具有重要的现实意义。

第一节　品牌与消费者关系概述

品牌是企业和消费者之间的纽带，企业透过品牌向消费者展示自己的产品与服务的价值，营造文化环境，从而激发消费者的购买行为，并最终与消费者建立起稳定的相互关系。而消费者通过认知、消费等方式逐渐形成对某一品牌的联想和观念，并以此指导自己的购买行为。

一、品牌对消费者的作用

品牌对于消费者具有重大的、广泛的价值。当产品之间的差异性减少时，品牌将取代产品，为消费者提供购买的理由。

（一）为消费者提供资讯服务，简化购买决策过程

品牌是一种识别系统，是特定产品的个性特征与文化价值的展示，并将不同的品牌产品区别开来。品牌塑造的最终目标之一就是要建立此品牌与彼品牌之间的差异性。客观地讲，品牌差异性便于消费者分辨不同的品牌，并根据品牌挑选自己中意的产品。

现代市场已经为品牌所占据，品牌已经成为我们生活的一个重要组成部分。事实上，日常生活中所发生的多数购买行为是建立在品牌识别基础之上的。设想一下，如果没有品牌，我们将如何购物？恐怕即使是购买一瓶饮料这样简单的事情也会变得十分麻烦，因为市场为我们提供了种类繁多的饮料，各种饮料五颜六色，成分、生产厂家、口味各异，丰富的产品使消费者难以做出选择。然而，有了品牌，一切都变得轻松而简单。可见，品牌有助于消费者在购买时更快捷地做出个人选择，而

不是通过区分产品之间的功能性差别来做出选择。

品牌的一个重要作用是简化消费者的购买决策过程。人们在超市的货架上浏览一遍商品，即刻接收到数以千计的复杂信息。在消费者面对众多产品信息而不知所措时，品牌能够帮助处理信息，从而减少花费在选择产品上的时间和精力。在现代商品的汪洋大海中，消费者需要品牌就像汽车司机需要各种各样的道路交通标志一样。

总之，品牌包含着丰富的信息，使之成为企业与消费者沟通的主要方式，成为消费者获得购物资讯的主要渠道。在消费者的购买过程中，品牌充当着无声的导购员，对有关产品的各种信息起着有效的引导作用；消费者则根据自己对品牌的感知与偏好，在众多产品中挑选自己喜爱和信赖的品牌产品。

最后，从理论角度看，产品可以分为搜寻类产品（指通过人的眼耳鼻舌肤等感觉器官就能检查出产品质量好坏的产品，如农产品）、经验类产品（指必须通过试用或使用才能对其进行评判的产品，如汽车）、信用类产品（指既不能凭借感官做出判断，也无法通过试用来进行评价的产品，如保险公司销售的保单）。就搜寻类产品而言，只要购买者愿意花费较多的时间、精力及体力，通过感官比较不同的产品，就可以寻找到自己满意的产品，因而对于像新鲜蔬菜这类搜寻类产品，品牌现象并不普遍；但是，品牌却是消费者判定经验类和信用类产品质量及其他属性的依据。

（二）增强消费者的购买信心

随着科技的不断进步，市场提供给消费者的购买商品的选择空间越来越广，新产品、新品牌的出现令人目不暇接、无所适从。比如，消费者购买一双运动鞋，有成千上万个品牌和式样可供选择，到底哪一个品牌更值得信赖？同时，在日益丰富和日趋复杂的产品世界面前，一方面，消费者比以往更加挑剔，对质量、款式和功能的要求越来越高；另一方面，消费者变得越来越"无知"，购买选择的做出也越来越困难。商品科技含量越来越高，产品结构日趋复杂，消费者已经很难正确地辨别产品之间的差异性。比如，是国产液晶电视的性能优越，还是国外电视的技术含量高？然而，普通消费者不可能也不必要掌握品牌产品的所有信息。品牌为他们提供了购买的理由，消费者可以通过品牌来了解企业及其品牌产品方面的信息，依据品牌来选购商品。

品牌不只是产品的代名词，还涵盖了产品质量、品牌信誉和品牌形象等多方面的内容。品牌建立在产品质量的基础之上。缺乏优质产品和服务，品牌就不存在长期持续存在的可能性。与一般的无品牌产品比较，品牌为消费者提供了产品质量方面的保障。一般情况下，具有高知名度和普遍认同度的品牌同时也是高质量的象征。消费者即使以前没有使用过品牌产品，对产品也不甚了解，但国际国内的强势品牌所传递出的品质感使消费者能够相信这些品牌优于别的一般产品的质量。此外，品牌还意味着一种信誉，是企业对所有消费者做出的承诺。真品牌能够始终如一地履行自己的承诺，为消费者提供购买信心，消除他们因产品认知的不确定性而可能产生的各种风险。所以，品牌能够降低消费者购买产品时的风险——功能上的风险、身体上的风险、财务上的风险、社交上的风险、心理上的风险、时间上的风险等[①]。

---

① 凯勒. 战略品牌管理［M］. 李乃和，吴瑾，邹琦，等译. 2版. 北京：中国人民大学出版社，2006：10.

（三）提高消费者的满意度

个人收入水平和生活水平的不断提高，使得越来越多的消费者由理性消费转向感性消费，由注重产品功能属性转向注重品牌的情感价值与文化内涵。与消费心理的转变相适应，品牌消费取代了产品消费。品牌消费是指消费者在商品购买决策中，以选择品牌和获取品牌满足为第一准则。品牌消费具有一定的象征价值和情感愉悦价值，消费者能够从中获得更多的心理满足。例如，以前国人购买手表，直接购买的是手表的基本功用，即方便掌握时间，因而手表的准确计时成为选购手表最重要的参考标准。现在，消费者对手表的选择，更多依据的是品牌，目的是通过品牌来塑造个人形象，通过品牌的社会价值来肯定自我。

对于消费者而言，品牌不再只是一个名称、一种图标那么简单。品牌除了代表一定的质量，还具有特殊的象征意义。一个强势品牌具有生动而丰富的内涵，并且具有强大的吸引力和号召力。消费者购买产品是为了消费，而购买品牌除了为了得到使用价值外，还为了得到其代表的身价、品位、档次等附加价值，这些正是产品同品牌的区别所在。

一方面，品牌具有表达消费者个性的作用。消费者所消费的产品的品牌个性能够传递和表现消费者的价值取向与生活方式。具体到穿什么样的衣服，看什么样的书，抽什么样的烟，用什么样的化妆品，喝什么牌子的饮料等，皆在不经意之间透露出消费者的个性。现代消费者是自信、成熟和富足的消费者。他们更加重视通过日常生活消费品来表现自己的社会地位、经济状况、生活情趣和个人修养，以获得个性的张扬、精神的愉悦及心理上的满足，而商品的功能与效用则退居其次。

另一方面，品牌具有满足消费者情感需要的作用。品牌往往与消费者的正面态度、情绪相联系，它为冷冰冰的产品的物质属性赋予生动的、人性化的情感，使消费者通过品牌产品的消费感受到品牌中蕴含的情感因素，因而品牌的情感价值能够对消费者的品牌认知产生积极的影响。一个典型的例证是：消费者使用品牌产品的感受不同于使用其他同样产品的感受。一杯热腾腾的咖啡，你可能会用"很浓、很香"或"很淡、很苦"来形容品尝后的感受。可是，当有人告诉你那是"麦斯威尔"时，那句经典的"好东西要与好朋友分享"的广告语也许令你想到一位好久不见的老朋友，你顿感温暖。麦斯威尔咖啡最初的广告语是："好的咖啡豆，才有香醇的咖啡"，侧重突出产品的成分与口味，然而大多数消费者并非品尝咖啡的专家，对于他们来说，这并不是最重要的需要。结果是企业增加成本以确保品质承诺的实现，可在其原产地美国却遭遇到消费者忠诚度不断降低的威胁，市场占有率出现下降。这件事情说明品牌单纯强调产品的功能性特点已经越来越难以激发消费者的热情，相对于品牌产品的实际效用，消费者从中体验到的情感满足更加重要。

二、品牌互动模式

市场中，品牌与消费者之间是相互影响的。品牌关系是消费者对品牌的态度和品牌对消费者的影响之间的互动过程。这个互动过程依次包括五个环节：品牌识别、品牌传播、品牌体验、品牌联想、品牌形象。

（一）品牌识别

品牌识别出自品牌设计者，目的是确定品牌识别要素，并通过这些要素向消费者传递企业所期望建立的品牌形象方面的信息。品牌识别的基本要素包括产品、组织、个体、符号四大类。品牌识别在品牌塑造过程中起导向作用，所有的品牌营销活动都必须与品牌识别保持一致；同时，我们应注意差异性和独特性是品牌识别最重要的特征。品牌识别必须将自己的品牌与竞争对手的品牌区别开来。

（二）品牌传播

如果说品牌是"烙印"，那么品牌传播就是"烙铁"，目的是在目标市场消费者心中留下深刻的品牌印象，甚至是美好的回忆。品牌传播与营销组合 4Ps[①] 中的营销传播（promotion）有着相似的作用：前者传播的是品牌，后者传播的是品牌产品；实践中这两个过程经常是同时进行、相互促进的。广告、公关关系与宣传、销售促进、人员推销、直接营销等促销工具既是产品传播的工具，也是品牌传播的工具。企业通过这些传播工具将品牌识别信息传递给消费者，同时让消费者了解品牌的价值，从而影响消费者的购买行为。

（三）品牌体验

品牌体验是消费者对于接收到的品牌相关信息的感知过程，如：消费者对品牌产品的使用经验，消费者与企业员工和销售人员的直接接触，消费者对各种广告的心理感应，周围人对该品牌的评价，以及消费者对竞争品牌差异的感知等，都构成了品牌体验的内容。消费者体验到的品牌信息，有的是企业主导的结果，如广告信息、产品介绍等，有的是自发的结果，如口碑、个人经验、他人态度、现场气氛等。对于消费者而言，品牌体验实质上是一个期望和亲身感受之间的比较过程。如果最终的体验能够给消费者带来预期的效用，那么体验产生的联想就是正面的；而如果最终的体验没有带来预期的效用，那么品牌体验就会产生负面的联想。

（四）品牌联想

品牌联想是消费者经由品牌体验而联想到的、与品牌有关的内容。品牌联想内容丰富，大致可概括为以下几种：产品品质的联想，如品牌产品质量的好坏，服务水平的高低等；产品特征的联想，如云南白药牙膏使人联想到预防龋齿，海飞丝使人联想到去头屑；相对价格的联想，如蓝带啤酒使大多数消费者感到昂贵，奥拓汽车使人感到经济实用；竞争者的联想，有的品牌是根据与另一个品牌相比较的结果来记忆的，如非常可乐与可口可乐、百事可乐的定位联想；产品用途的联想，一定的品牌可使消费者联想到特定的消费群体，如太太口服液的产品使用者使人想到妇女；企业的联想，如由一个产品品牌便会想到企业的知名度、创新能力、企业员工、文化、信誉及与企业有关的各种人物等；符号的联想，如海尔让人想起可爱的海尔兄弟，肯德基使人想起和蔼可亲的桑德斯上校；文化个性的联想，如可口可乐让人联想到美国人的生活方式，百事可乐让人想到一群充满活力的年轻人。

---

① 4P 指的是产品（produce）、价格（price）、渠道（place）、促销（promotion）。由于这四个词的英文首字母都是 p，再加上策略（strategy），所以简称为"4Ps"。

（五）品牌形象

品牌联想是消费者感性的、直观的、未经梳理的对品牌的认知，并且因人而异。消费者会把各种各样的品牌联想加以归类、分析，最后形成一个较为系统的、稳定的对品牌的综合印象，这就是品牌形象。譬如，消费者会认为海尔系列家电是高品质、优质服务的象征，奔驰轿车是豪华、舒适的高档汽车，海飞丝去头屑效果显著等。这里值得强调的是，品牌形象与品牌识别是两个不同的范畴：前者是消费者对品牌的理解，一旦形成就难以改变；而后者是品牌营销者为品牌设计的理想形象，它是主观的东西。品牌识别与品牌形象之间可能产生的分歧，要求品牌营销者正确处理品牌互动过程中各个环节的干扰因素，致力于提高品牌形象至期望水平。

综上所述，品牌与消费者之间的互动过程是：企业将设计出的品牌识别系统通过传播工具向目标市场消费者传递，从而形成品牌的社会影响力，即知名度；消费者通过品牌体验而产生品牌联想，最终形成对品牌的综合评价，即品牌形象。这样就建立起了品牌与消费者之间的某种关系。这个过程可称为"品牌互动模式"，如图 2-1 所示。

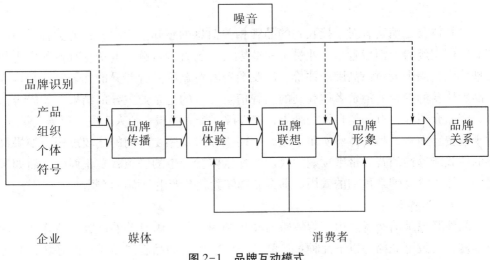

图 2-1　品牌互动模式

三、消费者品牌决策过程

消费者正面临一个复杂的品牌世界。他们既受到自己经济收入的约束，亦被寻找、储存与处理品牌信息的能力限制。消费者一般会依据经验和可得到的、简明扼要的信息来帮助自己判断某个品牌将会具有什么样的功效，如在不同品牌的饮料之中进行选择时，一个初次购买者可能会选择可口可乐，因为这个名字已经在生活中流传了很长时间。

当消费者寻找有关品牌信息时，他的购买过程及信息收集程度，受到一系列因素的影响，如个人的商品知识、阅历、经验、时间、渠道等。然而，有两个因素更能解释消费者如何做出购买决策，它们分别是消费者介入程度（是指为实现购买所付出的时间、精力和体力。一般来说，单位产品价值高的产品、关系到消费者社会形象的产品的消费者介入程度高）和消费者对竞争品牌差异性的认知。例如，一位多口之家的家庭主妇购置一台洗衣机时也许特别投入，于是她对评价不同洗衣机品牌表现出浓厚的兴趣，基于个人先前的经验，她可能对广受欢迎的少数几种品牌做出评价，并将购买最能满足自己需要的品牌产品。相反，家庭主妇在购买肥皂时会付出极少的投入，一般会根据自己先前的经验迅速地做出购买决定。

考虑到消费者介入程度的高低与对竞争品牌差异性认知的大小，我们可以将消费者品牌决策过程分为四种类型，即延伸问题的解决、减少不和谐、限制性因素的解决、限制性因素解决的趋向[①]（见图 2-2）。

	顾客介入程度高	顾客介入程度低
发觉较大品牌差异	延伸问题的解决	限制性因素解决的趋向
发觉较小品牌差异	减少不和谐	限制性因素的解决

图 2-2　消费者品牌决策分类模型

（一）延伸问题的解决

当消费者购买介入程度高，而且发现竞争品牌之间存在重大差异时，其就需要解决出现的延伸问题。这种类型的决策过程的特征是消费者积极寻求信息以评价各种可供选择的品牌。它主要是针对相对个人收入而言单位产品价值高的品牌产品，如住房、汽车、高保真音响设备、高档家居用品等，或者是针对反映购买者自我形象的品牌产品，如珠宝、时装、化妆品或男士的正装等。在经历一次复杂的品牌购买决策时，消费者一般要经过五个步骤，即认识问题、收集信息、品牌评价、购买行动、购后评价。

1. 认识问题

当消费者意识到需要解决某一问题时，品牌购买决策过程就开始了。例如，一位年轻人在朋友处欣赏了最新的高保真音响系统后，意识到自己的音响系统听起来有多糟，这种认识将触发他解决这一问题的需要。如果他的这种感觉特别强烈，就会立刻更换音响系统。依据行动的紧迫性和个人情况（时间、财务、信息等），他

① 延伸问题是指“品牌之间的差异”，限制性因素是指精力、体力、时间因素。

也许会迅速地采取行动，或更加关注有关高保真音响系统的相关品牌信息，并在未来某一时刻购买一种品牌产品。

2. 收集信息

收集信息首先从记忆开始，如果相信自己已经具备充分的信息，消费者能够马上对可得到的品牌进行评价。但是，消费者通常会感到自己没有足够的信心（特别是对不熟悉的品牌）单独依靠记忆进行评价，因此开始积极地寻求额外的信息，如逛商店、留意广告、向朋友请教。当得到更多的信息时，高度投入的消费者将正式开始在各种竞争品牌中做出自己的评价。

3. 品牌评价

消费者有了关于竞争品牌的信息后，就能够按照自认为最重要的标准，如品质、售后服务、价格、品牌形象等来评价它们。这样就形成了品牌观念，如 TCL 集团的产品具有广泛的特色，尤其是技术含量高、品质优良、售后服务好、价格适中等。继而，这些观念开始塑造一种积极的态度，当这种态度形成时，消费者将会购买该种品牌。

4. 购买行动和购后评价

在决定了购买何种品牌产品之后，消费者将会付诸行动——如果能找到销售该品牌的商店并且店内有存货的话。一旦购买了该商品，他们会很快熟悉其性能并评价该品牌在多大程度上达到了自己的预期。如果品牌产品几乎在所有的方面能达到甚至超过购前的期望，该消费者就会为自己的判断与选择感到自豪，并且在今后对该品牌产生积极的态度并可能反复购买此品牌的系列产品。但是，如果消费者在使用过程中无法找到支持其品牌选择的正确的积极因素时，他就会对这种品牌不再抱有幻想，经历一段时间后会更加不满意，可能对他人讲述自己的经历，不仅发誓再也不购买该品牌，而且使他人也相信不能购买该品牌。可见，消费者存在着强化满意与不满意品牌记忆的倾向。对于满意的品牌，消费者会简化自己的购买程序，即发现问题后跟随着记忆搜索，同时伴随着先前的满意，引发强烈的购买动机，产生再次购买行动，并为持续的满意所强化。这个过程经多次反复后，品牌忠诚将会产生（如图 2-3 所示）。

经营该类品牌的企业，应当了解和熟悉消费者重视品牌的哪些功能性需要和情感性需要，也就是品牌的核心价值一定要符合目标顾客的需要，并持续地采取多种传播渠道，宣传品牌个性与文化。同时，企业应保证所有可能同消费者直接接触的工作人员熟练地掌握品牌及其产品方面的知识。

（二）减少不和谐

这种类型的购买行为是当消费者对于购买活动十分投入的时候发生的，但他们最终只能在竞争品牌之间发现少量的区别，这些消费者可能由于缺乏对品牌差异的清晰认识而感到困惑。消费者在对任何单个品牌的优点缺乏坚定信念的情况下，极有可能基于其他原因而做出选择，比如一位促销员提供的友好的建议，某些企业在其购买时刻推出的优惠活动等。

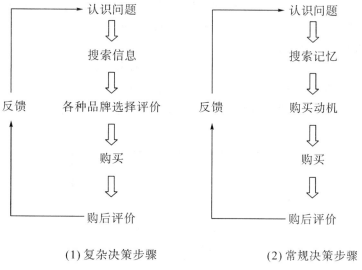

(1) 复杂决策步骤　　　　　　　(2) 常规决策步骤

图 2-3　购买决策与购后评价

在此类购买后，消费者将会感到不确定因素或风险的存在，特别是他们实际得到的与期望得到的不符合时就会有不舒适感，即"购后不和谐"现象。但是，消费者可能通过各种方式来消除这种不平衡心理造成的消极影响：或通过忽略这些不和谐信息而做到，如拒绝同提出相反意见的人进行讨论；或通过有选择地寻求能够肯定先前信念的那些信息而做到；或通过突出品牌的某些优点而做到。在这种类型的品牌购买决策中，消费者并不是依据坚定的品牌信念而做出选择，而是在被选中品牌的使用经历中逐渐改变自己的观点，然后经过选择性学习来支持原来的品牌决策，这是某些消费者通过留意肯定性信息而忽略否定性信息来实现的，该过程如图 2-4 所示。

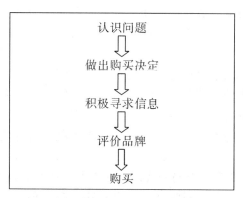

图 2-4　不和谐减少的品牌购买过程

经营该类品牌的企业应当在消费者购买后通过提供令人安慰的信息来减少购后的不和谐，如有的企业通过广告来树立消费者的信心，像"我们是您永远的朋友""您做出了明智的选择""我们时刻都在关注您"等，以安慰消费者并激发他们的品牌忠诚。与此同时，由于消费者不能确定选择某个品牌，因此促销能够大大提高品牌被选中的概率。同样，产品外观设计与产品包装也应当具有鲜明的特色。销售人员应被训练成为"品牌安慰者"，而不是"品牌促进者"。

（三）限制性因素的解决

大多数情况下，对于单位产品价值较低且经常购买的基本生活用品以及其他杂货来说，消费者不会把这些购买活动当成重要问题。他们所能察觉到的品牌之间的差别也很少。这时，消费者的购买行为就可被描述为"限制性因素的解决过程"（如图 2-5 所示）。

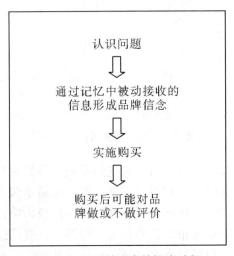

图 2-5　限制性因素的解决过程

人们认识问题显得很容易，如某件家庭厨具用品使用感不佳，需要重置。由于消费者对该类产品并不十分在意，他们并不会主动地从不同的信息来源渠道去积极地寻求信息，无论他们拥有什么样的信息都可能是被动接收的信息，如电视广告与周围人的评价，因此消费者会在购买和使用之后对品牌做出选择性评价，亦即消费者的信念、态度与倾向是在购买之后形成的。消费者可能认为搜寻和评估信息的各种花费超过其价值。

然而，与高介入购买情况相比，促销在低介入购买中起着不同的作用。消费者被动地接收信息，并将信息储存在记忆中，但这些信息并不会对其原有的认识产生较大的影响；除非消费者在需要购买该类产品的那一刻遇到了某些足以使其改变原有观念的外在刺激，如降价、演示、试用等，否则品牌行为的变化将不会出现。可见，在低介入购买中，消费者对品牌所产生的信任和忠诚不但具有一定的"惯性"或"惰性"，而且具有易变、脆弱的特征，如消费者有时表现出多样化的寻找行为。因为他们在使用某品牌产品一段时间后，会对购买同一种品牌感到厌倦，并通过转换品牌来寻求新的生活体验，而这种改变品牌的行为并不会将自己置于太大的风险之中。

经营该类品牌的企业发布的广告应当力求简洁、实用并经常变化，因为消费者对这类品牌广告的关注程度很低。在低介入购买中，消费者追求的是可接受的品牌，因此将品牌看成功能性问题的解决者是适当的——把某一种品牌的洗洁精看成碗筷的有效清洁工具，而不是将其看成缺乏真实感的利益传导者，如把该品牌洗洁精当成味道鲜美的菜肴的生产者。因此，对于限制性因素解决类型的品牌而言，企业应当把品牌看作功能性问题的解决者，强调产品质量和效用；同时确保各卖场储区有足够的货源。此外，赠品、赠券、免费试用、现场演示、样品展示等促销手段对购买该类品牌产品的消费者的影响也是很有效的。

（四）限制性因素解决的趋向

"限制性因素的解决"这一模型表现为在消费者认为竞争品牌间的差异性很小的情况下的低介入购买。但是，我们认为当消费者已经察觉到重大的品牌差别时，这时消费者的购买行为就应被描述为"限制性因素解决的趋向"。

这类品牌的选择过程与"限制性因素的解决"中描述的情况基本相同（见图2-5）。而且，由于两种类型所面临的问题都是消费者购买随意性大、品牌忠诚度低，因此企业需要采取类似于"限制性因素的解决"中的办法来建立和强化消费者的品牌差异性认识，以保持顾客品牌忠诚。

以上对消费者品牌选择的分析表明：如果品牌营销者知道消费者对品牌选择的重视程度和对品牌差异性的认识程度，那么了解他们的购买过程就成为可能；认清了正确的消费者的购买过程，品牌就能够以适当的营销方式表现自我和发展自我。

第二节　品牌忠诚

品牌关系一般要经历品牌知名、品牌认知、品牌美誉、品牌购买、品牌忠诚五个发展阶段，其中品牌忠诚是品牌关系的最高境界，是品牌关系营销[①]追求的目标。然而，在传统营销理论的指引下，相当一部分企业并不重视发展品牌关系，而是将精力用在能提高企业短期销售收入与利润的营销活动中去。正如菲利普·科特勒所言："遗憾的是，大多数的营销理论和实践往往集中在如何吸引新的顾客，而不是在保持现有顾客方面，强调创造交易而不是关系。"[②] 在品牌制胜的今天，营销者不能再仅局限于产品、定价、分销和促销等策略上，其主要目标和任务应当是创立与巩固品牌关系——一个忠诚的、经得起时间考验的、能够为企业创造长期利润的关系，即品牌忠诚。

一、品牌忠诚的含义及其作用

（一）品牌忠诚的含义

品牌忠诚是指消费者对某一品牌情有独钟，在未来持续一致地多次光顾并反复购买同一品牌产品或一个品牌的系列产品，不因情境和营销力量的变化而发生品牌

---

① 品牌关系营销（brand relationship management，BRM）是指企业通过活动或努力，建立、维护以及增进品牌与其顾客之间的联系，并通过双方的互动、个性化的长期接触、交流和沟通，以及企业对品牌承诺的履行，以持续地增进双方的关系。

② 科特勒，洪瑞云，梁绍明，等. 市场营销管理（亚洲版）［M］. 梅清豪，译. 2版. 北京：中国人民大学出版社，2001：46.

转换行为。品牌忠诚着重于对消费者品牌情感的度量，反映了消费者转向竞争品牌的可能性，尤其是当某品牌与竞争品牌在产品、价格等方面发生改变时。同时，随着品牌忠诚度的提高，消费者受竞争行为的影响程度随之下降。品牌关系营销已经发展成为企业市场营销活动的一个中心。具体地讲，品牌忠诚主要包括以下两个方面的含义：

1. 品牌忠诚包括行为忠诚和态度忠诚

消费者在购买过程中实际表现出来的品牌忠诚，即行为上的忠诚，一直在营销实践中作为评价品牌忠诚的主要指标。行为忠诚可以按照消费者购买所有品牌产品的比例来确定其忠诚度。例如，某个消费者在一年之中购买了A、B、C三个不同品牌的同类产品，购买比例分别为70%、20%和10%，那么该消费者比较偏向于A品牌，其忠诚度为70%。然而，我们还应当注意，行为忠诚必须具有跨越时间的持续性。也就是说，参照产品使用周期，在过去一段时间内消费者重复购买该品牌的产品的次数一般在三次以上才有可能产生品牌忠诚。

行为忠诚并不能解释形成品牌忠诚的真实原因。一部分消费者连续、大量地购买某种品牌产品，可他心里可能并不喜爱这个品牌，也许一有条件他就会转移到其他品牌上去。例如，许多在校大学生受经济收入的限制，在校期间只能购买一些价格便宜、实用的个人生活用品，但是一旦他们毕业后获得了一份高收入的职业，就会转变自己的品牌选择，开始购买一些自己真正喜爱的品牌产品。事实上，消费者对品牌的态度才是促使其重复购买的真正原因。换句话说，我们在考察品牌忠诚时，不能忘记对消费者品牌态度的调查与分析。

可见，定义品牌忠诚必须同时具备两个条件：一是重复购买行为持续一段时间，二是消费者在情感上偏向于购买某一个品牌的产品。

2. 行为忠诚不等于品牌忠诚

对于任何一个品牌来说，离开了顾客，品牌忠诚就无从谈起；但是，我们不能认为，所有顾客在购买行为上表现出来的忠诚，都是品牌忠诚，因为引起顾客行为忠诚即顾客忠诚的原因是多方面的。一是价格，即顾客主要因为价格符合其经济承受能力而不管是否在态度上支持该品牌。如某顾客只买得起千元以下的手机，他看中的就是某个品牌手机的价格便宜，尽管他钟情于另一品牌手机的个性与外观。二是便利，这与商店忠诚有相同的地方。比如离住所近的商店里没有某品牌的洗衣粉，而要买到该品牌的洗衣粉需要到较远的地方，为了节省时间和精力，消费者只好购买另一种品牌的洗衣粉，但这并不表示该消费者对该品牌忠诚。三是转换成本和品牌惰性。它主要有两类。一类是企业人为设置的转换障碍，如计算机行业的许多厂商通过制造不兼容或不断升级的软件版本来形成品牌转换成本，使用户一旦用上某个特定的品牌就很难再换另一个品牌，否则就要付出很高的代价。因此即使存在不满意的情况，多数用户也不得不选择继续使用该品牌产品。另一类是因消费者个人缺少品牌方面的相关信息而使转换品牌可能存在一定的风险，如一位已与某家医院或医生建立长期关系的患者，当他尝试到陌生的医院或者医生处就医时，可能会因为医治效果不满意而对自己的行为选择感到后悔，所以不愿承担转变品牌的风险而产生品牌惰性。四是态度忠诚，消费者在了解和使用品牌的过程中，与品牌之间建立了某种情感上的联系，或对品牌有着总的、趋于正面的评价。五是功能性忠诚，由于某品牌在功能性利益或者品质方面有较为明显的优势，消费者又认同这种优势，因此形成了相应的品牌忠诚。可见，引发顾客购买行为的原因是多方面的，其中只有态度忠诚的顾客才称得上真正的品牌忠诚者。

（二）品牌忠诚的作用

品牌忠诚是品牌资产价值的核心与源泉。企业拥有忠诚于品牌的消费者群体意味着企业拥有了一项长期的、宝贵的战略资产。如果企业能对其进行适当、有效的管理和利用，它将会发挥出巨大的作用。

1. 增加企业利润

企业拥有一批对品牌忠诚的消费者不仅能够降低营销成本，而且能够增加销售收入。

首先，企业保持现有顾客比吸引新顾客的代价要低得多，这是由于现有顾客通常缺乏改变品牌选择的动力。这可能是由于他们没有或者不愿意付出努力去寻找新的品牌替代品。即使面对品牌替代品，他们通常也需要相应的、有价值的刺激物来支持他们做出购买的决策。因此，让现有消费者满意，减少他们转换品牌的动机，要比寻找新消费者所花代价低得多。而现实中企业常犯的一个错误是，试图通过吸引新的购买者来发展业务，但忽视了挽留自己现有的顾客。菲利普·科特勒曾就此进行过精辟的分析："吸引一个新顾客所耗费的成本大概相当于保持一个现有顾客的 5 倍……一个公司如果将其顾客流失率降低 5%，其利润就能增加 5%～85%。"①

其次，为了降低购买成本，老顾客极有可能选购该品牌的系列产品，如果他们需要这些产品的话；而面对新顾客，营销者很难在第一次交易中就能销售多种产品。假如企业能够准确地把握顾客的需求，并适时地向他们推荐能够满足其需求的产品，将会使顾客更加满意，从而形成双方更加密切的合作关系；而合作关系的加深，反过来能够进一步提高顾客的忠诚度。以美国的银行为例，只购买一种商品的顾客，一年内转到其他银行的概率是 50%，但是如果顾客购买的商品数增加到两个以上，转到其他银行的概率就会降低到百分之几。可见，品牌忠诚度越高，顾客流失率越低，企业获得的利润就越大。

2. 品牌忠诚是竞争者面临的一个行业进入壁垒

现有消费者的忠诚构成竞争对手进入行业市场的障碍，因为竞争对手要想打入那些已建立品牌忠诚的市场，就必须付出更多的金钱与精力以"怂恿"或"引诱"消费者转变品牌选择，以建立自己的品牌忠诚，因此新进入者的盈利潜力就降低了。对于品牌忠诚所形成的障碍，有实力的竞争者必须充分了解它，然后才可能进入市场。反过来看，品牌市场捍卫者对于消费者的不变性不能抱有幻想，需持续不断地向消费者传递品牌忠诚信号，如有关忠诚消费者的纪实性广告及品牌宣传广告，能够起到巩固品牌忠诚关系的作用。

---

① 科特勒，洪瑞云，梁绍明，等. 市场营销管理（亚洲版）[M]. 梅清豪，译. 2 版. 北京：中国人民大学出版社，2001：46.

3. 贸易杠杆的作用

品牌忠诚为品牌的主人提供了有力的贸易杠杆支持。赢取了消费者忠诚的品牌，如海尔、华为、TCL、格兰仕、联想，以及宝洁公司的海飞丝、飘柔等，这些品牌产品会得到商家的特别"关照"，最典型的是商家会保证优先的货架空间，因为商家清楚地知道消费者会把这些品牌列在他们的购物单上。换句话说，品牌忠诚或多或少地影响甚至于支配商家的商品选择与供货决策。例如，一个超级市场，除非它有像海尔冰箱、长虹电视、金龙鱼食用油、青岛啤酒、可口可乐饮料、清扬洗发露这样的品牌，否则一些消费者就转向其他的卖场购物。当商家引进新规格、新种类、新变化的品牌产品时，品牌忠诚具有的贸易杠杆作用就显得更加重要。

4. 吸引新的顾客

现有的顾客对品牌的忠诚，为潜在的顾客提供了一种保证，尤其是当这类产品的购买带有程度不同的冒险性质的时候。企业通过该品牌已有的顾客向潜在顾客介绍品牌优点，其效果远胜于企业推销人员直接向他们宣扬自己产品性能优良、质量可靠和使用安全等优势。例如，您是长虹彩电的用户，您周围的人看到它就会对"长虹"这一品牌有印象。这比偶尔在电视或者报纸杂志上看见，给人的印象更深刻，影响力也更大。因此，在一个新的或者具有购买风险的行业中，企业通过现有顾客群对品牌的认同，向未来消费者提供相关信息，不失为一种行之有效的销售方式。但是，通过现有顾客向新顾客推销产品，多数情况下不会自动发生，这就需要企业采取某些激励措施，使老顾客有意或无意地这样做。如某公司为了建立一种众口相传、卓有成效的品牌传播机制，开展了一场轰轰烈烈的"寻亲"促销活动，在活动中开设各种奖项，将老顾客导入其试图建立的传播机制中去。

企业需要不断扩大满意的顾客群体。在存在许多后续服务和对相关配套产品要求很高的一些行业中，如计算机、软件、家电、汽车等，经常面临着这样的忧虑：企业是否有足够的资源，使所有的顾客都能满足自己的需要。实际上，如果企业拥有一个相对较大的顾客基础，就应当相应地扩大售后服务范围，进一步提高顾客的满意度与忠诚度，因为顾客基础能够产生品牌认知，吸引更多的潜在购买者加入品牌购买、品牌忠诚的行列中来。

5. 为企业争取了响应竞争威胁的时间

在激烈的市场竞争中，新产品层出不穷，而企业要响应这种创新往往需要回旋余地。如果竞争对手开发了一种更符合消费者需求的新产品的话，一部分品牌忠诚度不高的顾客就很可能倒向竞争品牌的一方，成为其顾客，这对企业来说无疑是一种损失。但是，对于大多数忠诚的顾客来说，他们不会立刻改变自己的品牌信念，更不会购买竞争品牌的产品，这就为企业针对竞争威胁采取相应的措施空出了时间。当然，如果企业不做出反应或者反应迟缓，自己的顾客就会逐渐流失，品牌忠诚度也会下降。

专栏：小故事·大启示

名字中有什么?

1983 年，丰田汽车公司与通用汽车公司在美国加利福尼亚州北部合资兴建了一家名为新联合汽车制造公司（New United Motor Manufacturing, Inc., NUMMI）的汽车制造厂。当时，该厂给全球汽车工业带来的最大启示是，西方的汽车制造企业可以学习日本的"精益生产"技术。而现在 NUMMI 带给汽车业的是更加令人深思的一课：生产成本和方法上的差异已不再重要。

由于现今所有汽车制造企业都变得相当精干，各企业的竞争优势已转向更多依靠供应链管理、产品设计和营销这些方面上来。遗憾的是，最新的一项研究表明：日本的汽车制造业仍在这些领域领先于美国和欧洲的同行。波士顿咨询公司的汽车专家约翰·林奎斯特（John Lindkvist）用 NUMMI 制造的两种几乎相同的小轿车来阐述这点。这两种车都是从 1989 年开始投产，品牌分别为丰田公司的卡罗拉（Co-rolla）和通用公司的杰傲普林斯（Geo Prizm，雪佛兰系列品牌之一）。

丰田的卡罗拉在 1989 年的售价是 9 000 多美元，比通用的杰傲普林斯高出约 10%。而前者的折旧却比后者慢得多，所以 5 年后二手车的价格前者几乎比后者高出 18%。为什么这两种几乎相同又出自同一个厂家的车的价值会有这么大的差别？一个最明显的答案是：丰田的品牌优势更大，消费者认为在同等档次的汽车中，丰田品牌要优于通用品牌，所以他们愿意支付更高的价格。丰田的这种优势在其经销商的销售和服务中继续得到体现。

由品牌优势带来的经济效益是惊人的。1990—1994 年，丰田的卡罗拉和通用的杰傲普林斯的平均制造成本相同，都为 10 300 美元。前者一共售出 200 000 辆，每辆出厂价为 11 100 美元。后者仅售出 80 000 辆，每辆出厂价为 10 700 美元。结果是，丰田公司从 NUMMI 获得的经营利润比通用公司高出 1.28 亿美元，丰田汽车的经销商获利比通用汽车的经销商获利也高出 1.07 亿美元。

二手车的差异应引起美国汽车制造商的关注。在美国，目前有 25% 的车被用户租赁，而不是购买。福特汽车公司预计这一数字不久将升至 50%。由于这些用于租赁的汽车最后要回到制造商手中，其剩余价值对企业利润的影响日益加剧。汽车业需要从过去专注于制造和供应链的模式，转向更加关心如何将产品销售给最终顾客。

二、品牌忠诚度分析

与品牌忠诚所包含的两方面内容相对应，品牌忠诚度也可分为两种类型，即品牌行为忠诚度和品牌情感忠诚度。品牌行为忠诚度是指消费者在实际行动上能够持续购买某一特定品牌的系列产品，这种行为的产生可能源自消费者对品牌的正面态度，也可能是收入限制、地理位置限制等其他与情感无关的外在约束条件促成的。品牌情感忠诚度是指某一品牌的个性与消费者的生活方式、价值观念相吻合，消费者已对该品牌产生了感情，甚至引以为豪，并将品牌作为自己的朋友，进而表现出持续购买的欲望与行为。如果消费者有这样的心理，不论其是否采取实际的购买行动，都说明他们具有较高的情感忠诚度。有关机构的调查显示，国内大学生购买笔记本电脑的首选品牌是"联想"，而心目中的理想品牌是"苹果"。究其原因，是因为"苹果"品牌机的价格超出了大多数学生的购买能力。这说明在收入约束条件下，"联想"具有较高的行为忠诚度，而"苹果"具有较高的情感忠诚度。如果导致行为忠诚的约束条件得以解决，那么决定消费者购买行为的将是情感忠诚度。从较长的时期看，消费者能否表现出持续的购买行为，很大程度上取决于其情感忠诚度的高低，因为消费者总是倾向于购买自己喜爱的品牌，而不是那些不得不购买的品牌。同时，消费者对于某一品牌的购买行为，由于受到各种内外因素的影响，常常表现出"朝秦暮楚"、变化无常的特征。企业只有深入调查和了解消费者购买行为的变化规律，才能因势利导，以维护消费者对自身品牌的高度忠诚。

（一）行为忠诚度分析

行为忠诚度大多根据消费者实际发生的品牌购买行为进行统计，如再次购买率（两次及以上购买某一品牌产品的顾客占顾客总数的比重）、购买百分比（同类产品中各种品牌在一位消费者最近五次购买中各占的比重）、品牌购买百分比（在同种类商品的购买中，只买一种品牌、只买两种品牌、只买三种品牌的顾客百分比）、品牌转换率（原有顾客转向购买其他品牌产品的比例是多少）等指标。

根据美国一家市场调研公司对22个品牌的消费者所进行的长期跟踪调查，我们发现22个品牌的平均高、中、低度行为忠诚者[①]占被调查消费者的比例分别是12%、14%、74%。显然，从消费者数量看，高度行为忠诚者所占比例较低，仅占低度行为忠诚者的约16%。但是，与此形成鲜明对比的是，高度行为忠诚者的产品购买量却占品牌产品总销售量的69%，而低度行为忠诚者的产品购买量只占品牌产品总销售量的5%，这足以说明高度行为忠诚者对企业发展具有重大意义。

该项研究还发现，某一种品牌能否长期保持并且不断提高其市场份额，不仅与其高度行为忠诚者的数量的多少密切相关，还取决于企业能否将低度行为忠诚者转变成高度行为忠诚者，原因是市场份额与低度行为忠诚者向高度行为忠诚者的转移程度相关。高度行为忠诚者固然对品牌的忠诚度较高，但他们中间也不乏"意志薄弱者"，他们易受外界因素的影响，从而投入其他品牌的"怀抱"。因此在努力维持高度行为忠诚者的同时，企业应尽力争取把低度行为忠诚者转变成高度行为忠诚者。

基于以上分析，我们可以得出以下两点认识：一是高度行为忠诚者对于品牌的销售量、市场占有率至关重要。维持高度行为忠诚者的忠诚不变，直接关系到品牌的发展壮大。二是品牌市场份额的扩大与低度行为忠诚者向高度行为忠诚者的转移密不可分。企业应当通过适当的途径和手段提高低度行为忠诚者的忠诚度，使他们最终成为高度行为忠诚者，从而提高品牌市场占有率。

（二）情感忠诚度分析

在上文我们分析了行为忠诚度对品牌的影响，但如果把情感忠诚度也考虑进去，

---

① 高度行为忠诚者是指有50%以上概率重复购买同一种品牌产品的顾客；中度行为忠诚者是指有10%～50%的概率重复购买同一种品牌产品的顾客；低度行为忠诚者是指只有不到10%的概率重复购买同一种品牌产品的顾客。

就可能出现不同的结果。如前所述，情感忠诚度是从消费者对品牌的态度这一角度去考察品牌忠诚度的，它并不一定最终导致购买行为的发生。因此，从某种意义上说，我们对情感忠诚度的分析只是对消费者未来可能发生的购买行为的预测。

就情感忠诚度而言，企业可以通过对消费者的品牌认知、品牌联想、品牌个性与消费者生活方式的契合程度等方面的综合分析，来预测无外在约束条件下，消费者未来重复购买的概率，进而对其加以量化。如：企业可调查顾客对品牌的喜爱程度从而了解品牌情感忠诚度。情感忠诚度在评价、判断消费者未来的品牌忠诚度方面，以及为企业分析品牌市场份额与品牌忠诚度关系方面有重要的决策参考意义。

国外研究表明：对于相同的低行为忠诚者来说，高情感忠诚者远比低情感忠诚者更容易转变成高情感-高行为忠诚者（称为"真正品牌忠诚者"）；同样，高情感-中行为忠诚者、中情感-高行为忠诚者远比低情感-中行为忠诚者、低情感-高行为忠诚者更容易成为真正的品牌忠诚者。情感忠诚度是衡量消费者品牌忠诚度不可或缺的标准。行为忠诚只是代表了过去的消费者购买行为，而情感忠诚则揭示了未来。企业只有将情感忠诚和行为忠诚结合起来，才能全面、准确地考察和分析消费者的品牌忠诚度。

（三）品牌忠诚度方格图

运用情感忠诚度和行为忠诚度组成的两维坐标，结合对情感忠诚度与行为忠诚度的分类，我们可以得出品牌忠诚度方格图这一较为形象的分析工具（如图2-6所示）。它是以行为忠诚度为横坐标，情感忠诚度为纵坐标，并将两者分为低、中、高三类忠诚度，从而在矩阵图中建立了九个象限。

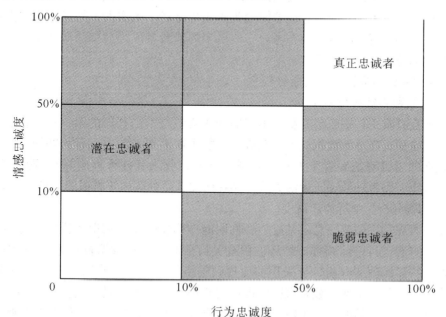

图2-6 品牌忠诚方格示意图

在图2-6中，情感忠诚度高于行为忠诚度的忠诚者称为"潜在忠诚者"。这类忠诚者对品牌的忠诚主要来自顾客对品牌良好的态度，因此更具持久性，并且容易向真正的品牌忠诚者转变。相反，情感忠诚度低于行为忠诚度的忠诚者，由于他们对品牌的忠诚更多地来自外在约束因素的影响，因而他们的品牌忠诚度不稳定，比较容易成为中、低度忠诚者，甚至彻底转变成其他品牌的真正忠诚者，我们将此类忠诚者称为"脆弱忠诚者"。

显然，对于大多数品牌而言，如果潜在忠诚者远多于脆弱忠诚者，说明该品牌已经建立起鲜明的、独特的品牌个性，并且得到了多数消费者在情感方面的认同。所以，这种品牌必定具有良好的市场发展前景和较强的抵御竞争冲击的能力。如果潜在忠诚者少于脆弱忠诚者，说明多数品牌购买者并没有对该品牌产生认同感，即使该品牌由于拥有先发优势、独特的分销渠道或其他营销组合优势而风光一时，占有较高的行业市场份额。这对品牌将来的发展会产生严重的不利影响。

此外，图 2-6 中右上象限区域表示真正的品牌忠诚者（有人称之为有品牌信仰的消费者）。一个健康发展的品牌应当拥有较高比例的真正忠诚者。这类忠诚者倾向于对品牌的持久忠诚。这种忠诚既包括情感方面的认同感，也包括购买行为的持久性。因此，他们会一直关心和购买这一品牌，并关心与企业有关的各种事件。他们对该品牌已产生的情感具有长久性，该品牌已成为他们生活中必不可少的一部分。即便是面对更好的产品、更低的价格，他们也始终忠诚。可见，真正的品牌忠诚者才是企业梦寐以求的"上帝"。维持他们的忠诚，品牌必然能不断发展壮大，不断提高产品市场份额，并最终成为消费者心目中的"常青树"。

总之，企业要保持品牌的健康发展，不仅要维持真正忠诚者，而且要尽力挖掘潜在忠诚者，使更多的潜在忠诚者转变为真正忠诚者。事实上，品牌壮大的真正内涵就是从情感与行为两方面综合考虑，使更多的消费者成为品牌的潜在忠诚者，并最终成为品牌的真正忠诚者。

（四）品牌忠诚度的调查分析程序

1. 建立顾客资料数据库

企业在日常工作中收集与积累丰富的顾客资料是整个程序的第一步。企业只有以准确、全面、详尽的数据资料为基础，才能了解消费者的购买行为特征。顾客数据库包括的内容有消费者个人背景资料（年龄、收入、教育程度等）、购买习惯、重复购买率、品牌转换率、生活方式、品牌认知、品牌联想等方面的信息。

2. 调查分析品牌行为忠诚度

企业可在掌握顾客信息的基础上，抽取能准确反映总体情况的样本，对样本中的每一位顾客进行跟踪调查，最后运用有关指标对得到的数据资料进行统计分析。企业对行为忠诚度的分析，可采用前面提到的指标，还可以使用顾客占有率指标，即一个品牌在某一消费者或者家庭的市场占有率。计算方法是将消费者对某品牌的购买总数除以该商品的总购买数。例如，一位搭乘飞机的顾客，一年之中搭乘了 10次班机，其中有 2 次是搭乘 A 航空公司的班机，则 A 公司的顾客占有率就是 20%。

在分析行为忠诚度时，品牌转换成本也是一个极为重要的因素，因为转换成本是顾客行为忠诚的一个重要原因。对于消费者而言，改变品牌的风险越大，费用越高，他们就越不容易改变过去的品牌选择。因此，我们通过对转换成本和转换风险的分析，能够进一步了解顾客忠诚建立在哪些转换成本上。

3. 调查分析品牌情感忠诚度

分析情感忠诚度的顾客样本应与分析行为忠诚度时选择的样本相同，以保持调查对象的一致性。我们根据顾客的品牌认知情况和品牌联想情况，品牌文化与消费者生活方式的契合程度，个人兴趣爱好等方面的信息进行综合分析，预测顾客未来的购买行为，并将其分成高、中、低度情感忠诚者三类。

这里需要说明的是，情感忠诚是一个抽象的概念，在调查分析方面存在着一定的难度。大多数情况下，我们可以从三个定性指标进行分析。第一个定性指标是顾客对品牌的喜爱程度。喜爱程度可以归为喜欢、尊敬、友好、信任和忠贞不渝五种程度，依次递增。与一般的关系相比，一种对品牌的特殊情感使得竞争对手难以下手。当情感忠诚达到忠贞不渝时，顾客就乐于在口头上给予品牌正面的评价，并积极向他人推荐。第二个定性指标是品牌对顾客生活方式的重要程度以及品牌与顾客价值观的契合程度。如果品牌文化同顾客长期积淀下来的价值观念相契合，则可以推测顾客的情感忠诚度很高，而且这种价值观在其心中的地位越高，情感忠诚就越高。第三个定性指标是顾客观念的演变。因为情感忠诚相对而言是一个长期的概念，因而我们有必要研究目标市场的顾客观念在其个人成长过程中的演变问题。如：消费者在人生花季时期可能痴迷于纯情、甜蜜和梦幻的感觉；而当他（她）们进入青春时期，则可能更倾向于嬉皮士的处世态度；等到跨越而立之年，雅皮士、冷幽默可能是他（她）们的生活信条。

4. 建立品牌忠诚度分析矩阵

企业可建立两维矩阵，得出各象限所代表的忠诚者的绝对数以及占样本总量的相对比例，从而统计出品牌的真正忠诚者、潜在忠诚者以及脆弱忠诚者各自所占的比例。

5. 根据品牌忠诚度分析结果，制订品牌营销战略计划及措施

如果潜在忠诚者远少于脆弱忠诚者，那么企业应当在塑造品牌文化、品牌个性传播等方面下功夫，以提升品牌的情感忠诚度，争取更多的真正忠诚者。反之，若拥有的潜在忠诚者比脆弱忠诚者多，那么企业的主要工作应集中在弱化消费者约束条件方面，如采取削减渠道费用和降低产品成本以降低产品售价以及提供买方信贷支持等措施，使更多的潜在顾客能够转变成现实的产品购买者。

三、建立和保持品牌忠诚的方法

在现代市场经济条件下，企业赢得消费者对品牌的忠诚不再只是依靠广告媒体就能办到；而目前国内许多企业经营者不了解或者干脆不愿了解这一点，他们对过去的市场竞争方式、方法仍然恋恋不舍，却不懂得满足现有顾客或者潜在顾客的行为偏好与情感需要，才是建立和提升品牌忠诚度的关键所在。消费者总是将自己的忠诚献给那些在关注和关心自己需要方面做得更好的企业。

（一）建立品牌忠诚的方法

以下几种方法能够帮助品牌在短期内提高顾客忠诚度，并有助于与目标市场顾

客建立起长期友好的关系。

1. 常客奖励计划

这是建立顾客忠诚度最直接有效的一种方法。它不但能够提高品牌的顾客价值，同时能使顾客在心理上感到自己的忠诚得到了相应的回报。如某些公司推出的"购买金额积累计划"，奖励那些经常购买公司产品的顾客。再如海尔实施的"金牌会员卡"制度、希尔顿推出的"资深荣誉常客计划"等。

2. 会员俱乐部

与"常客奖励计划"一样，会员俱乐部形式也能够使忠诚顾客感到自己被重视。相比之下，常客奖励计划的形式比较单一，范围也较小；而会员俱乐部能让更多的顾客参与其中，而且内容和形式也较为丰富。会员俱乐部为消费者提供了一个渠道，表达他们对品牌的想法和感受，同时还可以使消费者与其他品牌爱好者分享经验。例如，在某些化妆品品牌的会员俱乐部里，会员们从中可以获得购买商品的价格折扣、定期或不定期地收到新产品面市的资料、获得免费护肤和新产品试用的机会、获得其他赠品等。

3. 设置转换成本

增加顾客的品牌转换成本尽管不能保持顾客的长期忠诚，但是它对于提高短期的顾客忠诚度来说，仍然具有比较好的效果。产生转换成本的方法，是找出解决顾客问题的措施，这将意味着对业务的重新定义。例如，国外许多制药企业为自己的药品零售商安装计算机终端，为他们提供存货控制、货架管理和自动订货等服务。通过这些措施，企业客观上为零售商制造了大量的转换成本，并改变了整个药品批发业的结构。

4. 资料库营销

企业可通过营销大数据分析等方式，获得品牌常客某些方面的个人资料，包括姓名、性别、年龄、职业、住址、联系方式、个人偏好、消费行为特征等，分析这些资料，将新产品信息推介、特别活动说明、公司特惠活动专案寄给那些可能回应"信箱广告"的消费者。收到广告的人也会感到自己受到了尊重，从而加强对品牌的忠诚。

（二）保持与提升品牌忠诚的方法

1. 接近顾客

具有强烈顾客意识的公司正在积极寻找接触顾客的方法。例如，即使身居 IBM 公司里最高层的管理人员，也有理由和责任接触顾客；迪士尼乐园的负责人每年以"上岗"的身份到一线工作两周；国外一些企业安排生产一线的工人面见顾客，使他们意识到自己工作对顾客的重要影响。这些活动不但能够使企业员工亲身接触顾客并了解顾客的需要，同时也使顾客感到自己受到企业的重视。

定期调查顾客的满意情况，对于企业理解顾客的感受从而调整产品结构、服务方式来讲是极为必要的。顾客调查必须是及时的、灵敏的和可理解的，以便使企业了解顾客对品牌的满意发生了哪些方面的变化以及为什么发生变化等问题。此外，调查的结果应当与部门及个人的收入挂钩，以发挥其激励作用。例如，达美乐比萨

（Domino's Pizza）每周对顾客进行调查，测量面粉是否结块、胡椒是否味足、服务员回答顾客问题的时间长短以及送货人态度等问题。每个营业点都发展了这种测量方法，每个月都以这些测量得到的结果为基础分配奖金。

2. 正确对待顾客

研究表明，首次接触品牌留下的"第一印象"对消费者品牌忠诚有着十分重要的影响。企业要确保顾客有积极有益的品牌经历并留下美好的品牌记忆，其关键是培训员工讲文明、懂礼貌、热情待客，让员工学习和实践如何应对与顾客的各种接触。一句简单的道歉有一种潜力，它甚至可能将一种不好的态势转变为一种可容忍的态势。此外，企业可以通过为顾客提供一些附加的服务而将顾客的态度由对品牌能容忍转变为对品牌热情。

3. 留住老顾客

企业常犯的一个错误是主要依靠吸引新顾客来谋求发展，因而制订侵略性的营销计划成为普遍的现象。问题是吸引新顾客往往是一件很困难的事情。通常情况下，由于顾客选择商品有很强的惯性，大多数顾客并不愿意离开原来选择的品牌，而且与新顾客接触的代价很昂贵，毕竟顾客不会为了寻求替换的品牌而去费力地读广告，或主动与销售员联系。

相比之下，保持现有的顾客对于企业发展来说不失为一个明智的选择。因为这样做会降低顾客成本，使企业获取更多的利润，而且留住老顾客亦有利于吸引新顾客。企业的顾客基础就像一个有洞的桶：增加输入将比修补漏洞更昂贵。因而，制订有效的顾客保持计划，尽可能地减少顾客流失，是关系企业生存发展的一个重大课题。一项分析表明：不再忠于该品牌的客户减少5%，会导致平均顾客利润大幅度增加；而利润增长幅度与商业类型有关，如对软件行业来说，估计将有35%的利润增长，而对信用卡和银行存款这类拥有较高顾客忠诚的行业来说，将有75%以上的利润增长。

顾客保持计划需要减少不满意顾客离开的动力，增加满意顾客的转换成本。第一步是接触流失的顾客，分析促成他们转换品牌的原因，并尽最大的努力来消除这些不满。失去的顾客往往是反映顾客需要的最好信息源。他们为什么离开？确切地说是什么动机促使他们这样做？为了消除这些动机可以做些什么事情？大多数情况下，银行负责人很清楚上个月开了多少新户头，也许也知道那些新顾客为什么选择自家的银行，但是对于现有的客户为什么变得不满意并且选择离开，却一无所知。

一个精明的、更具战略意义的顾客保持计划，将不只包括除去顾客不满的根源，而且还应当奖赏老顾客，并筑起相应的顾客转换成本防线。例如，美国超级连锁书店沃尔登（Walden）开展了一项"重要读者优先"计划，以奖励顾客。一位重要的读者拥有一张卡，并享有以下权利：接通免费线路，可电话订书；所有购书优惠10%；每花费100美元，就可得到一张价值5美元的优惠券；包退包换。这项计划大大提升了沃尔登顾客的品牌忠诚度，并已为世界其他图书经销商所效仿。

4. 通过情感沟通提高品牌忠诚

在现代市场环境中，保持品牌在产品、服务等方面的差异化优势越来越困难，而品牌与消费者之间的情感关系在对消费者购买决策方面的影响越来越大，因此情感营销得到品牌营销者的高度重视，成了许多品牌提升顾客忠诚、创造竞争优势的利器。事实上，富有情感的品牌如同一块强力磁铁，可以紧紧吸引住消费者。例如，一位消费者热爱自己的汽车，但他不一定就是保时捷（Porsche）或法拉利（Ferrari）的拥有者，却可能只是一辆低价车的拥有者，虽非好车，但对车主来说，这辆车子在他的生活中所扮演的是不可或缺的角色，所以两者之间是存在着深厚感情的。那么，如何让消费者对品牌情有独钟呢？

我们知道，品牌之所以能产生情感，主要是因为品牌创造出来的独特的、优越的情感利益点能和目标消费群的情感融合在一起，如"使用苹果计算机表示你是个有创意的人""戴上劳力士手表表示你的身份尊贵"。

品牌情感透过拟人化的个性和目标消费者进行沟通，因而形成消费者生活方式的一部分。消费者使用自己心中认定的品牌来表达自己的情感，而品牌所传达的情感讯息正是他们期望表达的东西。品牌情感甚至含有一种特殊魅力，能将品牌的使用者聚合在一起，自成所谓的"品牌族群"。品牌利用互联网站、直邮名单、社团组织和消费族群建立互相沟通情感的管道，是近年来快速兴起的发展潮流。现今，企业以品牌为名成立各种类型的会员俱乐部并发行会员卡，其目的无非是想拉近品牌和消费者之间的情感距离，建立品牌忠诚度。企业的这种做法不仅能留住重要顾客，还可在开发新产品或服务时，让他们协助执行"意见带头人"策略，从重要的顾客群中取得精准的信息反馈。

一些品牌把情感营销聚集在某一情感优势上，从而最大地发挥了其功效。苹果电脑即一个缩小诉求焦点最好的例子，它最拿手的技术并不是计算机软硬件，而是"创意"。它在计算机市场上找到了"富有创新"的消费者市场并积极推进，自成一派，这跟英特尔和微软视窗针对大众市场的策略是两种完全不同的概念。苹果缩小焦点后，很快就在市场上拥有自己的优势，并与使用者建立了很好的关系。

最后，需要强调的是：品牌营销者必须先从企业内部开始传播和渗透品牌情感。这就要求有最好的员工和内部沟通渠道来发展这份情感，让普通员工也对品牌产生同样的情愫。因为有好的员工，企业才能有效地训练他们去了解品牌真正的意义，才能由他们代表公司去传达顾客情感。

总之，并非每个品牌产品都具有情感潜力。一位优秀的品牌营销者，必须能辨识品牌产品家族中，哪个品牌产品具备情感开发的潜力，并能开发该潜力。营销者只有将品牌情感挖掘出来，并将其应用到品牌营销之上，才有可能获得顾客的品牌忠诚。

除以上提到的方法外，提供价格与价值相符合的商品、建立良好的企业公民形象、提高顾客购物的便利性与易得性、搞好售后服务保证等，都有利于提升顾客的忠诚度。

第三节 品牌共鸣模型

品牌共鸣模型（brand resonance model）是关于品牌忠诚关系形成过程的理论，即从顾客视角分析了某一品牌如何与其顾客形成积极而紧密的忠诚关系。该模型提出，创建强势品牌需要依次经历四个步骤：品牌识别、品牌含义、品牌响应、品牌关系（见图2-7）。在图2-7中，金字塔左侧倾向于建立品牌的"理性路径"，即品牌功效和品牌判断；而金字塔右侧则代表建立品牌的"感性路径"，即品牌形象和品牌感受。绝大多数强势品牌的创建是通过这两条路径"双管齐下"。

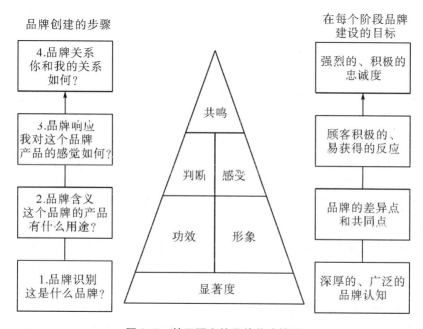

图 2-7　基于顾客的品牌共鸣模型

一、品牌识别

某个品牌首先要确保自己在消费者脑海里建立与特定产品或需求相联系的品牌联想，要使顾客知道你是做什么的，满足他们什么需求，这就与品牌显著度指标有关。品牌显著度（brand salience）测量了品牌认知程度的各个方面，如：在不同情形和场合下，品牌出现的频率如何？品牌能否容易被回忆或者识别出来？是否需要哪些必需的暗示或提醒？等等。而品牌曝光率影响着品牌显著度。 个具有高曝光率的品牌，可以促使消费者总是在不同的场合下想起这个品牌和促使购买消费行为。所以，品牌显著度是企业建立品牌资产过程中至关重要的第一步。

品牌认知可以从广度和深度两个方面来分析。品牌认知深度是指品牌元素在人们脑海中出现的可能性及难易程度，如一个很容易被回忆起的品牌与一个只有在呈现后才能被想起的品牌相比，前者的品牌认知深度更深。品牌认知广度是指品牌在人们脑海中出现的场合，也就是消费者在什么地方、什么时候会想到该品牌，以及想起该品牌的容易程度和频率。品牌认识广度在很大程度上影响消费者的购买决策和企业品牌产品的销售情况。

二、品牌含义

品牌含义包括品牌功效和品牌形象两个内容，都与品牌联想相关。品牌联想可以直接形成，如顾客与品牌打交道的亲身经历；也可以通过广告、口碑等其他信息渠道而间接形成。

（一）品牌功效

消费者对品牌的信任在很大程度上是建立在品牌产品功效上的。品牌功效（brand performance）是指产品满足顾客功能性需求的程度，它一般包括以下五个方面：

1. 主要成分及次要特色

顾客对品牌产品的信任可能来自产品的主要成分以及产品的性能，也可能来自产品的一些特殊方面（专利、特色或对主要成分具有补充作用的次要元素等）。产品的某些属性对于一个品牌产品是必要的成分，对于其他品牌而言则属于次要特色。比如，"精细"对于奔驰汽车来说是必要的属性，但对于其他许多汽车来说，则显得不是那么重要。产品的主要成分及次要特色往往是多样化和个性化的。

2. 产品的可靠性、耐用性及服务便利性

可靠性（reliability）反映了长期购买产品中功效的一致性，耐用性（durability）则是产品使用寿命的指标，服务便利性（serviceability）是指产品维修的方便程度。因此，影响产品功效感知的因素有：提供与安装产品的响应速度、准确率以及关注度，对于顾客服务培训的及时性、礼貌度及顾客感知的受益性，以及维修服务的质量、所花费时间等。

3. 服务的效果、效率及情感

对于服务，顾客通常会产生与功效相关的联想。服务效果（effectiveness）反映了品牌满足顾客服务需求的程度；服务效率（efficiency）则反映了服务的响应速度；服务情感（empathy）表明对服务的信任、关注程度。

4. 设计风格

设计具有影响功效联想的作用。除了产品功能，顾客还可能对产品美学方面的因素，如产品尺寸、形状、材料、色彩等产生联想。因此，品牌功效还与产品的感官因素相关，即产品带给顾客的视觉、听觉、味觉、嗅觉及触觉等。

5. 价格

品牌的定价策略会在顾客心中形成昂贵或者廉价的品牌联想。价格是一个特别重要的功效联想，因为顾客会根据不同品牌的价格形成产品的品类知识。

（二）品牌形象

品牌形象是指品牌具有什么样的特点以及它在消费者脑海中所代表的含义。它是产品或服务的外在属性，是品牌满足顾客心理和社会需要的方式。因此，品牌形

象是无形的资产。与品牌形象有关的主要因素如下：

1. 用户形象

一些品牌的形象联想是由使用该品牌产品的个人或组织形成的。这种品牌形象一般会在现实顾客或更多的潜在顾客中产生关于某类用户的心理图像。顾客也许会把对典型的品牌用户的联想建立在人口统计因素（如性别、年龄、受教育程度、种族、收入等）或者抽象的心理因素（包括对生活、职业、财产、社会问题、政治机构的态度）基础之上。

2. 使用情境

第二类联想是指人们能够或者应该在何种情况下购买并使用某品牌。特定使用情境的品牌联想与使用某一品牌的时间有关，与地点有关，与在何种活动中使用有关。

3. 个性

品牌如人，企业通过长期的营销活动或者刻意而为的营销传播活动，赋予了自己品牌某种人性的内容，如时尚、守旧、活力四射、怪诞，以体现品牌的价值观。

用户形象、使用情境和个性往往是相互联系的。消费者通常会选择购买和使用能表达自我概念的品牌，尽管有时这种在公共场合表达自我的方式，只是顾客理想中的形象，而非实际中的形象。那些"高度自我"的消费者，即对别人对自己的看法敏感的人，一般会选择那些品牌个性更适合使用情境的品牌。

4. 历史、传统及体验

一些伟大的品牌在自己品牌发展史里积淀下了许多优秀的人物及故事，历史遗产在品牌发展中融入企业文化并传承下来，对于建立企业品牌形象起到了至关重要的作用。顾客在品牌体验营销活动中，随时随地联想到品牌的历史、传统。

三、品牌响应

品牌响应是指顾客基于对品牌产品的印象或感受而做出的反应。只有当顾客对某品牌有着积极、正面的反应时，才会产生购买行为。

（一）品牌判断

品牌判断（brand judgments）是指顾客对某个品牌的个人喜好和理性评估。它涉及顾客如何将不同的品牌功效和品牌形象联想结合起来以产生不同的看法。顾客对品牌会形成种种不同的判断，但主要有四种类型，即品牌质量、品牌信誉、品牌考虑和品牌优势。

（二）品牌感受

品牌感受（brand feelings）是指顾客在感情上对品牌的反应。品牌与顾客之间的感情联结是至关重要的，而顾客的品牌感受显然是由品牌营销活动激发出来的，如移情广告（改变消费者关于产品实际使用体验的一类广告）对于科罗拉啤酒（Corona）超越喜力啤酒（Heineken）而成为美国进口啤酒市场领导者发挥了较大的作用，其广告脚本"瓶中的沙漠"和"远离平庸"把饮酒者拉向了充满阳光的、静谧的沙滩。

品牌感受主要有六种类型，即温暖感、乐趣感、兴奋感、安全感、社会认同感和自尊感。这六种感受类型可分为两大类别，前三种类型的感受是即时的和体验性的，其强度不断增加；后三种类型的感受是持久性的和私人的，其重要性会不断增加。

四、品牌共鸣

品牌共鸣（brand resonance）是指顾客与品牌建立的忠诚关系。品牌共鸣有两个维度：强度（intensity）和行为（activity）。因此，我们可以将品牌共鸣的这两个维度分解为四个方面：行为忠诚度、态度依附、社区归属感和主动介入。强度是指消费者品牌态度依附和品牌社区归属的程度；行为是指消费者购买和使用某品牌的频率，以及介入与消费无关的活动的程度。

本章小结

追根溯源，品牌的命运是由消费者决定的。本章分析有关品牌与消费者之间的关系问题，并就如何建立顾客品牌忠诚进行了研究。品牌对于消费者具有重要的意义，包括为消费者提供资讯服务、增强消费者购买信心、提高消费者的满意度等方面。品牌与消费者之间的相互影响关系过程可用"品牌互动模式"来表示，该模式包括品牌识别、传播、体验、联想、形象五个具体环节。消费者品牌购买决策过程一般分为四种类型，即延伸问题的解决、减少不和谐、限制性因素的解决、限制性因素解决的趋向；研究该问题的目的是为企业提供品牌经营方面的适当建议。

品牌忠诚是品牌关系营销追求的目标。所谓品牌忠诚是指消费者对某一品牌情有独钟，在未来持续一致地多次光顾并反复购买同一品牌产品或一个品牌的系列产品，不因情境和营销力量的影响而发生品牌转换行为。品牌忠诚是企业最宝贵的战略资产，它能够增加企业利润，构成其他竞争者的进入壁垒，起到贸易杠杆的作用，吸引新的顾客，为企业争取响应竞争威胁的时间。通过对行为忠诚度的分析，我们应认识到，高度行为忠诚者对企业的发展具有重大意义，品牌市场份额的扩大与低度行为忠诚者向高度行为忠诚者的转移密不可分。而对情感忠诚度的分析是对未来消费者可能发生的购买行为的预测。企业要保持品牌健康发展，不仅要维持真正忠诚者，而且要尽力挖掘潜在忠诚者，使更多的潜在忠诚者转变为真正忠诚者。品牌忠诚度的调查分析程序为：建立顾客资料数据库，调查分析品牌行为忠诚度和品牌情感忠诚度，建立品牌忠诚度分析矩阵，制订品牌营销战略计划及措施。企业建立品牌忠诚的方法主要有常客奖励计划、会员俱乐部、设置转换成本、资料库营销等。企业保持与提升品牌忠诚的方法主要有接近顾客、正确对待顾客、设置转换成本、留住老顾客、通过情感沟通提高品牌忠诚等。

品牌共鸣模型从顾客视角解释某一品牌如何与其顾客形成积极而紧密的忠诚关系，即创建强势品牌需要依次经历四个步骤：品牌识别、品牌含义、品牌响应、品牌关系。

思考题

1. 品牌为消费者带来了哪些价值?
2. 简述品牌互动模式的含义。
3. 消费者品牌购买决策过程分为几种类型? 简要说明各类型的含义。
4. 简述品牌忠诚及其内涵。
5. 试论品牌忠诚的战略意义。
6. 分析行为忠诚度与情感忠诚度的主要目的是什么?
7. 什么是品牌忠诚度方格图?
8. 品牌忠诚度的调查分析包括哪些步骤?
9. 如何建立品牌忠诚?
10. 如何提升品牌忠诚?
11. 什么是品牌共鸣模型? 该模型是如何解释品牌关系形成过程的?

案例分析题

在线品牌社群: 互联网时代品牌关系质量新策略——小米社区的经验①

在互联网快速发展的时代, 品牌企业与消费者之间的关系也被改变了。过去, 我们对企业和消费者关系的研究是在一种以大对小、信息不对称、闭环系统下进行的。在互联网时代, 消费者与品牌企业之间越来越平等、信息日益对称且越来越融入相互作用的开放生态系统, 在合作中实现共赢。消费者与品牌企业之间的合作共赢是如何实现的呢? 近年来一个非常值得关注的品牌运营策略——品牌社群运营取得了非常显著的效果。

品牌社群 (brand community) 也称品牌社区, 是以核心品牌的消费者为中心建立起来的非地理意义上的社会关系网络。品牌社群是消费者作为一个群体存在的重要平台, 是消费者之间进行有效沟通的社会网络。品牌社群主要是以在线形式体现, 在线品牌社群的存在改变了消费者与品牌企业之间的旧有的沟通形式, 为消费者和品牌企业之间的沟通架设了重要的桥梁。快速成长的通信科技品牌企业——小米科技通过很好地运营小米社区, 积累了丰富的品牌运营经验。本案例带领大家一起分析其成功的经验, 揭示其运作的原理。

小米公司和小米社区简介

1. 小米公司简介

小米公司的全称为北京小米科技有限责任公司, 正式成立于 2010 年 4 月, 是一家致力于移动通信终端设备研制与软件开发的企业。小米公司由著名天使投资人雷军带领创建。2011 年 7 月 12 日, 小米创始团队正式亮相, 宣布进军手机市场, 揭

---

① 本案例摘选自中国管理案例共享中心。

秘旗下 3 款产品：基于安卓（Android）深度开发的第三方操作系统 MIUI、智能手机即时通信工具米聊和小米手机。发展至今，小米公司的其他核心产品有小米软件（米聊、米吧、小米桌面、小米手机助手等）、小米盒子、小米电视、小米路由器、小米随身无线网、小米平板、多看图书等。

小米的标识是一个"MI"形，它是 mobile internet 的缩写，代表小米是一家移动互联网公司。另外，小米的标识倒过来是一个心字，少一个点，意味着小米要让用户省一点心。"为发烧而生"是小米的产品理念。小米公司首创了用互联网模式开发手机操作系统、60 万发烧友参与开发改进的模式。小米拒绝平庸，小米人任何时候都能让你感受到他们的创意。

2. 小米社区简介

小米社区作为小米公司的用户交流的平台，是小米公司官方建立的面向"米粉"服务的交流沟通的社交平台，用于用户之间基于小米产品进行的交流。2011 年 8 月 1 日，其正式对外上线。

小米论坛共有 9 大版块，其中，"小米播报"用于发布关于小米网和小米手机的最新活动公告，为"米粉"提供最权威可靠的小米官方动态；"玩机天地"用于"米粉"交流玩机、刷机技巧和经验，还有刷机问题解答；"资源区"用于发布 MIUI 官方刷机只读存储器（ROM），以供"米粉"下载最新的软件、音乐、电影等资源；"我是'米粉'"用于小米手机用户相互交流、自爆等；"'米粉'生活"用于小米手机用户分享生活信息；"随手拍"用于小米手机用户发布自己拍摄的一些照片；"活动专区"用于官方做一些活动；"服务专区"用于版主、特殊用户交流和小米手机用户申请、解封、投诉等；"同城会"的主要功能是小米手机用户相互交流、认识。

《全球商业经典》曾经梳理出一个小米社区用户的金字塔结构：塔尖是可以参与决策的发烧友，比如小米论坛的神秘组织"荣组儿"，以赋予粉丝特权的方式鼓励其参与决策；塔中间是"米粉"群体，他们信赖和追随小米的价值主张，购买小米产品的意愿强烈；塔基则是普通的大众用户，他们能够从微博、微信、事件营销以及"米粉"的自发传播中接触小米，继而转化为产品购买者或晋级为"米粉"。

小米社区的特征

1. 消费信息性

广大"米粉"和小米公司通过社区平台进行与小米产品有关的沟通交流，大家广泛关心的内容之一就是小米产品的性能和价格。小米公司通过社区发布新产品上市的信息，介绍新产品的特点和功能；而消费者则在社群上发布他们对产品的观感评价和使用评价。这些互动使得小米产品能够更好地被了解和认可，并且消费者也在社群上了解了产品的价格和购买等信息。如一则名为"小米 3 超高清评测"的帖子："小米手机 3 将于 10 月中旬正式开卖，依然采取网络预约的形式，预计届时又会出现小米官网瘫痪。16GB 版的小米 3 售价为 1 999 元，64GB 版的小米 3 售价为 2 499 元。在发售的过程中降价了 2 次，第一次是在 4 月 28 日，降价 300 元，售价为 1 699 元；第二次是在 6 月 16 日，降价 200 元，售价为 1 499 元。两次一共降价 500

元，所以现在买小米3，就是配置一流、性价比最高。"这则帖子被浏览了19 042次。

小米社区中有大量的由消费者撰写发表的关于小米产品信息的帖子，非常具体和细节化，并且带有较强的个人评价色彩。这为潜在消费者提供了大量有价值的信息，同时也为已经购买和使用小米产品的消费者提供了更加具体的产品的使用心得，使得大家对于产品有了更好的认识，也能够指导他们进行消费和使用。

2. 社会交往性

要想运营好品牌社群，使其有较强的活力，仅依靠品牌企业自身的力量还远远不够。小米社区充分发动社群成员的力量，通过鼓励他们进行社会交往而赢得了大量消费者对品牌社群的持续关注。社区中有大量的"米粉"互动交往，体现了其强烈的社会链接功能。"米粉"的社会交往包括线上和线下两个部分。线下的活动主要有两个板块：小米同城会和小米爆米花。线上的社会交往主要体现在社区成员之间相互顶帖，交流心得，表达支持，讨论问题等方面。借助网络进行的沟通能够克服地域、时间的障碍，将"米粉"连接起来，使他们的生活因为小米社区而变得更加丰富多彩。

小米粉丝同城会是小米手机粉丝们线上线下交流的乐园，大家在这里可以切磋玩机心得。目前，全国共有八个大区，共计288个同城会。小米爆米花，是小米官方组织的大型线下活动，自2012年至今，小米公司在中国大陆30多个城市以及台湾地区举办过小米爆米花，每场规模在300~500人，有抽奖、游戏、表演、互动等多个环节，小米联合创始人也会到现场与"米粉"一起互动。

而线上的社会沟通交往更为普遍。成员之间的顶帖、评分，加经验，加威望、支持、反对、分享等形式，是他们之间进行沟通的便捷的方式。例如，网名为hooyeah的网友发表了"不要忘记红米1的老用户，我们仍然尝鲜最新系统"的帖子，介绍最新的红米1移动联通版的ROM包JHACNBH26.0和JHBCNBH26.0，并且表达了红米用户对系统更新的需求。他的这则帖子发表一个多月浏览量就达到79 978次，而回帖量也达到5 012次，有9人对其进行评分，有加分也有减分。很多人支持这则帖子，并且进行了系统更新，而有人提出了异议。这种互动体现了社群成员之间的沟通交流，有助于提升他们的共同利益——改善手机使用效果。

3. 共同意识性

小米社区的口号"为发烧而生"，既是小米公司全体管理者与员工的使命，也表达了小米用户的心声，成为凝聚小米人的精神力量。

小米社区中大量的粉丝对小米有着较为深刻的感情，社群中经常可以看到"力挺小米""支持小米文化"的帖子。如一则帖子通过对比魅族手机和小米手机的区别强调了小米的原创性，并且呼吁"米粉"们更加支持小米。一句"无'米粉'，不小米"体现了小米社区成员的团结和共识。而网名为大李的人发帖感慨说"我们确实把大家当成一家人。手机是我们之间的一个纽带。手机不会影响你的生活，但我们从此认识，如同一家人。如果你参加过小米的活动就会感受到那个气氛。在'米坛'中，我看见太多支持我们的力量，无论是我们在最初亮相的时候大家的举杯欢呼，还是在我们被别人恶意诋毁时大家对我们的支持，我坚信了这句话：天下'米粉'，皆兄弟！"

而小米社区的运营者也非常注重小米社区文化的塑造，通过发布每日正能量的箴言佳句，凝聚小米人的精神特质，形成日渐一致的价值观和生活观。每日一贴："一晃眼，我们都将垂垂老去，所以勇敢去做自己想做得事。""你有梦想吗？你为梦想而拼命努力过吗？""永远相信美好的事情即将发生。""幸福不会遗漏任何人，迟早有一天它会找到你。"一句句鼓励梦想、努力奋斗的句子，体现了小米人的文化观念，也影响着"米粉"们的生活。"米粉"们和小米人因为社区中凝结着的社群文化而更加惺惺相惜，更加紧密地团结在一起。

4. 技术易用性

广大网民在进行小米相关的信息搜索时，可以通过百度等网页链接到社区相关网页，直接实现相关信息的浏览。而如果网民对社区帖子感兴趣，想要跟帖留言，或者评价帖子及参与社区的虚拟活动或线下活动的话，就需要进行账号注册。小米社区的用户注册也是很方便、易于操作的。小米账号能使用小米手机、米聊、MIUI和小米的其他服务。可以说一次注册，就可以在各品类的小米社区中畅游无阻，能使用小米手机、米聊、MIUI和小米的其他服务。在注册时，顾客可以凭借手机或邮箱来快捷地注册。对于网民感兴趣的帖子，目前社区也实现了一键分享到新浪微博中去。而小米开发的移动终端适用的社区软件也极大地方便了"米粉"们通过手机、平板电脑等随时随地浏览社区信息。小米云服务还可以把手机上的个人资料，如短消息、照片、通话记录、便签等备份到云端。

此外，由于大量的帖子是消费者发布的，从消费者的角度介绍他们的购物体验和使用心得，再加上可以配上图片，浏览帖子的人还可以通过跟帖、评分以及加威望等方式来对帖子进行评价，因此社区的技术易用性强，使越来越多的"米粉"汇聚在小米社区中来。

"米粉"的顾客价值感知和顾客价值创新

1. 顾客价值感知

对于很多产品用户来说，虽然购买了该产品，但是不能够熟练运用该产品的各种功能，甚至不知晓该产品的一些功能。而品牌社群就可以更广泛、更详细地介绍产品功能，进而增强消费者的顾客价值感知。在这个方面，小米论坛做得非常出色。

例如，在小米玩家心得板块中，网名为connie333的用户发表了"小米中的各种模式——让你免除骚扰还能省电"的帖子，系统介绍了小米手机的三类不同的模式。如：第一大类为通知栏中四种情景模式，第二大类为中央处理机（CPU）运行模式，第三大类为省电模式。该帖子还详细介绍了如开车模式、访客模式等各种细分的模式，让消费者更加明确他们可以使用的手机模式，增强了产品的使用效果。

可以说，对于电子产品来说，没有交流就没有深度认知。小米论坛的价值在于它使得更多消费者可以通过虚拟网络实现使用经验的充分交流，增加了消费者的产品价值感知，提高了消费者对产品的认可度。

2. 顾客价值创新

酷玩帮是小米社区建立的品牌频道，是小米公司新品以及优秀产品的公测平台。该板块致力于贯彻小米互联网开发模式，为即将上市的产品提供完善的公测平台，让小米发烧友用户使用较低成本体验到小米最新的产品，通过众多用户的公测、使用、评测、反馈等环节，成为新品的互联网产品经理，帮助小米工程师找到更多提升空间，改进即将上市的小米产品。这个板块是社群成员汇聚创新能力和创新观点的地方，也是小米公司获取消费者智慧的重要平台。

此外，酷玩帮还是一个优秀硬件产品的公测平台，提供了完善的平台使用资源。众多的公测用户受到小米的聘请而成为新品的互联网产品经理，帮助创业团队把更多的精力放在产品研发上。

例如，酷玩帮组织的小米随身无线U盘版1元众测。测试产品是一个特殊的内置8GB U盘的随身无线。用户将其插入电脑，立即可以让手机连接无线网，还可以远程拷贝U盘的资料。这个活动名额为300人，几天之内报名人数就达12 252人，而体验价格仅1元。

除了酷玩帮，"米粉"们还在各个板块发表自己的独创见解和经验。如网名为k74123的网民，发表在"玩机 & 教程"中发布了"3秒钟让2G网络也能秒开网页（特别改善V6系统网速）"的帖子，介绍了不用烦琐的过程就可以体验秒开网页的经验，得到众多网友的好评。很多用户都评价这个帖子很有用。这就是小米用户之间在交流提升产品使用效果的经验，使得更多用户有更好的用户体验。

此外，小米还有荣誉顾问团。该顾问团会参与小米产品测试、研发、体验、建议等环节。从最早的小米手机1开始，顾问团就为小米系统测试、硬件产品体验贡献了巨大的力量。现在，全新平台的升级，更多顾问团和更多"米粉"加入、参与小米产品的研发环节。小米每一款产品的产品经理，就是所有帮助小米成长的"米粉"们。

以上这些例子充分表明了当今越来越多成熟的消费者能够为品牌产品带来很多创新的理念和建议，甚至提供创新的具体操作方法。小米论坛充分发挥了消费者的主导作用，运用极优惠的价格和丰富的激励措施鼓励消费者参与产品创新。

小米-"米粉"的品牌关系质量

通过大量的品牌社区互动，越来越多的小米用户产生了对小米的信任。他们通过浏览社区帖子，参与社区讨论，了解了大量小米产品的使用方法，通过社群成员分享的创意更好地使用自己的产品，通过参与社区活动增加对成员的感情，通过对社区文化的认知和认可增强对社群的认同。这一切增强了社群成员与企业品牌的关系。他们对小米产品越来越信任、满意并付出更多的承诺。

1. "米粉"对小米的信任

在面对一些负面的评论，或者是对小米产品的质疑时，小米论坛的消费者能够坚持他们对小米的支持，积极地表达他们对小米产品的态度。例如，网名为龙默言的网友在"对小米科技现在状态的一些个人看法，相信一部分'米粉'能理解"帖子中对小米手机使用过程中一些用户的抱怨谈了自己的看法。他说："手机仅是一个消费品，应理性去看待。无论你买不买小米手机，你都可以成为'米粉'，只要你欣赏这个品牌，只要你关注这个品牌，只要你见证它的成长。小米在将来的道路上一定会努力做到不让你失望。我们'米粉'应该保持一个平常的心态去看待它。"该帖受到网友的热烈响应。

在面对新的购买需求时，许多消费者会选择继续支持小米。更换自己的手机，或者给自己的亲人、朋友购买手机的时候，他们都会选择小米手机。在进行电视、平板电脑等产品的选购时，消费者也会首选小米产品。这种购买决策充分体现了"米粉"对小米品牌的信赖。

2. "米粉"对小米的满意

如果没有满意的产品，仅有各种形式的营销还是不能让消费者认可的。而小米产品的不断进步和创新的产品就满足了消费者对其产品的期待，加上较为优惠的价格、社区充分的交流，小米用户的满意度普遍较高。

[案例思考]

1. 在互联网时代，消费者和企业之间、消费者与消费者之间的关系具有哪些新特征？请举例说明。

2. 什么叫顾客价值感知？什么叫顾客价值创新？这两个概念的重要作用是什么？

3. 下列卡片是本案例所提到的一些关键构念（见图2-8），请大家根据案例内容，试着将这些卡片上的构念之间的逻辑关系排列出来，并解释其中的关系，从而揭示在线品牌社群促进消费者–企业品牌关系的内在机理。

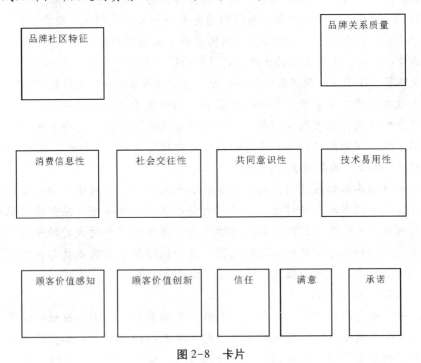

图2-8　卡片

4. 如果你是某在线品牌社群的运营者，该如何激励社群成员更好地参与社群活动？

第三章
品牌资产价值

- -

企业为什么需要品牌？因为对于企业来说，品牌具有经济价值，是企业拥有的主要资产之一。显然，与厂房、机器设备、原料及半成品等有形资产不同，品牌是一种无形资产，其价值甚至可能超过全部有形资产的价值。美国耐克公司委托他人加工一双鞋子只需几十元，鞋子一贴上耐克标签，身价就立刻上升到数百元甚至上千元，而且大受市场欢迎；如果没有耐克那一钩，恐怕这鞋子几十元也无人问津。耐克公司没有一条完全属于自己的制鞋生产线，当然也就谈不上有多少固定资产，但在由英特品牌公司（Interbrand Group）公布的 2018 年全球最佳品牌排行榜上，该公司的品牌资产价值为 301.20 亿美元，排在第 17 位。

第一节 品牌与企业

一、品牌的经济价值

品牌的经济价值，最终体现在它所创造的竞争力及由此为企业带来的巨大经济效益上。品牌除了能为消费者提供相应的价值而为企业建立顾客的品牌忠诚之外，它还通过其他方式为企业积累品牌资产、创造经济价值。

（一）提高产品售价

市场经济过去遵循的基本定价原则是"优质优价"，产品的价格差异主要源自产品的质量差异。但是，在目前的国际市场上，这种情形已经发生了重大变化，即优质不一定优价，相同款式、质量、功能的同类产品之间的价格可能相差甚远。一般地，品牌产品比同档次的其他产品价格高出 20%~80%。

为什么同样的产品在售价上会产生如此大的差别呢？这就是品牌资产价值所产生出的巨大威力。难怪重庆力帆集团提出了"变中国制造为中国创造"的品牌建设使命。力帆集团在开发东南亚市场时，与日本本田公司展开了激烈的竞争，可是力帆集团出产的摩托车在东南亚市场上的售价为本田摩托车售价的三分之一。经国际权威质量检测机构的测试，两个厂家生产的摩托车在质量和性能方面都不相上下，甚至力帆摩托车的发动机性能还优于本田摩托车。力帆董事长尹明善说："就是因为没有品牌。可口可乐是什么？不就是糖和水吗？但有了'可口可乐'这块牌子，就可以行销世界的每一个角落。一个没有品牌的企业，注定是个做不大的企业。"

可见，品牌支持高价位，是创造产品附加价值最主要的源泉。

（二）促进品牌延伸

品牌是其所有者拓展经营范围的坚实基础和强有力的战略性武器。品牌延伸能够丰富企业的产品线，给消费者更多的选择，同时能够有效地阻止竞争者的竞争，占领更大的市场份额。

已成功的品牌推出新产品比没有品牌的新产品在启动和扩展市场方面要相对容易。对于没有品牌的企业来说，推出新产品不但需要付出巨额的市场开发成本，而且成功的概率也比较小。据调查，有80%～90%的新产品会遭到市场的拒绝。然而，在现有品牌基础上延伸品牌，只要新产品与品牌核心识别成功地联系起来，就能极大地增加成功的概率，因为消费者对现有品牌的优良印象将会相应地传导到新产品上来。一个品牌延伸的成功案例是"康师傅"。我国台资企业顶新国际集团进入中国大陆市场后，经过周密的市场调查，发现那些经常出差或参加户外活动较多的人吃饭很不方便，于是首先推出了康师傅方便面。由于该产品找准了市场，且味道鲜美，受到消费者欢迎。加之"康师傅"名字给人亲切、健康的联想，该品牌给消费者留下了美好的印象。接下来，顶新集团的经营活动皆围绕"康师傅"品牌展开，从一个新产品扩张到一系列新产品，在食品和饮料市场上不断延伸品牌系列产品，产品从方便面发展到八宝粥、饼干、果汁、茶饮料、纯净水等。由于这些新产品是优质产品和品牌形象的组合，该公司几乎不做广告就使这些新产品顺利地打入了市场。

（三）创造竞争优势

与各种促销手段相比，品牌的竞争力更为持久和稳定。品牌为其所有者创造了许多方面的竞争优势。

1. 与产品相比，品牌生命没有必然的衰退过程

我们知道，产品一般将经历以下的几个阶段：进入市场、被消费者接受、快速增长、进入成熟阶段、步入衰退阶段、退出市场。但是，品牌可以没有市场生命周期。只要它能跟上时代发展，随着市场需求的变化不断创新，就可以长盛不衰。

2. 品牌能够增加企业经营的稳定性

因为品牌拥有品牌忠诚者，这些顾客不会由于短期的行业其他竞争者的竞争行为而转换品牌，这样客观上起到了稳定品牌行业市场地位的作用，因此，经营收入是否稳定可以作为判断某个"牌子"是否是品牌的标准。在同等条件下，品牌产品比一般产品卖得多、快、好，强势品牌所产生的稳定销量能取得规模经济效益，并能更有效地实施成本控制，这几方面结合起来就意味着更大的利润空间。由此，大多数拥有品牌的企业能够成为市场领导者。

拥有品牌的企业更具有吸引投资、聚集人才、改进技术、扩大规模、开拓市场的能力，这些有利因素能够极大地增强企业的竞争力，从而为企业带来稳定的经济收益。因而，品牌竞争越来越成为今天市场竞争的焦点，成为企业获取生存权和发展权的法宝。

3. 品牌具有品牌资源利用的优势

品牌是一种资源，贴牌生产和品牌授权是当今利用品牌资源获取更大利润的两种主要形式。所谓贴牌生产，就是品牌所有者委托其他制造商加工产品，然后贴上自己的商标销售产品的一种品牌增值方式。一般地，品牌所有者能够从这种合作方式中获取的利润率高达80%甚至更高，而加工制造者的利润率仅为10%~20%甚至更低。品牌授权，又称品牌许可，是指授权者将自己拥有或代理的商标或品牌以合同形式授予被授权者使用，被授权者按合同规定向授权者支付一定数额的使用费用，同时授权者给予被授权者有关现场布局、人员培训、组织设计、经营管理等方面的具体指导与协助。目前，美国零售市场上各种品牌授权产品已占零售市场销售总量的三分之一，并且成为增长最为迅速的一股销售力量，如迪士尼、麦当劳、肯德基、可口可乐等公司经常授权许可其他厂商使用自己的名称和商标，并从中获取了巨额利润。

在西方，品牌被企业界称为经济的"原子弹"，被认为是最有价值的一项投资。而我国许多厂家虽然具有生产世界一流产品的能力，却疏于品牌营销；企业重新认识品牌的经济价值并付诸行动已经刻不容缓。

二、品牌资产价值的内涵

对于企业来说，品牌存在的意义就在于它有经济价值，即品牌资产价值（brand equity）。美国市场营销协会AMA就品牌资产价值给出的定义是：一组一部分消费者、渠道成员对母公司的联想和行为，品牌借此而获得比无品牌产品较大的收入和较大的边际利润，并借此比竞争者获得强势、持续的差异化优势。人们关于品牌资产价值的来源问题存在关系论、市场论和财务论三种不同的认识。

（一）品牌与消费者之间的关系在品牌资产价值中居于核心地位

基于顾客的品牌资产价值概念认为，品牌之所以对企业和渠道成员有价值，根本原因在于品牌对顾客有价值。该观点实际上是强调品牌资产价值最终是由消费者决定的，是消费者对品牌价值的理解。当然，如果品牌对于消费者而言没有任何价值，那么它也不可能向品牌投资者和占有者提供任何价值。从消费者角度看，品牌资产价值就是顾客头脑中已有的品牌知识和品牌联想所导致的顾客对品牌营销活动的差别化反应。

（二）品牌资产价值与其市场表现相联系

基于市场的品牌力模型认为，品牌资产价值应体现在品牌自身成长与扩张能力上，如品牌延伸能力。也就是说，品牌资产价值与其在所属行业市场中未来的市场表现相联系。该观点认为，品牌在财务方面的评估当然重要，它可以使公司知道品牌在某一具体时刻的价值，而且可以基于品牌过去的表现来预测品牌未来的增长潜力，但是品牌成长和扩张对于品牌资产可能更为重要。正如艾克和凯勒[1]所指出的，总体上说品牌延伸的成本要比引入全新品牌的成本要低，而且还可以对现有品牌资

---

① AAKER D A, KELLER K L. Consumer evaluations of brand extensions [J]. Journal of marketing, 1990, 54 (1)：27.

产中的贡献因素进行延伸，这些因素包括品牌名称、品牌形象、消费者对品牌的态度、品牌的忠诚度等。因此，基于品牌市场成长性的观点，公司除了探索消费者与品牌的关系外，还将品牌资产价值的出发点从公司的短期利益转向公司的长期目标。

（三）品牌资产价值可以采用会计的方法加以定量化

1990 年，彼得·华谷哈（Poter H.Farquhar）认为品牌资产价值是"品牌赋予产品的增值或者溢价"[①]，后来，大卫·艾克将其定义为"与品牌及其名称、符号相关的资产和负债"[②]，基于财务的观点为品牌资产赋予了会计意义的价值。按照该观点，所有投入品牌建立与维护上的费用都应累计计入品牌资产价值。也有人认为品牌资产价值是公司总的市场价值中减去有形资产的部分，从而得到品牌等无形资产的价值，然后得到品牌资产价值。国际品牌公司（Interbrand）和美国《金融世界》（*Financial World*）则提出了品牌资产价值应该是品牌未来收益的折现。

（四）不同品牌的资产价值不相同，而且它们的价值在不断地变化

不同的品牌在市场中具有不同的经济价值。菲利普·科特勒对出现这种现象的解释是，不同的品牌代表了不同的产品品质与服务，具有不同的文化内涵和个性，因而具有不同的市场渗透力、感召力和辐射力，从而使品牌的价值千差万别。具体讲，品牌在市场中的表现存在以下几种情形：极端情形是绝大多数购买者不知道某些品牌；稍好一些是购买者对某些品牌有一定程度的品牌认知（用品牌回忆或认可方法测量）；较好一些是有相当高程度的品牌接受力，大多数顾客将不拒绝购买它们；再较好一些是购买者有高程度的品牌偏好，他们选择它们甚于其他品牌；最后一种是高程度的品牌忠诚。H.J.亨氏公司的主要负责人托尼·奥赖利建议用这种方法测量品牌的市场表现："我的酸性测试……一位家庭主妇打算买亨氏的番茄酱，结果走进一家商店发现没有，那么她是走出商店到其他地方去买，还是换一个品牌购买？"[③]

2014 年 10 月，英特品牌公司发布 2014 年"全球最佳品牌 100 强排行榜"，排在前 10 位的世界顶级品牌及其品牌资产价值分别是：苹果（1 189 亿美元）、谷歌（1 074 亿美元）、可口可乐（816 亿美元）、国际商业机器公司（722 亿美元）、微软（612 亿美元）、通用电气（455 亿美元）、三星（455 亿美元）、丰田（424 亿美元）、麦当劳（423 亿美元）和梅赛德斯-奔驰（343 亿美元）。尤为值得关注的是，华为成为历史上第一个进入该排行榜的中国品牌，排名 94 位，品牌资产价值为 43 亿美元。2018 年，华为的品牌价值为 76 亿美元，排名上升至 68 位。2014 年 6 月，世界品牌实验室（World Brand Lab）在北京发布 2014 年"中国 500 最具价值品牌排行榜"，排在前 10 位的品牌及其价值分别是：中国工商银行（2 562 亿元）、国家电网（2 416 亿元）、中国石油（1 796 亿元）、中国移动通信（1 789 亿元）、中国人寿（1 745 亿元）、中央电视台（1 717 亿元）、中化集团（1 425 亿元）、中国一汽

---

① FARQUHAR P H. Managing brand equity [J]. Journal of advertising research, 1990, 30 (4)：28.

② AAKER D A. Managing brand equity [M]. New York：Macmillan, 1991.

③ 科特勒. 营销管理：分析、计划、执行和控制 [M]. 梅清豪，译. 8 版. 上海：上海人民出版社，1997：651.

（1 237亿元）、腾讯（1 206 亿元）、联想（1 168 亿元）。此外，华为排在第 11 位，品牌资产价值为 1 073 亿元。这些数据表明：不同品牌的品牌资产价值相差悬殊，特别是中国一流品牌与世界一流品牌之间尚存在较大的差距。同时，品牌资产价值并不是一成不变的。随着时间推移，品牌可能会增值，也可能会贬值，所以每年跻身于排行榜中的品牌不尽相同。此外，需要说明的是，由于英特品牌公司与世界品牌实验室采用的品牌资产价值评估方法不同，因而各自评估出的品牌价值差别较大。

综上所述，品牌资产价值是品牌所具有的影响消费者的力量是品牌之所以存在的意义；也是对品牌的综合评价，即对品牌进行主观量化的结果。

三、品牌资产价值的实质与特征

（一）品牌资产价值的实质

尽管不同的专家、学者对品牌资产价值的理解不同，但最终都必须归结到市场中去，由消费者对品牌做出的差异化反应来确定。虽然品牌资产价值的实现要依靠消费者的购买行为，但消费者的购买行为根本上还是由消费者对品牌的看法，即品牌的形象决定的。因为尽管反映消费者购买行为的指标可用以反映品牌资产价值的存在，但它们并不能揭示在消费者心目中真正驱动品牌资产价值形成的关键因素。国际市场研究集团提出的品牌资产价值模型认为，品牌资产价值归根到底是由品牌形象驱动的。影响品牌形象的因素可以分为两类，一类是"硬性"属性，即人们对品牌有形的或功能性属性的认知；另一类属性是"软性"属性，这种属性反映品牌的情感利益。

西方某些研究者认为：首先，一个品牌必须拥有知名度；其次，品牌必须与消费者需求建立联系，能够满足消费者的某种核心需要；再次，品牌的产品功能和绩效必须达到消费者的要求；最后，品牌必须展现出相对于竞争对手独特的优势，与竞争对手相区别，在这个阶段，品牌必须与其最终消费者建立某种情感联系。品牌经理只有明确知道品牌处于金字塔的哪一位置，才能制定适宜的战略和策略来维持或提高品牌忠诚度。

结合上述两种观点，我们认为，品牌资产价值实质上就是品牌个性在作用于消费者或潜在消费者过程中所产生的积极影响，即吸引力和感召力。也就是说，品牌资产价值的实质是企业与顾客关系的反映，而且是长期互动关系的反映。企业必须重视品牌真正获利的来源——购买品牌产品的顾客。

（二）品牌资产价值的特征

1. 品牌资产是一种组合的无形资产

品牌是企业竞争的关键性资产，这一资产不同于有形资产，不能使人凭借眼（看）手（摸）等人们的感官直接感受到它的存在，所以品牌资产是一种无形资产，而且是一种组合无形资产。这种组合的无形资产是由为数众多且错综复杂的要素构成，比如精干的管理队伍、卓越的销售机构和业务网络、有效的广告宣传、良好的企业商誉、企业文化、较高的人力资源的开发利用水平、良好的产品品质、高效的财务管理以及卓越的服务等多方面。这种组合的无形资产经过企业长期有效的经营，

63

最后通过品牌忠诚度、品牌知名度、品质认知度、品牌联想等形式展现出来。一个企业的品牌资产价值越高，它的竞争优势就越突出；而品牌竞争力越大，越能促进品牌资产价值的提高。品牌资产的无形性增加了人们对它予以直观把握的难度。正是由于品牌资产这种不易感知性，目前我国相当一部分企业还未能对品牌资产予以足够的重视，甚至没有把品牌资产提升到与有形资产同等重要的高度。

2. 品牌资产具有开发利用价值

品牌资产不像企业有形资产那样，完全生成于生产过程，生成后价值随着磨损而不断减少；也不像应收款项等债权，具有向债务人收取款项的权利。品牌资产是随着科研与创新工作的展开，在企业长期有效的经营中，通过与有形资产相结合的办法，从无到有、从有到多、从劣到优逐步培育积累而成。企业不断开发品牌资产，精心维护品牌资产，不仅可以使品牌资产"永葆青春"，还可以使品牌资产不断增值。

3. 品牌资产价值难以准确计量

品牌的价值现在已广泛为人们所认知，如何计量品牌资产现已成为企业非常关心的问题。一方面，品牌评估是一项全新而又复杂的技术，需要利用一系列指标体系进行综合评价。品牌反映的是一种企业与顾客的关系，而这种关系的深度与广度通常需要通过品牌忠诚度、品牌知名度、品质认知、品牌联想等多方面进行分析。另一方面，反映品牌资产价值的品牌获利性受许多不易计量的因素影响，如品牌强度、产品市场容量、产品所处行业及其结构、市场竞争的激烈程度等，所以品牌资产价值的评估与有形资产不同，至今仍然难以精准计量。

4. 品牌资产价值具有波动性

品牌从无到有，从消费者感到陌生到消费者熟知并产生好感，是品牌营销者长期不懈努力的结果。可是，由于市场变化莫测，像技术创新、理念创新以及市场环境变化等因素，都会让品牌的价值产生波动。如 IBM 公司 1992 年第四季度亏损，迫使总裁辞职。新总裁上任后，重新进行市场定位，从巨型计算机向微型计算机延伸，使得 IBM 在很短的时间内就重振雄风，到 2010 年它已经成为全球第二大品牌。

5. 品牌资产价值是衡量企业及其内部组织营销绩效的主要指标

品牌资产是卖主支付给买主的产品特征、利益和服务等方面一贯性的承诺，是维系和发展企业与消费者之间互利互惠的长期交换关系的要素。可以说，品牌资产是企业不断进行营销投入或开展营销活动的结果，每一种营销投入都或多或少地对品牌资产存量的增减变化产生影响。正因为这样，分散的、单一的营销手段难以保证营销资产增值，企业必须综合运用各种营销手段，并使之有机协调和配合。世界著名品牌之所以能够长盛不衰，与品牌营销者拥有丰富的营销经验和娴熟的营销技巧是密不可分的。这样看来，品牌资产的大小是各种营销手段和营销技巧综合作用的结果，并在很大程度上反映了企业营销的总体水平的高低。

第二节 品牌资产价值的构成

品牌策划大师大卫·艾克（David A. Aaker）将品牌资产价值分为五个部分，即品牌忠诚度[1]、品牌知名度、品质认知度、品牌联想和其他资产。其中，品牌忠诚度是品牌最重要的资产。该理论受到业内人士的一致肯定与高度评价，并被称为品牌资产价值的五星模型（见图3-1）。

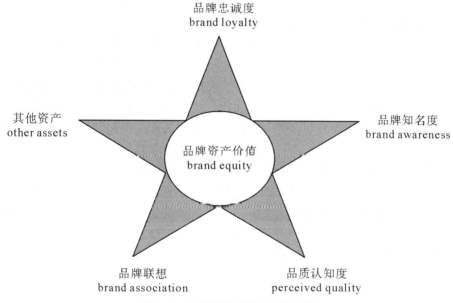

图 3-1　品牌资产价值的五星模型

一、品牌知名度

（一）品牌知名度的含义

品牌知名度是指品牌为目标市场消费者所知晓的程度，故也称品牌知晓度。通常，某品牌的知名度需要通过目标消费者总体中知晓该品牌人数的相对数来测定。不同品牌的知名度是不同的。当提及某个产品大类时，消费者能在第一时间想到的品牌名称，这些品牌就具有最高的市场知名度；而需要对消费者给以相应的提示才能想起的品牌，则具有较高的知名度；若直接给出品牌名称，而消费者表示一无所知，则该品牌没有知名度。如果消费者事先按产品大类制订购买计划，那么品牌记忆的作用就显得很重要。

品牌知名度可以用品牌再识率（也称提示知名度）和品牌回忆率（也称未提示知名度）来衡量。品牌再识率反映的是消费者总体中知晓该品牌的人数及其比例；

----

[1] 有关品牌忠诚度的内容见本书第二章，本节只分析其他四个构成要素。

而品牌回忆率则反映消费者总体中有多少人或多大比例的消费者在只提示产品领域（产品所处行业）的情况下就能够回忆起该品牌。很显然，品牌回忆率比品牌再识率更能深刻地揭示品牌知名度，尤其是，当被调查的消费者在没有任何提示的情况下，所想到或说出的某类产品中的第一个品牌名称，即第一提及知名度（top of uni-ud），第一提及知名度最高的品牌往往是该行业市场的领导品牌，也是消费者的首选品牌。

（二）品牌知名度的价值

由于消费者不会购买自己毫不了解的东西，因此知名度和购买之间存在着明显的关联。尤其对于那些消费者介入程度低、单位产品价值低的产品来说，品牌知名度与产品销量在短期内有着正相关的关系。

品牌知名度的资产价值主要表现在提高品牌影响力和抑制竞争品牌知名度两个方面。一方面，由于消费者购买商品时一般倾向在自己熟悉的品牌范围内进行选择，所以品牌知名度越高，越容易进入消费者的选择范围，越有可能成为被选购的对象。可见，品牌知名度会影响消费者对品牌的信念，并在此基础上影响消费者的购买选择，进而影响品牌的预期收益。另一方面，品牌知名度还会起到抑制竞争品牌知名度的作用。存留在消费者记忆中的品牌整体形象是经由品牌传播，一次一次地累积而成的。知名度越高的品牌，越容易突破消费者吸纳或接收信息的选择屏障，从而进入消费者记忆中，并成为消费者选购商品的重要影响因素。于是，该品牌的有关信息就极有可能成为消费者在吸纳竞争者品牌信息时的干扰因素和屏障，即阻碍新品牌及其信息顺利进入消费者的记忆。可以说，具有较高知名度的品牌，客观上对竞争品牌知名度的提高起到了抑制作用，进而降低了竞争品牌的市场影响，提高了自身品牌的市场竞争力。

（三）如何提高品牌知名度

品牌知名度的提高主要有两种方法：一是通过密集的、高频率的广告投放，迅速建立品牌知名度，如国内许多企业纷纷愿意出高价参与中央电视台广告黄金时段的竞争；二是通过策划有轰动效应的营销活动或新闻事件，也可以达到迅速"名扬天下"的效果。

这里需要注意的是，品牌知名度可以促进消费者的首次购买，但消费者是否会持续购买，则取决于消费者的品牌忠诚度。从消费者层面看，随着市场竞争的深入，消费者会不断趋于成熟，消费者购买行为除了出于对品牌知名度的考虑外，同时还包含了对品牌其他要素的综合评价。现在，名不符实的广告传播与知名度打造已经不足以支撑品牌认知和品牌购买，当然更不足以建立品牌忠诚。

二、品质认知度

（一）品质认知度的含义

所谓品质认知度，是指消费者感知到的某一品牌产品质量而形成的印象。品质认知度并非单指生产中的质量问题，而是从消费者的角度来审视的。消费者对品牌的感知质量至关重要。具体来讲，消费者对品牌产品质量的认知包括这些方面：功能、特点、可信赖度、耐用度、服务、外观等。品质认知是长期形成的品牌资产之一，需要花费很长的时间才能建立起来，而且要能够真正取信于消费者，具有良好的口碑，才能逐渐形成较高的品质认知度。像青岛海尔有稳定、优质的产品与服务质量，并因此建立了很高的品质认知度，但这绝不是三五年就能够办到的事情，也绝不是少数人认同的事情。

（二）品质认知度的价值

1. 给消费者提供了购买的理由

顾客在做购买决策时缺乏全面信息，往往依据自己日常生活中的品质认知来决定购买哪一个品牌的产品。以苹果电脑公司（Apple Computer luc.）为例，该品牌从最初的个人电脑扩展到 ipod、iphone、ipad 等消费电子产品，这些产品的功能、规格、使用条件、使用对象大不相同，但一提到苹果，大多数人，包括那些从来没有使用过该产品的人，由于对其品质认知高，因而敢于大胆购买。在消费者心中，苹果就是高品质高科技电子产品的象征。

2. 品质认知度是品牌差异化定位的基础

品质差异化是品牌差异化选择的重要方面，是许多强势品牌取得差异化竞争优势的源泉。不同的品牌通过长期的产品经营和品牌传播，在消费者心中形成了相对稳定的品质认知。

3. 品质认知度是高价位的基础

国内外强势品牌通过长期的积累，在消费者心目中形成了高档、时尚、高品质、高性能的认知价值，因而这些品牌的产品能够卖到较高的价位，而且能为消费者接受。同时，普通消费者由于不是专家，无从辨别产品的品质，而只能从品牌加以识别，这样就使得贴牌生产的产品也能顺利实现高价销售。

（三）如何提高品质认知度

提高品质的认知度，对于企业经营者而言，是一件十分重要的工作。提高品质的认知度与提高品牌的知名度不同：品牌的知名度可以通过高频率的广告投放而建立；而品质认知度可以通过企业的技术优势、产品质量、优秀服务等方面因素的改善来提升。

三、品牌联想

（一）品牌联想的含义

所谓品牌联想是指透过品牌名称而产生的所有与品牌有关的东西。品牌联想包含产品属性、组织形象、品牌性格、特定标志等，它是独特的销售利益点传播和品牌定位沟通的结果。这些联想往往能组合出一些意义，形成不同的品牌形象。品牌传播的主要目的是使消费者"产生联想→产生差别化认识→产生好感→产生购买欲望"。这种品牌联想所形成的对品牌的印象最终将成为消费者选择品牌的重要依据。

（二）品牌联想的价值

一个好的品牌的联想的价值主要体现在以下两个方面：

1. 有助于消费者产生正面联想

消费者对品牌会有理性的联想和感性的联想。理性的联想为消费者提供购买的理由，而感性的联想则牵动着消费者的情感。如：别克汽车的广告"有空间就有可能"的理性诉求，使需要大空间的车主找到了购买别克的理由。而广告片所展现的美丽的画面、奔跑的小鹿，都能带给消费者精神上的愉悦。当消费者购买这些车的时候，脑海里就可能会闪现这些画面。

2. 有助于消费者联想到品牌利益点

当消费者面对琳琅满目的商品无所适从，无法决定购买何种产品时，他的大脑中便会迅速地"放映"有关这些品牌的联想。而这些联想大部分反映的是品牌的利益点，通常是通过广告画面、广告语或者周围人的影响而获得的。这些利益点如果符合消费者的需要，就为消费者购买某个品牌提供了重要的动机。

（三）品牌联想的策略

品牌应该是一种消费者体验，要真正做到不同凡响，就要建立起一种与消费者的联系。消费者在购买某种品牌的逻辑推理形成之后，还要靠附加的情感联系来区分不同的品牌。有时候，甚至在大众消费品市场上，企业只要掌握了消费者对某种产品的感情需求，就能左右他们的消费。因此，如果品牌不仅与消费者建立了理性联想，而且让他们感受到强烈的情感联想，那么品牌联想的创建就是成功的。

具体来说，建立能引起消费者正面联想的策略主要有以下几种：

1. 创造品牌故事

譬如，肯德基的奥尔良烤翅、原味鸡块、鸡腿汉堡等食品，让人回味无穷，百吃不厌。一个主要的原因是，1930年桑德斯上校用11种香料调味品调配出了今天的美味，"我调这些调味品如同混合水泥一样"，桑德斯这样说道——这种有趣的说法本身就是一个可以流传的故事。而这个"混合水泥一样"的方法却是价值数百万美元的配方，目前正存放在一个神秘而安全的地方。

一些企业为了更好地制造新闻，成立了专门的新闻中心。新闻中心负责组织撰写融合说理、焦点事件以及产品利益诉求的新闻稿件，并联系新闻媒体发布。通过这些故事，企业可以最大限度地传播品牌的价值理念与文化，让品牌悄然走进消费者心中，使他们在不知不觉中接受品牌。

2. 为品牌设计灵魂人物

企业为品牌设计灵魂人物是一种有效的品牌传播策略。因为有了灵魂人物，品牌便有了生命，有了更多的宣传机会，如新闻报道、人物传记等。苹果的史蒂夫·乔布斯、微软的比尔·盖茨、海尔的张瑞敏、联想的柳传志、江苏黄埔再生资源利用有限公司董事长陈光标等就是品牌的灵魂人物。人们在想起这些品牌时，自然而然地会想起这些品牌的灵魂人物；而人们在想起这些灵魂人物时，也会联想到相应的品牌。

3. 借助有名望的消费者

在企业品牌营销中，有名望的消费者能产生重大作用。借助他们的个人影响力和意见带头人的作用传播品牌，有利于建立起消费者正面、积极的品牌联想。比如，一些品牌服饰为电视节目主持人提供服装，通过电视台的"主持人服饰由××品牌提供"的宣传来提高品牌知名度。

4. 迎合消费者心理

在品牌传播过程中，企业除了具体陈述促使消费者购买的理由外，还要去塑造能够迎合消费者心理、具有感染力的品牌感动理念。例如，伊利集团广告环保的主题深入人心，从而创出了自己的品牌影响力。来自草原的伊利公司推出了"心灵的天然牧场"广告词；广告画面风格清新朴实，体现出一种对人类健康的关怀。伊利公司在不同的媒体上以一致的理念进行传播，令消费者为之感动，从而拉近了消费者与伊利之间的距离。这使得消费者在购买伊利时，感觉上仿佛得到了某些附加利益——可能出自消费者对大自然的关爱心理。

四、其他资产

作为品牌资产价值的重要组成部分，被称为附着在品牌之上的其他资产是指那些与品牌密切相关的、对品牌增值能力有影响的、不易准确归类的特殊资产，如个人创意、专利、专有技术等。

由于这类资产更多地与某个人或某些人直接发生联系，不能算作企业组织的资产，因而大多学者认为该类资产不应当包含在品牌资产价值之中。

第三节　品牌资产价值的评估

品牌资产的评估方法体系建立的时间并不长。品牌资产价值的评估是一件难度很大的工作。它要在许多不确定的因素中计算出一个确定的数，因此无论采用哪种评估方法都不可避免地带有主观性和不确定性。尽管评估很难做到完全准确，但品牌资产是重要的无形资产，完整的且连续的品牌资产价值评估可以填补短期财务评估和长期策略分析间的落差，取得一个平衡点。

一、品牌资产价值评估的意义

20 世纪 80 年代以来，品牌资产价值的评估成为学术界和企业界关注的一大焦点。企业通过品牌价值量化，测量品牌的市场竞争力，这已成为国际上通行的做法。目前，国际上有关权威机构每年或每两年发布的全球品牌评估报告备受世界广泛关注。那么，品牌资产的评估到底具有什么样的意义呢？

（一）品牌资产评估使企业资产负债表结构更加健全

近年来，越来越多的企业开始使用品牌资产进行融资活动，越来越多的发达国家法律允许企业收购品牌按收购价格列入企业资产项目。通过将品牌资产化，企业资产总量增加，企业整体资产负债率降低，获得银行贷款的可能性大大提高。资产负债表也是股票市场投资者分析公司股票价值的主要财务指标。企业的品牌资产价值能够使市场投资者对企业资产状况有更全面、更准确的了解，从而增强投资信心。

（二）有利于企业对品牌组合投资做出明智的决策

要想掌握各品牌未来长期发展趋势，对于多品牌企业来说，其有必要对各个子品牌的品牌资产价值做出相应的评估。这样，企业战略管理者有依据对整个企业的资源分配战略做出有效规划，从而优化品牌组合，合理分配资源，减少投资浪费。

（三）能够激励企业员工，提高企业声誉

企业品牌资产价值经过评估，可以告诉世人自己的品牌能值多少钱，以此显示品牌在市场中的地位。因而，评估品牌资产价值，不但能起到向企业外部传播企业品牌发展状况方面信息的作用，提高企业的声誉；而且还能起到向企业内部所有员工展示企业未来发展蓝图的作用，凝聚团队力量，激励员工信心。如：三星品牌价值的迅速崛起，不仅为该公司赢得了在韩国国内乃至世界的声誉，而且激发了三星员工的工作激情。

（四）是品牌兼并与收购的需要

经济全球化的发展使得市场结构和企业生存环境发生了根本性变化，企业面临新的威胁，随时可能受到来自世界其他市场或行业中的企业与品牌的冲击。尤其是全球性的品牌兼并、收购热潮兴起，这使得许多企业深刻意识到对现有品牌资产价值进行更全面、精准的掌握是必需的。对于兼并与收购的参与方来说，评估企业品牌资产价值是非常重要且困难的事情。

（五）有利于合资事业的发展和品牌增值

公司将品牌从公司其他的资产中分离出来，当作可以交易的财务个体的做法有日渐增加的趋势。很明显，这种做法为合资与品牌增值奠定了基础。过去，国内一些品牌在与外商合资时，未做相应的品牌资产价值评估就草率地将自己的品牌以低廉的价格转让给外方控股的合资企业，因此而吃过大亏。

二、品牌资产价值评估的方法

（一）成本法

1. 历史成本法

历史成本法是指依据品牌资产的购置或开发的全部原始价值进行估价的方法。最直接的做法是计算企业过去在该品牌上所进行的各种投资，包括创意、设计、广告、促销、研发、分销等各种费用。但是，这种方法面临许多问题。例如，企业如何确定哪些成本费用需要计入品牌资产价值？品牌营销者付出的时间、精力和体力等需不需要计算在内？如何计算？众所周知，品牌的成功归因于企业各方面的配合，因此我们很难计算出真正的成本。即使可以，它也无法全面反映品牌资产现在的价值，因为它没有将过去投资的质量和成效等因素考虑进去。企业使用这种方法尤其会高估失败或较不成功的品牌价值，这是历史成本方法存在的一个最大问题。

2. 重置成本法

重置成本法是指按品牌的现实全新开发创造成本，减去其各项损耗价值来确定品牌价值的方法。重置成本可以看成第三者购买品牌愿意出的价格，它相当于重新创建一个在品牌影响力与品牌收益方面相当于评估品牌的全新品牌所需付出的总费

用。其计算公式为

$$品牌资产价值=品牌重置成本×品牌成新率$$

品牌可能是自创或外购的，因而两者重置成本的构成是不同的。企业自创品牌由于受到财会制度的制约，一般没有品牌的账面价值，因而只能按照现时费用的标准重新估算其重置价格总额。外购品牌的重置成本一般以品牌的账面原值为依据，用物价指数计算，其计算公式为

$$品牌重置成本=品牌账面原值×（评估时物价指数÷购置时物价指数）$$

成新率是反映品牌的现行价值与全新状态重置价值的比率，一般采用专家鉴定法和剩余经济寿命预测法。品牌成新率的计算公式为

$$品牌成新率=\frac{品牌剩余使用年限}{}÷（品牌已使用年限+品牌剩余使用年限）×100\%$$

这里需要注意的是，品牌原则上不受使用年限的限制，但在评估实践或品牌交易中常受到年限折旧因素的制约，不过它不同于有形资产的年限折旧因素。前者主要是考虑经济性贬值（外部经济环境变化）和形象性贬值（品牌形象落伍）的影响，而后者主要是考虑功能性贬值（技术落后）的影响。

重置成本法较历史成本法而言，虽然考虑了品牌投入费用的时间价值和品牌成新率（折旧率）因素，但是该方法仍然面临企业哪些费用应计入品牌账面资产和品牌剩余使用年限如何确定等难题，以及品牌投入与产出效率客观上缺乏对应关系等问题。

（二）市场价格法

品牌资产价值评估的市场价格法（简称"市价法"）是指企业通过市场调查，选择一个或几个与评估品牌相似的品牌作为比较对象，进而对比比较对象的成交价格及交易条件，并做出相应的调整，最后估算出品牌资产价值。该方法的参考数据主要有市场占有率、利润总额、品牌忠诚度、品牌知名度等。应用市场价格法，必须具备两个前提条件：一是有一个活跃、公开、公平的品牌交易市场；二是有一个近期的、可比较的交易参照物。企业在运用市价法时应当慎重考虑比较对象之间的可比性问题，如行业、地区、目标顾客、时间以及政策环境等因素。

假设，同一国家同属于同一个行业的两个品牌 A 和 B，其中 A 品牌经权威品牌评估机构评估的品牌资产价值为 V_a。那么如何采用市价法评估品牌 B 的品牌价值 V_b 呢？为简化起见，假如我们只考虑两项对比指标：国内行业市场份额（权重 2）和利润额（权重 1）。经调查，品牌 B 的市场份额是品牌 A 的 50%，品牌 B 的利润额是品牌 A 的 30%。

那么，采用市价法评估的品牌 B 的资产价值的计算如下：

$$V_b = V_b × (50\% × 2 + 30\% × 1) ÷ (2 + 1)$$

（三）收益法

收益法又称收益现值法，是指企业通过估算品牌未来的预期收益（一般采用"税后净利润"指标），并采用适宜的贴现率折算成现值，然后将其与品牌过去创造的收益累加求和，得出品牌价值的一种评估方法。在对品牌未来收益的评估中，有

两个相互独立的过程，一是分离出品牌净收益的过程，二是预测品牌未来收益的过程。

收益法计算的品牌价值由两部分组成：一是品牌过去收益的现值（评估时之前品牌创造的收益的总和折现），二是品牌未来的现值（将来品牌产生收益价值的总和折现）。其计算公式为两部分的加总：

$$品牌资产价值 = \sum_{t=1}^{n-t} A_t(1+i)^{n-t} + \sum_{t=1}^{t} A_t(1+i)^{-t}$$

公式中，A_t 是品牌创造的年净利润，n 是品牌总的收益期，i 是贴现率，t 是品牌未来的收益期。

对于收益法，有人持怀疑态度，认为其存在三个方面的不足：预计的品牌收益，无法将未来的竞争态势变化因素考虑在内；贴现率选取的主观性；时间段选取的主观性。

（四）英特品牌公司的评估模型

英国的英特品牌公司是世界上最早研究品牌评价的机构。英特品牌公司的评估方法是国际上最有影响力的品牌资产评估方法之一，它以严谨的技术建立的评估模型在国际上具有一定的权威性。美国《商业周刊》杂志从 1992 年开始对世界著名品牌进行每年一次的跟踪评估，其采用的基本方法就来自英特品牌公司的评估模型，其评估报告被各大媒体转载公布，在世界范围内具有广泛的影响力。下面介绍英特品牌的评估模型的操作方法。

英特品牌公司的评估模型同时考虑主客观两个方面的事实依据。客观的数据包括市场占有率、产品销售额以及利润状况；主观依据是品牌强度。其计算公式为

$$V = P \times S$$

公式中，V 代表品牌资产价值，P 代表品牌带来的净利润，S 为品牌强度倍数。

1. 计算品牌带来的纯利润

品牌带来的纯利润，是公司收益扣除有形资产和非品牌无形资产所创造的收益后的余额，又称沉淀收益（residual earnings）。我们可以从公司报告、分析专家、贸易协会、公司主管人员那里得到有关品牌销售和营业利润方面的基本数据。例如，1995 年吉列剃须刀品牌的销售额为 26 亿美元，营业利润为 9.61 亿美元，而我们所关注的是"吉列"这个品牌名称所带来的特定利润。

为此，我们首先要确定这个特定行业的资本产出率。产业专家估计，护理业的资本产出率为 38%，即每投入 38 美元，可产出 100 美元的销售收入。这样，我们可算出吉列公司 1995 年产出所需要的资本额为 26×38% = 9.88（亿美元）。

然后，经调查，在护理行业中一个没有品牌的普通产品的净利润为 5%（扣除通货膨胀因素）。用 5% 乘上 9.88 亿美元，即无品牌企业的平均利润是 9.88×5% = 0.494（亿美元）。从 9.61 亿美元的实际公司盈利中减去 0.494 亿美元，我们就得到可归于"吉列"这个品牌名称下的税前利润，即 9.61−0.494 = 9.116（亿美元）。

算出品牌税前利润后，下一步就是确定品牌的净收益。为了防止品牌价值受整个经济或整个行业短期波动的影响过大，我们可以采用最近两年（或者最近三年甚

至更多年）税前利润的加权平均值。最近一年的权重是上一年的 2 倍，即品牌净收益＝（当年收益×2+上年收益×1）÷（2+1）。最后，我们把品牌母公司所在国的最高税率（34%）应用这一盈利的两年加权平均值，减去税收，得到吉列品牌的净收益 5.75 亿美元。这个数字就是与吉列品牌相联系的净利润。

2. 计算品牌强度倍数

品牌强度倍数是品牌未来收益的贴现率。按照英特品牌公司建立的评估模型，品牌强度系数由七个方面的因素决定，每个因素的权重有所不同，如市场领先度的权重是 25%（如表 3-1 所示）。这七个因素分别是领先度（市场影响力越大的品牌越具价值）、稳定性（品牌力持续作用的时间越长，品牌的资产值越高）、市场特征（品牌所处的行业市场的竞争状况，显然，正处于高速成长期且进入壁垒较高而退出壁垒较低的行业市场的品牌应当具有较高的市场估值）、地域影响力（深受世界各国消费者喜爱的品牌的资产价值要比那些国家性或者地区性品牌的资产价值高）、发展趋势（品牌适应消费需求和技术进步的能力越强，品牌资产价值越高）、品牌支持（在公司内部凡获得持续和重点投资的品牌比较少获得支持的品牌有更强的竞争力）、品牌保护（凡有注册商标和其他完善的法律保护措施的国家或者地区的品牌的价值较高）。

表 3-1　品牌强度影响因素

强度因素	权重/%
领先度	25
稳定性	15
市场特征	10
地域影响力	25
发展趋势	10
品牌支持	10
品牌保护	5
合计	100

经过专家评定，吉列品牌强度倍数为 17.9 倍。最后，我们可以得到吉列品牌资产价值＝5.75×17.9＝102.925（亿美元）。

以上介绍了四种较为典型的品牌资产价值的评估方法。尽管品牌资产价值的评估意义重大，但是直至今日人类仍然无法找到一种精确的评估方法来计量众多品牌的价值。我们目前所采用的众多方法计算出来的品牌资产价值只是精确程度不同的"近似值"。我们建议，品牌资产价值评估方法的选择依据评估目的而定。

（五）品牌资产评估系统

品牌资产评估系统（brand asset valuator，BAV）是由扬·罗必凯（Young Rubicam）咨询管理公司建立的，是全球最大的有关消费者品牌信息的数据库之一。该模型能够从消费者视角解释品牌如何建立、成长，如何流失甚至于陷入危机，以及如何恢复，是一个具有发展性的模型。

BAV 模型从品牌的能量差异性、相关性、尊重程度和知识四个维度来评估品牌资产，或者说某个品牌的健康状况。①能量差异性评估的是消费者认识到的某个品牌与市场其他品牌的差异程度，即该品牌的独特内涵及其未来的发展方向和势头。它与品牌利益和品牌文化等因素有关，是建立可盈利品牌的条件。②相关性评估的是品牌与消费者需求的匹配程度以及品牌潜在特权与渗透力的总体轮廓。③尊重程度评估的是消费者认为某品牌有多好以及由此产生的喜爱情况。④品牌知识评估的是消费者对某个品牌的了解和熟悉程度。然而有趣的是，消费者所掌握的有关品牌知识量与此品牌的发展潜力呈负相关。

接着看看这四个维度之间的关系，因为单独分析一个特定的维度对于评估某个品牌资产价值状况是不够的。它们之间的相互关系主要有：①当能量差异性高于相关性时，该品牌会在市场上脱颖而出，引人注目。它有潜力依靠自身的差异点和势能，并通过不断构建和提升相关性为消费者带来价值。②当能量差异性低于相关性时，品牌的独特性逐渐消失。尽管品牌在消费者的生活中还是适合且有价值的，但它存在被其他同品类的竞争者替代的风险。因此，消费者将不会再支持该品牌，或不再忠实于这个品牌，或者不再为它支付溢价。因为，这时品牌缺少我们所说的能量差异性。在这种情境下，价格便利和习惯成为消费者购买理由，品牌失去了定价权。③当尊重程度高于知识时，也就是"实过其名"，消费者喜欢这个品牌，并想了解更多的品牌知识。这说明品牌有成长潜力。④当尊重程度低于知识时，也就是"名过其实"，消费者感到自己对某个品牌的了解已经够多了，没有兴趣去了解更多。这时候过剩的知识正成为品牌发展的障碍和威胁。

最后，扬·罗必凯公司将品牌强度（能量差异性和相关性）和品牌地位（尊重程度和品牌知识）这两个宏观方面整合到一个形象的分析工具，即"能量方格"图中（如图 3-2 所示）。"能量方格"在连续的四个象限中描绘了一个品牌发展周期中的不同阶段。

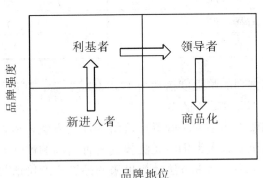

图 3-2　能量方格图

某一品牌的发展通常从左下方象限"新进入者"的角色开始。这时，首先需要的是发展相对差异性以及形成生存的理由。通常情况下，强势品牌运动方向是向上至左上方象限"利基者"。这时，品牌在利基市场上的差异性以及相关性不断增强，使得品牌强度不断得以增加。这些转变通常是在品牌获得市场尊重或者拥有很高的知名度之前发生的。

右上方象限是"领导者"象限，这些行业领导品牌拥有高水平的品牌强度以及几乎不可撼动的品牌地位，它们有强大的品牌资产和市场地位。老品牌以及相对较新的品牌都可能出现在这一象限。领导品牌与品牌在行业中存在的时间并没有必然的联系，这一现象在新兴产业中尤为明显。例如阿里巴巴、腾讯、顺丰等品牌都只用较短的时间就获得了各自所在行业的领先地位。如果能够对品牌恰当地进行管理，该品牌就能够建立起领先优势，并可能无限期地保持其领先地位，如海尔、格力和中国人寿就是一直处于领导位置的品牌。

对于许多品牌而言，品牌资产价值的下降通常是不可避免的。这些品牌的能量差异性和相关性的不断减少，使得其无法维持品牌强度，并移动到右下方"商品化"象限。这时候，这些品牌不仅容易受到现有竞争品牌的挑战，而且会受到折价品牌的冲击，因而不得不经常通过大幅度的、持续的价格促销来挽留顾客，以维持市场份额。

本章小结

品牌是企业的重要资产之一，是一种无形资产。不同的品牌在市场中具有不同的经济价值。对于品牌所有者来说，品牌经济价值表现在提高产品售价、促进品牌延伸、创造竞争优势三个方面。品牌资产价值是指消费者、渠道成员对母公司所产生的联想和行为，品牌借此而获得比无品牌产品较大的收入和较大的边际利润，并借此比竞争者获得强势、持续的差异化的优势。品牌价值理论是主观量化的研究成果，因此人们对于品牌资产价值来源的认识主要有关系论、市场论和财务论三种观点。品牌资产价值实质上是企业与顾客关系的反映，而且是长期动态关系的反映。品牌资产是一种组合的无形资产，具有开发利用价值。它难以准确计量，具有波动性，是衡量营销绩效的主要指标。

品牌资产价值由品牌忠诚度、品牌知名度、品质认知度、品牌联想和其他资产五个部分构成，又被称为品牌资产价值的五星模型。但是，基于更广泛的认识基础，品牌资产价值是由前面部分资产组成的。

品牌资产价值评估能使企业资产负债表结构更加健全，有利于企业对品牌组合投资做出明智的决策，能够激励企业员工、提高企业声誉，是品牌兼并与收购的需要，有利于合资企业的发展和品牌增值。本章介绍的品牌资产价值评估方法有成本法、重置成本法、市场价格法、收益法、英特品牌公司的评估模型，以及品牌资产评估系统。

思考题

1. 品牌资产价值的含义有哪些？

75

2. 品牌资产价值有哪些基本特征?

3. 简述品牌资产价值五星模型的含义。

4. 论品牌联想及其策略。

5. 论品牌资产价值评估的意义。

6. 品牌资产价值评估方法主要有哪些? 请简述各方法的基本原理。

案例分析题

北京名牌资产评估有限公司的 MSD 法

1. 成立背景

1995 年, 经国家国有资产管理局批准, 北京名牌资产评估事务所成立, 后来改制为有限责任公司。该公司直属于中国资产评估协会, 是一家在全国范围内对品牌、商标、专利、特许权等各类无形资产以及整体资产、土地、房屋、设备等各类有形资产进行评估的专业资产评估机构, 也是国内影响力最大的品牌评估及研究机构。

本着研究品牌价值内涵和发展规律, 指导和推动我国企业创立世界名牌的宗旨, 北京名牌资产评估有限公司借鉴英特品牌公司的评估体系, 并结合我国实际情况, 于 1996 年年初发布了中国自己的第一份品牌价值评估报告 "95 中国最具价值品牌"。报告的研究结论是: 我国企业已经进入品牌竞争时代, 中国名牌与世界名牌差距很大。这样, 中国自己的品牌第一次有了自己的身价, 使国人对品牌的认知由泛泛的定性之说开始向着定量标准转变, 同时也增强了消费者对中国品牌的信心、信任和忠诚。

2. 评估方法

北京名牌资产评估有限公司评估品牌资产价值的方法可以概括为如下的计算公式:

$$V = M + S + D$$

公式中, V 是品牌价值, M 是品牌的市场占有率, S 是品牌的超值创利能力, D 是品牌的发展潜力。该公式表示, 品牌资产价值是由 M、S 和 D 这三个指标决定的, 因此该评估方法又称 "MSD 法"。一般情况下, MSD 法这三个指标的权重分配比例为 4：3：3, 也可以根据行业的不同情况进行微调, 目的是使不同行业的品牌具有可比性。比如, 当某品牌所处的行业规模较大, 与处于规模较小的行业内的品牌相比, 前者的 "市场占有率" 指标的权重就应相对调低, 而后者则应相对调高, 以达到平衡。

指标 M, 即品牌的市场占有率, 反映了品牌的历史业绩, 主要通过公司销售收入等指标来计算。一个品牌是否真正具有竞争力, 首先要看该品牌标定下的产品所占有的行业市场份额的多少。若某品牌的市场占有率比较高, 在同行业中占有举足轻重的地位, 那么该品牌就具有很高的市场竞争力。这就是说, 品牌的市场占有率的大小直接决定着品牌价值的高低。

指标 S, 即品牌的超值创利能力, 主要通过公司利润 (率) 等指标来计算, 与

M 一样反映了品牌的历史价值。一个品牌只有具备了超过同行业利润水平的盈利能力，才能显示品牌的竞争实力。如果某品牌不能获得超过同行业平均利润水平，即便具有很大的市场份额，也只是表现出一般的产业资本的盈利能力，却显示不出品牌的创利能力。所以，该方法的评估对象仅为具备超额创利能力的那些品牌。

指标 D，即品牌的发展潜力，是评估品牌的未来价值。这是因为一个品牌对于品牌主来说，其意义在于未来能否为其带来超额利润。它主要根据公司的产品出口能力、商标在国内外的法律效力、广告等投资支持、品牌超越地理和文化边界的能力等因素来测算。

总之，MSD 评估方法的发展在我国具有重大意义，该方法在与国际接轨和缩小中国品牌价值与国际品牌价值方面起到了很好的示范作用。

　　［案例思考］

1. 北京名牌资产评估有限公司的成立有何意义？

2. MSD 法考虑了哪些因素？为什么？

3. MSD 法与英特品牌公司评估法比较，有何异同？

第四章
品牌战略

早在 20 世纪 60 年代，战略就开始运用于企业管理之中，以对日趋复杂的企业经营管理活动进行统筹规划和协调指导。现在，市场竞争空前激烈，企业需要在一个更宏观、更系统的品牌营销战略平台上实施品牌管理活动，以提高品牌竞争的能力。

第一节　品牌营销战略概述

企业是一个由各个要素组成的开放系统，因此在企业的经营过程中就不能只是寻求个别要素的最优，而必须从整体出发，实现企业整体最优，这便产生了设计企业经营战略的需要。战略严格说来是企业经营发展历史的高级阶段。因为在卖方市场下，产品总是供不应求，生产者之间基本不存在竞争，这样企业没有制定战略的必要性。但是，随着市场经济的发展，卖方市场转变为买方市场，同时外部经营环境越来越复杂多变，企业为了谋求自身的生存与发展，开始主动对其经营要素及其组合关系进行系统的和有重点的变革，并制定出了要求企业全员全过程参与的战略，以保证企业经营活动实现平稳运行。企业战略包括很多部分，品牌营销战略是其中之一，而且是极其重要的一部分。在我国，品牌战略应该成为企业整体发展战略中的基础性战略之一。

一、品牌营销的内涵

品牌的重要性对企业与消费者来说不言而喻。现在许多企业的产品技术都很先进，包装和装潢也精美，产品质量上乘，都能给消费者带来各种各样功能性方面的利益。事实上，在产品日益同质化的时代，产品属性已经相差无几，唯有品牌能够给人以心理暗示，满足消费者的情感和精神寄托。消费者做出购买决定，最主要的还是凭着他们对品牌的感受。因而对于企业而言，最重要的不是你怎么样，而是你的顾客认为你怎么样。我们有理由相信，拥有品牌就拥有市场，就拥有明天和未来，就可以获得消费者的忠诚，这就是品牌经济时代的游戏规则。品牌营销已经成为现代营销学的主流思潮。

品牌时代最本质的特点就是所有的企业营销活动都围绕品牌展开。那么，什么是品牌营销呢？既然，品牌营销从传统的市场营销发展而来，我们就有必要了解传统的市场营销。

传统的市场营销观念认为，市场营销是企业的一系列市场经营活动，也就是企业营销是企业通过发现顾客现实或潜在的产品需要，运用营销组合策略（4Ps，即产品、定价、广告、分销之间的相互作用和协调的过程）实现销售产品的目的。但是，随着现代科学技术的发展以及产品更新换代速度的加快，"发掘顾客需要"而生产的某种产品在短时间内就有可能被淘汰或复制，企业的产品特色只能维持短暂的过程。由此，传统营销观念开始转向最能引起消费者重视的方面，即品牌营销观念。品牌是消费者识别的产品类别显著的外在特征，品牌营销效果直接影响消费者对产品的信赖程度，从而影响产品销售目的的实现。因此，如何建立、维护和提升品牌就成为所有现代市场营销活动的关键。

那么，传统的市场营销与品牌营销到底有哪些区别呢？在现代市场条件下，市场营销集中体现为品牌营销，品牌营销成为市场营销的核心职能。总的来说，品牌营销不再基于传统的以产品来安排营销活动，而是以品牌为中心来安排营销活动。具体来说，品牌营销较传统营销主要有如下进步：

一是品牌营销是结合品牌识别（不是针对产品特征）而进行的目标市场营销，是品牌特征与个性在市场上的充分体现。品牌系统工程要把握品牌的差异性，并为品牌制定符合自身状况的营销战略。

二是品牌营销是以品牌整体战略为基础的市场行为，它拥有统一的标识、视觉识别、文化内涵、行为规范、广告支持、营销通道。同传统的营销行为相比，品牌营销是全面的产品营销战略之上的市场营销。

三是品牌营销行为提高了传统营销行为的可控度、精确度。品牌营销相对于传统营销而言，显得更宏观、更系统、更全面，大大地提高了企业适应市场竞争环境的能力。品牌系统的支撑使组织成为一个整合化的有机体，为品牌进入市场提供了坚实的基础，从而将传统营销下的市场不可控因素降至最低点①。

综上所述，品牌营销是指企业所有以实现品牌产品销售为目的的营销活动。或者说，它是品牌战略的制定和执行过程。品牌营销可以分为品牌营销战略制定和品牌管理两个阶段，即企业首先应制定出适应市场环境发展变化和适合自身资源条件与技能及实现美好愿景的品牌营销战略，然后在品牌战略的指导下才能够实施有效的品牌管理。

品牌管理包括品牌定位、品牌推广、品牌维护和品牌增值四个核心内容。除此之外，它还包括产品策略、价格策略、渠道策略、促销策略以及品牌营销的其他一系列活动。品牌定位是营销者向目标市场受众传播的独特的品牌卖点，品牌创新是品牌维护的有力手段，品牌延伸与品牌国际化是品牌影响力在行业经营范围与地区间的扩张，其本质是品牌增值的方式。

① 年小山. 品牌学［M］. 北京：清华大学出版社，2003：97.

万燕从"开国元勋"变为"革命先烈"

视频压缩碟片（VCD）是中国起步较晚、发展较快的一个产业典范。1993—1998年，短短几年时间，VCD的社会消费总量已超过2 000万台，年总产值100亿元以上。说到VCD，人们不会忘记万燕公司和姜万勐。万燕于1993年研制出了世界上第一台VCD的样机，才有了中国蓬勃发展的VCD产业。万燕最风光的时候，其市场占有率是100%。由于当时是独家经营，产量不大，万燕不仅没能获得资金上的积累，反而因为没有竞争，掩盖了企业本身存在的大量的矛盾。而后来者爱多、新科、万利达等蜂拥而上，取代了万燕，成为新的行业"三巨头"。在万燕由"开国元勋"变为"革命先烈"之后，企业界曾有这样的结论：千万不要轻易地做市场开拓者，跟随最好。你认为这种看法对吗？

二、培育品牌的途径

品牌专家科耐普提出了培育品牌的正确途径，即D·R·E·A·M[①]，我们可以把该观点概括为下列依序展开的品牌培育的五个环节：

（1）D代表差异性（differentiation），即通过分析顾客的需要和竞争品牌定位，明确自己品牌的核心价值。

（2）R代表适当（relevance），即品牌承诺要依据企业资源与竞争优势以及顾客需要来制定。在各项品牌营销活动中，企业必须始终一贯地履行自己的承诺。

（3）E代表尊重（esteem），即只有尊重顾客，品牌才能获得顾客的尊重。

（4）A代表熟悉度（awareness），即消费者认识品牌和形成品牌忠诚的过程。也就是说，企业应尽力提高目标顾客对自己品牌的知识结构。

（5）M代表熟悉度（mind's eyes），即品牌在主要顾客消费群心中所建立的相关联想。这是指导消费者选购品牌商品的"指南针"。

反观我国品牌实践，部分企业总是掷重金打造品牌知名度（famousness），并认为品牌差异性是企业营销活动的结果；这种创建品牌的模式可以被概括为"F·R·E·D"。事实上，这种本末倒置的错误认识在实践上具有很强的危害性。

脑白金品牌运作模式

脑白金是中国品牌营销时代的成功典范。在保健品市场的低迷时期，它们如何仅以区区二十多万元而发展成为中国家喻户晓的保健品品牌呢？更何况，在当时的背景下，人们只知道脑白金，而不知道巨人集团、史玉柱，甚至连黄山康奇、健特生物也不了解。脑白金成功的品牌运作，足以见证品牌营销的巨大威力。

首先，脑白金定位于"年轻态"。其目标顾客聚焦在大中城市里处于睡眠和肠道

---

① 科耐普. 品牌智慧：品牌培育（操作）宝典［M］. 中秋，罗臣，译. 2版. 北京：企业管理出版社，2001：83.

不好的亚健康状态的中老年人群，并以脑白金所谓的"改善睡眠、润肠通便"功效来满足这些人群的需要。同时，脑白金很在乎终端陈列的展示效果。产品采用"内装胶囊＋口服液"的复合产品包装，使得产品看起来十分气派；产品外包装追求蓝色为主的科技色调，摆放在货架上视觉冲击力极强，在当时可谓绝无仅有。此外，脑白金的命名充满着神秘感，大大提升了产品档次，令竞争对手望尘莫及。

其次，脑白金在入市初期的品牌推广上，选择以成本低的报纸媒体为主，以新闻类软文宣传开启市场。正是那些融合新闻题材、科学说理、焦点事件等内容的新闻类软文，无形中使得消费者在毫无戒备的情况下，接受了脑白金的"高科技""革命性"等产品概念。在积累了足够资金之后，脑白金动用了极具传播力的电视等强势媒体，从而提高品牌市场知名度。

特别值得一提的是，脑白金抓住国人"礼尚往来，来而不往，非礼也"的送礼习俗，直接突出脑白金"送礼"的文化内涵，取得了老百姓的认可。无论是报纸、电视，还是户外广告牌，脑白金始终如一地传达品牌文化内涵——"今年过节不收礼，收礼只收脑白金"。因为广告投放十分集中、诉求单一、强度非常大，脑白金占据的送礼市场份额远远超过了其他保健品的份额。

可见，脑白金品牌成功源于其"产品包装＋广告＋文化"的运作模式。你怎么看待脑白金的品牌运作模式呢？

三、品牌战略及其内容

（一）品牌战略的内涵与特征

战略（strategy）一词，原意是指军队的用兵艺术和科学，它是由古希腊术语"strategas"衍化而来的。后来，战略一词逐渐向人类生活的各个领域发展。

品牌战略（brand strategy）是指企业为了提高品牌的竞争力，通过分析外部环境与内部条件，所制定的总体的、长远的、纲领性的品牌发展规划。明确品牌战略有利于明晰品牌认知，提高消费者对品牌的理解，传播品牌产品；同时，有利于提升品牌形象，实现品牌资产转移至产品的能力，增加品牌产品的销量和收益。在品牌时代，品牌营销战略已成为企业经营发展战略的中心。

品牌战略包括如下五个基本特征：

1. 全局性

品牌战略是企业为了创造、培育、利用、扩大品牌资产和提高品牌资产价值而采取的各项具体计划方案的指南。它要解决的不是局部或者个别问题，而是有关品牌未来发展目标及所需要解决的基本重大问题。品牌战略的制定要求企业通观全局，对各方面因素及其关系加以综合考虑，注重整体协调和效能最大化。

2. 长期性

品牌战略是一个针对品牌未来长远发展的规划。它着眼于中长期，即三年或者五年以上，甚至更长的时期。品牌营销战略并不计较短期品牌经营的效果，而主要在于谋划品牌的长期生存发展大计，因此它具有较强的稳定性。

3. 导向性

品牌战略是企业站在全局高度上制订的宏观总体规划，这决定了它对各项品牌管理措施和活动计划具有导向作用。在规划实施期内，所有的品牌营销活动均要与战略的总体要求一致，如有背离，须及时调整与纠正偏差。

4. 系统性

品牌系统包括品牌识别、推广、维护和增值等一系列环节，同时涉及企业生产经营活动的方方面面；而系统内各个环节和过程都是相互联系、相互影响的，构成了一个有机整体。因此，品牌建设是一项长期且复杂的系统工程。

5. 创新性

制定品牌战略就是一个企业创新的过程。每一个企业的自身条件不同，所处的市场环境以及面对的竞争对手也不同，必须有针对性地制定战略，才能出奇制胜。品牌战略是现代企业经营战略的核心，它的价值在于有别于其他竞争者的独特性。一个企业如果采取简单模仿竞争对手的做法，总是跟着竞争对手行动，那么在激烈的市场竞争中就会始终处于被动的位置，不可能赢得市场竞争的最终胜利。所以，企业的品牌营销战略要具有一定的创新性才能在竞争中脱颖而出。

（二）品牌战略的基本内容

品牌战略属于企业战略层面的规划，是事关品牌未来长远发展的全局性和关键性问题的精心规划，不同于企业在某一个发展阶段，或针对某个市场、组织内部某个战略业务单位的局部和中短期的策略谋划。我们认为，品牌战略包括如下主要内容：

1. 进行品牌战略分析，确定品牌愿景

品牌战略分析是一项重要的基础性工作，是企业管理层对品牌未来发展潜力的总体判断和看法，这对企业如何在各个品牌之间分配资源以及由此产生的品牌未来发展状况有着至关重要的影响。品牌战略分析的内容包括顾客分析、竞争品牌分析和自我品牌分析。顾客分析是企业对目标市场顾客的购买行为、文化及亚文化、个性以及其他社会心理因素的调研，以了解顾客的需要，发现有利的市场机会。竞争品牌分析包括竞争品牌的市场地位、品牌形象、品牌资产价值、技能、品牌营销战略等内容，以深入了解竞争品牌的优势、能力及劣势，目的是发现长期赢取市场竞争的"突破口"。自我品牌分析是企业对自身品牌发展现状和竞争力进行全面、深入的剖析，尤其是发现存在的薄弱环节和不足之处。自我品牌分析主要包括品牌市场地位、品牌形象、品牌忠诚度、竞争优劣势以及资源条件等的分析。品牌战略分析是制定品牌愿景和规划品牌体系的非常重要的、必不可少的依据。

品牌愿景（brand vision）或称为品牌使命，是关于"我们品牌是什么"和"我们品牌未来发展目标是什么"这两个事关品牌战略发展方向的重大问题的回答。企业要回答这两个问题就必须进行品牌战略分析。品牌战略分析是指全面深入分析市场环境和品牌资产现状及其未来发展趋势，并在此基础之上确定品牌发展战略目标、战略步骤、战略重点和战略措施。例如，蓝色巨人 IBM 在 21 世纪提出的公司品牌愿景是"智慧的地球"，包括物联化（物联全球体系）、互联化（使之相互连接）

和智能化（使之智能智慧）。这很可能是未来全球科技和市场发展的方向。

2. 设计或完善品牌体系

品牌体系战略（brand architecture strategy）是企业对品牌组成及其关系的规划。它需要解决的问题有：需要或者新建哪些品牌、品牌与产品的对应关系、品牌之间的层次关系（品牌架构）以及其他可以作为品牌联想的实体（品牌杠杆）。

3. 制定品牌识别系统

制定品牌识别系统是企业一项意义重大的战略活动。在品牌进入市场之前，品牌战略制定者就应该周密思考和设计品牌识别元素。就如同每一个人一样，都有自己的名字、性别、年龄、生活习惯、个性等元素，这些元素是个人作为社会个体同其他社会成员区分开来的基础；品牌同样也需要识别元素，才能为市场所认知并同其他品牌区分开来。品牌识别系统是由符号、产品、组织和个性四类元素构成的，它们将各个品牌区分开来。

4. 建立和完善品牌管理组织

品牌具有市场价值。对于众多的国际和国内著名的强势品牌来说，品牌资产价值可能远超过企业有形资产价值，并为企业及员工创造无数的财富和荣誉。既然品牌是企业最宝贵的无形资产，企业理所应当要建立专门的部门负责对品牌进行专业化管理，以保证品牌资产的保值增值。

5. 培育品牌观念，实现全员品牌管理

全员品牌管理是指在品牌建设过程中，品牌整个价值链上的所有组织成员都需纳入品牌建设体系中，共同参与品牌建设。全员品牌告诉我们：品牌是老板的，品牌是员工的，品牌是经销商、供应商的，品牌是品牌价值形成链上所有人的。参与品牌建设的每一个企业的每一位员工的工作质量都会影响品牌形象，即使是小的工作失误都可能使顾客不满意，从而对品牌产生负面的影响，如：汽车4S店虚高的修理费用，工作人员傲慢粗暴的行为；售货员因缺乏专业知识而无法对顾客提出的问题给出解释；等等。所以，品牌营销是整个企业的事情，而绝不只是企业管理层或者销售公关宣传部门的事情。

在企业，有许多关于员工重要性的论述：员工是品牌的打造者和守护神！员工是企业最生动的广告，是企业最直接的代言人！员工作为企业行为的执行者，其在工作中的言谈举止、待物接人直接代表和影响着企业和品牌的形象。事实上，每一个成功的品牌都离不开背后每一位员工的努力和付出，是每一位员工把品牌视同自己的财产而倍加爱护和珍惜的成果。正如美国"钢铁大王"安德鲁·卡内基所言："带走我的员工，把我的工厂留下，不久后工厂就会长满杂草；拿走我的工厂，把我的员工留下，不久后我们还会有个更好的工厂。"

专栏：小故事·大启示

众人拾柴火焰高

美国标准石油公司有一位推销员叫阿基勃特。他在住旅馆的时候，总是在自己签名的下方，写上"每桶四美元的标准石油"字样，在书信及收据上也不例外，签了名，就一定写上那几个字。他因此被同事们戏称为"每桶四美元"，而他的真名倒没有人叫了。就这样，在不经意间，许多客户都知道了产品的价格，纷纷找他订货。公司董事长洛克菲勒知道这件事后深受感动，说："竟有职员如此努力宣扬公司的声誉，我要见见他。"于是，洛克菲勒邀请阿基勃特共进晚餐。后来，洛克菲勒卸任，阿基勃特成了第二任董事长。

专栏：小故事·大启示

细节决定成败

星巴克的品牌管理理念的核心就是员工必须认认真真做好每一件小事情。为了践行这个理念，星巴克制定了相应的规定与标准。例如，为了保证咖啡的口感，星巴克会要求把咖啡的时间精确到秒，多一秒少一秒都不行。蒸汽加压煮出的浓缩咖啡的制作时间应该是18~23秒，如果17秒或者超过23秒完成了制作，咖啡就要被倒掉。再如，星巴克对搅拌棒的要求同样严格，不少咖啡搅拌棒是塑料制品，在高温下会产生异味，从而影响口味和健康。为了使客人品尝到更加纯正美味的咖啡，星巴克的研究人员用了18个月的时间，对这个小小的搅拌棒进行了多次试验和改进，最终使得这个小小的搅拌棒达到了最佳标准。另外，对于门店里的咖啡豆，星巴克规定，如果7天内没有用光，就必须倒掉。这样做的目的，就是为让细节真正落实到品牌管理中去。可以说，在星巴克的生产过程中，有上千件诸如此类的小事情。正是对细节管理的严格要求，实行产品服务全流程的精细化管理，星巴克赢得了许多消费者的信任和青睐。

第二节　品牌体系战略

一、品牌-产品矩阵

品牌-产品矩阵（brand-product matrix）（见图4-1）采用图表形式来表现企业品牌和产品之间的关系。其中，矩阵的行表示企业的品牌，矩阵的列表示相应的产品。该矩阵是凯勒提出的制定品牌体系战略的一个工具。

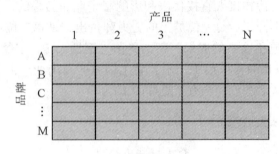

图4-1　品牌-产品矩阵

在这个矩阵中，"行"代表品牌-产品关系，某一行代表某一个品牌。如图4-1

所示，该企业有品牌 A、品牌 B、品牌 C 等，直到品牌 M。企业某一品牌下出售的产品数量及产品性质，反映出品牌延伸程度。品牌线（brand line），是指某一品牌下出售的全部产品。它包括原产品、产品线以及延伸产品。产品线是指某一品类中一组存在着较为密切关系的产品。这些产品功能相近、目标顾客群相同、营销渠道相同或价格处于同一档次。

在这个矩阵中，"列"代表产品-品牌关系。这里的产品是指产品线，某一列代表某一条产品线。如图 4-1 所示，该企业有产品线 1、产品线 2、产品线 3 等，直到产品线 N。每一品类下所营销的品牌数量和性质，反映出品牌投资组合情况。一个品牌组合（brand portfolio）是指企业出售的某一特定品类所包含的所有品牌。

我们知道，产品组合是指企业出售的所有产品和产品线的总和，可以用宽度和深度等来度量。其中，宽度是指企业拥有的不同产品线的数量，而深度是指产品线中不同规格的产品的数量。如果企业通过拓宽产品组合的宽度或加深产品组合的深度来更多更好地满足市场的需要从而增加企业的利润的话，那么说明原来的产品线的宽度或深度不够。事实上，每一个企业必须根据自身的实际情况和市场变化来优化产品组合，这是一件艰巨的事情。

同产品组合一样，一个企业的品牌体系也可以用广度和深度来度量，其中，广度是指品牌-产品关系，也就是同一品牌名称下产品的数量。这些产品可能属于同一品类，也可以不属于同一类产品。从品牌的角度看，如果使用同一品牌名称的话，较长的产品线有可能会削弱品牌形象的一致性，因为这些产品往往缺少相关性，因此品牌延伸到与原产品不同的品类需要十分慎重。深度是指产品-品牌关系，也就是同一品类下品牌的数量。某个品类需要多少品牌，要根据市场需要和企业能力而定。任一品牌都应当与其他品牌有着明显的区别，并能够吸引足够的顾客来弥补品牌营销费用及生产成本，具有相应的利润增长空间。

二、品牌战略模式

从企业自身（独立个体）的角度看，品牌战略主要有三种可供选择的模式：统一品牌战略、多品牌战略和复合品牌战略。每一种战略具有不同的特点和适应性。

（一）统一品牌战略

统一品牌战略，也称共有品牌战略，是指企业对其生产或经营的所有产品都统一使用同一个品牌名称的战略。它既可以是厂家品牌，也可以是商家品牌。在我国，实体经济中实行统一品牌战略的企业数量众多，这多是企业实施品牌延伸战略的结果。譬如，在我国，大多数家电制造商多在各自生产的各种家电产品上将企业名作为品牌名，像长虹、康佳、TCL、海尔、海信等。

企业采用统一品牌战略的优点是：能够向市场展示企业产品的统一形象，提高企业知名度，增强企业产品的可识别性；有助于节约品牌设计、品牌宣传推广等费用，从而减少品牌营销总费用开支；集中力量于一个品牌，有助于企业集聚资源；实行统一品牌战略，将新产品冠以统一品牌，有助于打开新产品的销路。

不可忽视的是，企业采用统一品牌战略也会产生某些负面效应，甚至要承受较大的市场风险。一方面，在统一品牌战略下，各种品牌产品因使用同一个品牌名称而表现出共生的特征，因此一旦某产品因质量技术等原因而出现了严重的社会问题，就会波及其他的产品，可能毁坏品牌的整体声誉和形象，使整个企业受到牵连。另一方面，企业所有产品都使用同一个品牌名称容易造成消费者难以区分产品"档次"的现象，这就不能很好地满足不同购买者的需要，从而影响商品销售量。此外，如果企业跨行业经营，不同品类的产品之间因缺少关联性而使得品牌核心价值和形象变得模糊不清，有损品牌资产价值。

鉴于统一品牌战略既有优点，又有缺点，因此企业对统一品牌战略进行适应性分析是有效运用该战略的条件。统一品牌战略的实施需要企业做到持续创新，加强研发投入和市场调研，紧跟技术进步和顾客需求变化，才能保持品牌的竞争优势。同时，品牌的各种产品之间应当客观存在较为密切的关联性，如产品之间要有接近的质量和价格水平、相同的目标顾客群和核心技术等。"跷跷板原理"提出："一个名称不能代表两个迥然不同的产品，当一种上来时，另一种就要下去。"企业不能在两种或多种截然不同的产品上使用同一个品牌名。假如"贵州茅台"这个品牌名称用在啤酒、果酒以及低档次的白酒上，就可能会严重破坏其品牌形象，而事实正是如此。

(二) 多品牌战略

多品牌战略是指品牌名称只与特定的某种产品或者某类产品发生关系。消费者将产品的某些特征与品牌本身联系起来。这种战略分为宝洁模式和飞利浦·莫里斯模式两种。宝洁模式也称"一品一牌"模式，即企业每推出一种新产品都赋予其新的品牌名称，而不采用已有的品牌名。飞利浦·莫里斯模式又称"一类一牌"模式，该模式是指企业每一种类产品在一个品牌名称。譬如，飞利浦·莫里斯公司对应于烟草行业的品牌是"万宝路"（MARLBORO，即 Men Always Remember Love Because of Romance Only），在啤酒行业的品牌是"米勒"（Miller），在食品行业的品牌是"卡夫"（Kraft）。事实上，多品牌战略在很大程度上是针对单一品牌战略的缺陷而推出的一种战略选择模式。

多品牌战略具有很多优点：①能够降低企业的经营风险。很明显，多品牌战略的各个品牌之间存在比较弱的关联性，如果一个品牌出现问题或危机事件，往往不会波及企业其他的品牌。②更好地适应各个细分市场的需要。任何一个市场是由许多有着不同期望和需要的消费者组成的，一种品牌一般只能迎合某一类消费者群体，而不能赢得所有消费者群体的青睐，这样，一个品牌的市场占有率也就有限了。而如果企业针对不同消费者群体的不同消费偏好推送不同的品牌，就可以吸引各类人群，提高企业整体市场占有率。如"可口可乐"公司在原产品基础之上推出了"冰露""酷儿""芬达""雪碧"等品牌，以满足不同口味偏好的消费者对饮料的需要。③有利于突出不同品牌产品的特征。宝洁公司旗下的"海飞丝""潘婷""飘柔""伊卡璐"等品牌在产品配方上有所不同，且有各自的理，得到了消费者的认同，抢先占领了市场。"海飞丝"去头屑，"潘婷"使头发健康亮泽，"飘柔"向消费者承诺使头发更飘、更柔，"伊卡璐"是天然草本精华。这样消费者能够根据品牌产品功效有针对性地选购自己所需要的产品。④有利于提高市场占有率。企业使用组合品牌战略有利于增加消费者购买品牌产品组合的概率，有利于扩大品牌市场覆盖面和提高品牌产品的市场占有率。上海牙膏厂的"白玉""中华""上海""泡泡娃"等多个牙膏品牌，在市场上都有各自的消费群体，从而较全面地占领了各个细分市场，使企业获得了更大的利润。⑤在一个企业内部恰当地实施多品牌战略，能增强企业各个品牌部门的竞争意识，从而提高企业活力和整体经营绩效。

当前，我国越来越多的企业意识到实施多品牌战略的必要性。目前，国内一些行业较普遍采取了该战略，如汽车行业。但是，多品牌战略也存在着一定的局限性，主要表现在：①企业所需耗费的资金多、品牌建设周期长。每一个产品或者每一类产品都有一个品牌，而一个品牌形象的创建与维护都需要大量资源投入，并且耗时较长，这是实力较弱的公司难以承受的代价。②增加了品牌管理的难度。一般而言，一家企业的品牌数量越多，品牌管理的复杂程度就越高，所以更加难以有效管理。③可能形成各子品牌市场之间相互蚕食。企业如果不能有效协调各品牌之间的相互关系，以适应不同的细分市场的话，就有可能造成各品牌之间的无序竞争，造成企业资源的浪费。

大致说来，企业应当在条件具备时适时采取多品牌战略。前面提到，多品牌战略可以满足不同细分市场顾客的需要，因此当市场上存在着明显的两个或几个不同的消费群体的时候，就可以实施多品牌战略。①根据同一品类不同产品档次而采取多品牌战略。同一类产品如果在质量上存在着可识别的差别，企业可对不同质量的产品分别使用不同的品牌名称。这样做既可以保住高档产品的市场份额，又可以打入中、低档市场且不对高档品牌造成负面影响。如云南玉溪卷烟厂生产的卷烟，根据质量不同分别冠名为"印象""玉溪""红塔山""阿诗玛""恭贺新禧""红梅"等名称。该种战略的局限性是，只有当公司拥有足够多的资源时，才有能力运用该战略，并且各个品牌所对应的市场规模需足以支持对应品牌的业务部门的成长。②根据同一类产品不同属性而采取多品牌战略。如果同一类或者同一种产品在性能上存在差别，企业可对不同属性的产品分别使用不同的品牌名称。如英国联合利华对个人护理用品就采取了这种战略。

专栏：小故事·大启示

欧莱雅集团在我国实施的多品牌战略

法国欧莱雅（L'OREAL）是全球最大的化妆品集团。欧莱雅集团在我国的品牌按档次和渠道可分为：①大众化妆品，其包括巴黎欧莱雅（L'OREAL Paris）、美宝莲纽约（Maybelline NY）。这一系列的产品是具有价格竞争力的大众产品，主要通过大众零售渠道销售。②高档化妆品，其包括兰蔻（Lancôme）、碧欧泉（Biotherm）、科颜氏（Kiehl's）、赫莲娜（Helena Rubinstein）、植村秀（shu uemura）、阿玛尼（Giorgio Armani）和羽西。这一类产品由具有高声望的品牌组成，在专卖店销售并提供额外服务。③专业美发产品，其包括欧莱雅专业美发（L'OREAL Professionnel）、卡诗（Kerastase）、美奇丝（Matrix）。这个领域的产品用于满足美发沙龙和专业人士的需求。④活性健康化妆品，其包括薇姿（Vichy）、理肤泉（La Roche-Posay）。这类产品主要在专业柜台和药店销售，由皮肤科医师或专业美容师提供使用咨询。

但是，欧莱雅集团的多品牌战略与宝洁集团的多品牌战略存在的不同之处是：①品牌的区分标准不同。宝洁以产品功能不同作为区分标准，而欧莱雅以产品档次进行市场细分。②具体的营销渠道不同。由于欧莱雅集团是以价格档次来区分品牌的，所以对分销渠道进行细分。而宝洁公司是以功能区分品牌，面对的目标群体是普通大众，因此其各品牌产品可以同时出现在超市的一个货架上，而无须再去细分渠道。③实现多品牌的策略不同。宝洁公司的品牌几乎全部是自创的，即使收购了中国品牌"洁花"后也将其打入"冷宫"，不再使用。而欧莱雅集团成功收购了羽西等品牌之后仍然在继续使用，借助这些品牌的原有优势进一步将其发展，并且发展良好。

（三）复合品牌战略

复合品牌战略，是指赋予产品两个或两个以上的品牌名称。它包括主副品牌战略和联合品牌战略。主副品牌战略是指企业对其生产或经营的某些产品在使用同一个主品牌（企业名称）的同时，再根据产品特别的属性分别使用不同副品牌名称的战略。副品牌具有促销之功效。由于统一品牌战略不能显现某些产品的特性，因而只能通过副品牌名称来标识出来，在一定程度上弥补单一品牌战略的缺陷，但是该战略本质上仍属于统一品牌战略。在我国，主品牌有较高市场价值，生产系列产品的企业集团多采用这种战略。海尔集团是成功运用主副品牌战略的典范。海尔集团用一个成功品牌作为主品牌以涵盖企业生产制造的多个系列产品，同时又给不同产品起一个生动活泼、富有魅力的名字作为副品牌。海尔集团用主品牌展示系列产品的品牌影响力，而以副品牌凸显某些具有特别属性产品的不同个性形象，如海尔的小小神童爱妻号洗衣机等。联合品牌战略①是两个或者多家企业对它们联合提供给市场的产品或服务商并列使用它们的名称的品牌命名方式，如海尔纽约人寿保险、索爱手机、星空联盟等。联合品牌战略有利于突出参与企业各自优势，在市场上产生积极的品牌联想。

主副品牌有一种较常见的形式，即系列品牌。它由一组相互联系的产品品牌组成，这些品牌名称中都有一些相同的词语。如惠普公司 Jet 系列打印机就包括了家用喷墨打印机（Desk Jet）、激光喷墨打印机（Laser Jet）、办公喷墨打印机（Office Jet）、传真喷墨打印机（Fax Jet）以及设计用喷墨打印机（Design Jet）等产品品牌。企业一方面要为这些品牌确立共同的核心识别名称，如 Jet，这样才能保持同一系列产品内各品牌的相互协调，共同提升品牌形象；另一方面，还可以为产品品牌确定各自的延伸识别名称，但要注意保证这些延伸识别名称与共同的核心识别名称的兼容性。

主副品牌战略的优势主要表现在：①能够突出产品的正统性，从而使企业推出

---

① 有关联合品牌战略的更多内容在下一节讲解。

的新产品在上市时就有良好的品牌声誉。如尽管宝洁公司的产品众多，但由于每种产品都冠有公司品牌"P&G"，从而比较容易获得顾客的信任和喜爱。这种品牌战略可称为"担保品牌组合，即公司品牌为业务品牌进行品牌背书（brand endorsement）"①。②有助于突出产品的特色和个性，方便消费者识别和选购。③为企业进一步开发新产品留下了空间。由于副品牌具有很强的灵活性，因此一个企业就可以以主品牌为基础，不断推出相关的副品牌产品。

　　企业实施主副品牌战略需要同时具备下列两个基本条件：①企业的主品牌有较高的声誉，目标顾客对其较为偏爱和忠诚；②企业的不同副品牌所代表的各种产品在质量或性能上有明显差别，个性鲜明，形象突出②。

　　企业运用主副品牌战略应注意以下事项：①在主副品牌中，主品牌仍是企业品牌形象宣传的重点，副品牌处于从属地位。这是因为企业必须最大限度地利用已有成功品牌的形象资源，否则就相当于推出一个全新的品牌。由于宣传的重心是主品牌，相应地，目标受众所识别、记忆的及产品品牌的认可、信赖和忠诚的客体也是主品牌。②副品牌要直观、形象地表达产品的差别之处，突出其特点，使人联想到产品的功能性利益。副品牌的命名应当具有时代感、冲击力，并且简洁通俗。这样消费者听起来悦耳，读起来容易，记起来好记，传起来快捷。③企业在选择品牌营销战略时，应考虑产品使用周期与产品生命周期。当产品的使用周期较短而生命周期较长时，应采用多品牌战略比主副品牌战略更佳；若由于技术不断进步等原因，产品生命周期较短，则最好使用主副品牌战略。另外，当产品品类跨度大时，企业也宜使用多品牌战略。而企业从事同一类产品经营，且产品使用周期长，企业宜使用主副品牌战略。

　　总之，各种不同的品牌战略具有各自不同的优势和不足之处以及相应的适应条件，企业可结合行业市场和企业的实际状况加以选择和优化。一般来说，品牌体系是伴随着企业的发展而发展。企业在发展初期大多采用统一品牌战略，主要原因是企业在初创期经营规模较小，产品较为单一，所拥有的资源也十分有限。随着企业不断发展壮大，经营规模和经营范围扩大，这时企业就需要考虑采用复合品牌战略或者多品牌战略。例如，海尔集团在1984年刚成立时只是青岛市的一家小厂，直到1991年海尔还只能生产电冰箱一种产品。1991年年底，海尔开始向家电行业全面扩张。到1997年海尔产品几乎覆盖了所有家电产品。1997年之后，海尔更是在与家电无关的其他行业里广泛施展"海尔"品牌名称的影响力，包括视听设备、手机及数码产品、计算机软硬件产品、智能家居、药业、保险业、工业旅游等行业。随着企业经营规模和经营范围的不断扩张，海尔采取了以统一品牌战略为主、复合品牌战略为辅以及联合（如海尔小小神童洗衣机、北航海尔软件公司等）的战略。发展到今天，海尔集团正在尝试多品牌战略，如自建的物流品牌"日日顺"。

①　王海忠. 品牌管理［M］. 北京：清华大学出版社，2014：248.
②　张忠元，向洪. 品牌资本［M］. 北京：中国时代经济出版社，2002：33.

第三节　品牌杠杆战略

当现有品牌联想存在着长期无法解决的不足或者推出全新的品牌产品时，利用其他实体的次级品牌联想的杠杆效应（leveraging secondary brand associations），对于建立现有品牌或者新品牌的有益联想有着重要的推动作用，这就是品牌杠杆战略。正如古希腊思想家阿基米德的名言："给我一个支点，我就能撬起整个地球。"品牌杠杆原理的实质是利用实体资源这个支点，来创建强势品牌，增加品牌资产价值。

一、品牌杠杆的内涵

品牌杠杆是指借力与本品牌存在关联的其他实体的品牌知识创建品牌的过程；而品牌杠杆战略就是对这个过程的总体规划。之所以创建品牌资产可以"借力"，是因为消费者大脑中已经具有其他实体的品牌知识，若品牌与这些实体产生关联，就有可能为本企业的品牌"借来"一些有价值的联想、判断或感受。

那么，能成为次级品牌联想或者说能作为品牌杠杆的实体有哪些呢？这些实体有四大类，即其他品牌（公司品牌、品牌联盟、成分品牌和许可授权）、人物（名人和员工）、地点（原产地和分销渠道）、事件（活动、慈善、第三方资源）。这些实体可以帮助品牌建立一系列新的联想，如产品是谁生产的（公司等）、在哪里生产的（原产地）、在何处销售（渠道）以及通过与特定人物、事件的关联所带来的影响。

显然，不是任何实体都能够对品牌发挥杠杆作用。这里，有三个重要的因素可以评估实体选择的适当性。一是实体本身的知名度和相关知识。只有消费者能够认识该实体并对其有强有力的、偏好的和独特的品牌联想，这样才能对品牌产生正面的判断和感受。二是实体相关知识的意义。该实体所引起的积极的联想、判断或感受应与品牌有关联，且有价值。三是实体相关知识的传递性。实体相关知识传递给品牌的程度与实体选择有关。例如事件营销对于消费者体验的形成也许更加有用，而人物对于消费者对品牌产生情感更加有效，其他品牌则更适合建立特定的利益，地点对于建立良好的品牌形象有益处，等等。

即使消费者能够通过各种方式接受相关联想，企业利用品牌杠杆也存在着风险，因为品牌因此而失去对品牌形象的某些控制权。无论是人物、地点、事件还是其他品牌，毫无疑问都会产生相应的一系列联想，而这些联想中也许只有一小部分对品牌有用。然而，要想控制联想转移过程，只允许相关的实体品牌知识与品牌关联，是非常困难的；而且这些知识也会随着消费者对实体认识程度的不同而有所变化，变化后的联想也许对品牌而言并无益处。

二、其他品牌

作为实体的其他品牌，包括公司品牌、品牌联盟、成分品牌和许可授权。

1. 公司品牌

公司品牌包括家族品牌为产品采用的品牌战略。它对于该品牌与公司之间以及与其他现有品牌之间的关联程度来讲，是一个重要的因素。就新产品而言，有三种可供选择的品牌战略，即创建一个全新的品牌，或者采用现有品牌，或者将已有品牌与新品牌联合。采用后两种选择，即品牌延伸，可以把现有品牌包括公司品牌的一部分知识传递给新产品。但是，我们必须认识到，将公司品牌作为次级品牌不总是有效的，这取决于品牌和公司品牌所处的品类与行业之间的关联度以及市场如何看待这种关联关系。

2. 品牌联盟

一个已经存在的品牌同样可以通过与其他公司或者本公司的其他品牌发生关联，从而获得品牌联想的杠杆作用。品牌联盟（co-branding），也称品牌联合或品牌捆绑，是指两个或两个以上现有品牌共同销售一个联合产品或以某种方式共同销售产品。如星空联盟就联合了中国国际航空、美国航空、汉莎航空、新加坡航空在内的全球许多家航空公司，smart 汽车是奔驰公司与斯沃琪手表公司的联合品牌。品牌联盟有优点，也有缺点（见表4-1），因此企业对待品牌联盟决策必须谨慎，应全面评价其可能带来的收益和潜在的风险。

表 4-1　品牌联盟的优点与缺点

优点	缺点
①能借用所需要的专长 ②能利用本不具有的品牌资产的杠杆效应 ③降低产品的导入费用 ④将品牌含义扩展到相关品类中 ⑤增加接触点 ⑥增加额外收入的来源	①失去控制 ②面临品牌资产稀释的风险 ③具有负面反馈效应 ④品牌缺乏聚焦性 ⑤公司注意力被分散

3. 成分品牌

品牌联盟的一个常见的特例是成分品牌（ingredient branding），是指作为某些品牌产品或服务的材料、元部件或者组成元素，为其创建品牌资产。比如，杜比降噪、特富龙涂层，这些著名的成分品牌让许多品牌产品的消费者有产品的品质优良的感受；新加坡航空公司在豪华舱服务中大量使用了包括法国名牌纪梵希在内的许多个人用品供乘客使用。

4. 许可授权

许可授权（licensing）是指使用他人品牌的名称、图案、特性或其他的品牌元素，来促进本公司品牌的销售并支付固定费用所达成的公司自己的协议。从本质上讲，授权这种做法是公司"租借"他人品牌元素帮助自己的产品创建品牌的一种方法。由于对被许可方来说，这可能是创建品牌的一条捷径，而对许可方而言可以说"无本万利"，所以许可授权的做法日益普遍。如许可授权现象在服装业（如拉尔夫·劳伦）、娱乐业（如迪士尼）、餐饮业（如肯德基、乡村基）中十分普遍，甚至在其他行业也很多见（如吉普、卡特彼勒、标准普尔、五粮液等）。

显然，许可授权对于授权方来说，能获取许多利益，包括获取额外的利润、保护自己的商标、增加品牌曝光度。但是，如果没有节制而过度授权，尤其是将品牌授权给毫无关联的品类，很可能引起消费者的困惑和失望；而且授权方不能保证被授权产品的品质，从而给原品牌名称带来严重的负面影响，如鳄鱼头、皮尔·卡丹、五粮液等都曾有过类似的过度授权经历。

三、地点

1. 原产地

原产地与产品历史和产品品质有关联，原产地实质上是一个统一品牌，即区域内所有企业都统一在该区域名称之下。企业在自己的产品上打上原产地品牌的烙印，从而从原产地方面获得品牌资产增值的效应。显然，原产地为该地区内的所有单个企业提供了品质担保和经济效益，从而有助于单个企业从这个实体中汲取品牌资产。当然，这种价值是基于消费者长期对该区域品牌产品的形象、价值的认知。原产地的例子众多，如景德镇陶器、顺德小家电、金华火腿、四川白酒等。然而，原产地又是一个很抽象的地域概念，因为它是由众多的单一企业组成的。企业并没有责任和义务去维护原产地的品牌形象。这样，如何保护原产地的品牌形象就成了一个难题。

原产国是比原产地更大的地理品牌概念，有人将它称为"国家品牌资产"（country equity），是全球消费者对某个国家产品和服务品质的联想、判断、感受以及偏好。产品的原产国形象是影响国际市场消费者是否购买、出什么价格购买的重要因素。比如，世界上很多消费者包括美国人都倾向于购买日本产的汽车，因为消费者以为日本产的汽车是高品质的象征，可能事实并非如此。就像原产地的品牌形象一样，原产国的形象一旦形成更难以改变。

2. 分销渠道

企业的产品和服务需要通过分销商提供给对应的目标市场。分销商（分销渠道中的成员）或分销渠道有多种，尤其是零售商对消费者的购物体验有着至关重要的影响。因此，分销商的品牌形象对它们所出售的各种产品的品牌形象具有直接的影响作用，这是一个"形象传递"的过程。因为消费者通常依据产品售出的地方来推断其品质。专卖店、高档商场、大众化商店、网店，这些零售商的品牌形象都会使得消费者对待同一件产品的态度不同。所以，作为实体的分销商的品牌形象对品牌有重要的影响作用。品牌必须根据自己品牌的战略定位来选择符合要求的经销商和分销渠道。

四、事件

与品牌相关联的实体事件包括体育文化或其他活动、公益慈善事业和第三方资源等。在一定条件下，品牌能够和这些事件产生关联，这种联想可以提高品牌知名度，为自己品牌增加新的联想，或者改变既有的品牌联想的强度、偏好和特性，从而增加品牌资产。

某个事件能转换联想的主要途径是品牌通过与事件发生关联，使自己更受人喜爱，甚至更值得信任。两者之间的转换程度，取决于如何选择匹配的事件对象，怎样设计合理的赞助方案，如何将整体营销方案融合到品牌资产创建中，以及如何在盈利与公益之间寻求平衡。

可以作为实体关联的第三方资源有许多，如专业杂志、行业协会、专家、顾客、意见领袖等。企业可以与它们发生关联，利用其背书，来增强消费者与品牌之间的情感和行为关系，建立品牌口碑，提升品牌的市场影响力，最终达到扩大产品销售的目的。

五、人物

作为次级品牌联想的实体——名人，实际上是一种历史悠久且使用非常广泛的第三方资源。一位著名人物能够将众人的注意力吸引到所宣传的品牌上来，并通过消费者在对这位名人的了解的基础上所做出的判断而形成对某品牌的认知。公司在选择广告代言人时，需注意：该名人要足够有名、引人注目，并能提高品牌知名度或者改进品牌形象。更理想的情况是，该名人有一技之长，值得信赖，受人喜爱，同时在某些方面与所宣传的品牌有关联。

名人背书效应对创建品牌资产和促进产品销售的作用是显而易见的。但是，名人并不受到公司的控制。有时，名人很难合作，甚至不愿服从品牌的营销导向。因而，名人背书可能存在一些潜在的风险。第一，名人代言过度的风险。名人给许多品牌做广告，从而使得某一品牌缺乏特定的内涵。消费者会认为名人过于投机、不真诚，这是一个常见的问题。第二，名人与品牌、产品之间是否相匹配。如果名人与企业所处的行业毫无共同点，使用名人背书可能起不到任何作用。第三，名人个人品行行为风险。名人可能遇到个人的麻烦或因为不良行为而声望受损，这样就会降低品牌的市场价值。第四，市场疑虑风险。许多消费者发现：名人做广告只是为了赚钱，其实他们并非真的信任或使用这种产品；而且请名人做广告所花费的大笔费用会增加该产品的成本，并转嫁给购买者。所以，企业在与名人签约合作之前，必须经过战略性评估、挑选和使用；并密切关注名人个人行为的变化，及时做出分析、判断和调整。

本章小结

品牌战略是企业整体发展战略的重要组成部分。现代市场营销的核心是品牌营销。品牌营销是指品牌战略的制定和执行过程。品牌营销分为品牌战略制定和品牌管理两个阶段。品牌管理包括品牌定位、品牌推广、品牌维护和品牌增值四个核心内容。培育品牌的正确途径是 D·R·E·A·M。品牌战略是指企业为了提高品牌的竞争力，通过分析外部环境与内部条件，所制定的总体的、长远的、纲领性的品牌发展规划。品牌战略的特征有全局性、长期性、导向性、系统性和创新性。品牌战略的基本内容有：进行品牌战略分析，确定品牌发展愿景；设计或完善品牌体系；制定品牌识别系统；建立完善品牌管理组织；培育品牌观念，实现全员品牌管理。

品牌-产品矩阵采用图表形式来表现企业品牌和产品之间的关系，是制定品牌体系战略的一个工具。品牌组合是指某一企业拥有的所有品牌和品牌线的总和。从单个企业的角度看，品牌战略主要有三种可供选择的模式：统一品牌战略、多品牌战略和复合品牌战略。这三种战略具有不同的特点和适应性，企业可结合行业和自身实际状况加以选择。

品牌杠杆是指借力与本品牌存在关联的其他实体的品牌知识创建品牌的过程；而品牌杠杆战略就是对这个过程的总体规划。可作为次级品牌联想的实体有四大类，即其他品牌（公司品牌、品牌联盟、成分品牌和许可授权）、人物（名人和员工）、地点（原产地和分销渠道）、事件（活动、慈善、第三方资源）；这些实体对于建立现有品牌或者新品牌的有益联想有着一定的推动作用，但需要企业合理选择、规划与管理。

思考题

1. 如何理解品牌营销与传统营销之间的关系？
2. 培育品牌有哪些步骤？
3. 品牌战略的主要内容是什么？
4. 什么是品牌-产品矩阵？
5. 品牌组合战略有哪些？
6. 统一品牌战略有哪些优缺点？其适用条件是什么？
7. 多战略有哪些优缺点？其适用条件是什么？
8. 主副品牌战略有哪些优缺点？其适用条件是什么？
9. 什么是品牌杠杆？哪些实体可发挥品牌杠杆效应？
10. 什么是品牌联盟？它有哪些优点与缺点？

案例分析题

狂奔的玉米——成都昌盛鸿笙食品公司的品牌之路①

"如果不是15年前的灵光一现，也没有现在的风起云涌。"成都昌盛鸿笙食品有限公司（以下简称为"昌盛鸿笙"）董事长刘青山喃喃说道。回顾十多年来公司的成长历程，刘青山不禁感慨万千；面对当前企业所面临的种种困境，又不禁心生凛凛寒意……

公司经营理念的形成

1. 创业

20世纪90年代末，刘青山毅然辞去某家国有商业银行信贷部经理职务投身到

---

① 本案例由西南财经大学工商管理学院郭洪教授和成都昌盛鸿笙食品有限公司整理撰写。

食品行业。刚开始创办企业的时候，他只是想着养家糊口，获得个人尊严和社会尊重。没想到，一干就是 15 个春秋。15 年的执着给刘青山带来了各种荣辱，而 15 年的风雨兼程也使公司像孩子一样长得越来越大。

中国几千年来的农耕文化，让中国人更加懂得营养均衡、粗粮食品的重要性。据统计，我国粗粮方便食品市场规模超过 500 亿元，但粗粮方便食品人均消费量却不足发达国家的 10%。安全、卫生、营养和高品质的天然农作物制品是粗粮食品行业发展永恒的主题，满足了人类的健康需求；这正是昌盛鸿笙立业的初衷和未来发展的基础。

2000 年，刘青山创办了成都市鸿笙食品有限公司，主要从事食品代理业务。该公司快速成为成都市知名食品代理商之一，在最辉煌时期曾同时代理 28 家食品加工企业的产品。2003 年，刘青山创办了昌盛鸿笙，成功地从销售代理商转型为生产制造商——专业致力于方便粗粮食品的生产和销售的民营企业。同年，昌盛鸿笙首次自主研发生产"荞麦玉米片"。这种放入牛奶里冲泡即食的新型食品，以方便、营养著称。产品一问世就受到了市场的追捧。

2. 文化

"什么是奋斗？奋斗就是每一天很难，可一年接着一年，就会越来越容易。不奋斗就是每天都很容易，可一年接着一年，就会越来越难。拼一个春夏秋冬，赢一个无悔人生！能干的人，不在情绪上计较，只在做事上认真；无能的人，不在做事上认真，只在情绪上计较。只有努力，明天才会更好！"这就是"昌盛鸿笙人"的价值观。

"因为我是鸿笙，我卖的是健康！"始终是公司的经营理念。"原汁原味、零添加"一直是"鸿笙"品牌对顾客的承诺和产品价值的体现。昌盛鸿笙的玉米种植基地引自然山泉水灌溉，用农家有机肥施肥，少施化肥少打农药，铸就了玉米原料的品质。

第一次开拓全国市场

早在 2004 年昌盛鸿笙开始用自己的品牌包装别人的产品，做了第一次全国市场拓展。拓展的结果是，公司当年亏损 400 多万元，一下把刘青山打回了起点。昌盛鸿笙不得不回到擅长的领域做贸易。全国市场的失败让刘青山认识到，依托于别人的产品，终究不是长久之计。于是，昌盛鸿笙开始利用原有生产基地，谋划创立自己的品牌和生产自己的产品，走上了艰难的创品牌之路。

2009 年，昌盛鸿笙在四川大邑县工业开发区一举拿下 110 亩①工业用地，正式建设工业生产基地。刘青山怀揣着品牌梦想，凭借着多年粗粮玉米食品的销售经验，带领机械、食品专家团队，一边搞土建施工，一边设计安装机器设备，发明了当时国内唯一一条拥有 10 项国家专利、达到世界先进技术水平的玉米粉全自动生产线。通过团队日夜拼搏，历时短短的 5 个月时间，刘青山和其团队就建成了集生产、办公于一体的现代化生产基地，并在 2010 年年初正式投产。

---

① 1 亩约等于 0.667 公顷。

1. 领先的生产线优势

当然，刘青山清楚地知道自己的玉米粉全自动生产线的价值何在，核心技术在哪里。该条生产线的除杂质技术能从成吨的玉米中筛除一根头发丝，同时剔除玉米中导致人体肥胖的淀粉；生产线的除菌技术能彻底清除玉米中的黄曲霉毒素；生产线的全封闭输送系统使玉米粉在制成品之前与外界完全隔离，同时采用瞬时高温高压熟化加工工艺，做到防腐剂零添加；生产线无水加工，对环境无污染。最重要的是，若一天24小时全速开启的话，这条生产线能达到600~900吨的日处理能力，也就是说年粗粮制品最大生产能力可达27万吨，折合产值为20亿~30亿元。看着从生产线里源源不断涌出的玉米粉，仿佛看见的是黄澄澄的"金沙"。

昌盛鸿笙的玉米粉还具有极其领先的产品技术优势。玉米粉主要提取玉米中的胶质部分，剔除胚芽及淀粉部分，以减少脂肪含量、降低热量，并通过添加天然的苦荞、核桃、紫薯等调整各类型单品营养成分比例，使产品能够满足消费者的不同需求。在制作工艺上，昌盛鸿笙摒弃了传统的磨粉方法，采用国际上先进的超微粉碎法。该方法在粉碎过程中不会产生局部过热现象，甚至可在低温状态下进行粉碎，速度快，瞬间即可完成，因而最大限度地保留了粉体中的生物活性成分，提高了产品的"色、香、味、形"，保持了原料纯天然的属性。此外，昌盛鸿笙在生产中坚持原色原味，不添加任何人工合成色素、香精、防腐剂、速溶剂、增稠剂等，真正做到了安全、营养和健康。

2. 经营业绩

产能上去了，"怎么把产品卖出去"成了摆在昌盛鸿笙面前的问题。当然，对于起步就是做经销的刘青山而言，营销推广、搭建渠道是"老本行"。他很快就解决了基本销路问题。2011年，昌盛鸿笙的销售额达2.75亿元，税后净利润达2 011万元；2012年，昌盛鸿笙的销售额达3.33亿元，税后净利润达2 500多万元。在2013年成都秋季糖酒会上，刘青山笑容可掬地迎接来自全国各地的300多位客商，共同见证公司10周年庆。而当年的销售情况也没有让刘青山失望，那一年销售额达到了4.33亿元，税后利润达4 370万元。昌盛鸿笙成为中国玉米粉行业市场的领导者。

但是，公司业绩连续3年高增长并不能让刘青山感到自豪：因为这个市场太大了，为什么不能做得更大呢？在与管理团队深入调研后，昌盛鸿笙确定了加快品牌发展的总体思路：快速树立全国性品牌、占领渠道，占据市场最大份额，持续巩固粗粮市场龙头企业地位。由此，第二次走向全国市场的战役正式打响。

第二次走向全国市场的战役

对于快销品行业来讲，品牌知名度对于满足和刺激市场需求有着重要作用。于是，昌盛鸿笙在全国范围内开始了打响"鸿笙"品牌知名度的广告推广活动。昌盛鸿笙先后在中央电视台1套、2套、3套和7套节目展开了为期4个月的广告宣传，同时在四川电视台各套电视节目进行广告宣传，半年就花了5 000万元广告费。与此同时，昌盛鸿笙开展了具有前瞻性的全球商标注册工作，在世界103个国家完成了"鸿笙"商标注册，为商标权益保护和产品出口打下了坚实基础。

在营销渠道方面，昌盛鸿笙采取"商超+经销商"的渠道模式。商超渠道分两类：一类是全面进入欧尚、沃尔玛、家乐福、人人乐等全国性大型商场超市，鸿笙玉米粉进驻的全国各地大型卖场数量达到1.3万家；另一类是红旗连锁等地方社区小型连锁超市，鸿笙玉米粉在全国进驻的社区连锁超市店铺数量达2万~3万家。由此，鸿笙玉米粉摆上了全国几乎所有主流商超的货架。当然，公司为渠道建设付出了巨大代价。抛开经销商费用，仅商超渠道一次性进场费就花费了2.6亿元。

1. 竞争

显然，玉米粉制品巨大的市场发展潜力不只是刘青山一个人看到。在拓展全国市场的道路上，昌盛鸿笙遇到了强大竞争对手的狙击、围剿。豆奶行业龙头维维股份、芝麻糊领导品牌南方食品、黑牛食品等上市公司明显洞察到了玉米粉、玉米汁等以玉米为主要原料制品的未来市场发展前景，纷纷推出类似玉米制品，并利用现有资源与昌盛鸿笙竞争。面对残酷的市场竞争形势，昌盛鸿笙依靠过硬品质的同时，还把各大商超、经销商凝聚在一起，结为战略利益伙伴。昌盛鸿笙在各大卖场主推某一款产品进行低价促销，并以高价进场费等条件将这些上市食品公司的玉米粉挡在商超货架之外。最终，昌盛鸿笙在销售终端上又赢了一局。当然，代价也是残酷的，昌盛鸿笙在销售渠道上又花了近亿元，流动资金几乎消耗殆尽。

历经市场渠道的"白刃战"，市场是站稳了，但战役之后，总要有人来收割胜利果实。全国性的商超进驻、上万家卖场的铺货，没有销售人员做最后一击，把市场需求最终转变成销售收入，那将是功亏一篑的。于是，刘青山雄心勃勃地开始组建全国销售队伍，首期招募2 600人，准备进驻全国各地1 300家商超进行导购推销。抛开营销推广及拓展费用，仅人力成本就需要每月1 000万元。又一个问题来了，现在公司的流动资金还够吗？

2. 困境

为了占领全国市场和推广"鸿笙"品牌，刘青山已将厂房、机器、房屋、车辆用作抵押贷款了，现在已没有可用作抵押的资产。不过，好在还有一个多年苦心经营的东西——品牌。"鸿笙"品牌在如此大规模的投入下，早在2012年已被评为中国驰名商标，是中国玉米粉行业最具竞争力的品牌；而驰名商标是可以用作质押的无形资产。2014年年初，昌盛鸿笙开始紧锣密鼓地办理商标质押贷款手续。按照贷款协议，昌盛鸿笙将"鸿笙"商标质押给了A、B两家银行，A银行答应放贷5 000万元而成为"鸿笙"商标的第一顺位债权人，B银行同意放贷3 000万元而成为"鸿笙"第二顺位债权人。刘青山指望这8 000万元流动资金进账，通过注资盘活终端，全面赢下2014这一年。

然而，2014年年初，不景气的消费市场使全国各行各业倍感阵阵寒意。房地产、高端餐饮、运输业、制造业都经历了十多年从未遭遇的严冬，一些担保公司、小贷公司因资金链断裂而"老板跑路"的事件比比皆是。各大银行风控部门迅速调整策略，严格审核各"非硬资产"抵押贷款项目。无实物资产作抵押的担保贷款、信用贷款、品牌质押贷款等基本停顿，以前的贷款也只进不出。在这样的背景下，昌盛鸿笙只收到了B银行的1 000万元贷款。之前合同约定的7 000万元剩余品牌质押贷款也就没戏了。

同时，传统商超受经济下滑影响和电子商务冲击，再次把风险转嫁给供应商。传统商超付款周期常规是 45～60 天，但商超在 2014 年年底实际执行的周期变成了 3～6 个月。也就是说，供货商的流动资金在之前一年可平均周转 6～8 次，但现在只能周转 2～4 次。持续严峻的市场形势，使昌盛鸿笙面临创立以来最大的生存危机。

出路在何方？

已经进驻的上万家商超，本来该在这个时候提供源源不断的销售现金流，但是由于缺少现场导购人员，产品销售困难。在某些大型商场，鸿笙产品的月销售额甚至不到 2 000 元，大量的渠道建设成本正在沉没。

在内忧外患的时候，昌盛鸿笙把期望放在了新上市的原生态"谷美滋"玉米汁饮料上。鸿笙的"谷美滋"玉米汁坚持不添加人工合成色素、防腐剂和甜味剂。但"谷美滋"玉米汁成本比同行业的饮料成本高出许多，产品不具有价格竞争优势，实际市场销量并不乐观。一盒 200 毫升的鸿笙玉米汁在商超要卖 5 元左右，而同货架的某凉茶仅卖 2 元。

接连发生的银行和供应商催款、商超拖款、员工离职等危机，好似一座座大山压在了董事长刘青山身上，他也从一个宏伟战略规划者变成了一个"消防员"。这个时候，放眼一望，除了自己的家人，还有多少人站在自己身边一起战斗？他是个执着的人，他就不明白，为什么自己多年苦心坚持的无添加食品那么难卖，为什么中国驰名商标和全国化销售网络不能贷到款，为什么那么多合作方、供应商翻脸而只想收回自己的货款？

2015 年 4 月《速度与激情 7》在国内上映，各路豪车悉数登场，吸引着影迷的眼球。刘青山就像电影主角"多米尼克"一样，驾驶着"鸿笙"品牌汽车一路狂奔。走到今天，这辆耗资数亿元、凝结着公司全体奋斗者 15 年心血打造的"大排量豪车"，却连汽油都快没有了，不得不放慢了前进的速度；"鸿笙"徘徊在发展道路上最严峻的十字路口。这时候，掌舵人刘青山不得不再次思考"鸿笙"品牌的未来。

[案例思考]

1. "鸿笙"的品牌定位是否能够成为粗粮食品行业的"卖点"？

2. "鸿笙"品牌成为中国驰名商标付出了怎样的代价？值得吗？

3. 假设 A、B 两家银行如期给昌盛鸿笙发放了贷款，它能够取得渠道竞争战役的最终胜利吗？

4. 昌盛鸿笙陷入经营困境与其采取的品牌营销模式有何关系？

5. 结合学习的相关知识，你认为昌盛鸿笙应该如何对"鸿笙"的品牌战略进行规划？

第五章
品牌管理体系

品牌是无价的无形资产，具有潜在的、巨大的市场价值，是企业能够长期生存和发展的必要工具，因而建立和不断完善品牌管理体系显得十分必要。品牌管理体系需要解决三个基本问题：管理什么？谁来管理？怎么管理？即品牌管理内容、品牌管理组织体系和品牌管理制度体系。

第一节　品牌管理内容

品牌管理是指企业建立、维护和巩固单个品牌以及管理各个品牌之间关系的过程。它是动态的，随着品牌数量、质量以及市场的变化而不断调整适应的过程。品牌管理分为两个层次：单一品牌管理和品牌关系管理。其中，企业对单一品牌的管理是指建立、维护和巩固某一个品牌的过程；而品牌关系管理，则是要明确每个单一品牌在品牌体系中的地位、角色和任务，协调好各个品牌之间的市场关系。品牌管理是一个日常的、复杂的系统管理工程，品牌需要有长时期优异的市场表现，才能赢得较高的美誉度和品牌忠诚度。品牌管理的成功需要一系列营销活动的支持和配合，这些活动包括品牌调查或诊断、品牌识别元素设计、品牌定位、品牌推广、品牌维护、品牌创新、产品研发、定价、渠道管理、促销等。

一、单一品牌管理

单一品牌管理是一个不断挖掘市场机会，增进品牌与顾客之间的关系，提升品牌价值的过程。单一品牌的管理过程一般分为品牌诊断、品牌规划、实施与监测三个阶段。这三个阶段循环发展，推动整个品牌战略不断升级。

（一）品牌诊断

在品牌诊断阶段，企业需要回答"我们的品牌现在在哪里？"这个基本问题。也就是说，企业应通过市场调研，深入了解品牌的核心价值、品牌形象、产品属性与消费者需求的契合程度以及品牌与消费者之间的情感关系等具体问题。企业可以利用这些信息把品牌的完整形象和健康状况清晰地展现出来，为下一阶段品牌规划打下坚实的基础。归纳起来，品牌诊断阶段要了解的主要问题有：

（1）品牌的整体状况如何？

（2）驱动市场的关键属性是什么？

（3）品牌和竞争品牌在这些关键属性上的表现如何？

（4）品牌的优势和劣势有哪些？

（5）品牌存在哪些市场机会和威胁？

（6）品牌定位是否合适？

（7）品牌的形象如何？

（8）驱动品牌资产价值提高的要素有哪些？

（9）怎样提升品牌资产价值？

（二）品牌规划

在品牌规划阶段，品牌管理人员根据品牌诊断的结果，分析思考"我们的品牌应该往哪里去"的问题，然后做出品牌战略决策，即提出战略目标、明确战略重点、制定战略步骤和采取战略措施。

（三）实施与监测

企业制订出品牌战略规划之后，接下来就将战略付诸实施，并监测实际执行情况与规划目标之间是否存在着偏差，以及时采取措施加以纠正，尽最大的努力保证规划目标的实现。这方面的工作涉及品牌定位、品牌推广、品牌维护、品牌增值等内容。

二、品牌关系管理

随着竞争的加剧，今天许多企业都针对细分市场开发了不同的产品品牌来迎合顾客的不同需要。有些大型公司将自己的业务领域扩展到了与原领域不存在关联或关联度低的市场，这使得公司旗下有了许多品牌，而且这些品牌之间的关系变得十分复杂。如何厘清公司品牌与产品品牌的关系、各产品品牌之间的关系以及有效管理品牌延伸及其他品牌扩张行为，使它们彼此形成整合力，达到品牌效益整体最大化，成了许多大公司的难题。

（一）公司品牌的管理

公司品牌是一个公司的名称。公司品牌使消费者联想到这家公司的产品及其属性、利益、使用者、关系、价值观和信誉等，这些联想可能对于公司所有单个品牌的资产价值和市场表现都会产生一定的影响。

把公司名称作为品牌资产，称为公司品牌资产（corporate brand equity）。公司品牌与产品品牌的关系策略主要有三种：①产品品牌完全独立。这是指在产品包装及广告上不出现公司名称，即不让消费者知道公司品牌与产品品牌的关系。采取这种策略的原因是，公司品牌联想对于产品品牌的推广没有帮助甚至可能产生负面的影响，或者公司希望这个产品品牌建立自身独特的联想。比如，顶新集团旗下的德克士炸鸡。②公司品牌作为来源品牌。当公司品牌与产品品牌的某些核心价值基本一致时，即可利用品牌延伸策略将公司的品牌形象转移给该品牌。比如，五粮液与五粮春的关系。③公司品牌作为背书品牌。只要公司品牌与该产品品牌的形象不发生冲突，即使它们所提供的核心价值并没有多少关联，公司品牌作为担保也可为产品品牌提供支持和信誉保证。比如，宝洁公司同其旗下众多的洗发水品牌之间的关系。

培育公司品牌资产的关键之处在于公司形象的管理与提升。公司形象一般情况下是公司与社会长期交往所形成的一些抽象的联想，这些联想主要有：高质量，富有创新精神，顾客导向或者以顾客为中心，讲信誉，有社会责任感，致力于保护环境等。

（二）品牌组合的管理

管理品牌组合是实施多品牌战略的公司所面临的一个重要问题。一个品牌组合包括公司同类产品的所有品牌。那么，某些公司（如宝洁）为什么要在同一类产品中推出多个品牌呢？显然，这样做会增加品牌建设费用支出和品牌管理的难度。然而，这些公司之所以采用多品牌战略，首要原因是最大限度地提升产品的市场覆盖率，因为多品牌能够很好地满足那些追求多样化的消费者的需要，否则他们可能会转向其他品牌；除此之外，还能够弥补统一品牌的缺陷①。所以，设计品牌组合的基本原则是市场份额最大化，这样才不会忽视那些潜在的顾客，同时要使各品牌之间的市场重叠最小化，以防止品牌在同一个消费群体之间产生竞争。每一个品牌应有相对独立的目标市场和准确的品牌定位。此外，营销者还需要在市场覆盖面以及相关成本、利润方面进行权衡。如果可以通过删减品牌数目来增加利润的话，那么品牌组合就太大了；如果可以通过增加品牌数目来增加利润的话，那么品牌组合就太小了。

当公司一类产品内拥有多个品牌时很容易使消费者产生混淆，因此需要明确各个品牌的在品牌组合中的地位与作用。一般将品牌组合中各个品牌归为三类：主力（bastion）品牌、侧翼（flanker）品牌和威望（prestige）品牌。品牌组合中的不同品牌用于满足消费者的不同需求，它们的营销策略很可能大不相同。一般将公司中获利能力最强、市场占有率最高的品牌称为主力品牌。主力品牌大多基于溢价策略。从品牌附加值的角度来说，主力品牌在消费者眼中质量高、性能好，而且还具有较强的文化内涵。在公司同一产品类别的所有品牌中，主力品牌带来的利润是最高的；通常还是品牌组合的所有品牌中市场占有率和销量最高的。简而言之，主力品牌可以说是公司最宝贵的品牌，保护好主力品牌符合公司整体利益最大化的原则。

某些特定品牌是为了保护主力品牌而存在的，这些品牌被称为侧翼品牌。侧翼品牌的根本目的是在主力品牌周边相近的市场中建立一道防线，抵御行业内其他竞争品牌对主力品牌的进攻；而对利润的追求是其次要的目标。例如，在可口可乐公司的品牌组合中，经典可乐是公司的主力品牌，而冰露、雪碧、美汁源等则属于侧翼品牌。一般情况下，侧翼品牌的定价相对较低，在特定的细分市场中与竞争品牌展开激烈的竞争，以保持主力品牌的市场和较高的价位。进攻品牌（fighter brand），又称斗士品牌、银弹（silver bullet）品牌，是能够用于支持或改变母品牌形象的品

① 有关内容见本书第四章。

牌。它是一种特殊的侧翼品牌。进攻品牌会同竞争品牌展开竞争，并与之争夺同一目标顾客群需求，即直接针对竞争品牌在同一目标市场上推出与其相同或很相近的产品、服务等营销策略。进攻品牌可能对提升公司形象起到重要的战略作用。品牌中的银弹并不难发现。索尼公司的步行者（Walkman）支持了索尼在小型化创新品牌中的核心识别，耐克公司的乔丹（Jordan）深受篮球运动爱好者的喜爱，还有马自达的万事得（Miata）、道奇的蝰蛇（Viper）、通用的土星（Saturn），都对其母品牌起到了银弹意指击败对手的利器）的作用。

威望品牌是指为公司树立威信的品牌。这些品牌的目标消费群体数量有限，主要满足的是社会精英人士对高品质产品及奢侈品的追求。威望品牌基于的是威望策略。其产品在消费者眼中质量高、价格贵，通常能显示消费者的身份与地位，同时也能通过使用者形象达到提升公司品牌形象的目的。

（三）品牌架构的管理

1. 品牌架构的内涵

品牌架构（brand hierarchy）是分析公司品牌体系的图形工具，通过展示产品中共同的、特有的品牌元素的种类与数量，描绘出公司的品牌体系，并清晰展现品牌元素的次序。品牌架构的主要假设是：可以通过品牌元素的组合来塑造产品的品牌形象。而这取决于公司有多少既有的或者新加入的品牌元素可以加以利用。品牌元素有很多，品牌名称是最重要的元素，还有图标、标准色、包装物、域名、图像影像、代言人、风格等。品牌架构是分析营销者如何在产品中利用和组合品牌元素。

以品牌名称这个品牌元素为例，一台"华为 nova7 5G"手机包含了三个品牌名称元素，分别是"华为""nova7"和"5G"。这些品牌名称元素可以用于所有的公司产品或者部分产品中："华为"就用在华为公司的所有产品中；而有些元素的产品应用范围则有限制，如"5G"只能用在5G型号的手机，在"nova7"中"nova"（新星）是专门为年轻消费群体打造的手机，"7"代表"7号色"（光影交织、梦幻灵动）。可见，华为这款手机展示了产品与华为品牌名称元素之间的组合搭配的上下层次关系，这就是所谓的品牌架构的层次问题。品牌架构的层次，从顶端到底部可分为五层：公司品牌（如通用汽车）、家族品牌（如别克）、单个品牌（如别克君威）、修饰品牌（指某一型号或款式，如GS）和产品描述（中型豪华型运动轿车）。品牌架构每一层次上的品牌元素都可能创造品牌认知，为产品培育强有力的、独特的品牌联想。

公司品牌就是公司的名称，它显示产品或服务是由哪家公司提供的。有些公司在自己产品或其包装上会印上公司名称，如通用汽车公司；而有些公司则不然。在产品上是否使用公司品牌的一个基本原则是：如果公司形象在消费者选购产品时能够起到积极的作用，那就应该使用公司品牌；反之，如果不能起到任何积极的作用，就不在产品上使用公司品牌，这种做法可称为"刻意回避品牌"。

家族品牌（family brand），也称伞形品牌（umbrella brand）或范围品牌（range brand），是用于多个产品种类但通常属于同一个产品大类的品牌。如雀巢、奥利奥、吉百利、麦斯威尔等都是有名的家族品牌。家族品牌是为公司一组相关产品建立共同联想的有效手段。采用家族品牌作为新产品的品牌名称，可以减少新产品的市场导入成本，提高市场接受的可能性。

单个品牌是仅限于在一个品类中使用的品牌，但这一品类可以包含不同的型号、包装或者不同风格的多种类型的产品。使用单个品牌的好处是，可以使品牌个性化，满足特定顾客群体的需求，如华为的"nova"品牌就是针对新生代的个性需求而设计的手机。

修饰品牌（modifier brand）是指标示产品具体的款式、型号、特殊版本或配置的方法。如华为"mate"系列手机有 mate 20、mate 30、mate 40 等型号，绿箭有薄荷、绿茶、茉莉等口味的口香糖。修饰品牌根据产品的不同进一步对品牌加以区分，从而有助于消费者更好地理解产品。

产品描述本身不属于品牌元素，但为已确定品牌的产品进行产品描述是品牌战略的重要部分。产品描述可以帮助消费者熟悉产品，了解产品的功能和利益，并明确产品的相关竞争者。有时，可能难以简洁地描述产品本身，在新产品具有特殊功能或者现有产品发生极大改变时尤为如此。比如，随着互联网的深入发展，传统的公共图书馆的功能已转变为全方位服务现代社会的、集知识、文化、信息、交流、娱乐于一体的社区中心。

2. 品牌架构管理的原则

这里，我们结合品牌架构管理所需要做出决策的五个基本问题来分析相应的原则。

（1）每一个品牌计划导入的特定产品是什么？

对此，决策者应遵循三个原则：一是增长性原则，即根据投资回报率（ROI）来决定一个品牌的市场开发策略；二是生存性原则，即品牌延伸必须在所属的品类中获得品牌资产；三是协同性原则，即品牌延伸应有利于提升来源品牌的品牌资产价值。

（2）品牌架构中所包含的层次数是多少？

许多公司选择使用多层次品牌，这是因为每使用一个连续的品牌层次，就可以使公司传播更多、更具体的产品信息。其中，创建架构中较低层次的品牌，能使公司在传递产品独特信息方面更具有灵活性；而创建架构中较高层次的品牌，则可以使品牌跨越多个产品。这无疑是在公司内外传播产品共有信息、协调公司品牌运作的一种经济手段。例如，耐克公司在其篮球产品线创建子品牌，这些子品牌采用了母品牌的主要品牌元素，包括产品形式、外观、颜色和版本。这样做不仅能够帮助消费者更好地理解产品和经销商销售产品，而且能够有效传递新产品与母品牌的相似性。在处理品牌架构层次数时，决策者需遵循两个原则：一是简洁性原则，即层次不是越多越好，而是越少越好，如果使用超过三个层次的品牌名称来为某个品牌命名，那么无论其复杂程度如何，都很难不把消费者弄糊涂；二是清晰性原则，即所有品牌元素的逻辑关系必须一致和一目了然，比如在奔驰 E300L 轿车中，E 系代表中档等级，300L 是 3.0 排量和加长版的意思。

（3）每一层次理想的品牌认知和品牌形象是什么？

创建品牌认知和形象，需要时间，并在很大程度上取决于消费者的品牌感知。在这个过程中，决策者应遵循两条基本原则：一是相关性原则。一般情况下，处于较高层次的品牌，如公司品牌和家族品牌的品牌联想与该层次中越多品牌有关联越好，这样做可以提高层次中各个品牌的运作效率并节约费用开支。例如，耐克的口号"Just Do It"为其品牌赋予了关键的差异点——品质，而这一点与耐克出售的所有产品有关联。通常，品牌联想越是抽象，就越有可能在不同的产品情境中产生关联。二是差异化原则。差异化是创建品牌的初衷和品牌存在的根基。如果两个品牌不易区分，那么渠道成员就无法给予支持，消费者也会在选择时感到困惑，因此在同一层次内部应当将单个品牌尽可能地区分开来。

（4）对于公司新产品而言，如何将来自品牌架构不同层次的多种品牌元素组合起来呢？

这里有一个基本原则，即显著性原则。通常，主要的品牌元素是用以传递产品定位和差异性等信息的元素；而次要的品牌元素所传递的信息则起着辅助联想的作用，如品牌背书（某一品牌元素以某种方式出现在包装、标志、广告或者产品外观上）。这里我们以品牌名称为例。品牌名称的元素的显著性取决于多个因素，如文字的排列顺序、字体大小、外观及其语义联想。如果品牌名称首先出现，字体较大，比较突出，它的重要性也会比较高。假设百事可乐打算推出一种新的"添加维生素"的可乐，并决定以将公司家族品牌与这个产品品牌相结合（如"Vitacola"）的方式为这个新产品命名。百事公司可以将百事放在前面，并采用大一些的字体以突出百事品牌的重要性，如"PEPSI Vitacola"；也可以把单个品牌名称放在前面，并采用大一些的字体以突出该品牌的重要性"Vitacola By PEPSI"。

（5）品牌元素如何与多个产品相关联？

该问题是在考虑如何将某个品牌元素的联想转移给相关的多个产品，从而使它们之间产生联系。这里的原则是"共同性原则"，即产品共用或共享的品牌元素越多，产品之间的联系就越紧密。连接产品最简单的方法是在不同的产品上直接使用品牌元素。其他的方法还有：按照某种方式使用品牌元素或者品牌元素的一部分，从而建立联系。比如，有的公司将公司品牌或家族品牌的名称作为产品品牌的前缀（惠普的 DeskJet）或后缀（麦当劳的 Chicken McNuggets），采用共同的标识在品牌与多种产品之间建立关系（宝洁 P&G 的标识），用产品线中各品牌产品的逻辑顺序（数字、颜色或其他逻辑顺序）来表达产品间的联系（宝马公司提供 1、3、5、7 系列的轿车）。

专栏：小故事·大启示

品牌管理面临的挑战①

卡尔金斯的调查结果显示，品牌管理面临如下挑战：

（1）短期业绩目标的挑战。

这是品牌管理者们所面临的最大挑战。一方面，管理者需要考虑企业的短期财务问题；另一方面，培育品牌是一项长期的工作，而且品牌的价值显示出来并发挥

① 泰伯特，卡尔金斯. 凯洛格品牌论［M］. 北京：人民邮电出版社，2006：156.

作用也在未来很长一段时间之后。这使得管理者必须在培育品牌和追求短期业绩两者之间做出选择。遗憾的是，现代企业经理人制度和激烈的市场竞争压力往往迫使管理者放弃培育品牌，选择后者。因此，企业进入了恶性循环：为了追求经营业绩，不惜采用一切有损品牌形象的营销手段，比如降价促销；而品牌形象差，产品价格低，导致企业的市场竞争处于更加不利的位置，于是更进一步采用各种伤害品牌的营销手段。恶性循环导致企业的品牌建设陷于困境。

（2）内外一致性的挑战。

品牌管理中的一致性问题是指品牌开发是否得到了公司上下一致的理解和支持；随着时间的推移，品牌承诺是否始终如一地履行；品牌营销组织是否能始终保持步调一致。要保证所有这些要素持之以恒、长期不变实属不易，其中只要一个小小的品牌接触点出现问题，都足以使企业建立的品牌形象毁于一旦。

（3）传播混乱的挑战。

媒体的发达使得消费者每天都处在信息爆棚的状态。现代媒体的形式不仅多元化，而且数量惊人。消费者接收信息的渠道非常多，媒体的受众呈现碎片化的现象，这给品牌管理者带来一个很大的难题就是媒体的选择问题。管理者很难找到一个影响力足够大的媒体来传播自己的品牌信息。各个媒体对信息的传播经常出现观点的多元甚至对立，这就加重了消费者认知的混乱。企业塑造统一的品牌形象、传播一致的品牌理念变得愈加困难。

讨论一下，现代品牌管理还面临着哪些挑战？

105

第二节 品牌管理组织体系

谁负责品牌的管理呢？在我们国家许多企业里问及这一问题时，得到的回答无外乎三种："没人负责！""老板负责！""有很多人都在负责！"但是这些负责人各自的目标往往不一致，比如在惠普公司有数以百计的经理人员在各自的业务领域里对惠普品牌负责。事实上，企业需要建立专职化、专业化的品牌管理负责人或部门，确保品牌资产的保值增值，原因很简单：品牌是企业最宝贵的无形资产；没有品牌，企业的生存发展权就只能掌握在别人手里。一般来说，企业经营规模越大，品牌组合和架构越复杂，品牌组织体系就越复杂，管理难度也就越大。以下介绍一些不同企业采用的品牌管理组织模式。

一、公司高层负责制

公司高层负责制，有时又可称为"业主负责制"，因为在20世纪20年代以前，西方企业中往往是由企业老板即业主负责品牌管理，只有一些具体的品牌管理活动由较低层次的管理者去负责。比如，有"可口可乐之父"之称的阿萨·坎德勒。从1888年他从发明人手中买下了可口可乐配方专有权后到1916年，他负责建设全国分销网络，并亲自参与具体品牌管理活动，如广告代理商的选择。这种制度高度集权，能够使品牌战略得到严格执行，并可能为品牌注入某些企业家精神的元素。但是，品牌管理的复杂性也会使这些企业家们不堪重负，因而现代这种品牌组织形式一般只在中小企业中采用。在中小企业里，企业董事长、总经理就是品牌的负责人，一切有可能将品牌置于不利境地的决策都要征求他们的意见。他们有权力跨业务单位阻止存在风险方案的实施，并且可以在任何时间、任何地点提供必要的资源支持。

二、职能部门负责制

职能部门负责制是在 20 世纪 20 年代后兴起的。目前，仍有一些企业采用的一种品牌管理模式。它是指在公司统一领导下，由公司内部各职能部门分担品牌管理职责。各部门在各自的权责内对品牌进行管理，并共同参与品牌战略计划的制订与执行。在品牌管理过程中，一般由市场销售部门或者广告部门牵头组织具体工作，而产品开发等其他部门参与其中。这种组织管理形式实际上是将品牌管理的权责分配到相关的职能部门，克服了公司高层负责制高度集权的缺陷，有利于发挥各部门的优势，提高管理效率。但是，这种制度也容易产生一些问题，如对部门问题隐瞒包庇，沟通协调困难，管理权责不清等。

三、品牌经理制

品牌经理制就是产品经理制，是 1931 年由宝洁公司佳美（Camay）牌香皂销售人员爱尔洛埃首创。至今，它仍是全球品牌管理的主要模式。简单地讲，品牌经理制就是一位品牌经理负责一个产品的品牌管理工作。该制度最大的优点是由专业化的人员对品牌实施专业化的管理，权责利非常明确，有利于提高单个产品品牌的管理效率。例如，在上海家化，每一个品牌均由专人专职负责，也就是我们所说的品牌经理负责制。品牌经理是公司中某个品牌的核心、灵魂，也是整个家化营销管理工作的核心。他们是公司各个部门之间的纽带，也是公司各个职能部门与市场和消费者之间的桥梁，被称为"小总经理"[①]。

品牌经理的职责主要是制定品牌战略，编制年度品牌营销计划，策划广告方案，促销，收集市场信息以及时发现机会或威胁，协调解决产品服务问题。从品牌经理的任务看得出来，他们要与公司内外的许多企业、组织、个人打交道，如经销商、广告代理商、客户、竞争者，公司内部的市场部、广告或公共部、产品开发部、质检部，其他品牌经理等。不要说与公司外部打交道十分困难，就是与公司内部其他部门协调解决品牌存在的问题也可能是一件困难的事情。比如就经销商的选择问题，品牌经理同销售部门经理就经常意见不一致。所以，品牌经理面临的主要困惑是如何协调和控制品牌管理的具体工作。

四、品牌资产经理制

有人也将品牌资产经理简称为品牌经理，但是品牌资产经理制与品牌经理制有

---

① 罗雯，何佳讯. 上海家化：本土品牌突围之路 [J]. 企业管理，2005（4）：70-76.

很明显的不同。品牌资产经理只负责管理与创建、维持品牌资产价值有关的工作，而不负责协调和控制品牌管理的具体工作。设计这种制度的目的是将品牌资产经理从日常的、烦琐的品牌管理的具体工作中解脱出来，从而让经理们有时间潜心于制定品牌营销战略和增加品牌价值。当然，品牌营销战略的具体执行工作就落到那些专注于战术层面的职能部门的经理头上了。有些大型公司，如宝洁公司正在将品牌战略从市场营销活动中分离出来，交给品牌资产经理负责。

五、品类经理制

同一个产品类别经常有多个品牌，而单一品牌经理在大多数情况不会也没有权力从战略视角出发考虑多个品牌的组织问题，这往往导致同品类各品牌之间相互蚕食各自的市场。公司设立品类经理的目的是实现公司品牌体系整体最优化，从公司品牌战略的层面去管理单个品牌，最大限度协调各战略业务单位之间的品牌关系，从全局高度提高品牌资源的利用与管理效率。品类经理的主要任务是制定一个能被所有人接受的、通盘的品牌营销战略，确保单个品牌与公司（家族）品牌的核心识别保持一致。例如，卡夫食品在我国市场上推出的饼干品牌就有奥利奥、鬼脸嘟嘟、趣多多、乐之、太平等。为了协调这些单个品牌之间的市场利益竞争关系，卡夫食品公司设立了品类经理。

六、全球品牌经理制

就跨国公司而言，为了保持品牌战略在全球市场范围内的一致性，有些公司还设立了全球品牌经理。他们负责形成一个全球范围的品牌识别，与其下属经理保持沟通并推动那些好的做法得到推广应用，确保每一国家和地区的分公司、子公司及分支机构都统一执行公司的品牌战略，并鼓励和保持跨国品牌营销活动在目标上的一致和协调。例如，在 IBM 公司，全球品牌经理被称为品牌管理员，这反映了这一职位在塑造和保护品牌资产中的作用；而在斯米诺伏特加（Smirnoff Vodka）这一著名品牌中，其全球品牌经理就是皇冠斯米诺（Pierre Smirnoff）公司总裁；在另一个著名品牌哈根达斯中，全球品牌经理是该品牌的主要市场——美国的品牌总经理。

七、品牌管理委员会制

品牌管理委员会的性质是公司的临时性组织。品牌管理委员会制是指由公司统一召集组织有关职能部门或业务单位的人员，共同商讨如何解决品牌遇到的问题，直至解决问题的制度安排。例如，惠普公司就有一个由来自内部各单位的沟通主管组成的品牌资产委员会，这些沟通主管代表公司的不同单位，他们的任务是为惠普品牌制定品牌识别与定位，并确保在打造品牌的活动中保持各单位之间的合作。浙江新昌的大佛龙井在国内享有很高的知名度和美誉度。为保护品牌的良好形象，由新昌市政府牵头成立了各主要生产企业参与的大佛龙井品牌管理委员会。该委员会负责协调解决"大佛龙井"这个区域名牌的管理问题，贯彻落实大佛龙井的品质标准，对经营大佛龙井的茶商进行严格的资格认定。

除了由公司内部人员来管理品牌外，一些大公司还聘请品牌咨询管理公司或广告代理公司等外部独立机构来定期协助管理品牌，如围绕品牌资产管理这个中心，评估品牌资产价值，听取这些外部机构的有关建议。实际上，最好的品牌管理者可能正是这些外聘公司的职员。他们接触过许多品牌，有着十分丰富的品牌管理知识、经验，有自己独到的见解。尤其作为企业外部人，他们能更客观公正地反馈品牌存在的问题。所以，有条件的公司聘请外部人对品牌进行"体检"是有必要的。

专栏：小故事·大启示

上海家化品牌经理制的困扰

上海家化从 1992 年开始，一直是以品牌经理制来运作公司品牌、新产品开发和市场营销。该制度让公司经受了市场化的考验和全球品牌的冲击，拥有很多成功的单个品牌，如六神、美加净、清妃、佰草集、家安、舒欣等。但是，公司如今感觉品牌经理在作用上的发挥受到组织流程和组织架构的设计问题的拖累。拖累的主要来源是新产品开发过程中的协调工作。在新产品开发上，从产品概念形成到编制好计划书，品牌经理花了很多时间和精力。有时候，品牌经理 80% 的精力都用到了内部协调上去；可是，这种协调不但效率低而且效果不好。品牌经理花的时间很多，却做不成什么事情。他们要协调研发部门、生产部门、采购部门、计划部门。由于品牌经理的大部分精力用于日常性的协调和沟通工作，因而他们没有精力去思考品牌战略问题。比如，品牌的规划、传播的主题、媒介形态的变化与消费者媒介接受习惯、竞争对手的变化情况、整个行业的走向，所有这些东西品牌经理都只用 20%的精力去做。对于这些重大的战略性问题，品牌经理花的时间却是最少的，那么结果就可想而知了。所以，上海家化品牌管理组织的改革就涉及这个层面，即对品牌经理的职责和角色进行重新定位，使品牌经理真正能够担负起：制订品牌战略发展规划、发展一个品牌的概念，并根据品牌战略去寻找市场机会，然后把产品的发展方向制定好。以后的事情就转由企业研发等部门来负责。这样一来，品牌经理就可以更多关注一些市场动作。品牌经理的另一个工作就是与销售部门的配合工作。这样的话，品牌经理才能把大部分精力放到能够创造真正价值的工作上去，而不是一些低价值创造的工作。这样做是对人才利用的优化，也是对组织结构的优化。接下来，公司将进入品牌经理制的第二个发展阶段。你有何建议呢？

第三节　品牌管理制度体系

品牌管理制度是由品牌宪章、品牌手册和品牌报告组成的一个体系。品牌宪章是公司品牌管理的最高行动准则，是公司对品牌资产总的解释。品牌手册是与品牌营销有关的人员需要遵循的操作规范。品牌报告是对品牌营销现状的书面汇报。

一、品牌宪章

品牌宪章（brand charter）也称品牌圣经（brand bible），是以书面形式描绘出公司对品牌资产的理解，以便为公司内部营销经理和公司外部营销伙伴提供相关的工作指导。这个文件要清晰阐明以下内容：

（1）对品牌资产进行定义并解释其重要性。

（2）明确品牌使用的边界或产品范围（确定品牌延伸的度）以及品牌营销的主要方式。

（3）在品牌架构的所有层面，定义出理想品牌是什么，同时对品牌相关联想进行定义，如共同点、差异点、核心品牌联想及品牌箴言。

（4）解释如何根据品牌资产报告评估品牌现状。

（5）建议如何根据公司总体战略，以及明确性、一致性和创新性营销思想来管理品牌资产。

（6）概述如何设计品牌营销项目。

（7）从商标使用、包装、传播的角度确定处理品牌事务的方法。

尽管品牌宪章的结构不会发生大的改变，但是它的内容需要每年更新，以便向决策者解释目前品牌的状况以及新的机会和潜在的威胁。当公司有新的品牌产品问世、品牌项目修改及其他营销活动发生时，公司也需要把这一切在品牌宪章中反映出来。例如，华为早在 1997 年就制定了《华为基本法》。在界定华为是什么、华为做什么业务时，其基本法第一条明确表明："为了使华为成为世界一流的设备供应商，我们将永不进入信息服务业。"其第二十九条规定："华为的市场定位是业界最佳设备供应商。"而到了 2012 年，华为审时度势，调整了公司发展战略，将公司使命界定为"丰富人们的沟通和生活，提升工作效率"，同时华为的战略业务也相应调整为"营运商网络""企业业务""消费者"，也第一次公开表明华为品牌是：以客户为中心、奋斗进取、创新、全球化、开放合作、值得信赖。

二、品牌手册

如果说，品牌宪章重在对品牌营销的大政方针的描述，那么品牌手册（brand guide）则更偏向战术执行层面的规范指导。品牌手册覆盖了公司品牌营销活动的方方面面，是面向与品牌建设相关的所有公司员工，因此其内容十分丰富，主要包括以下内容：

（1）品牌管理组织者和参与者。

（2）品牌形象，主要指企业形象识别系统与品牌行为识别系统。

（3）品牌活动管理规范。

（4）媒体关系管理和品牌危机管理。

（5）品牌评估的有关规定。

三、品牌报告

品牌报告是指将品牌调查研究（品牌诊断）的结果和品牌业绩评估（品牌的市场表现）的结果以报告的形式反映出来，然后定期（按月度、季度或者年度）分发给管理层。品牌报告实际上就是有关公司某个品牌的诊断业绩报告。品牌报告的目的是使品牌管理者清楚"品牌目前发生了什么、为什么会发生","品牌未来可能发生什么、为什么"以及消费者对品牌的感知、联想和评价这些重要问题，从而正确评估品牌的健康状况。品牌报告是公司制定品牌发展战略以及品牌经理制定和实施品牌战略的主要依据。

本章小结

品牌管理的内容分为单一品牌管理和品牌关系管理两个层次。单一品牌的管理过程分为品牌诊断、品牌规划、实施与监测三个阶段。品牌关系管理要明确每个品牌的角色，处理好企业品牌与产品品牌、品牌组合及系列品牌内部各品牌之间的关系。品牌管理组织模式有公司高层负责制、职能部门负责制、品牌经理制、品牌资产经理制、品类经理制、全球品牌经理制、品牌管理委员会制。此外，企业还可以委托广告代理公司或品牌管理咨询公司协助管理品牌。

思考题

1. 什么是品牌管理？它包括哪两个管理内容？
2. 如何处理公司品牌与产品品牌之间的关系？
3. 按照地位与作用的不同，品牌组合中的品牌分为哪些类型？
4. 什么是品牌架构？品牌架构分为哪几个层次？
5. 品牌管理组织模式有哪几种？它们各自适宜的企业场景是什么？
6. 品牌管理制度体系有哪些内容？
7. 品牌宪章及其主要内容是什么？
8. 品牌手册的基本内容有哪些？

案例分析题

日化巨头的"自救"：宝洁的战略转型之路①

清晨时刻，一位温柔的女子开始梳妆打扮。看起来如丝般柔顺的发，散发着"潘婷"洗发乳的香味。"SK-II"神仙水让她的皮肤依然莹别透。在她为小宝宝换上新的"帮宝适"纸尿裤的时候，她的丈夫正拿起"欧乐-B"牙刷和"佳洁士"牙膏准备洗漱，他头上传来一阵熟悉的"海飞丝"的薄荷味。女子顺手将"护舒宝"放进皮包后，开始为一家人准备早餐。

这是一个典型的"宝洁式"生活场景。

---

① 本案例选自中国管理案例共享中心。

品/牌/营/销/学

日化帝国，百年传奇

1. 豪门家谱，多子多福

宝洁公司始创于 1837 年，是世界上最大的日用消费品公司之一，其产品主要市场为美国和中国。今天的宝洁公司在全球大约 70 个国家和地区开展业务，所经营的 65 个领先品牌畅销在 180 多个国家和地区，每天为全球 50 亿的消费者服务。其中正式进入中国的品牌有 20 多个。该公司拥有众多深受信赖的优质、领先品牌。这些品牌包括帮宝适、汰渍、碧浪、护舒宝、潘婷、飘柔、海飞丝、佳洁士、舒肤佳、玉兰油（Olay）、SK-II、欧乐-B、吉列、博朗等。

1988 年，宝洁进入中国，落户在广州，在北京设有研发中心，并在天津、上海、成都、太仓等地设有多家分公司及工厂。二十多年来，宝洁在中国的业务发展取得了飞速的发展。宝洁（中国）有限公司成为中国最大的日用品消费公司。目前，宝洁大中华区的销售量和销售额已位居宝洁全球区域市场中的第二位。

对于日化行业来说，行业的集中度低导致更激烈的竞争。这种竞争伴随着消费需求日趋多样化、差异化和个性化，逐渐由最初的产品竞争、价格竞争转向品牌竞争。而宝洁就是一个典型的使用多品牌战略的公司，即为了满足不同的市场需求，在不同细分市场采用不同的品牌。

2. 四面楚歌，被围剿的宝洁

但多品牌战略似乎并不能永葆青春，如今的宝洁也已经不再如故。随着日益激烈的品牌竞争，宝洁的"大公司"病日益凸显。

从全球市场来看，在金融危机后全球经济低迷的背景下，宝洁的利润增长率从 2006 年开始一路下滑，尤其是在 2010—2012 年，三年的营业收入不仅不及预期，而且全部都是负增长。

从中国市场来看，中外日化企业都在全力争夺日化市场。一方面，同是外企的欧莱雅步步紧逼。欧睿咨询的数据分析显示，在中国美容美发和个人护理市场，2009—2014 年，宝洁的市场份额逐年下跌，从 15.2% 跌至 12.7%，而竞争对手欧莱雅集团同一时期的市场份额却从 7.8% 逐年增至 9.6%。另一方面，中国本土品牌也在迅速崛起，抢回被夺取的市场。截至 2013 年年底，在中国市场上的洗涤用品、尿布、牙膏的销售份额中，本土日化品牌所占份额已经达到 45%。其中，在洗衣粉和肥皂品类中，中国本土的立白和纳爱斯集团的产品市场份额已达 27.6%，而宝洁仅占 7.6%。与此同时，宝洁在中国牙膏市场的占有率还降到了 19.7%。

开启"瘦身"，返璞归真

雷富礼是宝洁历史上的风云人物，曾在 2000 年出任宝洁首席执行官（CEO）后力挽狂澜，用了 9 年时间，先后成功运用品牌加减法，令宝洁的销售额增长了一倍，把宝洁从一个风雨飘摇的企业培养成消费品巨头。

2014 年 8 月，宝洁正式提出"瘦身"大计：为进一步缩减开支、简化经营和使发展提速，将在未来两年内通过出售、停产及自然淘汰等形式，剥离过去三年销售一直下降、年销售不到 1 亿美元的 90~100 个小型品牌，专注发展以潘婷、海飞丝、玉兰油和 SK-II 等为代表的 70~80 个核心品牌。这些品牌在过去三年为集团贡献

90%的收入和95%的盈利，其中有23个是年销售额在10亿~100亿美元的大型品牌，有14个年销售额在5亿~10亿美元，其他年销售额在1亿~5亿美元。汰渍、帮宝适、佳洁士和吉列均在核心品牌之列。同时，宝洁重点关注婴儿产品、织物、美发和护理用品四个领域。

除了在品牌上"割肉"，宝洁还从换帅裁员、控制广告预算以及砍掉代理商这三个方面进行全方位的"瘦身"。为了配合"瘦身"，宝洁将营销总监转型为品牌总监，将营销部门转型为品牌管理部门。调整后，品牌管理工作将由各个区域集中到总部的全球业务部，从而减少品牌间、地区间的利益争斗。

1. 大刀阔斧，故伎重演

在宝洁"瘦身"的大背景下，加速品牌剥离已经成为这家日化巨头的"家常便饭"。

在2014年8月发布最新的品牌组合精简策略之后，宝洁先后退出食品、电池等行业，向联合利华出售香皂及沐浴露品牌卡玫尔的全球业务、香皂激爽除北美及加勒比地区外的业务。

2015年7月9日，宝洁宣布，已同意将旗下沙龙专业美发、零售染发、美妆、香水以及部分美发造型产品业务与科蒂公司合并，交易初始价值为125亿美元，实际涉及41个品牌。这笔交易也成为宝洁品牌"瘦身计划"的收梢。至此，宝洁已经宣布了在"瘦身"计划中准备剥离或终止的近100个品牌中的90个。

然而在2016年6月完成的剥离旗下近100个品牌的"瘦身"计划，似乎未能挽救宝洁的业绩下滑。宝洁发布了2016财年第一财季业绩报告后，公司就陷入了"苦苦挣扎却不见扭转颓势"的舆论声中。财报显示：公司营业收入下滑12%至165.3亿美元，出现了连续七个季度的销量下滑，而12%的跌幅也是宝洁过去7个季度以来最大跌幅。在报告期内，宝洁旗下所有业务部门的销售量均出现了下降。美容、梳洗护理、健康护理、纺织品护理及家居护理、婴儿女性及家庭护理5个品类的销售均现两位数的跌幅。与此同时，宝洁在巴西和俄罗斯等美国以外市场上的业务所占据的市场份额也正在下降。

2. 断臂求生，全球裁员

（1）频繁换帅。

管理层的稳定，一直是宝洁公司的标志性特征之一。但在21世纪的前15年里，宝洁就经历了5次换帅。

（2）高层换血。

在宝洁"瘦身"期间，也就是宝洁首席执行官雷富礼上台后，除了剥离品牌，还将变革之手伸到了管理层。宝洁数名重量级高管在2014年下半年宣布退休，职能部门领导的人数缩减到2013年之前的水平。截至2015年7月底，8名宝洁大中华区的高管相继以"个人选择"为由离职。

（3）精简人员。

截至2013年1月底，宝洁已裁减5 850个非制造业岗位，提前5个月实现了在2013财年年底裁员5 700人的目标。2014年2月，为削减成本，宝洁宣布裁员1 600

人，其中包括推广人员，并提出在 2016 财年之前，全球每年在非制造业岗位裁员 2% 至 4%。

此外，宝洁还大幅度减少广告开支，压缩代理费用。

赤县神州，战略升级

作为宝洁集团的第二大市场，中国市场对宝洁来说极为关键。然而，最近几年，宝洁在中国市场交出的成绩都不甚理想。宝洁发布的 2016 财年第一财季业绩报告显示：在截至 2015 年 9 月 30 日的一季度中，中国市场上的有机销售额大幅下降 8%。继精简战略后，为挽救逐渐沦陷的市场，宝洁在中国市场的战略进一步升级。

1. 告别亲民，亡羊补牢

《中国购物者报告》指出，中国快速消费品市场的整体增速持续放缓。然而，在快速消费品市场不景气的同时，高端产品却成为各个企业的香饽饽。在洗护用品市场，过去的五年间，高端洗护市场消费者数量增长了近 10 倍；在竞争最为充分的牙膏市场中，竞争也愈加激烈，高端和超高端新品也越来越多，二者加起来的销量已占据整体市场 20% 的份额，年销售额增长率超过 40%；在纸尿裤市场，随着中国人的安全意识不断提升，高价位纸尿裤的年增长率达到了 30%~40%。这也意味着，中国日化市场高端化趋势愈加明显。

而宝洁忙于占领市场份额，主攻大众化市场。受制于境内外日化企业从低端产品的快速切入，宝洁不得不降低身段迎合与争取中低端消费市场。经过 20 多年的努力，宝洁完成了占领低利润大批量市场。但在这个过程中，宝洁却逐渐地失去了中高端市场。前宝洁公司首席执行官雷富礼在接受媒体采访时也有所反思，指出宝洁过去对中国消费者出现误判：管理人员都认为这是一群"节俭的中产阶层"。错误的策略导致市场定位过低，高端市场拱手让人。比如日本品牌对宝洁旗下帮宝适婴儿尿布品牌市场份额的侵占，以及走高端草本路线的云南白药牙膏占据中国高档牙膏市场。

面对节节失守的中国市场和企业趋之若鹜的高端市场，作为补救，2015 年 8 月宝洁在中国市场推出帮宝适高端系列纸尿裤。当时，京东的价格显示，其价格是帮宝适其他产品线的三倍。后来，宝洁又相继推出了售价比普通洗衣液高出 20% 的碧浪洗衣凝珠、护舒宝液体卫生巾、价位高达 159 元的欧乐-B 专业护龈双管牙膏、欧乐-B 新一代 3D 声波智能牙刷等高端产品，希望依托高端产品进行战略升级。

2. 转移阵地，布局电商

近年来，中国消费者的生活和消费习惯发生了重大变化，越来越多的人选择向互联网转移。

宝洁作为最早进入中国的国际快消巨头，移植快消品"大量广告投放+渠道铺货拓展"的传统方式，通过如沃尔玛这样的全球零售连锁巨头触及终端消费者，一度取得过中国市场份额遥遥领先的地位。但随着中国的电商渠道迅猛发展，国内的消费业态已经和宝洁进入中国时完全不同，使宝洁在传统渠道的盈利模式遭遇巨大挑战。

与现代渠道呈现收缩的趋势相反，中国的电商渠道一直保持欣欣向荣。在快速消费品销售额同比增长远低于同期 GDP 增幅的同时，快速消费品的电商渠道依然强势增长，部分快速消费品已经将电商作为重要的销售渠道。目前，中国已经成为宝洁全球电商最大的市场，同时电商也已成为宝洁推出海外新品、与消费者沟通及品牌创新的重要渠道。2015 年 3 月，全球最大的日用消费品公司之一宝洁悄然入驻了阿里旗下的网站 1688.com。2015 年"双十一"期间，宝洁中国的首家海外旗舰店登陆天猫国际。2016 年 4 月，宝洁再次联手阿里三大零售平台之一——聚划算。

3. 避俗趋新，数字营销

数字化和社交媒体的发展改变了与消费者沟通的方式。当传统的传播和销售体系双双被削弱的情况下，宝洁是怎么花钱去找到新一代的年轻消费者呢？宝洁给出的回答是："消费者在哪里，我们就跟到哪里。"

"互联网+"为品牌传播注入了新活力，带来了营销的"黄金时代"，已经百岁的品牌管理鼻祖——宝洁，如今一跃成为数字营销的弄潮儿。2016 年 1 月，在由中华人民共和国商务部主管的中国商务广告协会数字营销委员会举办的"首届中国数字营销大会暨中国数字营销表彰大会"上，宝洁一举将"领军企业奖""品牌成就奖"和"影响力人物奖"三项大奖收入囊中。在数字时代，这个"百年老字号"不断尝试最新的数字化手段，一步步拉近与消费者之间的距离，从而真正走入消费者的日常生活中。

随着数字化发展，宝洁将其已建立六年的会员项目拓展至移动端，利用前沿技术提升用户凝聚力并增进品牌与消费者的情感交流。现在，宝洁在微信平台的"宝洁生活家"会员俱乐部已经吸引了约数千万用户，是日化行业中最大的公众服务号。

数字化改变了消费者的购物习惯、阅读平台、交流方式等生活的方方面面，同时也为品牌传播提供了更丰富的平台和更多样化的手段。宝洁旗下的众多品牌都在积极尝试各种新玩法，第一时间响应消费者的习惯变化，在他们最熟悉的平台、用他们最熟悉的方式来对话沟通。

经过过去几年的重组品牌组合、剥离非核心业务，宝洁的战略之舰从由品牌延伸理论主导的单项冠军航线向聚焦核心品牌转变，又高端化转身。

[案例思考]

1. 宝洁公司为什么要进行品牌投资组合的"瘦身"？这种办法会有效吗？
2. 什么是品牌加减法？其理论依据是什么？
3. 宝洁公司频繁换帅和高层换血会对品牌管理造成哪些影响？
4. 中国消费者会接受宝洁高端产品的品牌形象吗？请说明理由。
5. 结合案例，试思考中国日化品牌该如何逆袭？

第六章
品牌识别

‑‑‑

　　品牌理论从西方一传入我国就受到了营销界的热烈追捧。可口可乐、奔驰、宝马、苹果、三星、微软、麦当劳等一个个强势品牌成为众多企业的梦想，我国一些企业开始蠢蠢欲动，欲打造自己的世界名牌。于是，这些企业开始吹响创建世界强势品牌的号角。但当我们回头检视成果的时候，发现那些曾经辉煌一时的名字，爱多、太阳神、三株等在市场上早已没了踪影。是什么原因令这些企业的"品牌梦"那么遥远呢？原因在于有不少业内人士认为品牌战略规划和管理就是做营销策划、发布广告、开展公共关系和做终端促销活动而已。但我们认为，品牌战略规划的根本意义是提炼品牌的核心价值，并在此基础上创建个性鲜明、联想丰富的品牌识别系统，同时选择适合自己的品牌架构以及协调、平衡品牌组合关系，以"咬定青山不放松"的韧劲，长期传播品牌核心识别、核心价值，从而达到增加品牌价值的目的。

第一节　品牌识别及其元素

一、品牌识别及其含义

　　品牌识别（brand identity）概念是美国著名品牌管理专家大卫·艾克教授在《创造强势品牌》一书中提出的。他认为，品牌识别是品牌战略者们希望创造和保持的、能引起人们对品牌美好印象的联想物。我们从定义中可以知道品牌识别是"联想物"，目的是"引起人们对品牌的美好印象"。品牌识别是品牌营销学中最重要的概念之一，深入理解其含义十分必要。

　　（1）品牌识别是企业主观的愿望，为品牌未来发展指明了方向。

　　品牌识别反映了品牌缔造者和设计者的期望——自己的品牌未来将成为什么的美好愿望，如苹果品牌与史蒂夫·乔布斯、华为品牌与任正非、海尔与张瑞敏等，这些品牌的成功与这些杰出的品牌创始人所设计的品牌识别是密不可分的。同时，正是这些伟大的品牌始终坚持和彰显自身品牌识别才有了今日辉煌的成就。这里，我们需要注意的是，品牌识别既然是人为设计的、主观的东西，因而如何正确制定品牌识别就成为企业所面临的重大的战略性选择问题。

（2）品牌识别传达了企业对顾客的承诺。

顾客之所以购买某品牌的产品，是因为他们认同并希望得到该品牌提供的价值。品牌向顾客提供的价值，就是品牌的价值体现，它是品牌识别的重要组成部分。品牌所提供的价值是否符合顾客的需要、受到顾客的喜爱，企业成员是否能够始终如一地变现品牌价值承诺，将决定品牌的命运。

（3）对于每一个品牌而言，品牌识别是一个由多个要素构成的、相对持久的系统。

关于品牌中哪些要素是能够引起人们对品牌美好印象的联想物，中外专家有不同的看法。表6-1[1][2][3]列举了部分专家对品牌识别内容的看法。本章采用学术界普遍认同的大卫·艾克的四维度理论，即品牌识别分为产品、组织、人和符号四大类识别，而各类识别又包含各自具体的识别元素，共计12个方面的识别元素。在人这一大类识别中，本章主要介绍个性元素。

表6-1　部分专家对品牌识别内容的看法

大卫·艾克	科普菲尔	翁向东
①产品：品质、产品类别、产品属性、用途/使用场合、使用者、原产地 ②组织：组织特性、本地化还是全球化 ③人：个性、品牌与消费者关系 ④符号：视觉形象、寓意和品牌资产	①产品 ②名称的力量 ③品牌特征与象征 ④商标与标识 ⑤地理性与历史性的根源 ⑥广告的内容与形式	①产品：类别、特色、品质、用途、使用者、档次 ②企业：领导者、理念与文化、人力资源、品质理念及其制度与行为、对消费者需求与利益的关注 ③气质：品牌性格 ④地位：市场占有率、财力与资产规模、管理的先进性、技术领先性 ⑤责任 ⑥成长性 ⑦创新能力 ⑧品牌与消费者关系 ⑨符号

二、品牌识别元素

（一）产品

人们常说，健康是1，事业也好，爱情也好，其他的所有东西都只是1后面的多个0而已，没有了健康，事业、爱情对我们都是没有意义的。对品牌而言，产品就是1，没有高品质的产品，没有能够给消费者带来价值的产品，品牌的其他方面都只能是没有意义的0。产品是品牌识别的主要载体，而品质识别又是产品识别的基础。所以，企业规划好产品层面的识别内容对于提升品牌资产尤其重要。产品识别元素主要有以下六个方面的内容：

---

① 艾克. 创建强势品牌 [M]. 李兆丰，译. 北京：机械工业出版社，2012：51-52.
② KAPFERER J N. The new strategic brand management [M]. Lodon：Kogan Page, 2008：182-183.
③ 翁向东. 本土品牌战略 [M]. 杭州：浙江人民出版社，2005：94.

1. 品质

许多品牌都将产品质量作为自己品牌的核心识别元素。强势品牌的一个共同特征就是拥有卓越的产品品质和优质的服务。每个企业都知道质量是品牌的生命，因此品质识别是品牌识别的基础。企业要做好这项工作必须注意以下几点：

第一，坚持"质量第一"方针。企业必须让全体员工深入理解并贯彻执行该方针，同时还必须有相应的制度和组织机构来监督执行该方针。

第二，树立品牌的全面质量观。品牌品质的含义是全方位的，它包括产品质量、工作质量和服务质量。工作质量是产品质量的保证，而产品质量是工作质量的结果。服务质量也是创立品牌与发展品牌的关键，服务是否全面细致入微，直接影响到顾客的满意度和忠诚度的高低，高质量的服务已成了品牌竞争的主要优势之一。正是因为如此，许多知名品牌企业不遗余力地强调服务质量。例如海底捞始终做到顾客至上，强调为顾客提供"贴心、温心、舒心"的全方位服务；海尔也正是凭借"五星级服务"走在了全球家电企业的前列。

第三，追求产品品质要持之以恒。国外的市场营销研究证明，一个品牌要成为行业的领导品牌或强势品牌，需要数十年的努力。实践也证明了这一点。施乐复印机历经 15 年才创出品牌，西尔斯兄弟公司的速溶咖啡历经 32 年才成就品牌。因此，世界上众多品牌企业都十分强调长期追求卓越的产品质量。IBM 公司追求"尽善尽美"，德国宝马汽车公司的宗旨是"力臻完善，永不罢休"。无论是产品质量还是服务质量，企业都应全力杜绝失误，一旦出现重大失误，品牌形象必定受到严重损害。

第四，准确理解高品质的含义。一般情况下，品质越高，品牌形象越好。但是，也应该注意到，这里我们强调的高品质是指适当的品质，即与品牌承诺和品牌定位相匹配的品质。原因在于，产品质量要求越高，实施难度越大，成本也越高，过高的质量，特别是相对消费者的需要来说冗余的质量只会徒增产品的成本，使价格居高不下，降低品牌市场竞争力。

第五，彰显消费者身份、地位的品牌，或者树立品牌声誉的品牌，要以优异突出的品质为基础，配套高端营销组合，突出这类品牌的产品档次，以便同消费者的身份和地位相一致。值得注意的是，这类品牌严禁向下延伸。

2. 产品类别

品牌的产品类别识别是指一提到某一品牌，消费者就会联想到它是什么产品。例如，当有人提到联想，人们马上会想到电脑；提到劳斯莱斯时，人们马上会想到高档轿车。当某个品牌的产品类别特别突出时，消费者一旦需要购买这类产品马上就会联想到该品牌。可见，从产品到品牌的联想远比从品牌到产品的联想重要得多；让消费者在提到长虹时想到电视机，远没有让消费者在需要购买电视机时想起长虹更重要。所以，品牌同产品类别建立起牢固的联系意味着当顾客看到这种产品时，就会想起这个品牌的特征；也就是说，企业在目标顾客心中建立品牌和产品类别之间的联系对于促进产品销售是非常重要的事情。

但是，事物都有两面性，如果品牌的产品属性与产品类别的联系太过紧密，那么也将限制该品牌的延伸能力。例如，"荣昌肛泰，治痔疮，快！"这句广告词的知

117

名度相当高，可是，试想一想，"荣昌"二字还能延伸到其他类别的产品上吗？有人说，食品不行，药品总行吧！那么，请问有哪位消费者愿意服用"荣昌牌"感冒灵或"荣昌牌"急支止咳糖浆呢？

3. 产品属性

产品属性也称产品性能，是指产品性质能够满足目标顾客需要的能力。这些性质表现在产品的功能、质量、价格、服务等方面。如果某品牌对应的产品功能强、质量优、价格合理、服务周到，那么该产品就会受到顾客的热捧。产品属性既可以为顾客提供功能性利益，也能为顾客提供情感性利益，如苹果公司在产品开发阶段就十分注重产品设计的人性化，体现了对顾客无微不至的关怀，由此公司有众多品牌忠诚者。

4. 用途/使用场合

在生活中，人们需要在不同的场景下使用适合的东西，比如出去旅游时需要穿着休闲的服装，在正式的社交场所需要着正装，而某些品牌成功地拥有了特定的用途，如李维斯（Levi's）品牌的牛仔服系列产品在美国总是与度假休闲联系在一起，而雨果博斯（Hugo Boss）西服在消费者心中总是同社交场合联系起来。再比如，泰国的红牛功能性饮料（Red Bull）适合于"累了，困了，喝红牛！"的场合，而星巴克（Starbucks）咖啡屋则为年轻的城市职场人士提供了一个温馨的放松场所。

5. 使用者

一些品牌识别是建立在使用者形象或者类型之上的。如我们熟悉的金利来（Goldlion）服饰号称是"男人的世界"，一直以性感影星明星玛丽莲·梦露（Marilyn Monroe）做品牌代言人的花花公子（Playboy）品牌服饰则满足了那些成功的风流人士和嬉皮士的需要。

6. 原产地

原产地或来源地一般是指作为商品而进入国际国内贸易流通的货物的生产地、制造或让产品实质发生改变的加工地。一些国家或地区由于在某类产品的制造中拥有品质优势，而被世界公认为该品类产品的原产地。例如，法国波尔多地区出产的红葡萄酒、瑞士制造的手表、意大利加工的皮具、德国的啤酒和俄国的红牌伏特加，都被世界各国消费者推崇。因此，对于企业而言，一个具有战略性的选择策略是将品牌与一个能够为品牌增加信誉的国家或地区（原产地）联系起来。

（二）组织

企业是生养品牌的土壤，它赋予了品牌最初的品性、文化和期望。任何产品都或多或少地带有一定的企业联想，即从品牌到企业的联想，这种联想可以成为品牌识别的一部分。因而，作为组织联想的品牌应将品牌识别重心放在企业的组织特性上，而不是单个产品上。尤其是，对于使用统一品牌战略（企业名称作为该企业所有产品的品牌名称）的企业来说，组织联想——组织特性和发展历史作为品牌识别元素的意义显得十分重要。

如果企业把品牌识别成功地建立在组织联想上，就能够形成持续的、难以模仿的竞争优势。这是因为随着技术进步速度不断加快和市场竞争日益激烈，企业在某个特定时期的"畅销品"的生命周期越来越短，就像飞利浦、诺基亚等品牌手机都曾经是手机市场上的"畅销品"而如今不复存在一样。智威汤姆逊广告公司的史蒂芬·金说："未来的企业品牌将是唯一成功建立新品牌的方式……随着科技影响力的不断增加，人们越来越少依赖对单一产品的评价。"大卫·艾克同样认为："仿制一种产品比复制一个拥有特别的员工、价值观和活动的组织简单得多。"因此，企业超越产品层面而从组织层面建立品牌识别是必要的、有价值的事情。

那么企业如何来建立自己的组织联想呢？下面我们结合组织联想提供品牌价值的流程（见图6-1）和专栏"波蒂商店有原则地实现盈利"来详细阐述该问题。

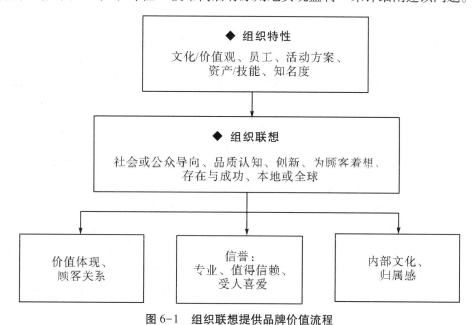

图 6-1　组织联想提供品牌价值流程

首先，我们要搞清楚建立组织联想的前提条件是什么？我们的企业是否具备这些或者主要的条件？企业将品牌形象部分建立在品牌背后的组织上，其基本前提是该组织要拥有属于自己的文化/价值观、员工、活动方案、资产/技能和知名度。建立组织联想的企业，必须要有明确的、以市场为导向的企业文化和价值观；作为企业的员工必须认同企业的价值观，并将其践行于各自的工作与行为之中；同时，企业应当精心设计一整套活动方案并结合企业资产与技能来实现自己的经营理念。这样，企业才能在顾客、社会中建立起独特的组织联想，获得企业的社会知名度。

其次，企业应根据自己的文化/价值观、员工、资产/技能等实际情况，选择并确定组织联想究竟应该是什么的问题。组织联想可以来自许多方面，主要有社会或公众导向、品质认知、创新、为顾客着想、存在与成功、本地或全球等。

最后，组织联想体现了企业存在的价值、企业/品牌与顾客的独特而牢固的关系基础，为企业/品牌建立"专业、值得信赖、受人喜爱"的社会信誉；反过来，这些成就使得企业的文化在企业内部成员中更加明晰，满足和增强了员工的归属感。

波蒂商店有原则地实现盈利

波蒂商店（Body Shop）是一家打破陈规的皮肤和头发护理品的国际生产和零售商。1976年，安妮塔·罗迪克（Anita Roddic）在英国布莱顿开设了第一家店。当时，众多化妆品品牌的识别都是迷人的使用者形象，以及超强功能、感性利益，并通过鲜亮的包装和强大的广告传递这些信息。波蒂商店与之完全相反，从不做天花乱坠的广告。"有原则地实现盈利"的经营哲学一直是该公司进行差异化营销的巨大动力。

波蒂商店的产品开发的独特方式，部分源于历史。在过去，全世界的居民都使用天然产品护理肌肤与头发，我们为何不利用这方面的知识，制造天然产品，然后提供给他人呢？波蒂商店在产品开发中沿用了这种构想，开发出如可可油润肤露、黄瓜洗面奶、蜂蜜燕麦磨砂面膜等产品。

波蒂商店采用来自工业欠发达国家的原料。这不仅为其产品构想提供了独特的源泉，而且还为这些国家的人民提供了工作机会和资源。例如，巴西坚果护发素和雨林牌沐浴露的原料，都来自亚马孙热带雨林的印第安人炼制的巴西坚果油。在尼泊尔，波蒂商店利用水生风信子造纸。这样形成的关系是建立在波蒂商店"贸易，而不是帮助"的原则上的，为工业欠发达国家创造了许多工作机会。

随着波蒂商店及其产品的发展，其反浮华、反浪费、使用天然原料的经营理念也一直坚持下来。波蒂商店在产品开发上坚持不使用动物做实验。而简单实用的包装使人回忆起20世纪60年代毫无浪漫色彩可言的无尾翼大众甲壳虫汽车。童叟无欺的销售人员以及波蒂商店关于创新产品的信息手册，均为顾客发送着公司产品和目标的信息。

也许波蒂商店最大的差异化特色，在于其对社会和环境变化的追求。对社会责任的热情渗透在公司的每个角落。波蒂商店采取切实行动，开展了一系列令人瞩目的、有意义的活动，包括反对动物实验、援助经济落后地区、帮助拯救雨林以及倡导回收利用产品包装。波蒂商店店规提醒员工"目标和价值观与我们的产品和利润同样重要""波蒂商店有自己的精神——不要失去它"。员工被看作这个大家庭中的一员，通过培训课了解有关产品和环境的问题，积极参与教育他人等各项活动。

这种独一无二、全心全意的姿态使得波蒂商店获得了真正能够吸引顾客产生忠诚的差异化。波蒂商店的顾客都倾向于关心周围世界，并希望更多地参与周围的活动。在波蒂商店购物好像成了顾客参与周边世界的一种方式，他们也通过这种方式表现自我。

专栏中，波蒂商店的价值观是"有原则地实现盈利"，这些原则集中表现在"社会导向"的组织联想方面，即履行企业作为社会一员应尽到的责任，从而赢得了顾客和社会的尊重。波蒂商店的社会导向原则体现在企业及其员工的一整套活动方案中，如采用来自工业欠发达国家的天然原料生产皮肤和头发护理用品，以实际行动拯救热带雨林，反对用动物做实验，倡导使用简单实用的产品包装及回收利用产品包装，以及鼓励员工参与保护社会、环境的活动等。这些活动进一步加强了波蒂商店与其顾客之间的关系，为品牌赢得了信誉忠诚，使得商店员工具有社会使命感、责任感，增强了企业凝聚力。

（三）个性

1. 品牌个性及其衡量尺度

品牌个性（brand personality）是品牌的拟人化，是一个品牌所拥有的一系列人性特征。和人类一样，品牌也会有各种不同的认同和"牌格"，例如真诚、值得信赖、风趣幽默、青春时尚、有文化修养等。鲜明突出而又符合目标消费者心理需要的品牌个性是某个品牌的一项持久的竞争优势。品牌个性可以从多个方面来提升品牌识别，建立和强化品牌与消费者之间的关系。首先，品牌个性是品牌产品使用者表达认同的工具。个性越鲜明，自我表达越清晰。其次，品牌个性加深了品牌战略家对顾客关于品牌的感受和态度的认识，从而有助于指导企业的沟通活动。最后，品牌个性有助于品牌实现差异化。

可口可乐和百事可乐的人格可以分别描述如下：可口可乐，40 岁左右，已婚，乐观进取、积极向上，打扮成熟，热爱生活，关注时事新闻，喜欢跑步和网球等运动。百事可乐，20~30 岁，未婚，性格外向、活泼、勇于尝试，打扮新潮、前卫，关注流行时尚，喜欢足球、舞蹈等运动。同样是可乐，在消费者眼中的人格形象却各不相同，可口可乐是一个中年化品牌，而百事可乐是一个年轻化品牌。这也就是为什么时尚前卫的年轻人越来越多地选择百事可乐。

品牌管理专家大卫·艾克在其《创建强势品牌》中介绍了一项衡量品牌个性的研究成果。他使用品牌个性尺度（brand personality scale，BPS）对美国1 000位受访者、60 个具有明确个性的品牌和114 项个性特征展开调查。这项研究总结的 5 大个性要素"纯真、刺激、称职、教养和强壮"几乎可以解释所有强势品牌之间的个性差异（达93%）。上述要素可以将许多品牌的个性描述得很好，例如，海尔、柯达在真诚这一要素上非常明显，而李维斯、耐克在强壮这一个性上表现明显。每个个性要素又可以分为几个不同的层面，它们都有各自的名称。品牌个性尺度见表6-2[①]。

表6-2　品牌个性尺度

个性要素	层面	特点
真诚 （如海尔、柯达）	纯朴	以家庭为重的、小镇的、循规蹈矩的、蓝领的、全人民的
	诚实	诚心的、真实的、道德的、有理想的、沉稳的
	有益	新颖的、诚恳的、永不衰老的、传统的
	愉悦	感情的、友善的、温暖的、快乐的

---

① AAKER D A. Building strong brands [M]. New York：The Free Press，1996：144.

表6-2（续）

个性要素	层面	特点
刺激 （如苹果、保时捷）	大胆	时髦的、刺激的、不规律的、煽动性的
	有朝气	酷酷的、年轻的、充满活力的、外向的、冒险的
	富于想象	独特的、风趣的、令人惊异的、有鉴赏力的、好玩的
	新颖	独立的、现代的、创新的、进取的、积极的
能力 （如中国工商银行、IBM）	可信赖	勤奋的、安全的、有效率的、可靠的、小心的
	聪明	技术的、团体的、严肃的
	成功	领导者的、有信心的、有影响力的
精细 （如梅赛德斯-奔驰）	上层阶级	有魅力的、好看的、自负的、世故的
	迷人	女性的、流畅的、性感的、高尚的
粗犷 （如李维斯、耐克）	户外	男人气概的、活跃的、运动的
	强韧	粗壮的、强壮的、不愚蠢的

上述十五个层面的个性揭示了企业在塑造品牌个性时可供选择的策略。例如，一个真诚个性的强势品牌可以强调品牌的诚实个性，而不是大胆；一个重视刺激个性的品牌可以选择大胆，而不是诚实。虽然个性要突出鲜明，但凡事应有一个度，鲜明的个性迎合了一部分消费者的心理，但也会妨碍其他潜在顾客对品牌的选择。例如，高价位的品牌产品常给人一种世故的感觉，因而要调和这种个性的负面效应。企业可利用大众化的幽默感，嘲讽自己，从而软化个性中尖锐的部分。

专栏：小故事·大启示

哈雷·戴维森（Harley Davidson）的故事

在美国，哈雷是一家健康的公司：它每年售出接近10万辆摩托车。有超过2.5万名顾客分别属于800多个哈雷所有者集团（H.O.G.）支部。H.O.G.的成员每两个月收到一份时事通讯，参加每星期或每月会议以及由经销商赞助的摩托车旅行。"哈雷女士"子团体则由哈雷拥有者中10%的女性组成。哈雷每年大约有42场州拉力赛以及一系列全国俱乐部拉力赛。1993年6月，2万多名H.O.G.成员外加8万多名各式各样的哈雷迷，来到密尔沃基（Milwaukee）参加公司90周年庆典。

俄勒冈州的两名调查者揭示了哈雷所有者的3种核心价值。①支配性的价值是个人自由，包括突破界限的自由，以及突破主流价值观和社会结构的自由。哈雷的老鹰标志是这种自由的标志之一，其他的标志还包括驾驶者的衣着和摩托车挂包，这些事物让人回忆起西部英雄。②爱国主义和哈雷的美国传统。哈雷是打败日本竞争者的品牌。在拉力赛上，美国国旗高高飘扬，支持美国的标语铺天盖地。一些驾驶者认为驾驶哈雷摩托是比遵守法律更强烈地表达爱国主义的方式。③男子汉气概。这种价值来自20世纪50年代马龙·白兰度的电影《飞车党》中叛逆的驾驶者形象。电影中刚毅的表现随处可见：一件流行的哈雷T恤上的宣言"真男人着黑衣"，哈雷是奔驰在道路上最大、最重、最响的摩托车，哈雷拉力赛上充斥着黑色皮革、沉重的靴子、铬合金和其他表现男子气概的标志，类似形象还包括浓密的胡须、长发、牛仔靴，当然还有纹身。

虽然哈雷一直保持着建立在男子汉气概、美国和西部英雄联想上的品牌个性，但它通过利用崇尚自由的价值观，在拓宽使用者形象方面取得了巨大的成功。"生为驾车，驾车而生"的信条受到许多从事普通工作的非男性潜在顾客的青睐。

日本摩托车的所有者通常对生活和他们的摩托车有着非常不同的看法。他们通常重视摩托车的特性，而不是驾驶体验。事实上，日本摩托车都是工程奇迹。它们噪音小、驾驶平稳、比哈雷速度快，并充斥着如数码设备、车尾喇叭、倒车挡、风扇甚至空调等设施。这些摩托车的所有者通常瞧不起哈雷与时代脱节的设计，以及嘈杂、嘶哑的声响。然而，对哈雷所有者来说，摩托车的声音和外观正是哈雷体验的一部分，甚至哈雷名声不好的车身晃动也为哈雷迷所珍视。日本摩托车的所有者关注功能利益，而哈雷的所有者更看重情感和自我表达利益——自由、独立和充满力量。

2. 品牌个性的驱动因素

一个企业应该如何创建品牌个性呢？正如生活在社会中的我们每一个人一样——你做什么，你就是什么样的人！每一件产品、每一次销售活动、广告、公共关系等一切活动都将给市场、社会留卜自己品牌的痕迹和印象，因此品牌行为决定品牌个性。品牌个性的驱动因素可分为产品因素和非产品因素（见表6-3）。

表6-3　品牌个性驱动因素

产品因素	非产品因素
产品类别 包装 价格 其他产品属性	使用者形象 赞助 标识 历史 广告风格 来源国 公司形象 CEO 明星代言人

专栏：小故事·大启示

品牌创建者与品牌个性

有的企业很幸运，有一位能清楚代表企业形象或表达企业理念和文化的领导人，这个人往往能够让企业的新闻稿更有新闻价值，进而带来成本低廉的曝光机会。比如说，比尔·盖茨受邀在全国（球）性媒体中出现或讲话时，微软旗下的所有产品都会免费得到宣传。如果企业的创始人也具有类似的个性，就能让企业更加人性化，从而有助于与消费者建立良好的关系。如沃尔玛的老板山姆·沃尔顿，很多人认为

123

他很有说服力，也很讨人喜欢，可以这样说，沃尔玛与消费者的良好关系部分就与此有关。

如果企业领导人的个性与企业品牌的个性一致，那么企业就应该特别注意对企业领导人进行专业的包装和策划，使二者相得益彰。这方面的典型代表首推维珍（Virgin）的品牌塑造。维珍品牌一定程度上是由视觉行为，特别是品牌创始人和领导人英国商人理查德·布兰森亲自开展的宣传活动来推广的。在1984年维珍首航时，布兰森和他的朋友、各界名人和记者都是首批乘客，布兰森当天在机舱里就戴着一顶第一次世界大战时期的飞行帽向乘客问好。当维珍集团从事婚庆服务的"维珍新娘"开业时，他自己还穿上了结婚礼服。1996年维珍在美国位于纽约时代广场的首家商场开业时，布兰森驾驶热气球（他是保持多项世界纪录的热气球手）从商场上空100英尺（1英尺≈0.3048米）徐徐降落。这些形形色色的宣传技巧为维珍品牌识别的建立立下了汗马功劳。可以毫不夸张地说，在维珍品牌的识别系统中，布兰森体现了其大部分的特征——叛逆、不羁、冒险。

国内企业也有类似的例子。柳传志与联想，张瑞敏与海尔，段永平与步步高，这些企业家对其品牌识别的推动无论怎么估计都不过分，他们各自的性格和行为魅力都为企业品牌的识别增添了无穷的魅力。企业领导人是品牌核心价值和企业文化理念的人格化象征。在中国这样一个崇拜英雄的国度，企业领袖对品牌的提升作用就更为明显了。目前，国内很少有企业对其领导人进行专业的包装策划，大多是一些无意识的、不系统的或应急式的宣传。然而，企业对品牌系统的宣传策划必须首先对产品的特点、消费者的心理、竞争品牌的特点、企业领导人的个性特征等进行综合分析，提炼出与品牌识别相一致的领导人形象，这样才能相互配合，互相促进。海信集团根据周厚健本人的特点和海信品牌识别的需要，把周厚健的形象定位为"稳健、创新、睿智、厚道、志存高远"，对他的宣传都围绕这个定位来开展。

企业领导人形象的塑造方式很多，如卓越的价值观、非凡的胆略、创新精神、以人为本的理念等，甚至是富有生活情趣、热衷体育运动、擅长吟诗作赋等，如果企业领导人形象与品牌识别相匹配，或者说只要与品牌识别不矛盾，都能为提升品牌识别添砖加瓦。国内著名的例子有段永平的高尔夫球技、张瑞敏深厚的哲学与中国古文化功底等。关于企业领导人形象的塑造，翁向东[①]提出，分别从领导人与消费者、竞争者、合作伙伴、社区、政府、媒体、内部员工和股东八个方面的关系入手。从某种意义上说，企业领导人就是企业人格化的综合体现，他的行为必须与企业形象相一致。

海尔集团无疑是国内通过"关注消费者"来建立品牌识别最成功的企业。海尔的五星级服务和个性化产品是建立品牌识别的重要内容。张瑞敏说："用户需要的并不是复杂的技术，他们要的是使用的便利，我们要把复杂的开发研究工作留给自己，把简单便捷的使用留给消费者。"这是海尔人对关注消费者的最佳诠释。海尔的红薯洗衣机是这一识别的生动体现，这一产品看似荒谬，但海尔人认为，对顾客

① 翁向东. 本土品牌战略［M］. 杭州：浙江人民出版社，2002：79.

的要求置之不理才是真正的荒谬，开发出适应顾客需要的产品就能创造出一个全新的市场。这种洗衣机的销量肯定不大，但他让消费者感到被重视、被尊重。张瑞敏对此又有其独到的见解："经营者必须想到所有用户。这个产品可能不赚钱，但你赢得了用户，赢得了市场，最终会赚钱的。"海尔在红薯洗衣机上的利润可能是负，但众位读者想想，这一产品开发故事的广泛传播和讨论，从教科书到课堂、从杂志到报纸、从电视到因特网，无数个海尔的现实消费者和潜在消费者都从这个故事中深切地感受到海尔人对用户的尊敬和关爱。"洗得净又节水"的变频洗衣机、小小神童洗衣机、手搓式洗衣机、打酥油洗衣机等，单洗衣机一个品种，海尔仅在2000年上半年就成功开发了42款新产品，其中大部分是根据商家和消费者的需求量体裁衣生产的产品。这一品牌识别的建立和对品牌美誉度的提升难道不是企业品牌资产的大幅增加吗？

3. 有关品牌个性创建品牌资产的理论

对于品牌个性如何创建品牌资产问题主要有三种理论解释：

第一种是自我表达模式。该理论假定一个人的个性与其购买使用的品牌的个性是相符的，消费者透过品牌的个性意义来建立和保持社会自我。比如，喜爱打篮球的人喜欢购买耐克公司的"飞人乔丹"品牌运动鞋，实则是向社会表明自己向往成为伟大篮球巨星的梦想。

第二种是关系基础模式。品牌个性影响了作为人的品牌与顾客之间存在的某种关系的深度和感受。品牌行为对估计品牌个性和品牌与顾客的关系都有独特的启示。强势品牌的一个突出特征就是与消费者建立了信任、友好、亲切的关系，这些品牌已成为消费者生活中的朋友。前面已经指出，品牌可以拟人化，这样，品牌与消费者的关系就变成了人与人之间的关系，鲜明的品牌个性又进一步深化了这种关系。国际研究公司的麦克斯·布莱克斯顿（Max Blackston）以实证研究证明了品牌看待消费者角度的存在。他把两者之间的关系假设为医生与病人的关系，如果病人认为该医生有技巧、细心、有趣，那么可以断定病人是认可这位医生的。但是，一旦病人认为医生对其有看法甚至看不起他，两者的关系就会产生变化，在这种情形下病人很难认同医生。这种情况也适用于品牌与消费者的关系。所以，麦克斯·布莱克斯顿认为很有必要研究"消费者认为品牌是如何看待他们的"。

第三种是功能性利益表现模式。该理论认为品牌个性是通过产品属性或向顾客提供的功能利益来展示的，如金霸王电池广告中的小白兔宾尼（Duracell Bunny）形象展示了其产品"卓越品质、持久电力"的功能性利益。

品牌行为与品牌个性的关系如表6-4所示。

表 6-4　品牌行为与品牌个性的关系

品牌行为	个性特征
①频繁改变定位、产品形态、标识、广告等 ②频繁优待和赠券 ③密集的广告 ④强大的顾客服务 ⑤保持不变的任务和包装 ⑥高价、排他性分销、在高端杂志上做广告 ⑦友好的广告、代言人 ⑧与文化活动的联系	①反复无常、精神分裂 ②廉价、缺乏教养 ③开朗、流行 ④平易近人 ⑤熟悉、舒适 ⑥势利、老练 ⑦友好 ⑧文化修养

（四）符号

品牌符号包括名称、图标、象征物和包装等，是区别品牌的基础。品牌标志是消费者获得关于品牌视觉形象的主要载体，一个成功的品牌符号把产品特征、品质、个性、理念以及核心价值等要素融合成符号传播给消费者。品牌标志既可以由品牌名称构成，也可以是一个抽象的图标，或者是两者的组合，因此品牌标志既包括文字成分，又包括非文字成分。

1. 图标与包装

标志设计需要考虑设计原则、风格、方法和标准色的应用，由于这属于平面设计的内容，所以本书就不展开做全面探讨了。这里仅以梅赛德斯-奔驰轿车的标志三叉星徽为例做一简单分析。自 1900 年 12 月 22 日戴姆勒汽车有限公司的首辆梅赛德斯-奔驰汽车问世到目前为止，公司总共生产出了约 1 900 万辆梅赛德斯-奔驰汽车，其三叉星徽成为世界最知名的品牌符号之一。1909 年戴姆勒根据儿子们的提议，正式将三叉星徽作为其品牌图标推出，三个叉分别代表动力化的三个分支：在陆地、在水中以及在空气中。与标志相辉映的品牌承诺也有三项：卓越的工艺、舒适和风格。经过几代人的不懈努力，今天，梅赛德斯-奔驰已是世界上最成功的质量上乘的高档汽车品牌，其三叉星徽不仅为全世界广泛认知，而且成为非凡技术实力、上乘质量标准和卓越创新能力的品牌象征。梅赛德斯-奔驰品牌正如其创始人所说："我们的车是工程师们精湛工艺的凝结。"

包装也是符号系统中一个不可或缺的因素。优秀的产品包装能增加产品在货架上的吸引力。超市中产品摆放在货架上，直接与消费者接触。有些产品的包装设计甚至比品牌名称更能吸引人，同时包装可以成为产品价值的重要体现。所以，包装设计无论是在图案、色彩上还是在造型、材质上，都是需要巧妙构思的，它直接决定了消费者能否与品牌"一见钟情"。

2. 品牌名称的作用

在开始论述之前，我们先与读者分享华润集团总经理宁高宁所讲的一个故事。故事内容如下①：老皮家生了三胞胎，长得一模一样。老大刚出世，大家因为高兴，忘了取名字，就顺口叫老大；老二再出世，大家都抢着取名字，于是老二有了 5 个

① 宁高宁. 名字是品牌［J］. 中国企业家杂志，2002（5）：13-14.

很漂亮的名字，可很难记住用了哪个；老三再出世，只取了一个名字，叫皮震天。20 年后，皮震天已是乡里的头面人物，老大、老二却没人知晓。老皮家老爷子着急地问道：怎么一样的孩子，皮震天这么有运气，老大、老二却不行呢？乡里有位杂货铺的东家说："唉，这还不明白吗？孩子的名字是品牌啊！没有个清清楚楚、明明白白、响响亮亮的名字，你让孩子咋做人呢！"

类似的，你会不会喜欢一个叫"失败者"的乐队所唱的歌？实际上我国香港著名的温拿乐队在成名之前就叫"失败者乐队"，当时一度面临解散。改名后的"温拿"是英文"胜利者"的音译，之后便红遍香港达十多年。

一个品牌又何尝不是如此呢！企业成就品牌是从命名开始的，一个好的名字对品牌战略的形成以及后续发展至关重要。孔子老先生早就说："名不正，则言不顺；言不顺，则事不成……"一个好的品牌名称是品牌被认识、接受、满意的前提。品牌的名称在很大程度上影响着品牌联想，并对品牌产品的销售产生直接影响。因此，一个企业一开始就要确定一个有利于传达品牌价值取向，且利于传播的名称，品牌命名的目的是尽可能服务于营销。我国台湾地区在举行的一年一度"行销突破奖"评定中，特意设立了"最佳产品命名奖"，把品牌命名纳入行销最主要的一部分。正因为如此，定位大师里斯和特斯特在《定位》一书中说："名字就像钩子，把品牌挂在潜在顾客心智中的产品阶梯上。在定位时代，你能做的唯一重要的营销决策就是给产品起什么名字。"名字是信息和人脑的第一个接触点。品牌名称和它的定位一样重要，也许比定位还要重要。"[①]

有的企业在开发出新产品时，委托专业的命名专家来设计品牌名称，这些对命名有专长的人才，一般是文学或语言学专家，他们能熟练地利用语言要素进行构词，能利用英语词根组成新词。国外有专门为品牌设计名称的机构，他们的主要业务就是命名，给品牌或产品命名已成为一个产业。随着工商业的发展，品牌越来越多，命名变得更加困难，企业要设计制定一个独特而不重复的品牌名称已不是一件容易的事。并且随着其他边缘科学的发展，品牌命名已成为一门学科。与此相适应，一些专业的命名机构出现了，于是品牌命名产业应运而生。目前全球著名的命名机构有英国的新标志公司（Novamark），美国的命名风暴公司（Namestormers）、兰多（Landor）、词霸命名公司（Lexicon）和命名实验室（Namelab）。表 6-5 是微软各项产品品牌的命名及其含义[②]。

表 6-5　微软各项产品品牌的命名及其含义

序号	产品	品牌名字	含义
1	文字处理工具	Word	word 的意义：词、单词、谈话、言语、消息、音信、谣言、传说；承诺，诺言，保证；命令、口令；格言

① 里斯，特劳特. 定位：有史以来对美国营销影响最大的观念 [M]. 谢伟山，苑爱冬，译. 北京：机械工业出版社，2011：112.

② 王文刚. 品牌该怎样命名？——谈服装品牌的命名 [EB/OL]. (2002-09-12) [2015-03-05]. http://www.emkt.com.cn/article/80/8002-3.html.

表6-5（续）

序号	产品	品牌名字	含义
2	电子表格处理工具	Excel	excel 的意义：优于，比……好或做得优于，超过，胜过；显示优越性；超过其他的人或事物
3	文稿图形演示工具	PowerPoint	power 的意思：能力、力量、动力、功率、强烈。point 的意思：点、尖端、分数，观点、建议，目的、论点，指向，瞄准。从以上解释中可以看到"power+point"是如此准确
4	WEB 站点创作和管理工具	FrontPage	front 的意思：前面、前线、正面、态度。page 的意思：页、记录、事件、专栏。frontpage 的意思：前页，扉页、版权页、目次、插图、献辞、序言等。front-page：头版的、值得放在报纸第一版的、轰动的、头版新闻
5	可视化商务图表工具	Visio	来自英文 vision 的变形处理。vision 的意义：视力、眼力、想象力、幻想、幻影、景象、梦见、想象。这个单词非常生动形象地表述了产品的用途和特点
6	商业排版出版工具	Publisher	publisher 的意义：出版者，发行人
7	数据库管理工具	Access	access 的原意：进入，通道；使用，接近；市场销路，进入市场。但现在 Access 在计算机科学中，"存取（数据或程序）、访问"的意义已被人们广为接受
8	个人信息管理和通信管理	Outlook	outlook 的意义：景色、景致、前景；观点；视野；展望；瞭望点。这既准确反映了 Outlook 收发电子邮件和通信、日程等记事安排功能又体现"景色、景致、前景"等
9	因特网浏览器	Explorer	explorer 的意义：探索者、探测员、探查器，借此反映因特网浏览器所具有的浏览、探索、探险功能

概括起来，品牌名称的作用主要体现在以下几个方面：

第一，有利于累积品牌资产。品牌资产需要长期积累，消费者对品牌的认知度、美誉度、联想、忠诚度等都是先从品牌名称开始的。没有一个好听、好说、好记、好联想的名字，人们很快就忘了你，品牌资产积累从何谈起呢？

第二，提升品牌档次和品位。人们从品牌名称中就能解读出品牌个性，解读品牌文化。好的品牌名称，洋溢个性，耐人寻味，引发形象而优美的联想，给顾客留下美好而深刻的印象。例如，宝洁公司的护舒宝卫生巾，中文非常贴近产品特点，而其英文"Whisper"的意思是：低声地说、私下说、悄悄话。中文和英文的发音也很优美，音调基本一致，这是一个非常优秀的品牌命名。能如此讲究和重视品牌名称的企业，其产品本身就更值得尊重和信赖。

第三，便于塑造鲜明的品牌识别。优美而充满个性的名字，易于识别、易于编织品牌故事。例如，法国的"GUESS"女装，意思是猜，非常的形象生动有趣。来自德国的蚂蚁阿诺（ANTANO）童装的命名非常有参考价值。蚂蚁是全世界儿童都喜爱和熟识的小动物，蚂蚁具有集体团队主义，具有不懈精神，这些都便于品牌识别的塑造，也容易编织动人的故事，容易进行有效的事件营销。我国的"七匹狼"（SEPTWOVES）命名起点是一部电影，"七匹狼"巧借其名，并且深入地进行文化挖掘，很聪明地将狼的勇敢、自强、桀骜不驯等特点与其男士休闲服装联系起来，聘请响彻全国的流行歌曲"狼"的作者、演唱者齐秦做形象代言人，相得益彰。好名字能演绎优美的意境或产生轰动效应。

第四，好的品牌名字易于传播。一个开始就很土或难念难听不能引发顾客美好联想的名字，在开拓市场时，将不得不投入更多宣传费用，即便如此，其品牌识别和品牌文化很难塑造，这是"先天不足"。相反，一个优秀的品牌名称，将减小品牌推广阻力，减少品牌推广成本。这就是名字的力量。

特别要强调的是，品牌名称对不同行业来说其作用存在明显的差异。对于日用消费品、时尚产品，特别是服饰行业，品牌名称的力量更大，名称对于品牌的意义更大，因为人们购买的除了具有某种效用的衣服外，还得到了他/她所希望的品牌风格、身份、文化、时尚等，这些正是品牌的意义和魅力所在。而对于机械制造行业的企业，如一家铝合金门窗或标准件的生产企业，品牌名称的作用就显得弱得多，对于这些行业产品，消费者更重视产品的数据指标、规范和过硬的产品质量。

3. 品牌命名的方法

品牌和产品的种类五花八门，其命名方式也多种多样。常见的有以下六种命名方法：

第一，以人名命名。企业可以用创始人的名字命名，如"王麻子"剪刀；"李宁"牌运动服；阿迪达斯（Adidas）运动用品品牌是其创始人阿道夫·达斯勒（Adolf Dassler）的小名 Adi 与家族姓氏前三个字母的组合。企业还可以以设计师的名字来命名，特别是在服饰行业更是如此，例如以已故设计大师范思哲（Versace）名字命名的服饰品牌。

第二，以地名命名。有的品牌以产地命名，如"茅台"酒、"青岛"啤酒、"崂山"矿泉水、"涪陵"榨菜以及来自法国小镇 Evian 的"依云"矿泉水。有的品牌采用文物古迹、风景名胜来命名，如"长城"电扇、"泰山"香烟等。

第三，现有词语的变异组合。联想电脑（Lenovo）是传奇（legend）和创新（innovation）的组合，恰当地表达了企业宗旨；劲量（Energizer）电池给你能量（energy）；雷朋（Ray-Ban）太阳镜和汽车遮光膜的功能是遮挡（ban）光线（ray），其广告口号是"Ray ban bans rays!"；药品伟哥（Viagra）是由精力（vigor）和尼亚加拉大瀑布（niagara）两个词语组成，意指精力旺盛。

第四，虚构或杜撰名称。这看似没有意义，却也有可能产生最具特色的名字。例如，柯达（Kodak）是品牌创始人乔治·伊斯曼（George Eastman）杜撰的名称，因为他想以一个不寻常的字母开头和结尾。施乐（Xerox）和拍立得（Polaroid）也是如此。克宁（Klim）奶粉则是将牛奶的英文 milk 倒过来写。

第五，以首字母缩写或数字命名。IBM 是公司名称 International Business Machine 的首字母缩写，宝马 BMW 是 Bayerische Motoren Werke 的首字母缩写，万宝路 MARLBORO 是一句话"Men always remember love because of romance only"首字母的缩写；也有许多

以数字命名的，如 7-11 连锁店、三九药业、555 牌香烟、三六五网等品牌名称。

第六，采用现有词语命名。有的品牌从人的情感角度命名，如"红豆"衬衫、"今世缘"酒、"爱妻号"洗衣机；有的从文化角度命名，如"艳阳天"复合肥，就是采用了一本农村题材名著的名字；有的以希腊神话中的人物为名，耐克（Nike）是希腊神话中的胜利女神；等等。

4. 品牌命名的原则

许多专家学者通过观察分析现有的强势品牌名称提出了各种各样的命名原则，尽管有所不同，但更多的是共同点。香港浸会大学学者 Chan 和 Huang[①] 通过对其他学者提出的原则重新归类得到了一个更为清晰的原则结构。表 6-6 列举了品牌命名的三大原则及其内容。

表 6-6　品牌命名的三大原则及其内容

原则	内容
市场营销原则	①产品利益的暗示 ②具有促销、广告和说服的作用 ③适合包装 ④与公司形象和产品形象匹配
法律原则	①法律的有效性 ②相对于竞争的独一无二性
语言原则	①语音的要求：容易发音，声音愉悦，出口时能在所有语言中以同一方式发音 ②语形的要求：简洁、简单 ③语义的要求：肯定的，而非令人不悦、淫秽或消极的；现代感和时代性，始终使用；容易理解和记忆

这里需要补充一点的是，如果企业拥有的某项专利技术日后可能成为产品类别名称的话，应该尽量避免使用该名称作为品牌名，否则，会影响到公司对该名字的专有权。例如，随身听、玻璃纸、碎麦、中华鳖精等皆已成了产品类别的品名，他们可以为任何企业使用，这样原有企业多年积累的品牌资产就被其他企业使用了。

品牌名本身就是最简短、最直接的广告语。好的品牌命名，可以刺激消费者的视觉、听觉器官从而给其留下深刻印象，让其产生美好联想。命名是商标的主体，它的好坏必将影响到品牌的成败。"Coca Cola"译作可口可乐，既谐音，又贴切，可谓天衣无缝。失败的命名也不乏其例，比如有的企业为了使自己的品牌名称有特色，有别于竞争者，使用口语化的词语作为品牌名称，如"马上冷"空调、"什么玩意儿"丸子、"小心烫"拉面等。

5. 品牌命名的误区

虽然越来越多的我国企业都比以前更加重视品牌命名工作，但实践中仍然存在以下误区：

---

① CHAN, HUANG. Brand naming in China: a linguistic approach［J］. Marketing intelligence and planning, 1997（5）：227-232.

第一，随意性太强。企业为贪图方便，自己或请人起个名，感觉尚可便罢，把品牌内涵简单化了。例如，"李家饭馆""郭记饭店""王家烧鸡"之类的名字在许多地方都可以见到，甚至有加油站取名为"半碗水"，不知是否在告诉加油的顾客每升汽/柴油都加了半碗水？名称在这里仅起到一个负面的标识作用。

第二，封建思想，称王称霸。比如以"王、皇、贵族"之类命名的品牌在我国非常普遍。以火腿肠为例，双汇有"王中王"、金锣有"金锣王"、江泉有"王上王"、广东更有一家企业将其产品命名为"皇上皇"。其实，产品不一定都需要冠上一个"王"字才好卖，"狗不理包子""傻子瓜子""黑妹牙膏""小鸭洗衣机"不也销售得挺好吗？

第三，求财图利。宾馆饭店超市往往喜欢用诸如"发""利"这样的字眼，如"超市发"等。也许是出于吉祥、顺利这样的想法，但消费者会心甘情愿地让别人从自己腰包里掏钱吗？这是典型的非营销观念的命名。

第四，求奇求怪。有的企业大量使用生僻难懂的字、词，自以为蛮有文化，消费者却懒得费心，如"簋街三角大酒楼""土竈火锅"等名字。

第五，生搬硬套。"白猫"是国内著名的洗涤用品品牌，后来市场上就出现了一个叫"黑猫"的同类产品。应该说白猫给人的感觉是干净、温顺、可爱的，而黑猫则会让人觉得是不干净甚至是邪恶的，消费者会接受这个品牌的产品吗？

第六，崇洋媚外。现在许多国人认为国外的东西比国内好，就连名字也要带有"洋味"才有吸引力，于是套用西方"名牌"来命名的案例比比皆是，如罗浮宫、恺撒、林肯、费尔顿等名字随处可见，难道这些企业不知道这是侵权行为吗？

第七，虽立足当前，但未放眼未来。有的企业单纯立足目前产品，定位过窄，没有为品牌延伸预留空间。联想是我国信息技术（IT）行业的一个巨人，但当初为品牌起名时没有考虑到今天的品牌国际化，品牌的英文名称只好从以前的"Legend"改为今天的"Lenovo"，为推广这个新的英文名称所付出的花费可想而知。

以上列举的这些缺乏深谋远略的做法，往往会给企业以后品牌的发展留下严重的"后遗症"。品牌命名是一项系统工程，必须符合标志设计、商标注册、品牌推广、品牌延伸、品牌经营等方面的要求。换句话说，企业从命名的第一刻起，就开始了对品牌营销的全面策划。

专栏：小故事·大启示

宝洁如何为品牌命名？

宝洁公司对品牌的命名十分讲究，其已深刻认识到产品命名对品牌的培育和塑造所担负的意义。企业深谙一个贴切而绝妙的品牌名称，能大大减少产品被消费者认知的阻力，能激发顾客美好的联想，增进顾客对产品的亲和力和信赖感，并可大大节省产品推广的费用。如婴儿用品"帮宝适"的中文意思是"帮助宝宝舒适"，其对产品功用表达得恰如其分；其英文名为"Pampers"，意思是"娇养、纵容、使满足"，把妈妈们对婴儿的那份怜爱、娇宠之情体现得淋漓尽致。宝洁公司在品牌命名上还非常注意品牌名称的本土化，如旗下的飘柔洗发水在美国名为 Pert Plus；

而在亚洲地区改名为"Rejoice"；在中国则名为"飘柔"。为达到最佳的传播效果，宝洁公司在中国的品牌命名通常采取的是音译和意译相结合的策略，如海飞丝（Head & Shoulders）、舒肤佳（Safeguard）、激爽（Zest）、佳洁士（Crest）等。

总体而言，宝洁的品牌名称具备以下五个特性。①思想性：体现企业的经营理念和哲学。②独特性：别出心裁，给人留下深刻的印象，没有类似名称存在。③清晰性：简洁明了，语感好，容易发音和传播。④形象性：能表达或暗示产品形象和企业形象。⑤国际性：能够在全球传播，在外国语言中不会有误解和错误的联想。名实相符，名如其品牌，宝洁在中国的品牌名称，确实能够在一定程度上传播品牌的定位、个性和文化。

第二节　品牌识别系统与品牌识别计划模型

一、品牌识别系统

品牌识别包括四大类十二个元素，而且每个元素又包含十分丰富的内容，那么企业该如何取舍、如何应用呢？这明显是个大问题。品牌识别系统将品牌识别元素系统化，明确品牌的价值和每个识别元素的作用。具体来说，品牌识别系统按照品牌存在的价值以及识别元素的性质、作用的不同分为核心识别、延伸识别、价值体现和提供信誉四个方面。

（一）核心识别

品牌核心识别元素是指那些确保品牌独特性和品牌有价值的元素，代表品牌的精髓（soul of brand）。设计品牌的核心识别元素首先要明确品牌精髓是关于什么的问题，也就是说，我们的品牌应该是什么样的品牌，顾客为什么需要我们的品牌。企业提炼品牌精髓要突出以下三个特点：一是差异化。品牌精髓应是独一无二的，具有可识别的明显特征，并与竞争品牌形成区别。二是感召力。品牌精髓还必须能引发消费者的共鸣，拉近品牌与消费者之间的距离。三是包容力。一方面是空间包容力，品牌精髓应包容企业的所有产品，并且为企业日后品牌延伸留下足够的空间。另一方面是时间包容力，品牌精髓一经设定，便应保持长时间的稳定性，使品牌内涵能延续百年，成就百年品牌。沃尔沃宣传的品牌重心一直是"驾驶的安全性"，人们从未曾听说沃尔沃头脑发热去宣传"驾驶的乐趣"。久而久之，沃尔沃品牌在全球消费者大脑中就有了明确的印记。但这并不是说宝马就不够安全，驾驶沃尔沃就没乐趣，而是说企业在核心利益点的宣传过程中必然有主次之分。能够出色地表达品牌精髓的语言往往耐人寻味，广为人知。如耐克的品牌精髓是"超越"，它包含了耐克品牌识别的主要内涵——卓越的技术、一流的运动员、好强的人格、生产跑鞋的历史和子品牌"飞人乔丹"以及所有希望超越的人们。

确定了品牌精髓之后，在设计品牌核心识别时，我们还必须考虑品牌背后的组织是什么的问题，因为品牌精髓必须通过品牌所代表的企业来实现。所以，品牌精髓必须与企业能力、经营理念乃至企业文化相融合。也就是说，企业必须有技能和资源保证品牌精髓的"兑现"，并且与企业经营理念、企业文化互相促进。品牌核心识别是一个品牌的本质，也是一个品牌存在的理由，如果它改变了，那么这个品牌也就成为一个没有灵魂的"空壳"，也就没有存在的必要了，它不会随时间的流逝而改变。例如，飞利浦——让我们做得更好；米其林轮胎——为懂轮胎的驾驶者制造的先进轮胎；象牙香皂——百分之百的纯正、会漂浮的香皂；M&M's巧克力——只溶在口，不溶在手。

（二）延伸识别

品牌延伸识别元素是指令品牌识别完整、丰富的识别元素。品牌延伸识别存在的必要性在于其为品牌定位提供了更多的选择，增强了品牌的适应性和灵活性。例如，麦当劳这样的一个全球性的快餐品牌，面对的顾客来自世界各地，而各个国家以及一个国家内不同的地区的饮食文化都可能存在很大的差异，因而其需要提供除核心识别外的、更加丰富的品牌识别元素来满足不同目标市场顾客的需要，即"投其所好"。可见，延伸识别元素更多是为开发目标市场服务的。

（三）价值体现

商品必须要有价值，才能够交换出去；同样，品牌必须存在价值，才有顾客愿意购买其产品。品牌价值体现是指品牌向顾客传递的、能够为顾客提供价值的利益陈述。价值体现可能来自以下几个方面或者是这些方面的组合：功能性利益、情感性利益、自我表达利益和相对价格。

许多品牌向自己的顾客提供了与产品属性相关的利益；而有的品牌将品牌价值成功地建立在与顾客之间朋友方式的关系基础上，如海尔的"真诚到永远"；有些品牌始终张扬自己的人性面，使其成为表达顾客是什么的工具，如维珍品牌的"反传统"的个性；有的品牌通过倡导物有所值来吸引顾客，如沃尔玛的"天天低价"的口号。

（四）提供信誉

具有积极、正面形象的强势品牌可以为属于自身企业的子品牌或者为其他企业的品牌提供信誉担保，从而使这些品牌达到拓宽市场、增加利润的目的。事实上，国内外许多强势品牌都利用了品牌提供信誉的优越性，采取了积极的品牌扩张策略，如五粮液、迪士尼等。可见，强势品牌提供信誉是为支持子品牌和其他企业品牌而扮演担保者的角色。也就是说，强势品牌演变成子品牌或其他企业产品品牌的识别符号。

专栏：小故事·大启示

耐克的品牌识别系统

1. 核心识别

①品牌推动力：运动和健康。

②使用者类型：顶尖运动员以及对健康和健身感兴趣的人。

③品牌表现：建立在卓越技术基础之上的表现出众的鞋。

④强化生命力：通过运动，增强人们的生命力。

2. 延伸识别

①品牌个性：令人兴奋、勇敢、冷静、创新和进取；健康、健身和追求卓越表现。

②关系基础：追求最好的服装、鞋和其他相关事物的，具有强有力男子汉气概的人。

③标识："嗖的一声"符号。

④口号：Just Do It（只管去做）。

⑤组织联想：与运动员及其体育活动相关联，并支持这些运动员；创新。

⑥代言人：世界顶尖运动员，如迈克尔·乔丹、安德烈·阿加西等。

⑦传统：在俄勒冈州开发跑鞋。

3. 价值体现

①功能性利益：能够改进运动、提供舒适的高科技运动鞋。

②情感性利益：运动表现出众的喜悦、积极和健康。

③自我表达利益：通过使用与一位明星运动员相联系的、有强烈个性的鞋，实现自我表现。

4. 提供信誉

耐克为乔丹气垫鞋和其他子品牌提供担保。

二、品牌识别计划模式

品牌识别系统的制定与实施过程，称为品牌识别计划模式（见图6-2）。

战略品牌分析		
顾客分析 ①意愿 ②动机 ③尚未满足的需求 ④市场细分	竞争品牌分析 ①品牌形象/识别 ②优势和劣势 ③战略	自我分析 ①品牌形象 ②品牌识别 ③品牌资产价值 ④优劣/能力 ⑤品牌-企业文化

品牌识别系统的制定或修订
①核心识别、延伸识别、价值体现、提供信誉 ②产品、组织、个性、符号
目的：建立持久的"专业、可信赖、受人喜爱"的品牌-顾客关系

品牌识别系统的实施
①确定品牌定位：组成部分、设定目标受众、积极沟通、展示优势 ②实施：提供选择、标志和寓意、测试 ③追踪

图6-2　品牌识别计划模型

首先，企业制定品牌识别系统需要进行战略品牌分析，这是必需的基础性工作；因为只有在深入了解顾客、竞争品牌和自我品牌情况的基础上，才能"知己知彼"，制定出科学的品牌识别系统。战略品牌分析包括顾客分析、竞争品牌分析和自我分析。顾客分析主要包括对下列问题的调研：影响顾客购买意愿和购买动机的因素有哪些？顾客尚未满足的需要是什么？行业内各个细分市场状况如何？对竞争品牌的分析主要包括的内容是：竞争品牌形象如何？竞争品牌的核心识别、延伸识别包括哪些识别元素及其价值体现是什么？竞争品牌市场竞争优势、劣势和能力有哪些？如果可能的话，企业应当尽可能多地了解竞争品牌营销战略方面的信息。自我分析是对自己品牌当前状况的全面诊断，包括：品牌当前的形象、品牌识别、品牌资产价值及其构成情况、品牌竞争优势以及品牌文化与企业文化的关系状况等。

其次，企业的任务是制定或者修订品牌识别系统，目的是与顾客建立起持久的"专业、可信赖、受人喜爱"的品牌关系。品牌识别系统的内容可以从两个角度进行概括：一是品牌识别系统的构成角度，二是品牌识别系统的分类角度。

最后，品牌识别系统的实施，即确定品牌定位、实施、追踪。品牌定位对开发目标市场起着导向的作用。品牌定位最主要的任务是找到目标市场顾客需要的、而竞争品牌没有提供的品牌识别或价值体现，也就是品牌的"卖点"；然后企业向目标受众积极传播这些精心准备和挑选的品牌识别，并积极展示本品牌的这些差异化竞争优势，最终在目标顾客心中留下深刻的品牌印记和美好的品牌联想。在品牌定位实施过程中，企业要注意品牌识别及价值体现的选择问题，要注意品牌名称、图标及品牌寓意的沟通问题，并将最终选择的方案在少量目标市场上测试其是否达到预期的目标。在具体实施过程中，企业还需要追踪品牌定位的实施情况，及时发现问题并加以纠正。

135

第三节　品牌识别的动态管理及其误区

一、品牌识别的动态管理

品牌识别一定是始终如一地在品牌核心识别和核心价值的统帅下，经过坚持不懈的塑造才能发展成形，但这并不意味着墨守成规、停滞不前的品牌会保持持续旺盛的生命和活力。众多品牌的身影伴随着时间的流逝一批一批地淡出了人们的视线，但同时我们也惊喜地发现，时间也给我们留下了一批弥足珍贵的百年金字招牌，它们因厚重的历史沉淀彰显出持久魅力，同时也因为始终与时代的脉搏一起跳动而永葆青春活力。这说明，企业在保持品牌核心识别和核心价值持续稳定的前提下，应对品牌延伸识别、价值体现、所提供的信誉进行适时调整，以适应生活方式、消费者需求、科技和市场的变化。一言以蔽之，品牌识别也必须进行动态管理，与时俱进。

（一）品牌识别调整时机的选择

当出现以下状况时，企业应考虑调整品牌识别：

第一，品牌识别跟不上消费者需求的步伐时。随着社会的进步，消费者收入水平不断提高，消费观念也发生变化，这时品牌识别必须适应这些变化。例如，沃尔沃从原来的只注重强调品牌的安全性到引入时尚元素和驾驶感觉。

第二，原有品牌战略发生变化，而旧的品牌识别无法涵盖新领域时，特别是跨行业品牌延伸之后。TCL 原来是电话设备制造厂，后来逐步进入家电、计算机、通信等行业，如果继续保持原来电话设备制造商的识别，将会对品牌扩张与推广增加不少难度。所以，今天的 TCL 被诠释为 "Today China Lion"——今日中国雄狮，大大提高了品牌的包容力，而且备受消费者推崇。通用电气原来主要生产电器产品，后来逐步延伸到金融、塑料、发动机、医用设备等行业，这时如果继续强调原有识别显得十分不恰当，所以通用电气逐渐淡化电器识别。

第三，品牌识别老化时。这里有两种情形。首先，价值观念的改变使原有识别因素过时。第二次世界大战以后，牛奶制品大量使用牛的形象作为品牌视觉识别，原因在于牛是大自然的象征，但自从疯牛病肆虐欧洲以后，奶牛标志逐渐减少，连牛奶盒上都已不再有奶牛标识。其次，消费习惯的变化。在我国 20 世纪 80 年代中后期，随着人们健康意识的增强，人们逐渐认识到炸鸡的高油脂和高热量，转而选择提供较健康食品的餐厅。1991 年，肯德基应时而变，其品牌标志缩短为 KFC，避免与油炸食品产生直接的关联。

第四，为适应品牌国际化战略而调整品牌识别时。品牌国际化的基本要求是调整品牌识别以使其能够成为跨民族和跨文化的共识。这在名称符号上表现得尤为突出。首先，品牌名称应该适应不同的国际市场，这一点跨国企业尤其应当注意。一般情况下，企业有两种选择：一种是单独为某一地区市场取一个名字，另一种是把原有品牌翻译成适应当地市场的名称。美国宝洁公司的飘柔洗发水，在美国名为 "PertPlus"，在非洲国家地区更名为 "Rejoice"，在中国则取名为飘柔。中国企业在这方面的教训太多了：名牌电池白象在美国市场被译为 "White Elephant"，结果被当地消费者当成了 "无用而累赘的东西"；蓝天牌牙膏被译为 "Blue Sky"，结果被认为 "霸占了蓝天"。其次，企业在品牌命之初就要考虑未来品牌全球化问题。宏碁（Acer）电脑最初的名字是 "Multi-tech"，可刚在国际市场上有点名气，就被美国一家企业指控侵权，最后宏碁不得不花费近百万美元委托奥美广告公司进行品牌更名工作。我国联想集团也面临类似的问题，最后从 "Legend" 改为 "Lenovo"。

（二）品牌识别调整的内容和方法

企业在确定品牌识别变还是不变之后，接下来的问题显然是要哪些识别内容应该改变，哪些应该保持稳定。科普菲尔提出了品牌识别动态管理的金字塔模式（见图 6-3）。

金字塔最上层是品牌核心，是品牌的核心识别和核心价值。这一层面代表品牌统一的战略思想。最下层是品牌主题，代表品牌产品定位和广告宣传。中间部分是品牌传播风格和品牌形象的应用。

最上层的品牌核心是企业必须保持长期稳定的部分，不能轻易调整，一旦做出调整的决定，必将是整个品牌战略的转向，风险非常大。

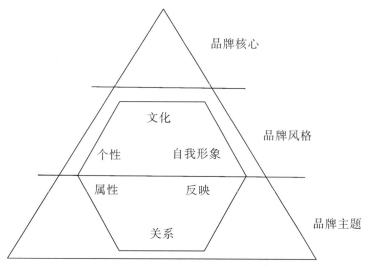

图 6-3　品牌识别动态管理的金字塔模式

中间部分是品牌识别塑造过程中长期形成的、既定的风格，它反映品牌的内在因素——个性、文化和自我形象。企业对这一层面的改变需要相当谨慎，但也不是说不能改变。为了适应时代的变迁，企业应该做些循序渐进的小变动。奔驰轿车的标识从1909 年起已做了六次修改，这些修改大多保持核心标识不变，即便是有所变化也是一种渐变，消费者容易从新标识中找到原来标识的身影。

最下层是品牌塑造的主题，它反映产品属性、品牌-顾客关系和使用者形象。消费者通过这些因素来接触、认识品牌。在保持品牌精髓和核心识别长期稳定的前提下，品牌传播的主题可以随市场的不同而有所调整，这也正是国际大品牌的实际做法。耐克的核心是超越，但它在各个时期、各个地区表达的主题和形式是不同的，这是为了适应当地消费者的需要而做出的相应调整。

调整品牌识别的常用方法有：①引入新产品保持品牌的现代化。这里的新产品既可以是原有产品的升级换代，也可以是品牌延伸至新的行业领域的产品。②逐步调整品牌识别，特别是其中的符号、象征物、标识等，以便品牌识别能与当前的品牌战略相一致。

二、品牌识别的误区

品牌识别的内容包括四个基本方面，但并不是每个品牌都要面面俱到。品牌识别内容的选择主要与产品类别、行业特点、竞争状况相关。例如，矿泉水、小食品、洗发水等快速消费品往往从产品层面塑造品牌识别更为有效。而像汽车、住房等大件耐用消费品需要良好的信誉，所以企业塑造这类品牌绝对不能忽视企业这个层面的识别，因为企业识别可以为品牌的品质和信誉进行担保。提供服务的酒店、银行、保险等行业的品牌则更适宜从品牌拟人化的角度强调品牌与消费者的关系来塑造品牌识别。在实践中，企业 在塑造品牌识别时易陷入的误区主要有以下几种：

第一，过度强调产品属性。许多从事品牌管理的专业人员片面地认为，产品属性特别是产品的独特性是吸引消费者、打败竞争对手的最有力甚至是唯一的手段。企业从产品这一层面来塑造品牌识别往往只有短期效益，对品牌资产的长期积累贡献不大。原因在于：首先，现代产品非常丰富，产品的独特功能已非常难觅，这样往往令品牌管理者无所适从。其次，在技术如此发达的今天，产品属性方面的优势容易被竞争者模仿甚至超越，大多数产品的优势是短暂的，品牌无法凭此而长期获得消费者的认同。再次，过度强调产品属性会忽视感性因素的重要性。产品带给消费者的利益，既有功能性的，又有情感性的，甚至是自我表现性的。这一点在化妆品、时装、香水、香烟等产品上表现得尤其突出。同一厂家生产的服装，面料、制作水平、式样相同，但贴上不同品牌的商标，消费者愿意支付的价格就完全不同，原因在于品牌带给消费者的自我表达利益不同。最后，过分强调产品属性会降低品牌的延伸力。企业强调产品属性，在短期确实能在销售上起到立竿见影的效果，但这样会导致消费者对品牌的认知和联想局限在某一特定的产品属性上。这样，品牌就很难再延伸到其他产品类别上。对这一点，中小企业在创建品牌时尤其要注意，创建品牌是一项费钱费时费力的长期工程，因而其要充分利用积累起来的品牌资产。事实上，有不少企业在塑造品牌时只重视将产品属性作为品牌识别，将品牌战略、战术管理全部集中在产品属性上，陷入产品属性固恋陷阱，根本原因是他们在认识上不能区分品牌与产品，而是将两个不同的东西画上了等号。

第二，过于重视顾客反应。品牌识别是品牌对顾客的长期承诺和未来要实现的理想，但是品牌识别不能过分迎合消费者。虽然顾客至上是营销的原则，可这是指产品的设计、生产、定价、服务、渠道的选择和传播沟通等。过分强调顾客对品牌识别的反应往往会掉入品牌形象、品牌认同的陷阱里，因为这会导致消费者来决定品牌。事实上，品牌形象反映的是顾客过去如何来看待品牌；而品牌识别是品牌战略家们期望顾客将来如何看待自己的品牌。正如大卫·艾克引用的一则卡通所讽刺的：一个市场研究人员走到快要完成的画前，对米开朗琪罗说，"我个人认为，整体来说还不错。不过，接受调查的受访者认为，它应该再多点紫色"。塑造品牌识别必须保持相对稳定，否则多年努力塑造的品牌也无法给消费者留下一个鲜明深刻的印象。所以，品牌形象并不能代替或决定品牌识别，而是作为品牌识别设计时的一个参考因素。

第三，将品牌定位当作品牌识别。品牌定位是企业针对不同目标市场的需要而有意识选择的那些同竞争品牌不同的识别元素与价值体现，并以此来指导与目标市场的沟通活动。其目的是使自己的品牌在消费者心中占据一个独特的位置。如果企业在品牌与目标市场受众沟通时，只是宣传品牌定位，即品牌的"独特卖点"，就会忽视品牌识别的其他重要信息，尤其是品牌核心识别和核心价值。这样做，往往导致目标顾客不清楚品牌到底是做什么、干什么的，极大地阻碍了品牌识别的全面塑造。

第四，只重视品牌识别的对外宣传。有些企业在塑造品牌识别时，只考虑顾客对品牌识别的感知而忽视公司利益相关者，尤其是公司员工对本品牌的认识。比如，当问及员工"我们的品牌是什么"这个问题时，他们无法回答，这时品牌就陷入了外部视角陷阱。事实上，员工和利益相关者才是品牌的真正缔造者，他们关于品牌的理解和认同对品牌塑造的成功至关重要。

综上所述，如果品牌焦点过多地局限于产品属性、品牌当前形象、品牌定位和品牌的对外宣传等战术性的品牌识别塑造方法时，就可能导致品牌功能的严重紊乱。企业在认识上将品牌识别与品牌定位、品牌形象三个概念区别开来，是防止品牌识别陷阱所必需的。品牌识别、品牌定位和品牌形象的区别见表6-7。

表6-7　品牌识别、品牌定位和品牌形象的区别

品牌识别	品牌定位	品牌形象
品牌识别是品牌战略制定者期望市场将来对品牌的感知。它着眼于未来，更为主动和宏观。品牌识别属于战略性行为	品牌定位是积极地向目标市场受众传递的品牌识别和价值体现的一部分。它强调品牌的"独特卖点"。品牌定位属于策略性行为	品牌形象是目前市场对品牌的印象和感知。它只反映了品牌的过去。而品牌的过去和未来是不同的

本章小结

品牌识别是品牌战略者们希望创造和保持的、能引起人们对品牌美好印象的联想物。品牌识别分为产品、组织、人和符号四大类识别，而各类识别又包含各自具体的识别元素，共计12个方面的识别元素。

品牌识别系统将品牌识别元素系统化，明确品牌的价值和每个识别元素的作用。具体来说，品牌识别系统按照品牌价值体现和识别元素地位、作用的不同分为核心识别、延伸识别、价值体现和提供信誉四个方面。其中，品牌核心识别的目的是确保品牌独特性的元素，代表品牌的精髓。品牌延伸识别包括使品牌识别完整、丰富的其他识别元素。品牌的价值体现在功能性利益、情感性利益、自我表达利益和相对价格。提供信誉是品牌为支持企业子品牌和其他企业品牌而扮演的担保者角色。品牌识别计划模式包括战略品牌分析、品牌识别系统的制定或修订，以及品牌识别系统的实施三个阶段。

品牌识别动态管理的内容主要包括品牌识别调整时机的选择、品牌识别调整的内容和方法。在实践中，常出现的塑造品牌识别的误区有过度强调产品属性、过于重视顾客反应、将品牌定位当作品牌识别、只重视品牌识别的对外宣传。品牌识别之所以掉入这些误区，主要原因是企业混淆了品牌识别与品牌定位和品牌形象的关系。

思考题

1. 什么是品牌识别？它有哪几个层次？各层次包括哪些识别元素？
2. 品牌识别系统是怎样构成的？
3. 什么是品牌识别计划模式？它分为哪几个步骤？

4. 塑造品牌个性的意义是什么？

5. 如何从组织层面塑造品牌识别？

6. 品牌命名的方法和原则有哪些？

7. 品牌识别为什么要实施动态管理？

8. 塑造品牌识别的误区有哪些？

案例分析题

山寨凶猛，漾漾好贡茶的品牌识别之惑①

开春以来，备受深圳市民喜爱的贡茶行业似乎有些不太寻常。门店众多的漾漾好贡茶发起了"我为奶盖贡茶较真"的系列活动。活动形式很常见，起因却有着特殊的意义——为了配合一场官司的胜诉。"终审已判决，感谢中国司法"，十一个加粗标红的字醒目地印在告示牌上，配图是一沓广东省广州市海珠区人民法院的民事判决书。在告示牌上方是播放着"贡茶品牌之争：奶盖贡茶终审获胜"通告的电视屏。漾漾好贡茶获胜的是一起商标侵权案件。

漾漾好贡茶发展现状

"漾漾好贡茶"是奶盖贡茶餐饮管理（深圳）有限公司（简称"奶盖贡茶公司"）旗下的品牌，以现场制作外带式手摇茶饮为主要产品。该公司创立于 2011 年，其总部设置于深圳市，并在上海、广州、成都设立分部，负责直营店和加盟店的铺设和管理。该公司以"'贡'同学习、'贡'同成长、'贡'同幸福"为企业文化，以"以快时尚引领平价奢华的微幸福"为企业使命，以"全球外带式潮流饮品的创领者"为企业愿景。品牌核心价值理念是"创新：精益求精，创造新的商业模式"，"创价：为消费者、员工、合作伙伴及社会创造价值"和"共创：与消费者、员工、合作伙伴实现共赢，共享品牌价值"。奶盖贡茶公司进驻中国大陆 4 年来，门店数和员工人数迅速攀升。截至 2015 年年底，门店数已突破 550 家，员工人数已超过 1 000 人。

缘起

奶盖贡茶公司的总经理经常用"因缘际会"这个词来描述自己与"贡茶"之间的缘分。2010 年年底，他以台湾某酒店集团董事长身份应邀参加贡茶国际股份有限公司举办的年终酒会，在与该公司董事长的闲聊中达成了合作意向。他认为："就是在正确的时间、正确的地点、遇到了正确的人。台湾本土的休闲茶饮市场已趋饱和、竞争激烈。贡茶有品牌、有技术，想走出去，但是苦于没有合适的队伍和充裕的资金。虽然曾与一些加盟商合作过，但结果都不尽如人意，最后还是希望由可靠的代理商来开拓中国大陆市场。贡茶所缺的恰好我有，我对大陆也非常感兴趣，这次合作于我而言，与其说是挑战，不如说是崭新的机遇。所以，我当场就脱口而出，让我试试吧！"

---

① 本案例摘选自中国管理案例共享中心。

而后的发展，就有些趣味性了。兴趣归兴趣，总经理对大陆并不熟悉，他问遍了生意圈的朋友，"我要去大陆做贡茶，你觉得我去哪个城市比较好？"结果大多数人提到了深圳，都说深圳是一个年轻的城市，经济发达、年轻人多、生活节奏快、引领时尚潮流等。就这样，做了三十多年酒店业、人到中年从未从事过其他行业、对深圳的了解还停留在地图层面的他只身一人飞到香港，登上了开往深圳的渡船，在靠近蛇口码头的时候，看着"空谈误国，实干兴邦"的巨幅标语越来越近，心中隐隐觉得自己的决定是对的。

品牌识别第一步：品质是生存之本

初到深圳，总经理提着行李箱，走大街、穿小巷，刻意避开星级酒店，希望能找到个接地气的落脚点，最后租住在城中村。几个月后，他已经对深圳的区位和交通比较熟悉，穿着打扮逐渐本地化，主要的代步工具也与大多数深圳人一样选用地铁。

经过这段时间的观察，他的感觉是有喜有忧。喜的是：港式奶茶早已被深圳人接受，台湾珍珠奶茶也曾在深圳乃至大陆其他城市风靡一时，购买和饮用奶茶的主要是年轻人。忧的是：在台湾，人们利用"雪克杯"创造"极冷霜化"环境调制奶茶并加入香甜爽口的粉圆做成的正统珍珠奶茶；而台湾奶茶进入大陆后，遍地开花，几年时间便沦为奶精、色素勾兑而成的"无奶、无茶、无珍珠"的"三无"饮品；台湾奶茶被理解为"有害"、跟"安全"不沾边，更谈不上"健康"。早已固化的印象要打破重塑，其难度难以估量。

141

在慎重考虑后，总经理对自己说，就让我试试吧！贡茶的原意是"古代由各地进贡给朝廷的好茶"，代表高的品质要求及自我期许。贡茶的品牌特色便是高品质和高口碑，以"让世界品味好茶"为使命与初衷。"如果这是命运的安排，我相信是很棒的安排。"

2011年6月，总经理带领他的初创团队，正式进入中国大陆。就中国大陆的现实情况来看，食品安全备受关注，消费者敏感多疑，"不信任"氛围浓厚，产品质量稍有纰漏，便可能被彻底抛弃。结合市场背景和台湾贡茶的管理经验，他们在贡茶原有质量准则的基础上确定"品质是生存之本"，从供应、生产和服务三个方面制定了更为严格的管理要求，希望"优质"成为品牌的形象标签。

1. 供应：严选、检验、安全

奶盖贡茶公司对原料生产地的选择及检验标准十分严苛。在茶叶方面，该公司以地道的台湾茶为首选，坚持使用百分之百的纯品好茶原料，不添加人工香料。每一个批次的茶叶，除了供应商要提供检验证明外，奶盖贡茶公司与高雄餐旅大学的厨艺创新研究所一起设立茶叶实验室做自主检查以保证品质和安全（基于成本的考虑，很多同业者省去了送检或自检环节）；在纯净水方面，奶盖贡茶自行研发和引进专业级的水处理设备机组，以多重杀菌、净化水质，使得茶饮两项基本的元素——水与冰块，均达到犹如天然矿泉水般的口感；在牛奶方面，奶盖贡茶采用当地优质鲜奶，兼顾健康与风味；在果汁方面，由该公司的中央工厂采用新鲜水果榨汁、并低温保鲜，保证果汁的新鲜度。从仓库保管到物流配送直至新鲜原料的门店储用，每一步都有非常细致的规范。

2. 生产：品质、卫生、标准

茶饮店的产品制作可以被视作一种展示与表演。让顾客亲眼看到员工的调制过程，既是一种服务，也是一种保证。除了煮茶和大件原材料存储外，门店必须将所有的准备原料、制作器皿、清洁设备及用品都展示在前台。奶盖贡茶公司对店员在消毒清洁、原料测量、保质期控管、成品展示及设备维护等方面也有一套完整的实施标准要求。

新进员工最先学的三件事情就是洗手、戴口罩和有效期管理。所有流行性疾病的预防都会教导大家常洗手、戴口罩、多喝水与少去公共场所，而跟生产有关系的就是戴口罩和洗手，所以员工会花相当长时间学习正确洗手和习惯戴口罩。有效期管理则与品质息息相关，原材料一旦拆封，都要立刻贴上有效期标签，到期必须报废，例如原叶煮出来的茶水（调配茶饮的材料）的有效期是四个小时，到期就要倒掉。虽然消费者不一定会注意到这个细节，但保证了饮品的口感。

3. 服务：人文、亲切、时尚

店面装潢主要运用暖色系，明亮、热情，体现时尚温馨的感觉。每位店员既是产品的制作者、服务的提供者也是品牌的代言人。奶盖贡茶公司从员工的服务态度、业务能力到服装仪容都力求能为客户带来亲切、体贴的感受。所以，在出单、收银、衣着等重要环节，该公司都有操作规范。在新员工培训中，该公司设有感动服务课程，其内容包括仪容仪表、微笑待客、十个常用语、十个不许用语，以及在不同情况下对待不同的顾客（老人、小孩、孕妇等）该如何去打招呼和应变。

2011年11月，中国大陆的第一家"漾漾好贡茶"店开在了深圳大学西门外的品园。在初创团队看来，这里是深圳时尚青年最集中的地方。起初，店里的生意并不好，甚至出现过日收入只有一百多元的情况。营销总监有些惴惴不安：品园的一楼全是餐饮类的临街商铺，而贡茶却因为没有多余的铺面只能开在二楼的角落，有多少消费者愿意上二楼，愿意上二楼的又有多少能注意到贡茶？注意到的又有多少愿意买来尝尝？想买的看到贡茶高于同类的价格又会不会望而却步？此外，贡茶的原叶冲泡和鲜奶奶盖与其他奶茶的味道不一样，没喝惯的消费者能否适应？

这时的初创团队还正在为第二家店选址，他们发现深圳市的商圈规划和人流走向与地铁线路密不可分，所以贡茶的第二家店开在了地铁一号线的连城新天地，这是国内首个连接两个地铁站的地下商业街。生意到底会怎样，当时没人敢打包票。2012年6月，贡茶店与连城新天地商业街一起开业。总经理在店门外站了整整一天，悬着的心总算稍稍放下，人流量和销售额都大大超出预期。而更让他喜出望外的是，在品园"攻坚"的营销总监也传来了好消息，深大店的日销量稳步增长，甚至超过了一些经营多年的饮品店。许多消费者绕过一楼的商铺，直奔二楼角落购买贡茶的饮品。店员也问过他（她）们为什么选择贡茶，回答多是："感觉更好喝""感觉原材料更真""一分钱一分货""同学推荐的，很不错"。深大店基本上是靠学生之间的口口相传打响了品牌。年轻人对质量的追求和对贡茶的肯定，让大家既兴奋又感动。

品牌识别第二步：创新是发展之道

漾漾好贡茶直营店沿着深圳地铁线路迅速开设，加盟店也在北京市、山东省、山西省、江苏省、广西壮族自治区、广东省等地区的繁华商圈落地生根。2012 年年底，店员数从 5 人攀升至 100 人，门店数从 1 家扩展至 50 家，一片红火景象。但也正在此时，有店长发现在漾漾好贡茶店附近出现了几家品牌标志形象、店面装潢和产品系列都高度相似的山寨贡茶店，分流走了很多新顾客，有时老顾客都误以为是新店。

刚听到这个消息的时候，大家的反应是"有点懵"。于是，正在台湾打理酒店业务的总经理也坐不住了，匆匆赶往深圳，亲自购买品尝了山寨贡茶店的招牌奶盖，而后笑着对自己忧心忡忡的店长挥挥手说，"不怕！口感完全不一样，质量是我们的王牌"。当时的他们根本预料不到，山寨店"复制、粘贴"的速度有多快。农历春节后，深圳市大多数直营店附近都能找到或大或小的山寨店，个别直营店已被各种山寨店包围。"'贡茶'貌似被理解为一个品类，'漾漾好'变成了品牌。而山寨店的品牌标志跟我们的几乎一模一样，只是抠掉了'漾漾好'三个小字，替换成了他们的品牌名，有些更过分的只是改掉'好'字，这么微小的区别，不仔细辨认，根本发现不了。淘宝上甚至还有店家公然售卖所谓漾漾好贡茶奶盖粉，强调跟鲜奶现打风味一样。现在提到贡茶，新顾客以为是同一家，老顾客会问，你说的是哪个贡茶？"开发总监对这种情况相当愤愤不平。而可怕的是专程来品尝贡茶的新顾客尝到的是山寨店的仿冒品，毁掉的却是正品的名声，此外，山寨店凭借低成本优势用较低的价格和较大的折扣吸引不明真相的消费者，单杯利润反而更高，扩张速度更快。长此以往，漾漾好贡茶将会是下一个珍珠奶茶！

"可口可乐有一句广告语——一直被模仿，从未被超越！被模仿说明我们的品牌效应好。与模仿者相比，我们拥有先进的理念和丰富的经验，更重要的是我们坚守质量，只要我们跑得足够快，就不怕被抄袭。"

在"品质是生存之本"之后，总经理定下了"创新是发展之道"，强调创新是区别进而甩脱山寨品牌的有效措施，并开始"脑洞大开"地琢磨创新。

在服务展示方面，店面设计中强调四叶图样，用更大更突出的形象来展示自己。总经理还设计了一套标准的问候语和宣传语。每当顾客上门时，会有一位店员先行说"欢迎光临"，其他店员就必须跟着附和。每隔半小时，所有店员都齐声喊品牌宣传语，将诚挚态度与管理理念透过呼喊口号的形式传达给顾客。当员工与顾客都习惯后，这就会成为漾漾好贡茶与其他品牌的差异之处。总经理还曾在酒店的西点后厨见到厨师佩戴半月形的透明塑胶口罩，很卫生、很整洁，他立刻为每位店员也配置了这样的口罩，取代了之前的一次性口罩。

在产品包装方面，采购总监在台湾陪太太逛街时发现有些护肤品的瓶身和百货公司的购物袋的质感非常好，"摸起来都觉得是一种享受，很舒服，爱不释手"。他立刻通过这些护肤品公司和百货公司找到包装生产厂商，为漾漾好贡茶量身定做饮品杯和打包袋，再通过物流部从台湾送往大陆各门店。"这些包装的材质和工艺，第一个是成本高，第二个是大陆目前还没有，所以，这也能将我们与其他品牌区分开来。"

在质量管控方面，每个月都会由公司高层穿着制服、佩戴身份铭牌、带着顾客意见调查表，亲自到各门店向消费者了解他们对清洁、操作、仪容、用语、口味等方面的满意程度，希望借此让消费者感觉到品牌的诚意，也让高层与门店联系紧密。此外，还在消费者群体中推出"神秘顾客"活动。消费者在担任"神秘顾客"期间到任意门店，只要出示"神秘顾客"铭牌，就可进入店内随意检视，畅通无阻。店员必须全力配合并解答"神秘顾客"的疑问。一旦"神秘顾客"找出店内的问题，便可以获得公司的奖励。

在新产品开发方面，针对目标市场的特点，结合市场环境，新产品研发团队经过不断调配试饮，以每季一款的速度推出熊猫奶盖、柏林美妍花语、香米抹茶红豆等创意饮品。以熊猫奶盖为例，在奶盖茶的基础上加入了可口的珍珠和韧劲清脆的寒天，在雪白细腻的奶盖上还加上一些现制的奥利奥粉末，看起来像国宝熊猫的圆脸，口感很丰富，一上市就广受好评。

大家本以为这套"组合拳"打得不错，但很快他们就感受到了强烈的挫败感。透明的厨师口罩在不到一个月的时间里，不光山寨品牌的店员换上了，竞争品牌的店员也换上了；问候语和宣传语成为山寨店的"标配"，与漾漾好贡茶用类似甚至一样的宣传语，唯一不同的是品牌名称；熊猫奶盖推出的当天下午，店员就听到附近的山寨店在招呼消费者进店尝尝熊猫奶盖。"有一个山寨品牌，我们出什么新产品，他就抄这个新产品，并且立刻去注册这个新产品，我们自己都还没来得及去注册，他全注册成他的了"，"在百度搜索中可以找到数十个打着贡茶旗号的连锁品牌在寻找加盟客户"，"一些山寨品牌做起了加盟以谋取暴利，加盟客户来深圳考察时，就将客户带到海岸城、连城新天地等漾漾好贡茶的热门门店外，信誓旦旦地宣称，那是他们的明星店。收取巨额加盟费后便概不负责，完全不为加盟者考虑"，说起这些，资讯处信息收集员的表情相当严肃。在知名搜索引擎上搜索"漾漾好贡茶"，近前十位都不是真正由奶盖贡茶公司发布的信息。而在大众点评网、美团等团购网站上则散布着更多的"贡茶"大军，他们都号称是来自台湾最正宗的贡茶，有着相似的设计图像和产品种类。

被山寨围攻得"鼻青脸肿"后，奶盖贡茶公司拿起法律武器，在大陆成功注册漾漾好贡茶的组合商标，包括 gongcha、奶盖贡茶、碑文形象、漾漾好中文字样、四云图标、竖体贡茶图标等。此外，该公司还将"溢香杯"单独注册为商标。

而后，奶盖贡茶公司向多个山寨品牌发出抗议函，在公司官网上提出严正声明，并在几家门户网站上撰文教育消费者如何明辨真伪。一些小型的山寨店收到律师函后都会换掉店面的招牌，但一些手上拿了大量加盟费、已初具规模的山寨品牌企业，多会直接无视，个别甚至与漾漾好贡茶杠上了：将自己的品牌直接追溯到了中国古代西周，还请明星做品牌代言人，试图坐实自己的正宗、正统。在网络上发布了大量混淆黑白的软文，文中充斥着"没有谁山寨谁，说山寨的都是水军行为，那是很低贱的行为"之类的言语。

品牌识别第三步：微幸福

在法律维权的同时，总经理也一直在思考，对于中国大陆的消费者而言，漾漾好贡茶到底是一种怎样的存在，有着怎样的灵魂？这些年来与山寨斗智斗勇的波折，答案似乎越来越明晰。"我们的店员都很年轻，年龄集中在18到24岁"，提到大陆的员工，人事总监赞不绝口，"大陆的年轻人纪律与士气都很高、团队意识强、个人主义较少。非常好教，学习积极主动，学习能力强"，"不光我们一家这么说，很多台湾的企业家都有同感"。店员是年轻人，消费者是年轻人，通过与年轻人的密切接触，大家发现这个群体刻苦上进，但与之同时行色匆匆、压力大，一点小小的温暖都能感动他们。"普通人能住几次五星级酒店、能买几个名牌包包？平民百姓很难去接近这些高档的享受，可是我们将产品和服务的质量提高到五星级，只要卖出一杯就能带给一位顾客这种简单直接的微小幸福。这种幸福数量很庞大，散播也很快，平价奢华，触手可及。"于是，在"品质"与"创新"之后，漾漾好贡茶找到了"微幸福"，希望从灵魂层面将品牌差异化。

奶盖贡茶公司对顾客运用五感营销，强调"看得见的幸福""听得到的幸福""可品尝的幸福""摸得着的幸福"和"可感觉的幸福"；还衍生出"奶盖三部曲"，教导消费者如何去喝奶盖茶：先喝一口奶盖，接着用吸管喝茶的原味，最后将奶盖与茶混在一起变成奶茶，这就是"品奶、品茶、品奶茶，奶香、茶香、奶茶香"。漾漾好贡献奶盖是以仪式的形式带给消费者新鲜的体验。此外，奶盖贡茶公司还在官网上举办微幸福活动，以各种主题，鼓励消费者上传微幸福照片，增进品牌与消费者之间的互动；对员工和加盟商则强调他们是幸福的创造者，是在散播幸福。

尾声

然而业务稳健发展的同时，漾漾好贡茶依然无法完全摆脱山寨的阴霾。小的山寨店打一枪换一个地方，连负责人都找不到。大的山寨店虽然调整了高度模仿之处，但品牌名依然是"××贡茶"，在网络上他们不再强调"正宗"，转而强调"贡茶是一个品类，大家都是合法经营"。据不完全统计，截至2015年年底，山寨门店总数已超过漾漾好贡茶的门店数，品牌数超过20个，华南区域是重灾区，其中，广州有208家，深圳有217家。门店分布大致与漾漾好贡茶一致。

[案例思考]

1. 企业可以从哪些角度考虑品牌识别？

2. 漾漾好贡茶在各个阶段是怎样做品牌识别的？存在怎样的问题？

3. 你认为漾漾好贡茶的品牌精髓是什么？如果你是总经理，你会如何改进漾漾好贡茶的品牌识别？

第七章
品牌定位

品牌定位对企业开发、拓展目标市场起着导航的作用。成功的品牌定位，能够在消费者心中树立鲜明的、独特的品牌个性与形象，为建立品牌竞争优势打下坚实的基础。企业如若不能有效地对品牌进行定位，必然会使产品淹没在众多质量、性能及服务雷同的产品当中。因此，准确的品牌定位是目标市场品牌营销成功的关键，是品牌建设的基础，在品牌营销中有着不可估量的作用。

第一节　品牌定位及其原则

一、什么是品牌定位

最早提出定位观念的是两位广告人艾·里斯和杰克·特劳特。1969 年，两人在《产业行销杂志》（*Industrial Marketing Magazine*）上发表的一篇题为《定位是人们在今日模仿主义市场所玩的竞赛》的文章中，首次使用了"定位"（positioning）一词①。1972 年，他们在《广告时代》（*Advertising Times*）杂志上发表了名为《定位时代》的系列文章。1979 年，两位定位研究领域的权威大师合作出版了第一部关于品牌定位的名著《广告攻心战略——品牌定位》，系统地论述了定位理论。他们关于定位的核心思想是：定位不在于产品本身，而在于消费者的心智。

两位先驱指出，定位从产品开始，可以是一件商品、一项服务、一家公司、一个机构，甚至是一个人，也可能是你自己。就如我们通常所说的，要摆正自己的位置，确定自己的位置，要到位而不越位，做你能做而且应该做的事，做出别人做不到或没想到要做的事，创造出你这个位置的独特价值。里斯和特劳特认为，定位并不是要对你的产品做什么事，而是要对潜在顾客的心智下功夫，也就是把产品定位在你未来的顾客心中，因此他们认为定位改变的是名称、价格、包装或形象，实际上对产品则完全没有改变，所有的改变，基本上是做修饰而已。正如里斯和特劳特所言：定位的基本方法，不是去创作某种新奇或与众不同的事物，而是去操纵已经存在于顾客心中的东西，去重新结合已存在的连接关系。

对定位的这种理解，我们认为与定位这个概念的创始人的工作背景有关。广告

----

① 里斯，特劳特. 广告攻心战略：品牌定位 ［M］. 刘毅志，译. 北京：中国友谊出版公司，1994：35.

人是制造商或服务商或者说广告主的代理人。他们在代理广告时，接手的就是一个定型的产品，广告人的任务就是设法让市场消费者认知、接受，进而购买产品。留给广告人的活动余地确实只有去挖掘和创造产品的独特的个性和联想。因此，对广告人而言，定位就是：假定产品或服务已经给定，企业要在此基础上去琢磨消费者的心智模式，试图在消费者心智中打上美好的烙印，以激发他们的购买欲望。

但是，我们必须看到品牌产品从经营者的角度看是变化的，或者说是可以更改的。品牌产品的营销经历了如图7-1所示的"品牌/产品营销循环"，品牌产品对企业而言不是给定的，而是在一个又一个的循环过程中经过不断改进、完善，并不断增加新的产品属性后获得的。所以，品牌或产品定位应从更广的角度去理解，即品牌定位不仅要琢磨消费者，而且要琢磨品牌和产品。

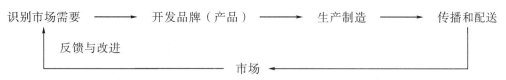

图 7-1 品牌/产品营销循环

再从品牌的运作角度看，品牌也有改变含义的可能，而且有时甚至十分必要。比如，品牌延伸可能改变品牌的含义。此时，企业就需要适当调整定位。再如，在品牌形象不尽如人意时，企业也需对品牌重新定位，以建立更强有力、更美好和更深刻的联想。

那么，究竟什么叫品牌定位呢？我们认为，品牌定位是指企业在市场细分和调研的基础上，发现或者创造出品牌独特的差异点，并将其与目标消费者心智中的空白点进行匹配择优，从而确定出一个独特的品牌位置，然后借助整合传播手段在消费者心智中打上深深的烙印，建立起强有力的联想和独特印象的策略性行为。简单地讲，品牌定位就是企业规划并向目标消费群体展示品牌（产品）独特性的过程。寻找、沟通和展示自身品牌相对于竞争品牌的差异化优势是品牌定位的核心任务。品牌定位要求品牌（产品）能够满足目标消费群体的需求，能够给他们带来好处或提供购买的理由，显然这种好处或理由来自独特的品牌利益。

例如，全球第一款合成洗衣粉汰渍品牌的定位①是：对于有好动孩子和爱运动丈夫的妇女们，她们有着繁重的清洁任务，因为她们想让衣服和家人展示最好的状态。而汰渍是洗衣护理清洁用品的品牌，对你的衣服和你本人会是最好的；强效的去污剂有独特配方，如独特织物保护剂等，并经权威机构认可；品牌特征是强有力、话传统、可信赖、权威而又有效的。

这里，短短的两句话言简意赅地指出了汰渍品牌的目标顾客、适用行业、产品属性、品牌价值及其特征。关于品牌定位的文字表述就是"品牌定位陈述书"。我们认为，对于任何品牌来讲，采用书面的形式、清晰而严谨地表达品牌定位是十分

---

① 车尔尼亚夫斯基，马洛尼. 打造顶级品牌：定位与策略［M］. 罗汉，王锁，丁洁，译. 上海：上海人民出版社，2001.

必要的。因为它是从事市场开发和品牌推广等实际工作的众多人员和组织处理市场及顾客关系问题必需的行动指南。

最后，我们有必要总结一下品牌识别和品牌定位的关系。品牌定位是品牌识别的组成部分，它积极地同目标受众沟通并展示本品牌相对于竞争品牌的优势所在，以获取本品牌的市场竞争优势。品牌定位具有四个显著的特征：组成部分、目标受众、积极沟通、展示优势。品牌识别更为宏观，属于企业战略范畴，对品牌定位起着指导性作用；而品牌定位是品牌识别的具体实施，是针对具体的、不同的目标市场特征，有选择性地实施品牌识别战略计划，因而传播品牌核心识别元素及其核心价值是品牌定位计划必须遵行的准则。如图 7-2 所示，图中 BI 表示品牌识别，P_1、P_2、P_3 等表示各个目标市场的品牌定位。

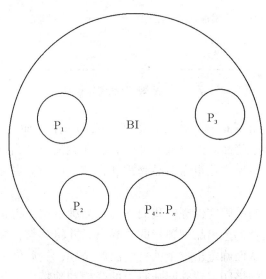

图 7-2　品牌定位与品牌识别的关系

二、品牌定位的意义

在市场竞争异常激烈的环境下，品牌定位之所以受到企业的高度重视，是因为定位对于自己赢取市场竞争具有重要作用。

（一）品牌定位有助于消费者记住品牌传递的信息

现代社会是信息社会，人们每天从睁开眼睛就开始面临信息的轰炸，应接不暇，各种消息铺天盖地而来。以报纸为例，美国报纸每年用纸超过千万吨，这意味着每人每天消费 94 磅（1 磅 ≈ 0.453 6 千克）报纸。一般而言，一份大都市的报纸，像《21 世纪经济报道》可能包含有 50 万字以上，人们以平均每分钟读 300 字的速度计算，全部看完几乎需要花 30 个小时。如果仔细阅读的话，一个人一天即使不做其他任何事情，也很难读完一份报纸。更何况现代社会的媒体种类繁多，更新快速。当消费者面对如此多的信息无所适从时，企业所做的许多媒体宣传可能就付诸东流，起不到任何效果。科学家发现，人只能接受有限的信息，因此企业只有压缩信息，实施定位，为自己的产品塑造一个能打动潜在顾客的形象，以区别于同类竞争产品，才是其明智的选择。品牌定位使潜在顾客能够对该品牌产生共鸣与正确的认识，进而产生品牌偏好和购买行动。

（二）品牌定位是品牌整合营销传播的基础

企业不仅要进行品牌定位，还必须有效地传播品牌定位所设计的整体形象。所谓品牌传播是指企业通过广告、公关等手段将企业设计的品牌形象传递给目标消费者，以期获得消费者的认同，并在其心目中确立一个企业刻意营造的形象的过程。品牌定位与品牌传播在时间上存在先后的次序，正是这种先后次序决定了两者之间存在着相互依赖、相互制约的关系。品牌定位是品牌整合营销传播的基础，任何提高品牌熟悉度的活动都必须以品牌定位为目标。品牌定位信息是通过营销组合策略传递给消费者的，而营销策略只有以品牌定位为中心、为"指挥棒"，才能够让品牌在消费者心中留下整体的、一致的、独特的记忆。

总之，经过多种品牌运营手段的整合运用，品牌定位所确立的品牌整体形象就会留在消费者心中，这是品牌营销的结果和目的。企业如果没有正确的品牌定位，无论其产品质量有多高、性价比有多好，无论其使用怎样的促销手段，也不可能成功。可以说，今后的商战将是定位战，将是定位竞争，品牌制胜将是定位的胜利。

三、消费者心智模式理论

既然品牌定位的目的是要实现与目标消费者心智模式中的空白点进行匹配择优，并在其心智中打上深深的烙印，那么企业必须首先对消费者行为进行深入研究，这方面的研究是品牌定位的先行工作。就品牌定位而言，市场研究的重点有以下三个方面：一是消费者如何感知品牌及其产品，二是消费者接受和理解信息的模式，三是竞争品牌调研。企业必须明确，品牌定位不是去调查竞争品牌做了什么，而是要问：消费者头脑中怎样感知竞争对手的品牌？其位置在什么地方？消费者感知到了你与竞争者之间的差别吗？如果是，差别是什么？消费者关注或看重这个差异性吗？

在《新定位》一书中，特劳特和瑞维金认为，从定位角度讲，消费者的心智模式有以下五个特点[①]：

一是消费者只能接收有限的信息。从理论上讲，人的潜力是无限的，人类接收信息的能力十分强大，现在已经开发的大脑能力尚不足其全部能力的 $5\% \sim 10\%$。然而，实际情况却一再证明，人类的记忆能力是有限的，"前学后忘"是常见的规律。心理学实验证明，后吸纳的信息会覆盖或置换掉早期接收到的信息。从定位角度讲，我们不能指望消费者对某个品牌有一个全面的了解，所以需抓住要点和关注点进行品牌定位。

一是消费者喜欢简单的而非复杂的。简单就是美，简单就是易于理解，简单也就是容易识别记忆；多了就杂，杂了就不易记住，消费者不会有兴趣去深究，就有可能被其选择性地忽略掉。"8189045"记住了没有？没有？再看一遍，记住了吗？多半你还是记不住。这是一个数字品牌，这么长，鲜有人去刻意记它。还有一种情

---

① 宋永高. 品牌战略和管理 [M]. 杭州：浙江大学出版社，2003：135-137.

况是复杂，复杂就是难，就是不易理解。学生希望老师把复杂的问题通俗地讲解出来，否则无法理解，难以掌握。消费者更是如此，他没有任何义务和责任去记住你这个企业的品牌或产品。因此，品牌名称等符号一定要简单，言简意赅。

三是消费者因缺乏安全感而跟随他人。美国的消费者如此，中国的消费者更是如此。当然，安全感不仅来自产品本身，而且也来自品牌形象。购买产品的风险有产品风险、地点风险、价格风险、社交风险等，因此品牌定位应设法减少或消除这些风险。

四是消费者对品牌的印象不会轻易改变。这一点很重要，一个品牌一旦在消费者心中形成特定形象，有了清晰的定位，就不易改变，而且这种印象越深，改变的难度也就越大。若企业贸然改变品牌形象，失败的可能性很大。如我国曾经非常著名的家用电器品牌之一"小天鹅"，以"全心全意"的口号，占领了全国洗衣机市场半壁江山。然而，令人遗憾的是公司的多元化发展战略不是很成功，"小天鹅"怎么也飞不高。"小天鹅"不专注的品牌形象导致品牌再定位失败。当然，成功改变品牌形象的企业也不少见，如海尔、娃哈哈等。品牌形象的改变是一种战略性的行为。它分为两步走，即先使原有印象淡化和消退，然后使新的形象建立和强化，变得深刻。因此，改变形象比从头开始树立形象的风险更大，需要的资源投入也更多，时间也更长。

五是消费者的想法容易因品牌延伸或修改定位而失去焦点。消费者购物建立在对品牌的认知基础上，然而品牌延伸有可能模糊品牌的边界和它的象征，从而使消费者不清楚品牌是什么而失去焦点。这要求品牌延伸要由近及远，从高相关度的产品开始，逐渐铺开，严格把握延伸度问题。品牌的再定位也要策略性地运作，不能引起消费者的心理冲突。

针对消费者以上的五大思考特征，《新定位》的作者相应地提出了一些定位的技巧。但我们认为，这五大消费者的思维模式，只是比较笼统地概括、解释了消费者的信息接收和处理方式，不足以为品牌定位提供全方位的理论支持。因此，下面我们介绍另一个有关消费者或者说人类认知和思考的模式，这一模式由美国哈佛大学工商管理学院教授吉拉德·查特曼和他的跨学科合作伙伴提出。他们于1995年在《广告研究》（*Journal of Advertising Research*）上发表了题为《考虑顾客的声音：基于隐喻的广告研究》（Seeing the Voice of the Customer：Metaphor-based Advertising Research）的文章，表达了该模式的基本思想。查特曼等在研究过程中提出了消费者认知和思考的九大假设：

（1）思想基于印象；

（2）绝大部分沟通是非语言的；

（3）隐喻①是思想和感情的基本单位，也是理解行为的基本单位；

（4）隐喻在推出或导出潜藏知识时是重要的；

（5）认知是具体的和活生生的；

---

① 隐喻（metaphors）就是用已知的东西说明和解释未知的东西，常见的是以形象的东西说明抽象的东西。广告传播中常用到隐喻方法，如宝洁的广告说用潘婷洗发水洗发就像给头发泡了牛奶浴。

（6）在决策过程中，感性和理性同等重要且相伴而行；

（7）绝大部分的思考、感情和学习都是在无意识状态下发生的；

（8）心智模式指引着对刺激的选择和处理；

（9）不同的心智模式可以互动。

总之，隐喻十分重要，人的思维建立在印象的基础之上，理性和感情对消费者的决策同样重要。

专栏：小故事·大启示

宝洁：隐喻运用的"高手"

为什么隐喻应用在广告中作为品牌推广手段时具有重要的作用？因为广告的受众是普通人，而非专业人士。尤其是，现代产品的科技含量越来越高，科技文字显然不能够为一般消费者所理解。那么，怎样将品牌产品所蕴含的科学技术成分采用常识性的、生活中的普遍知识来解释呢？用"隐喻"！

宝洁公司的广告说潘婷是对头发有营养的。怎样解释这个"营养"呢？广告说：使用潘婷就如同给头发泡了牛奶浴。这里的"牛奶"是我们都能够理解的、有营养的东西；使用潘婷就像给头发"喝牛奶"，这里的营养吸收就比专业术语"VB"更容易理解。广告使用的隐喻是：VB＝牛奶、洗发＝泡牛奶浴。此外，宝洁在玉兰油、飘柔、舒肤佳等品牌广告中也大量使用了这样的隐喻手法。所以，隐喻对大众的说服力比直白的广告要高得多！

四、品牌定位的原则

品牌定位是针对目标市场上的购买者进行的定位。为了达到定位的目的，品牌定位的策划者和实施者要深刻了解消费者心智和品牌认知模式。同时，企业遵循一些基本的定位原则也是必要的，这有助于企业更好地进行品牌定位。

（一）品牌定位应实现品牌核心价值的差异化

成功的品牌定位策略，首先应能制造差异，制造特色，能使品牌从众多同行品牌中脱颖而出。有一张获奖照片给了人们很好的启示：在整张照片上，布满了挤得密密麻麻的牛，这上百只牛形体极其相似，唯有一只异常引人注目——在其他牛都低头吃草的时候，它却抬头回眸，瞪着大眼睛好奇地望着摄影镜头，神情可爱。每个看到这张照片的人无不一下子就被那头牛吸引住目光，并对其留下深刻的印象，而对其他的牛则没有什么印象。这说明了一个简单的道理：有差异的、与众不同的事物才能够吸引人的注意力。

生活在多姿多彩的现代社会，个性化消费渐成时尚，没有一个品牌可以成为"大众情人"，对所有的消费者都产生吸引力。此外，媒体的信息轰炸，使消费者身处广告海洋的包围之中。一个品牌的核心价值若与其他竞争品牌没有鲜明的差异，就很难引起大家的关注，更别奢望消费者认同与接受了。核心价值缺乏特色的品牌是没有销售力的。核心价值别具特色的品牌在市场上一亮相，就能让消费者眼前一亮，并为之心动。例如，在品牌众多的洗发水市场上，海飞丝洗发水的定位为"可去头屑的洗发水"，这在当时是独树一帜的，因而海飞丝一推出就立即引起消费者的注意，并认定它不是一般的洗发水，而是具有去头屑功能的洗发水。当消费者需要解决头屑烦恼时，很自然第一时间就想到它。

（二）成功的定位策略应是以市场为导向

任何一件产品不可能满足所有消费者的需求，任何一个品牌只能以部分顾客为其服务对象，才能充分发挥优势，提供更有效的服务。因而，明智的企业会根据消费者需求差别将市场细分，并从中选出具有一定规模和发展前景、符合企业的目标和能力的细分市场作为其目标市场。确定了目标消费者还远远不够，因为这时企业还是处于"一厢情愿"的阶段。企业需要将品牌和产品定位在目标消费者所偏爱的位置上，并通过一系列推广活动向目标消费者传达这一定位信息，让消费者注意到这一品牌并感到它就是自己所需的，这样才能真正占据消费者的心。如果企业能掌握消费者的所思、所想、所需，投其所好，必能百发百中。因此，企业要想突破信息沟通的障碍，关键是要想消费者之所想，要用各种方法使传播的信息变成消费者自己想说的话，让他在听到、看到企业的宣传和体验产品的过程中感到满意，由此认为"这正是我所需要的，这就是为我设计的"。

（三）品牌定位要简明，抓住关键点

消费者能记住或者留下深刻印象的信息是有限的，从本质上他们痛恨复杂，喜欢简单。因此，品牌定位必须简单明了。"简单"就是品牌每次只提供有限的信息，多了没用。消费者没有兴趣也没有义务去刻意记住有关某品牌的许多信息，事实上，消费者是在无意识地学习、接收品牌信息；"明了"就是消费者不需要费心费力就能知晓并领会品牌定位。因此，企业在对品牌定位时必须抓住关键点。企业若面面俱到，过多罗列品牌产品的优点和特色，注定要失败的。这种做法模糊了消费者的认知，也说明品牌定位者并不真正知晓目标市场消费者最关心的问题是什么。所以，品牌定位者应抓住品牌中一两个关键的独特点，用简洁明了的方式表达出来，让消费者易于理解和记忆，产生共鸣。

（四）品牌定位要保持相对的稳定性，并不断强化

品牌定位往往成为人们区分不同品牌所提供的产品的有力工具，有时甚至是唯一的手段。可口可乐与百事可乐有什么区别？农夫山泉和乐百氏纯净水有何区别？从实体产品讲它们并没有什么太大的区别，但我们在购买时仍然充分感觉到它们之间的不同。这种不同就是品牌定位造成的区别，是一贯坚持品牌定位所导致的差别。根据消费者认知模式理论，品牌定位及由此塑造的品牌形象，是不易改变的，不会轻易被抹去的；但是这种印象由于企业自身的行为不当和竞争者的强有力攻击，又会变模糊。因此，如果不能一贯坚持品牌定位，这个形象就会淡化，一旦竞争者乘虚而入，这个形象就可能淡出消费者视野。因此，坚持就意味着始终保持这一定位，除非消费者消费观念和价值取向发生改变，否则，坚持是唯一正确的选择。如美国万宝路的牛仔形象和品牌定位70多年来始终未变，美国宝洁公司的象牙牌肥皂"会漂浮的肥皂"的定位一百多年来亦始终未变。定位刻画了品牌独特的性格或特征，企业只有一以贯之，使其成为品牌的核心内涵与核心识别元素，才能真正发挥品牌定位的作用。然而，在品牌运作历史上，一些知名品牌也想突破品牌原有的定位，却以回归而告终，结局是劳民伤财，如"李维斯"牌牛仔裤、"派克"笔等。

当然，需要指出的是，企业坚持品牌定位的一贯性原则，并不否定品牌定位在必要时的修改和再定位。我们在这里强调的是，一旦品牌定位确定下来就不应随意更改；再就是一个品牌定位成功了，不要变动和扩散范围，要一以贯之。我们的观点是品牌定位主题不变，但表现方式则有必要不断丰富、不断时代化。换言之，定位不变，但表现定位的传播方式和解释方式应经常更新，以跟上时代发展的步伐。

（五）品牌定位要以情动人，情理交融

怎么样来表达这个原则呢？这是个颇费心思的问题。最早的一种方式是"情理交融，以情动人，以理服人"。第二种表达省去了"以理服人"四个字。最后定下来的表达是"以情动人，情理交融"，强调以情动人。吉拉德·查特曼认为理性和情感在人的思维与行动过程中具有同等重要的作用。瓦尔特·玄纳特在《广告奏效的奥秘》一书中指出：人，首先依赖于感情，其次才依赖于理智；大家经常谈论的"理智之人"根本就不存在。现实生活中不乏实例，如可口可乐、乐百氏纯净水、农夫山泉等品牌的定位，使人强烈地感受到"以情动人"在品牌定位中的重要性。就拿一直被看作理性定位典范的乐百氏纯净水的27层净化的广告片来说，其中也充满了对人性的关怀。"为了您可以喝到更纯净的水，乐百氏（拟人化地）不厌其烦（表达其一丝不苟，对消费者全心全意的关怀）、每一滴都经过严格净化，足足有27层（十分精确的数字让人信服），您会喝得更放心。乐百氏纯净水：真正纯净品质保证！"可见，品牌定位的"以情动人"至关重要，情理交融则几近完美。任何企业在品牌定位时都不能忘记这一点，不可忽视这一点。

（六）品牌定位要以图文并茂的方式展现出来

查特曼认为思想基于印象、认知，都是具体的、活生生的，而文字刚好相反，是枯燥的、死板的，因此品牌定位必须图文并茂，尤其要充分利用图像。人们更容易理解图像，而且图像认知具有整体性，不像文字是要逐字逐句地认读，因此成功的品牌定位需要图像的支持。符号学的研究结论表明，每一件东西都有一个隐藏的意义，任何图像都能传递某种信息，一张简单图片能表达出很多意义，它胜过长篇大论。所以，在品牌定位时，品牌定位者应构思一种场景、一个生活画面、一段故事来表达品牌定位，然后用不多的、简练的笔墨来画龙点睛说明或强化这一定位。如此，品牌定位才能让消费者印象深刻，才能在消费者头脑中留下深深的烙印，一旦相应的提示性线索和场景出现，消费者即能联想起这一品牌，而使品牌进入目标消费者的备选集。

第二节 品牌定位分析工具

品牌定位分析工具是选择品牌定位点、评价品牌定位是否达到目标位置的工具，也是修正传播策略的方法。现在已经发明出许多品牌定位的分析工具，目的是调查顾客品牌联想的强度、偏好性和独特性等。下面介绍三种常用的工具，即 ZMET 技术、品牌定位感知图（perceptual map）、投射技术（projective techniques）。

一、ZMET 技术

ZMET 技术，是 Zaltman metaphor elicitation technique（查特曼隐喻解释技术）的首字母缩写。这一技术提出的理论依据是，约有 80% 的人类沟通是非语言的。因而，传统的问卷调查、小组调查、个人访谈等难以获得人内心深处的真正感受，消费者调查最好采用非语言的方式让他们表达其思想、观点、感知和感情。

ZMET 技术虽然诞生的时间不长（1995 年），但它的客户名单让人印象深刻，有 AT&T、可口可乐、杜邦、柯达、通用汽车、宝丽来公司、锐步国际、太平洋天然气和电力公司等。这项技术已被广泛应用于与品牌定位调研有关的问题。如摩托罗拉公司在为一个新的安全系统制订营销计划时利用了 ZMET 技术。摩托罗拉公司询问顾客对安全的感觉时，顾客脑子里呈现出了狗的形象。狗代表舒心和安全，一种受保护的感觉。于是，摩托罗拉公司为该产品定位于"一个忠实的伙伴"，并把该系统命名为警犬（Watchdog）。

ZMET 技术的应用程序如下：

（1）测试者用电脑动画技术绘成的图片或照相机拍摄的照片代表被调查品牌（产品）可能象征的意义。

（2）测试者请被测试的顾客选择，哪些图片（照片）恰当地表达了品牌或其产品的含义。通常被测试的顾客人数为 20~25 人。

（3）测试者利用凯利（Kelly）的记忆格联想测试技术来解释选择的背后原因。如杜邦公司利用莱卡®（LYCRA®）面料制作的紧身裤，对该产品的测试显示出女士们有着既"喜欢"又"讨厌"的矛盾情感。怎么回事呢？这时，测试者就要通过联想和讲故事的方式层层展现和剥离出隐藏在消费者大脑深处的想法。研究表明，女士们觉得紧身裤既性感又觉得有点色情。

（4）测试者根据测试分析结果画出消费者心智思考图，找到该品牌可供选择的定位点。图 7-3 是汰渍品牌的心智思考图。利用这个心智思考图，宝洁公司在品牌定位时，选择了多种策略，如洗衣感觉、自我形象、品牌可靠性等，并且形成了该品牌的定位陈述书。

当然，ZMET 技术未能提供竞争品牌的类似图形。但是，它至少已把这个品牌产品和相应的活动——洗衣服的感受都描述出来了，只要测试者把竞争品牌也做一个相同的分析，即可了解不同品牌的差异点，从而找到定位点。这正如美国国家专利局所讲的，ZMET 是"一种能引出那些影响人们思想和行为间的相互关联的构念的技术"。"构念"是研究人员为了确定消费者表述的想法、观点与概念而创造的一种抽象的东西。比如，"易于使用"这一构念，就表示"操作简单""不麻烦"或者"你根本不需要做什么"。此外，企业如果想要采用关联比附定位，那么，通过对比附对象也能找到可行的定位点。

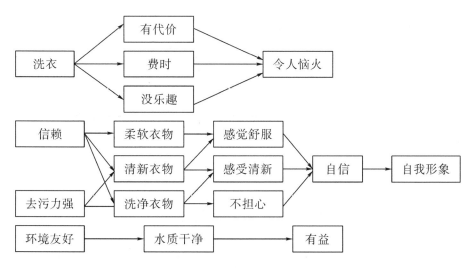

图 7-3　汰渍品牌的心智思考图

（资料来源：CATCHINGS-CASTELLO G D. Zaltman Alternative ［J］. Marketing Research, 2000,
12（2）：11. ）

二、品牌定位感知图

品牌定位感知图是一种直观的、简洁而实用的典型分析工具。研究者可以用 1~
3 个变量来刻画每一个品牌所在的位置，从而识别出行业市场中的空位点，并将其
作为品牌定位点或再定位点；也可用来判断品牌计划或期望定位点和实际被感知的
点是否一致，以检讨定位运作过程的实际情况。

品牌定位感知图在许多行业中广泛使用，如汽车、化妆品、酒类和服务性业务
等。目前，最常用的感知图是二维感知图。我们在给出例子前先介绍它的工作原理：

第一步，选择定位基准变量。这是品牌定位感知图最重要的一项工作。调查者
正确地选择变量是品牌感知图成功应用的基础。一旦选错基准，后面的工作做得再
好也将毫无价值。调查者在选择时应将目标市场顾客关心和重视的变量作为定位基
准。当然，对某些行业来说，这有一定难度。如轿车市场，是按价格和消费者收入
来绘制，还是按价格和消费者的生活方式来绘制呢？是按价格和安全性来绘制，还
是按价格和稳定性来绘制？这需要调查者结合 ZMET 或其他技术来确定。

第二步，调查行业市场领先品牌对应基准变量的相关数据资料。假如品牌定位
感知图的坐标变量已经确定，接下来便是实地调查数据资料阶段。调查方法有很多，
如李克特法等。具体可参见一些专门的市场调查研究的教材。

当上述两步工作完成之后，调查者即可着手绘制定位感知图了。最后，调查者
搜寻潜在的目标市场，并且调研目标市场的潜力。

下面我们以美国芝加哥啤酒市场为例，来看一看各品牌的定位感知图。影响消
费者对啤酒感觉和认知的变量主要有两个：一是味道的浓与淡（啤酒中酒精的浓
度），二是口感的苦味与适中（没有明显的苦味）。图 7-4 是美国芝加哥地区啤酒市
场的品牌定位感知图。

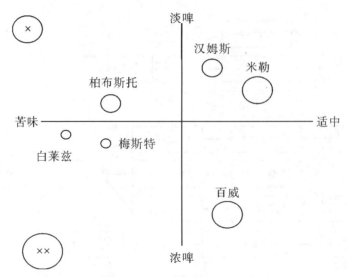

图7-4 美国芝加哥地区啤酒市场的品牌定位感知图

（资料来源：仁科贞文.广告心理学［M］.李兆田，任艺，译.北京：中国友谊出版公司，1991：22.）

注：图中圆圈的大小表示各品牌市场份额的大小。

从图7-4中可以看出，和 是市场空白位置，企业可以考虑进入。但企业在决定进入之前，必须事前深入调研这个市场有没有、大不大。如果市场没有顾客需求或市场规模太小，那么，定位图上的空位就没有实际的现实意义。例如，市场研究者可根据被测试者的心情、年龄、性别等因素对可能的定位点进行小范围实测，以推测其市场潜力。

我们在这里特别提醒读者注意以下两点：一是一种产品的品牌定位可以从多个角度即选择不同的基准变量去绘制其品牌定位感知图；二是品牌定位感知图与（品牌）产品位置感知图可以是不一样的，也就是说，知道品牌时的产品感知位置有可能与不知道品牌时的产品感知位置不一样。图7-5就是一个很有力的证明。结论是：品牌的定位主张在一定程度上会改变消费者对（品牌）产品的知觉。

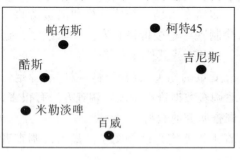

（1）知晓品牌的感知图

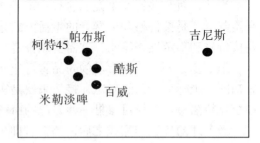

（2）盲试情况的感知图

图7-5 品牌与产品定位感知图的差异

（资料来源：凯勒.战略品牌管理［M］.李乃和，吴瑾，邹琦等，译.北京：中国人民大学出版社，1998：47.）

三、投射技术

"投射"是一个心理学名词，最早由心理学家弗洛伊德提出来，用于人的精神分析。投射技术就是在个体（被调查的消费者）未能或没有启动心理防御机制的情况下，把其内心深处的真正动机、欲望、情感、想法表达出来。人有本我、自我和超我，三者之间并不完全协调。就消费者而言，其购买行为可能不完全出于理性，甚至完全出于非理性的考虑。但如果直接询问，被访的消费者可能会对其行为做出合理化的解释，从而掩盖其真正的购买动机。这种行为被称为"防御机制"。常见的是，在某些场合下消费者认为自己的真正感受是社会难以接受的或并不需要的，尤其是在面对一个陌生的访谈者时。结果，被调查者很可能搬出老一套，一些"恰如其分"的回答，并觉得这些是访谈者能够接受的甚至是期望得到的回答。而投射技术通过对被访者营造一种暧昧的刺激情境，让他/她在尽可能不受约束的情形下自由做出反应。

调研者在应用投射技术时，一是要求被调查对象在看到一张图片或听到一个词语时，尽快说出其第一反应，把其内心的想法投射出来；二是借用第三者人称（而非其本人）来投射被调查者的想法。常用的技术有词汇联想、角色扮演、第三人技术、完形填空、看图编故事法等。

投射技术主要有两大用途：一是揭示出某种消费行为或态度的真正原因；二是显示人们购买、拥有或使用某种产品或服务对他们意味着什么，即品牌有什么象征意义。

就投射技术在消费者行为研究中的作用而言，它主要可以解决直接提问无法测度的以下问题：一是被测试者对自己的需要和动机并不十分清楚，因而没有办法正确回答调研人员的问题；二是被测试者的情感和想法虽然清楚，但无法直接用语言表达；三是被测试者的行为是非理性的或社会不认可的，直接询问时他们不愿意承认；四是被测试者出于礼貌，不便表达自己真实的批判性感受和意见。

但一旦利用投射技术，我们就有望获得消费者的真实感情和内心想法。下面，我们就看看这些投射技术是怎样应用的。

（一）词汇联想（word association）

词汇联想是指动机、感觉等调查方法中比较传统、也比较容易实施的一种方法。这种方法是调研人员向被测试者呈现一系列词语，要求被测试者问答，在看到这个词时脑子里首先闪现的是什么。

注意，这一技术有两大要点。要点之一是一系列的词语。比如说，我们要了解的是，某个品牌的定位是否达到目标？它在消费者心目中的形象如何？我们不是一开始即呈现这个品牌名称，而是把这个品牌混杂在许多与这个品牌可能存在联系的词语当中，如水、天空、椅子、鲜花、购物、电影、旅游、汽车等，目的是让被测试者在无意识和放松状态下，表达出其真实的反应。要点之二是快。调研人员在一个词一个词出示时速度要快，让被测试者没有任何时间思考，以免"防御机制"起作用。所以，调研人员在测试时要事前设定和告知被测试者允许的最长回答时间。

为了评估某个词语和观念与特定品牌之间的关系密切程度和相对重要性，以确定品牌的联想和在消费者心目中的形象，调研人员在词汇联想的基础上应对目标市场消费者进行直接提问，请他们用5分制或7分制等评价这些词语是否适合这个品牌，从"非常适合"到"一点也不适合"，以确定品牌的位置图。调研人员对竞争者的品牌也可以做类似的研究。在美国，人们对麦当劳做了一个这样的研究，结果发现麦当劳与"随处可见""熟悉""清洁""便宜""小孩"等联想较紧密。在国内，有研究机构请被调查者说出他们对沃尔玛的印象，结果得到"便宜""促销活动""闲逛""各种各样的商品""日用品""食品""可靠"等词语。

（二）角色扮演（role playing）

角色扮演是指让参加测试的人假设自己是另一个角色或另一个人，比如说扮演的是某个商店的售货员角色，然后让其试着向提出异议的顾客（由其他被测试者或者研究者扮演）推销产品的方法。处理异议的方法可以展现被测试者的态度，只要他在扮演这个角色时不感到不舒服或窘迫，那么就会充分投射出自己的真实想法。

角色扮演强调的是设想你是他，而不是你自己，即你的行为不代表你，而是代表他。换言之，这里不是假定你处在他的位置会怎么办，而是你认为他会怎么办，是对设想的对象的行为推测，并要求被测试者用行为表现出来。这样的区分有没有意义呢？我们认为意义很大。因为如果假定被测试者是本人，他会用职业要求或社会要求来表现出某种行为，但如果设定被测试者是他人，只表现别人会做什么，那么，他就可能把自己原本的感受表现出来，即把自己的真实想法和感觉投射在这个陌生人身上。因此，在采用角色扮演时，调研人员必须讲清楚这一点，这是很重要的。

（三）第三人技术（third-person techniques）

第三人技术与角色扮演的基本思路是一样的，它也是询问被测试者，就他的朋友、领导或一般人而言，他们在某种设定的情境下会做出何种反应或怎样思考。在这里，他们可能会有意无意地把自己的态度投射到"第三人"上去，从而表露自己真实的想法。这时，这些参加测试的人可能会说："我绝对不会这样想""我对你没有任何恶意""我只是估计他可能这么想"。调研人员要经常不断地鼓励被测试者充分表达其观点，并表示对他本人的尊重和信任，相信他非一般人那样感情化或情绪化，表扬他分析合乎逻辑、很有道理。这样可以让被测试者把自己的"本我"感受放松地投射到第三人身上。

第三人技术的另一种形式是调研人员列出消费者的购物清单，然后请被测试者说出他认为这是个什么样的人。比如在两个购物清单，所有其他产品都相同，其中一个上面写上"巴黎欧莱雅"，另一个写上"大宝"，然后调研人员请测试者描述一下这两个人有什么区别。这可以用来测试品牌的消费者形象及其与品牌的关系等。

（四）完形填空（completion test）

完形填空最常用的方式是列出一句不完整和模棱两可的句子，然后请被测试者把这个句子填写完整。调研人员在应用这个方法时，有两点要注意。一是句子应该用"他""她"或"一般人"这样的第三人称来描述，以避免引起自我防御机制。

如面对"一般人认为电视最重要的功能是＿＿＿＿＿＿""中国加入世界贸易组织，老百姓认为＿＿＿＿＿＿""大多数女性认为男人抽烟时她们会感到＿＿＿＿＿＿"等陈述时，被测试者易于表露自己的真实的看法。二是在做完形填空时，调研人员要鼓励测试者把看到这个不完整句子后的第一个反应写出来，即写出第一直觉反应。任何深思之后的答案往往会有掩饰性成分，会降低完形填空的投射效果。

完形填空也可以扩展为一个小故事，先叙述一个故事的一部分，然后，请被测试者描述这个故事的进一步发展。当然，这比较复杂一些，更费时间，也需要被测试者更丰富的想象力。故事法的好处是问题更加开放，更没有固定结构，可以获得更多的消费者的感受、想法和价值观念方面的信息。

（五）看图编故事（picture interpretation）

看图编故事法是现在中小学语文教学的一项内容，也是高考作文的一种测试方法。但语文中的看图编故事，是编给考官或老师看的，因而学生大多根据期望的要求做题。在投射测试中，调研人员要求被测试者从客观的角度（其实会发生投射）来描述图上的故事和故事中人物的想法或行为。当然，图上的情境越模棱两可，越可以有多种解释，那么投射效果越好。这种测试方法可以用于对品牌形象、品牌传播本身、品牌的消费者及消费场合等的测试。

目前，投射技术还在进一步发展之中。除了上述方法之外，还有案例分析法、图片归类法、比拟法等。投射技术在揭示品牌形象、反映品牌定位、选择品牌名称、做出品牌延伸决策、分析品牌与顾客关系等方面均有广泛应用。

第三节　品牌定位决策程序

品牌定位决策是品牌管理中的重要决策，为了确保品牌定位的正确、有效，品牌定位者必须遵循一定的程序。根据品牌定位策略运作的过程，品牌定位决策程序可表示如下：品牌定位调研→品牌定位设计→整合沟通→品牌定位形成→品牌定位检测、反馈、强化或再定位。

一、品牌定位调研

品牌定位调研主要有以下三个方面的内容：

一是目标市场调研。品牌定位者要选准目标消费者，深入了解他们的所思所想所求，了解他们的价值观念和生活方式。《营销研究中的人本研究：哲学方法和标准》（Humanistic Inquiry in Marketing Research：Philosophy Method and Criteria）一文介绍，为了了解盎格鲁－撒克逊保守主义消费者的价值观念和生活方式，研究者花了大量的时间深入小镇、街区，参与他们的日常生活和社区活动，与他们一起购物、做礼拜、开会，最后发现，他们的核心价值观念——务实、保守、个人负责、自控等，在他们消费方式的各个方面都有所表现——从服装、汽车到休闲方式都在体现这种价值观念。可见，对目标市场消费者的深入研究，是品牌定位的基础。

二是利用 ZMET、品牌感知图和投射技术等工具，掌握现有竞争品牌的市场定位，确认其优势，挖掘其不足，从而寻找出自身品牌可供选择的定位点。以娃哈哈的非常可乐为例，品牌一开始定位于"非常可乐，中国人自己的可乐"。这确实抓住了非常可乐（不是外国人的可乐，而是中国人自己的可乐）与"可口可乐"和"百事可乐"之根本区别，击中了它们的软肋。

但一味地强调这一点是不够的。在国际化的今天，品牌仅靠激发民族自尊是不能持久的。娃哈哈经过摸索，开发了"非常"两字的另一层含义"很"。"非常可乐"，即"很快乐"，并再定位于"快乐之时"。无论是可口可乐还是百事可乐，其定位都表现了美国式的个人主义色彩，与中国人的"有快乐大家分享"的群体主义有别。所以，"非常可乐"再次定位于"有好事自然非常可乐"，既给了消费者一个为什么购买非常可乐的理由，又再次击中了可口可乐和百事可乐定位上的弱点。

三是分析品牌特性和公司经营理念以及资源条件与能力优势之间的关联性。公司推出的品牌及其产品是公司经营理念和价值观念的体现，品牌及其产品在定位时要反映出这种理念，也受制于这种理念。品牌可以对公司理念框架有所突破，但绝不能完全脱离。

二、品牌定位设计

品牌定位设计，是确定品牌定位最重要的工作。

第一步，品牌定位者应根据品牌定位点的可能开发途经，通过召开内部专题座谈会，运用头脑风暴法、优缺点列表法等方法，在每一种可能的开发点上列出各种定位点。

第二步，品牌定位者对各定位点进行组合。若每一种定位途径均有两个定位点，则 14 种定位途径总共可形成 $2^{14} = 16\ 384$ 个备选方案。在实际操作中，品牌定位者应对那些明显不合理的方案予以放弃，留下一些可行的方案。

第三步，品牌定位者对这些初步确认可行的方案进行再筛选，并检测每一个方案是否符合以下几条标准：

（1）是否填补或部分满足了目标顾客的心智空白点？

（2）是否击中了竞争品牌的弱点？

（3）是否有效利用了公司资源优势？

（4）是否与公司发展战略、经营理念不相冲突？

如果答案是肯定的，则转入第四步——目标顾客测试。一般来说，经过前面三步，留下来的定位方案不多了，比如说 2~3 个。然后，由市场研究部门或委托第三方就这几个定位方案进行小规模现场测试，具体看看消费者对方案的反应。测试完毕，测试者应撰写测试分析报告，指出不同定位方案的优势及可能存在的问题，并提出建议。

最后，品牌定位者请公司领导在几个方案中选择出最终的品牌定位方案。品牌定位方案最终应以文字形式体现，即品牌定位陈述书，以指导品牌传播活动。暂不采用的方案也要保留起来，万一品牌初始定位失误，可作备选方案之用。

可见，品牌定位设计是一个完整的决策过程，而且是一个例外性决策，企业高层管理人员必须对此高度重视。

三、整合沟通

整合沟通是企业借助传播手段和途径创造性地表达品牌定位，让目标市场消费者认知品牌定位、引起共鸣，并偏爱这一定位、相信这一定位。品牌定位的最终目的是导向购买，促进销售。

这里需要指出的是，整合沟通本身不创造品牌定位，而是表达品牌定位。沟通手段也不只有广告一种途径，品牌产品的包装、价格、营销渠道、赞助、公共关系、CEO、品牌代言人、口碑以及数字化媒体等都是表达定位的沟通手段。当然，广告是各种沟通手段中最主要的也是最重要的手段，它通过图文并茂的形式，立体地展现品牌定位，是强有力的品牌定位表达方式。消费者感知的品牌定位相当多是来自广告的。

整合沟通的另一层含义是强调不同沟通之间的协作性、互补性和一致性。如果广告沟通与其他沟通手段，如价格定位、销售渠道等不协调，就可能会引起品牌定位感知上的自相矛盾。如果把品牌理解为一个人，那么，就会使人觉得"这个人"有精神分裂症，这样的品牌是不可能被消费者喜欢的。

在整合沟通过程中，也会有各种干扰，如竞争者的类似定位和表达、商家以自有品牌进行促销等。因此，整合沟通要有独创性、独特的风格。公司在加强内部整合沟通管理的同时，要强化传播渠道管理，使品牌定位协调一致，消除噪音的影响。

四、品牌定位形成

品牌定位策略的目的是在目标市场消费者心智中占据独特的品牌位置。沟通是实现这一目的的手段。但究竟是否实现了品牌定位的目的？消费者脑中形成的品牌定位与企业期望的结果是否一致？这是品牌定位必须追踪调查的。企业在考究这些问题之前，分析品牌定位形成的因素仍然是很有价值的。这对改善品牌定位沟通具有重要意义。

品牌定位的形成受到三大主要因素的影响，即信息的可信度、信息表达的清晰性、信息解码和理解。信息来源渠道越权威，则其可信度越高，因而越易于被目标受众接受，这也是众多企业花大把钱在中央电视台的节目上做广告的原因。信息表达方式的清晰性和创造性也会影响受众对定位信息的注意和理解。

但在这里我们更关注目标受众的解码过程，它是经由视觉、听觉或者其他感官获得刺激，由大脑处理信息即加以解释的过程。心理学和传播学的研究表明：受众解码理解信息的过程中受到假设（assumptions）、文化期待（cultural expectations）、动机（motivation）、情绪（mood）、态度（attitude）等的影响。此外，影响传播和定位有效性的还有消费者的选择性注意（selective attention）、选择性扭曲（selective distortion）和选择性记忆（selective retention）等规律。换言之，品牌定位是否被目标受众正确理解有许多不确定因素，因此要形成品牌定位，信息必须被目标消费者听到或看到、注意到、正确解码、积极反应并受到刺激。任何一个环节出错，都会导致定位目标的落空。所以，理解和把握品牌定位的形成过程和形成机理，是定位成功不可或缺的功课。

五、品牌定位的测度、反馈、强化或再定位

品牌定位的分析工具已在上节中做了较详细的介绍，这些方法均可用于品牌定位的测度。我们通过对品牌定位的测度以及与期望的或者说设计的品牌定位目标进行比较，即可发现两者之间是否存在差异。如有差异，需要分析原因：是表达不清的问题，还是没理解的问题，要不要强化，怎样强化，或者是否需要重新定位等。这些信息应及时反馈到公司的品牌主管人员那里，促使公司层对品牌定位策略做出调整，或彻底重来（再定位）。一般来说，除非经过相当努力，品牌定位目标仍然无法达成，否则不要轻易放弃原有定位。综上所述，品牌定位的决策程序可以如图7-6所示。

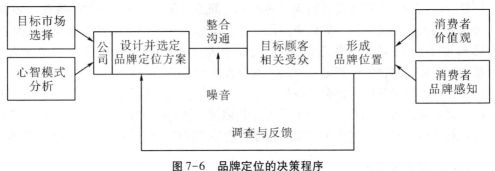

图7-6　品牌定位的决策程序

第四节　品牌定位策略

品牌定位策略是进行品牌定位点开发的策略，品牌定位点的开发是从企业经营者角度挖掘品牌特色的工作。必须强调的是，品牌定位点不是产品定位点，品牌定位点可以高于产品定位点，也可以与产品定位点相一致。品牌定位点的开发不局限于产品本身，它源于产品，也可以超越产品。具体来说，企业可以从品牌产品、目标市场、竞争对手、品牌识别的其他方面以及品牌关系等去寻找和开发品牌的定位点。

一、产品定位策略

（一）以产品功能为基点的定位

产品功能（包括质量）是产品的核心部分。事实上，产品之所以能为消费者接受，主要是因为它具有一定的功能，能够给消费者带来利益，满足消费者需求。如果某一产品具有独特的功能，能够给消费者带来特有的利益，满足消费者特别的需

求，那么这个品牌就具有了与其他产品品牌较明显的与功能性利益有关的差异化。比如，施乐复印机强调操作简便、复印出来的东西与原件几乎一样，其表现方式是让一个五岁的小女孩操作复印机，当她把原件与复印件交到她父亲手里时问："哪一个是原件？"另外，"高露洁，没有蛀牙""佳洁士，坚固牙齿"、西门子的"博大精深"、海尔的"007"冰箱（增加-7 ℃软冷冻室）等，都是以功能为基点的成功品牌定位案例。

（二）以产品外观为基点的定位

产品的外观是消费者最容易辨识的产品特征，也是消费者认可、接受某品牌产品的重要依据。产品形状本身就可形成一种市场优势。由此，企业如果选择产品的外观这个消费者最易辨识的产品特征作为品牌定位基点，则会使品牌更具鲜活性。如"白加黑"感冒药将"感冒药的颜色分为白、黑两种形式"，并以这种独特的外观表现形式为基础改革了传统感冒药的服用方式。这种全新形式本身就是该产品的一种定位策略，同时企业将其命名为"白加黑"，使名称本身就表达出品牌的特性及诉求点。再如，"Think small"（想想还是小的好），这是世界广告发展史上的经典之作。这一广告传达了品牌精髓，使德国大众汽车公司生产的大众金龟车（俗称"甲壳虫"）顺利进占美国这个汽车王国，并塑造了独特而可信的品牌形象。众所周知，在1973年发生世界性的石油危机之前，底特律的汽车制造商们一直都强调汽车要更长、更大、更豪华、更美观。因为自从人类进入汽车时代以来，轿车作为代步工具在很大程度上一直是身份、地位和财富的象征。相比之下，既小、又短，还很丑陋的"甲壳虫"有失常态。但是，这只"甲壳虫"把工薪阶层作为自己的目标市场，针对普通工薪阶层的购车欲望，推出了"小的更好、更实惠"的宣传广告，十分明确、清晰地表达了"甲壳虫"的品牌定位，消除了消费者的疑虑，坚定了消费者购买实惠车的决心，因为"想想还是小的好"。可以说，金龟车正是凭借其鲜明独特而精准的品牌定位，才成功地打入了美国市场及世界其他国家的汽车市场。

（三）以产品价格为基点的定位

价格是厂商与消费者之间分割利益最直接、最常见的指标，也是许多竞争对手在市场竞争中乐于采用的竞争手段。由此推理，价格也可作为品牌定位的有效工具。企业以价格为基点进行品牌定位，就是借助价格的高或低为消费者留下一个产品高端或低端的形象。一般而言，高价显示消费者事业成功、有较高的社会地位与较强的经济实力，比较容易得到上层消费者的青睐；低价则易赢得大众的芳心。

（四）以原产地为基点的定位

由于人文地理历史等方面的原因，世界大多数国家及地区同某些产品建立起了一种密切的关联，这种联系闻名于全球或全国，从而形成了一种地理竞争优势，这就是所谓的原产地，包括来源国和来源地。比如，我国历来以瓷器闻名于世，而江西景德镇则号称"瓷都"。图7-7则显示了消费品品牌的国家形象特征。

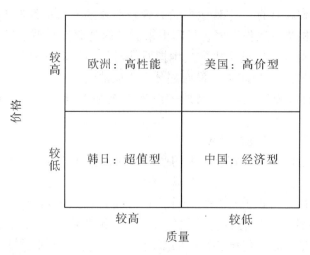

图 7-7　消费品品牌的国家形象特征

二、目标市场定位策略

（一）从使用者角度定位

这种定位点的开发，是把产品和一位用户或一类用户联系起来，直接表达出品牌产品的目标消费者，并排除掉其他消费群体。事实上，这种定位往往与品牌产品的利益点是相关的，暗示着产品能为消费者解决某个问题并带来特定的利益。如"太太"口服液，定位于已婚女士，其口号是"太太口服液，十足女人味"。这一定位既表达产品的使用者——太太，也表达了产品的功能性利益点——让太太拥有十足的女人味。再如国外有一种减肥药，定位于已婚或有男朋友的女士，其诉求点是"这就是你情敌今年夏天的服装"，边上配了一幅画：一位身材苗条的女士身穿比基尼泳装在海边沙滩上漫步。消费者一看即知品牌定位的使用者。再如"精明的母亲们选用 Jif 牌"；"吉列牌——男士们所能得到的最好的"；"雕牌"洗衣粉"只选对的，不选贵的"，定位于中低收入者。事实上，使用者定位是十分普遍的定位点开发来源，在表意类品牌中更为普通，如劳力士、斯沃琪、欧米茄等品牌，通常选使用者做形象代言人，展现品牌定位和象征。

（二）从使用场合和时间定位

来自泰国的红牛饮料是典型的代表，其原先的定位是"困了累了渴了，喝红牛"，强调其功能是迅速补充能量，消除疲劳。现在红牛的广告词改为"你的能量超乎你想象"，赋予品牌更深刻和更丰富的内涵与想象，创造出新的品牌联想。又如致中和五加皮的"回家每天喝一点"；青酒定位于朋友来了喝的酒——"喝杯青酒交个朋友"。"8 点以后"马克力薄饼声称是"适合 8 点以后吃的甜点"；米开威则自称为"可在两餐之间吃的甜点"。它们在时段上建立了区分。8 点以后想吃甜点的消费者会自然而然地想到"8 点以后"这个品牌；而在两餐之间的时间，首先会想到米开威。7-11 连锁店表明自家店是"早上七点开门，晚上十一点闭门"。蒙牛"早餐奶"迎合了国人"早餐要吃好"的观念。

（三）从消费者购买目的定位

在世界各地，请客送礼是一种普通的现象，在我国尤为普遍。但有一个区别，在国外，送礼人把礼物送给对方后鼓励对方打开来看看送的是什么，并询问其是否喜欢；送礼人还会说明为什么选了这个礼品，想表达什么意思。我们国人却与此有所不同，送的礼品往往是包得严严实实的，主人当场不予打开，送礼之人也不鼓励当场打开，也不说明为什么选择这件礼品。基于这一特殊国情，对我国的商家而言，就有一种品牌定位的新开发点：让礼品的品牌开口，代送礼人说话。如"心源素"代表子女说"爸爸，我爱你"，"保龄参"代表女婿的"一心一意"，"椰岛鹿龟酒"代表"子女对父母的孝顺"。这些品牌的意义，正是品牌定位的结果。许多儿童用品亦然，而且还多了一层定位，如"好吃又好玩""吃了还好玩""有趣""刺激"等。企业从消费者的购买动机寻找定位点，无疑也是一种可取的途径。

（四）从消费者生活方式定位

市场研究表明，企业根据消费者的生理属性来划分市场越来越难以把握目标市场了；而消费者的生活方式、生活态度、心理特性和文化观念变得越来越重要，已成为市场细分的重要标准。因此，从生活方式角度寻找品牌的定位点，成为越来越多"聪明"企业的选择，如针对职业女性的定位、针对喜欢户外活动人群的定位、针对关爱家庭的人群定位等。针对现代社会消费者追求个性、展现自我的需要，品牌通过定位可以赋予品牌相应的意义。消费者在选购和享用品牌产品的过程中，展示自我，表达个性。如贝克啤酒的"喝贝克，听自己的"强调独立自主、不随大流的个性。

三、竞争者定位策略

品牌定位本身就隐含着竞争性。上面提到的定位方法在选择定位时并不直接针对竞争者，而是考虑产品性能、功能性利益、使用场合等因素，然后分析竞争性品牌在什么位置，再确立本品牌的定位。而从品牌的竞争角度定位，则把竞争者作为定位的坐标或基准点，再确定本品牌的定位点。

（一）首次定位或第一定位

品牌首次定位或品牌的第一定位，就是要寻找基本上没有竞争者的消费者品牌定位感知图，在这张图上，打上你这个唯一的品牌。定位论的两位先驱特别看重"第一"。他们强调消费者往往只记住第一，这犹如体育比赛中，冠军大家都知道，但第二名、第三名几乎无人能记住，道理完全相同。这种首次定位或第一定位，就是要寻找消费者的空白心智，甚至创造性地发现或制造这种空白点。如七喜的非可乐定位，第一个叫出了"非可乐"软饮料这个名称；而李宁宣称"做中国人自己的运动服装"。

（二）比附定位

这时的定位点挖掘是以竞争者为参考点，在其周边寻找突破口，同时又与竞争者相联系，尤其是当竞争者是市场领导者时，这种定位能突出相对弱小品牌的"气势"。在具体操作上，品牌定位者要肯定竞争者的位置，然后用"但……"来强调本品牌的特色。一个不断被引用的例子是美国安飞士汽车租赁公司（AVIS）以"我们是第二，但我们更努力"的定位而大获成功；同样，雷克萨斯说，"用36 000美元就可以买到价值73 000美元的汽车"。

在当前关于品牌是走专业化之路还是走多元化之路的争论中，品牌可从竞争对手的多元化后面另辟蹊径，强调其精益求精、集中资源做好一样产品的专业化特点，如"格力——空调专家"。当然，真正的专家，不仅专注于一件事，而且要做得比别人精、比别人好、比别人更令人满意，这样才能名副其实。

（三）进攻式或防御式定位

比附式定位的原则往往不是去进攻或排挤已有品牌的位置，而是遵守现有秩序和消费者的认知模式，在现有框架中选择一个相安无事的位置，服务于某个目标市场。但进攻式或防御式定位点是为了侵占其他品牌的市场地位或防御其他品牌的进攻而采取的定位点。这个定位点，也称为竞争性定位点。如飘柔的主定位点是使头发"飘逸顺滑"，但也把"去屑"作为副定位，这对海飞丝而言就是一种带有攻击性的定位。而联合利华推出的清扬洗发水声称自己是"深层洁净，持久去屑"更是直接把海飞丝作为进攻对象。

四、其他品牌定位策略

品牌识别是比品牌定位更宏观、更内在的东西。卡菲勒认为品牌定位只是品牌丰富含义及其潜在价值的一部分。品牌识别是其内容与形式、风格与文字、图像与音乐的完整统一体。品牌定位在一定条件下可以调整和再定位，但品牌识别应恒久不变。因此，品牌定位只是品牌识别的一个方面，是填充目标市场顾客的心智空白处而理性选择的结果；这样，品牌定位可以从品牌识别的多个角度去筛选定位点，具体来说，可从以下几个角度考虑：

（一）从品牌个性角度定位

品牌的个性可能在品牌设计阶段就已确立，也可能是在品牌监护人的运作下自然形成的。但品牌个性一旦形成，即可以作为品牌的定位点，如舒肤佳代表了"妈妈的爱心"，万宝路代表了"强壮、冒险、勇敢"，李维斯则说"不同的酷（与cool谐音），相同的裤"等。品牌个性是通过广告宣传与消费者的购买体验而逐渐得以强化的。

（二）从品牌文化特征定位

品牌文化有品牌自身特有的历史文化，也有品牌来源的地域文化。品牌的文化定位点也可以从几个不同的角度去考虑。如香水，可以定位为真正来自法国的浪漫气息。再如奔驰公司在一百多年的汽车制造史上形成了独特的品牌价值观，那就是高质量、可靠、安全、技术超前等，公司推出的每款新车都不断地证实这样的价值。公司的基本定位是"奔驰，通过设计和技术的完美组合，创造质量和性能极优的轿车"，表现在其SL型汽车上，便是将古典的优雅和令人振奋的感觉及动力融合在一起。对奔驰这样的老牌公司，标记和名称已浓缩了企业的文化和价值理念，本身就是一种无声的定位。同样，我国也有许多文化定位的品牌，如红旗轿车"中国人，坐中国的红旗车"，南方黑芝麻糊"一股浓香，万缕温暖"。

（三）从品牌与消费者之间的关系定位

品牌与消费者的结合点是寻找品牌定位点的又一条途径。品牌与消费者的关系反映了品牌对消费者的态度：是友好、乐意帮助，是关心爱护、体贴入微，或是其他态度。例如，海尔冰箱每推出一个新产品总有一个诉求点，"真诚到永远"——不断帮助顾客解决他们遇到的各种问题。所以，海尔从与顾客的关系角度出发，定位为"真诚、友好、关心"。

本章小结

品牌定位是指在市场细分和调研的基础上，品牌定位者发现或创造出品牌（产品）独特的差异点，并与目标消费者心智中的空白点进行匹配择优，从而确定出一个独特的品牌位置，然后借助整合传播手段在消费者心智中打上深深的烙印，建立起强有力的联想和独特印象的策略性行为。从定位角度讲，消费者的心智模式或思考模式有以下五个特点：一是消费者只能接收有限的信息，二是消费者喜欢简单的而非复杂的，三是消费者因缺乏安全感而跟随，四是消费者对品牌的印象不会轻易改变，五是消费者的想法容易因品牌延伸或修改定位而失去焦点。有效的品牌定位，有助于消费者记住品牌传达的信息，品牌定位是品牌整合营销传播的基础，任何提高品牌知名度的活动都必须以品牌定位为目标。品牌定位要遵循一些基本的定位原则，品牌定位应实现品牌核心价值的高度差异化；成功的定位策略应是市场导向型的，即品牌定位者应针对目标消费者的需要进行品牌定位；品牌定位要简明，要抓住关键点；品牌定位要一以贯之，并不断强化；品牌定位要以情动人，情理交融；品牌定位要以图文并茂的方式展现。

品牌定位的分析工具主要有 ZMET 技术、品牌定位感知图和投射技术。

在了解消费者心智模式和品牌定位原则后，品牌定位者便可以开始具体的品牌定位工作。品牌定位运作是一个循环的过程，即品牌定位调研→品牌定位设计→整合沟通→品牌定位形成→品牌定位测度、反馈、强化或再定位的过程。从策略上讲，品牌定位可以从品牌产品、目标市场、竞争者以及其他的品牌识别方面，全方位地去寻找和开发品牌的定位点。

思考题

1. 什么是品牌定位？它与品牌识别是何关系？
2. 为什么要进行品牌定位？
3. 试举例说明，如何进行品牌定位？
4. ZMET 技术、品牌定位感知图和投射技术的基本原理各是什么？
5. 品牌有哪些定位策略？品牌识别包括品牌价值都可以作为品牌定位的选择，这种观念对吗？

6. 品牌定位能否采用跟随战略？为什么？

7. 你是怎么理解品牌定位和品牌联想之间的关系的？

案例分析题

沧桑百年，无问西东：王老吉的品牌定位之路①

2017 年 8 月 16 日，历时 5 年之久、涉及约 16.5 亿元赔偿金额的"中国包装装潢案第一案"终于落下帷幕，最高人民法院终审判决：广药集团和加多宝可在不损害他人合法利益的前提下，共享"红罐王老吉凉茶"包装装潢的权益，双方互不侵权，互不赔偿。

期颐耄耋，始闻凉茶之名

"广州凉茶满街巷，王老吉来三虎堂；更有神农癍痧茶，廿四味中妙药藏。王老吉，王老吉，四时感冒最使得，饮一茶啦最止咳。"2017 年，王老吉在广州花城汇北区 891 街道开设第一家线下现泡茶概念店"1828 王老吉"，探索近年来渐受资本和年轻消费者追捧的"新式茶饮"市场，加入喜茶、奈雪的茶、嫩绿茶、因味茶等个性化品牌茶饮的"混战"。

区别于王老吉罐装凉茶生产线的模式，"1828 王老吉"采用了现场泡制、现场包装的模式。外观设计上，整体的装修风格还是原来的配方和原来的色调——以红色调为主，风格偏中式。无论是其门头、杯子还是员工工装，都是一片红火，很有辨识度；产品展示上，除了进行药材原料展示，门口做了一个显眼的红色柱子状茶饮杯，并标注品牌特性"1828 王老吉现泡凉茶"。销售模式上，"1828 王老吉"目前仍采用"即买即走"的模式，也开始注重当下火热的新式茶饮店的环境体验部分；在定价上，王老吉经典凉茶售价为 24 元，最贵的单品是炖品桃胶皂角米银耳羹，售价为 29 元，其他的大部分饮品定价在 15~22 元。产品布设上，王老吉实体店共有 32 款产品，品类多元，除了 4 大类 18 种茶外，还包括炖品、汤、手工饼，并将养生概念融入每款产品中。突出凉茶产品的功能性，如"祛湿凉茶""润燥凉茶"。分类上也多往天然养生概念上靠，如"冰萃草本""汉方草本""食养仙膏""滋养炖品"等。同时，引入时下热卖的水果茶，旨在吸引年轻消费者，品类包括红宝石西柚、百香果宾治等 4 种，当然，其水果茶类别也加了前缀"养生"，名为"养生水果茶"。该门店突破了市面上一般饮品店的常规陈设，新加入炖品，包括桃胶皂角银耳羹、百合琵琶炖雪梨、蔓越莓莲子木瓜羹及杨枝甘露 4 个品类。另外还有手工饼，目前虽略显另类，但也都融入了养生元素，像猴头菇手工饼、枸杞香橙手工饼等便是如此。

190 年来，王老吉凉茶的产品形式经历了水碗凉茶—凉茶包—凉茶粉—凉茶饮料等载体变化，但始终坚持纯正经典的王老吉凉茶配方，层层甄选优质三花三草（金银花、鸡蛋花、菊花，以及仙草、甘草、夏枯草），经传统工艺精心熬制，多年

① 本案例摘选自中国管理案例共享中心。

来致力于凉茶配方的创新研发，使凉茶口感甘甜，且更接近饮料的味道，满足了全国各地不同消费者的口感要求，甚至将"凉茶"作为一种文化传播至世界各地。

王老吉作为中国凉茶产业的领军者，大力推进凉茶产业的健康发展，建造全球规模最大、内涵最丰富的凉茶博物馆，倡导举办凉茶文化节，还携手瑞士SGS全球率先启动凉茶国际标准研究，积极发挥科研优势，提升产品品质，加大对新品研发和推广的力度，将中医药保健消费打造成健康新时尚，做活做强大健康产业，将王老吉打造成具有影响力的世界品牌。

道阻且长，方传凉茶之道

1. 凉茶是预防上火的饮料还是延年益寿的中药？

2002年以前，红色罐装王老吉在广东、浙南地区销量稳定，盈利状况良好，有比较固定的消费群，销售业绩连续几年维持在一亿多元。企业高层想要进一步将市场规模扩大，但此时原本的优势成为困扰企业继续成长的障碍，首当其冲的就是：红罐王老吉是当凉茶卖还是当饮料卖？

传统凉茶下火功效显著，广州当地的消费者多定期服用颗粒冲剂或者从凉茶铺购买熬制，药的属性定位深入人心，自是无须也不能经常服用凉茶。王老吉作为有上百年历史的中华老字号品牌，在广州人的心中更是凉茶的代名词。然而，红色罐装王老吉的出现，尽管配方源自香港王氏后人，但是经国家审核批准的食字号产品，其气味、颜色、包装都与广东消费者观念中的传统凉茶有很大区别，而且口感偏甜，按中国"良药苦口"的传统观念，消费者自然感觉其"降火"的药力不足，当有了"下火"需求时，不如到凉茶铺购买，或自家煎煮。所以，对消费者来说，在最讲究功效的凉茶中，它也不是一个好的选择，但如果将其作为"饮料"来售卖，金银花、甘草、菊花等草本植物熬制带来的淡淡的中药味，不仅影响饮料的口感，而且也使其很难面对饮料行业的激烈竞争，也难以与可口可乐、百事可乐为代表的碳酸饮料，以康师傅、统一为代表的茶饮料、果汁饮料等饮料品类区分开来。更何况在依靠服用牛黄解毒片等药物进行去火的其他地区，人们甚至连"凉茶"的概念都没有，更不会花费饮料的价格购买"凉白开""凉茶水"。

因此，在2002年底，当成美营销顾问公司按到红罐王老吉的广告项目时，首当其冲的是与公司高层进行沟通，暂停广告片的拍摄，先对红罐王老吉进行品牌定位。显然，红罐王老吉的定位不能与广东、浙南的原有消费者的现有认知发生冲突，在对消费者、零售商、经销商以及竞争者进行市场调查后进一步划分细分市场。研究发现，广东的消费者饮用红罐王老吉主要在烧烤、登山等场合。其原因不外乎"吃烧烤容易上火，喝一罐先预防一下""可能会上火，但这时候没有必要吃牛黄解毒片"。而在浙南，饮用场合主要集中在"外出就餐、聚会、家庭"。在对当地饮食文化的了解过程中，研究人员发现：该地区消费者对于"上火"的担忧比广东有过之而无不及，如消费者座谈会桌上的话梅蜜饯、可口可乐都被说成了"会上火"的危险品而无人问津。而他们对红罐王老吉的评价是"不会上火"，"健康，小孩老人都能喝，不会引起上火"。

从消费者认知和购买行为来看，鲜有消费者对红罐王老吉有治疗要求，而是作为一个功能饮料购买，购买红罐王老吉的真实动机是用于预防上火，如希望在品尝烧烤时减少上火情况发生等，而真正上火时可能会采用药物来治疗。另外，从市场份额角度来看，红罐王老吉的直接竞争对手，如菊花茶、清凉茶等由于缺乏品牌推广，仅仅是低价渗透市场，并未占据预防上火的饮料的定位。而可乐、茶饮料、果汁饮料、水等明显不具备"预防上火"的功能，仅仅是间接的竞争。王老吉的"凉茶始祖"身份以及传承近两百年的神秘中草药配方，让红罐王老吉有了最正宗的身份做"预防上火的饮料"。由于"预防上火"是消费者购买红罐王老吉的真实动机，自然有利于巩固和加强原有市场。而能否满足企业对于新定位"进军全国市场"的期望，则成为下一步研究工作。通过二手资料、专家访谈等研究表明，中国几千年的中医概念"清热祛火"在全国广为普及，"上火"的概念也在各地深入人心，这就使红罐王老吉突破了凉茶概念的地域局限。研究人员认为："做好了这个宣传概念的转移，只要有中国人的地方，红罐王老吉就能活下去。"

在研究一个多月后，成美提交了品牌定位研究报告，首先明确红罐王老吉是在饮料行业中竞争，竞争对手应是其他饮料；其品牌定位是"预防上火的饮料"，独特的价值在于喝红罐王老吉能预防上火，比一般的饮料拥有更多功能，同时又与传统凉茶区分，让消费者能无忧地尽情享受生活：吃煎炸、香辣美食，烧烤，通宵达旦看足球……这样一来，王老吉"淡淡的中药味"变成了"预防上火"的功能体现，通过"上火"这个全国普遍性的中医概念，走出"凉茶"在广东、浙南地区的局限，同时避开饮料市场的激烈竞争，市场细分出独立品类。此后，王老吉围绕这一品牌定位进行了一系列广告营销，随着王老吉上火篇、王老吉聚会篇、王老吉火锅篇等广告创意在各大电视台、地铁站陆续播出，深入人心的"怕上火，喝正宗王老吉"带来了王老吉销量的持续增长，2002年至2008年，其销售收入从2亿元迅速攀升至120亿元。可见其品牌定位相当成功。

2017年7月1日，《中华人民共和国中医药法》正式施行，标志着中医药产业正在迎来新机遇并步入新的发展时期。广药集团作为我国最大的中成药制造基地，首倡"时尚中药"理念，着手拓展国内、国际两大市场。目前，广药集团正以"时尚中药"理念为纲，以升级产品品质和商业模式为要，大力推动王老吉的现代化、国际化、大众化，带领这个有190年历史的凉茶品牌朝着世界级饮料巨头的目标大步迈进。但12月5日广药集团董事长李楚源在广州国际科技头脑风暴大会上宣布的"国家863计划研究结果表明，喝王老吉可延长寿命大约10%"，瞬间引爆业内外的广泛讨论，众多网民也加入其中，关于该说法的事实依据和可信度让王老吉受到了外界的质疑，甚至有网友表示，"怕上火，就喝王老吉"是要改成"怕死，就喝王老吉续命"了吗？

2. 正宗红罐吉文化还是年轻黑罐星巴克？

新春之际，王老吉所代表的中国传统凉茶文化和品牌"吉文化"内涵正在通过一系列场景传递至全国的千家万户，使"中国红"成为全国消费者最美好的新春贺礼。

2月12日，2018迎春花市系列活动启动暨灯光音乐会亮灯仪式在广州海心沙广场举行，东道主王老吉特别打造的限量版定制罐"花城罐"也正式亮相，在春节即将到来之际向全国人民送上了新春的祝福。广州一年四季繁花似锦，"花城"美誉已有1700多年的历史，从2013年就开始举办的"广州过年，花城看花"系列活动，并已经成为广州市重要的"城市名片"。针对今年的活动，王老吉在饮料行业首次使用4.0私人订制技术，在传统"中国红"设计元素基础上，融合广州花城市吉祥物"花花"和"城城"的卡通造型，推出凉茶行业私人订制的"花城罐"，满足消费者个性喜好，顺应消费升级趋势。

此外，广州市旅游局还组织上百位国际旅游知名人士参观广药集团属下神农草堂及王老吉博物馆，展区共分为溯源篇、兴起篇、创新篇、繁盛篇、原理篇、展望篇6大主题，通过老照片、实物以及多媒体等手段，全面介绍了中国凉茶的古今发展和养生机理，以及王老吉的传奇故事、辉煌成就，将数千文物浓缩成一部中国凉茶史。

除了广州当地的活动，王老吉也继续启动了第六届"让爱吉时回家"的公益活动，联合数十家合作伙伴成立爱心公益联盟，通过城市爱心专列、报销车费等方式，帮助近3000名游子回家团圆，通过"团聚""思乡"等潜在场景，与消费者建立情感共鸣，强化"吉文化"的内涵。同时，围绕春运场景，王老吉还在湖南、浙江、广东、北京、上海等超过41个省（直辖市）展开户外广告投放。线上"过吉祥年，就喝王老吉"的广告更是在春节期间频繁地出现在中央电视台以及湖南卫视、浙江卫视、江苏卫视、东方卫视等一线卫视中，传递着王老吉的新春问候和王老吉所代表的春节"吉文化"。

早在1997年，王老吉凉茶广药与加多宝签订商标许可使用合同时就采用的红罐包装，2012年到2017年闹得沸沸扬扬的"中国包装装潢第一案"也始终围绕着"王老吉凉茶红罐包装"这一问题。究其原因，红罐包装的红黄黑三种色调，通过产品包装传达"预防上火"功效的视觉语言，吉祥包装也恰如其分地结合了民族文化，符合凉茶传统中医文化与清热止渴解暑保健饮品定位，具有地道本土文化与悠久历史背景，象征着传统意义和文化认同感。

不断迭代和应季的包装满足了消费者的需求。王老吉根据不同的时间节点，不断地吸引年轻人的注意力，夏天有畅饮随行的pet瓶装和态度罐，过年喜庆氛围有吉祥罐，游戏聚会时有王老吉黑凉茶风暴英雄罐。

王老吉推出的黑凉茶，突破了王老吉一贯使用的红色系列，大胆采用了黑色作为主色调，同时里面采用了大量图标，包括箭头、爱心、飞机等元素，用电玩风格去展现出二次元调性，以高端炫酷风捕获年轻人的心。但也有人表示，王老吉与加多宝"红罐凉茶之争"刚刚获得最高人民法院终审判决与加多宝"共享红罐"，王老吉就在9月7日针对年轻消费者推出黑罐凉茶，那么之前战火弥漫的"红罐"包装装潢争夺又是为何？也有人表示，这样"不像凉茶"的包装真的能吸引年轻人吗？

2017年王老吉还发生了一件"大事"，12月16日"1828王老吉现泡凉茶"4家实体店分别在广州珠江新城花城汇北区、中区、南区、地铁口同步开业，预示着王老吉正式跨界布局即饮茶品类的餐饮业态。1828 王老吉门店分为 5 个区域：葫芦里、吉快速、吉手造、吉乐加和谈笑间。葫芦里三个字取义于中国的老话——葫芦里卖的什么药。透明的容器里是该品牌的主打产品——6 款汉方草本凉茶；吉快速则类似于奶茶店的流程，让客户在 90 秒内喝到一杯"现泡凉茶"；吉手造是个性定制化区域，客户可以根据自己爱好在店员指导下搭配，DIY 凉茶……据大洋网报道，去年 12 月 13 日，王老吉餐饮公司副总经理表示，2018 年将加快开店的步伐，争取到 2021 年，在全国范围内实现 3 000 家门店的运营规模，因此也有人戏称王老吉这是要做中国版的星巴克。

[案例思考]

1. 现泡茶概念店"1828 王老吉"的市场定位是什么？它对王老吉品牌形象的影响如何？

2. 你如何评价王老吉针对年轻消费者推出的黑罐凉茶？

3. 王老吉作为中华老字号，较其竞争对手加多宝的优势在哪里？

4. 根据品牌定位理论，王老吉应如何实现品牌的传承与创新？

第八章
品牌推广

　　企业要实现品牌营销战略目标，将品牌定位点真正在目标顾客中打上深刻的、美好的烙印，在消费者的头脑中产生强有力的、偏好的和独特的品牌联想，必须经过品牌推广这一环节。品牌形成的过程就是品牌在消费者中间传播的过程，也是消费者对某一品牌建立了解的过程。所以，品牌推广是品牌建设的重要环节，对于成功塑造品牌形象具有重大意义。

第一节　品牌推广的意义

一、品牌推广含义

（一）品牌推广的概念

　　品牌推广，又称为品牌传播，是指企业在顾客心中建立预期的品牌知识结构和激发顾客购买反应的一系列品牌与顾客之间的沟通活动。具体来说，就是企业通过一整套有效率的品牌传播组合工具，诸如广告、公关等，使品牌为广大消费者所熟悉，进而提高品牌知名度、品质认知度和品牌美誉度，建立品牌忠诚度，为提升企业核心竞争力打下坚实的基础。从某种意义上讲，品牌传播是品牌的"声音"，是与顾客对话和建立密切关系的手段。

　　理论上，品牌推广包含狭义的和广义的品牌推广两层含义。狭义的品牌推广是指品牌知名度的推广，而品牌名称则是整个品牌推广活动的开端。广义的品牌推广是与品牌资产价值形成有关的所有品牌营销活动。从这个角度看，企业员工及其利益相关者（包括企业的供应商、经销商、服务商、股东及债权人、社区等）是品牌最好的推广者。因此，品牌推广既应当包括向外（市场）的品牌推广，更需要重视向内（利益相关者）的品牌推广。很多企业非常重视向外的品牌推广活动，而忽视了向内的品牌推广活动，使得企业员工及企业利益相关者缺乏对有关品牌的基本知识，包括品牌历史、品牌价值、品牌识别、品牌定位以及品牌发展战略目标等。试想一下，如果与品牌直接关联的企业局内人都不清楚品牌是什么的话，他们怎么能够维护品牌形象与权益，企业怎样能够积累品牌资产呢？所以，品牌战略家们必须高度重视品牌内部推广活动及其效果。

　　品牌推广是产品推广的高级阶段。品牌推广的目的是，以吸引和挽留目标市场顾客为中心，并与其建立起牢固的、排他性的关系，最终扩大品牌产品的销量、建立品牌顾客关系和积累品牌资产。品牌推广的意义主要表现在：①品牌推广有利于建立和强化消费者的品牌认知。品牌推广总是以品牌定位推广为重心，兼顾品牌核心识别要素与品牌价值体现，采取整合营销传播手段，选择并使用各种品牌传播工具，使目标顾客建立起有关自己品牌的知识结构，实现品牌定位目标。②品牌推广有利于满足消费者的心理需要。消费者不仅有物质方面的需要，还有精神方面的需要。现代社会基于物质产品的多样化和同质化，追求精神需要在消费者心中占据着越来越重要的地位。而品牌推广则较好地满足了顾客这方面的需要，因为它围绕品牌定位展开市场营销活动，以产品为载体，出售的是一种特别的东西，我们称这种东西为品牌个性、品牌内涵。③品牌推广有利于企业积累品牌资产。因为它不是以产品为中心，而是以顾客为中心，以寻找、吸引、挽留目标消费者并与他们建立起牢固的排他性合作关系为目的。这种关系一旦建立，就能获得长期稳定的收益。

（二）品牌推广内容和工具的关系

品牌推广内容与品牌推广工具是什么关系？之所以提出这个问题，是因为许多人搞不清楚它们之间的区别，经常将两个截然不同的问题混为一谈。

就问题本身而言，品牌推广内容应该包括"品牌推广什么""推广要求达到怎样的目标"这样的问题，即品牌推广对象及其目标。因此，品牌推广的内容是：作为符号的品牌，也就是品牌知名度的推广应该是品牌推广的初始工作，品牌识别元素（4大类、12个元素，具体知识点见品牌识别一章）构成了品牌推广对象的全集；而品牌定位、品牌文化、品牌核心识别元素和品牌价值体现是品牌推广的焦点。总之，品牌识别系统极大地丰富了品牌的内涵和品牌推广内容的选择空间，加深了顾客对品牌名称等符号的记忆。

品牌推广工具解决的是"怎么达成既定的目标"的问题，即企业采取哪些工具、方式，来实现品牌推广计划目标。品牌推广工具，除了包括传统的产品促销工具（广告、销售促进、公共关系与公共宣传、人员推销、直接营销）外，还包括员工、品牌价值链成员、品牌代言人、体验店、网络、事件营销与赛事赞助等推广方式，此外，产品价格、包装及领导人等也可以作为品牌推广的途径。可见，品牌推广工具十分丰富，企业具体选择哪些工具应该根据品牌推广的对象及其目标来确定，这就是所谓的品牌推广策略问题。

二、信息传播处理模型

早在1948年，哈罗德·拉斯韦尔（Harold Lasswell）就提出了传播过程的五个要素，又称为"5W模式"，即"谁（who）→说什么（say what）→通过什么渠道（in which channel）→对谁（to whom）→取得什么效果（with what effects）"。后来，学者们又增加了反馈和噪声两个要素，使得该传播模式理论更加完善，具体如图8-1所示。

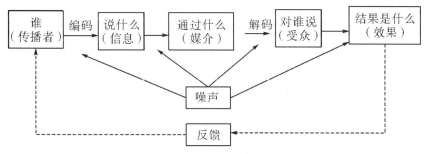

图 8-1 信息传播过程图

从品牌来看，品牌主是品牌信息的发布者，他需要将品牌的有关信息如品牌定位点，以人们能够理解的某种方式如文字、图片、电视画面等表现出来，然后通过传播媒介向目标受众（信息的接收者）传递，最后需要对照事前确定的品牌传播目标检测传播的实际效果，这些检测结果要能及时反馈给信息发布者。整个信息传播过程都将受到各种因素的干扰（噪声），使得传播效果存在无法达到预期目标的风险，如品牌发布的信息表述不清或者没有突出重点，目标受众没能接触到这些信息，媒介公司对信息表达方式的设计缺乏吸引力，竞争品牌大量模仿或发布更具吸引力的信息等，都可能对品牌主所期望达到的效果产生负面影响。因此，实时监测可能的干扰因素，及时排查其影响是保证传播质量必不可少的活动。

事实上，品牌推广就是企业与其顾客就品牌话题展开的互动沟通活动。任何一次沟通活动都将依序经历以下环节，如果上一个步骤中止的话，就不会再有下一个步骤：

（1）展示：他（目标受众，是品牌信息的接收者，下同）必须看到或听到这个品牌传播。

（2）注意：他必须注意到这个品牌传播。

（3）理解：他必须理解传播者传递给他的信息或意图。

（4）反应：他必须对传播所传递的信息做出积极的响应。

（5）意向：他必须根据传播的信息准备采取行动。

（6）行动：他必须真正地采取购买行动。

所以，企业制订一个成功的品牌传播方案（使品牌产品最终实现销售），其难点在于以上六个步骤每一步都必须能够实现，否则就是不成功的。假设这六个步骤相互独立，则根据概率论，每一步都成功的概率为 50%，则最终结果是 1.562 5%。可见，企业要将品牌相关信息传播给目标受众并实现最终目标是一件困难而复杂的工作。为了提高品牌信息传播的有效性，提高品牌沟通的实际效果，必须依据选择性注意、选择性理解和选择性记忆等理论，精心策划，长期坚持。在传播过程中的各个步骤应该重点加以注意的是：

（1）展示：目标受众喜爱的接收信息渠道是什么？也就是说，信息传播者首先应当清楚地了解自己的沟通对象是通过哪些渠道获取信息的。譬如，某个老年人保健品品牌的营销者就不应把网络作为传播渠道，因为这是经营青年人用品品牌的营销者的有效沟通渠道。

（2）注意：信息内容和形式与众不同，且要符合受众的"口味"。新奇的信息本身对目标受众具有很强的吸引力，对于迅速提升品牌知名度具有很高的价值。例如，"喝生命水，送超值美钻"是不是很有吸引力？生动而有趣的广告艺术形式征服了无数消费者的心。同时，信息要符合受众的"口味"，比如品牌代言人——明星、演员等形象要与目标受众的形象或者他们所期望的形象相一致，合人心意。

（3）理解：传递的信息要通俗易懂，符合当地人的语言表达习惯效果更好。如果你看到某品牌红酒的电视广告是一位来自法国的酿造大师说着一大堆法语向你介绍该品牌的特征，你做何感想呢？有多少中国人懂法语？品牌传播一定要使用当地人能够理解的语言文字，而且越通俗易懂、越本土化，效果越好，这就是为什么广告中使用隐喻技术和方言的原因，因为这样无形中拉近了品牌与顾客之间的关系。

（4）反应：信息要和目标市场顾客的文化传统相匹配。品牌传播的信息一定要符合当地人的价值观、风俗习惯、宗教文化，这样品牌才能够被当地人接受。

（5）意向：品牌定位最好是填补了顾客心智空白点。心智空白点是顾客想得到，而没有得到的东西。品牌定位填补了顾客心智空白点，可以使顾客感受到：这个品牌所提供的东西正是我一直想要的，好像是专为我定制的。

（6）行动：传播的信息要具有煽动性和刺激行动的作用。例如，在目前流行的光棍节（11 月 11 日）那天，各家购物网站推出的品牌让利优惠活动，极大地刺激了消费者购买欲望，同时也提高了品牌知名度。

专栏：小故事·大启示

8周！卖火生命水

在零下 20 摄氏度的冬季，仅花 8 周时间，在一个人口 100 来万的东北地级市，让一种健康饮品——生命水的销售达到旺季时的 30 倍，你信吗？喝生命水，送超值美钻？而且送的面积大，不用买很多水就可以得到。这样才足够酷，才绝对超值，才不会被竞争者迅速跟进。活动的规则是：第一，买价值 100 元，即 2 箱的水，不仅有机会免费得到价值 5 600 元的钻石——8 周共送出 100 颗！采取抽奖方式确定获得者。此外还可以得到一张 800 元的钻石抵价券。第二，一切规定在活动期内有效，消费者在指定的珠宝行里购买钻戒，享有 7 折优惠。购买一颗钻戒，一次最多可使用两张美钻抵价券。

对于那些购买生命水的消费者，到指定的珠宝店购买市价 5 600 元的钻戒，首先打 7 折，即 3 920 元；再抵 800 元的抵价券。这样，只要 3 120 元就能得到原本要花 5 600 元才能买到的钻戒。活动还规定，消费者最多可以使用两张抵价券，这样消费者最少花 2 320 元就可以得到一个价值 5 600 元的钻石。

如果购买 2 000 元的钻石，七折打到 1 400 元，规定可以使用一张抵价券，那么消费者再花 600 元就可以得到一颗钻石。如果某顾客购买 4 箱水（送 2 张抵价券），原本 5 600 元的钻石只需 2 320 元就能得到，2 000 元的钻石只需花 600 元就可购得。钻石绝对货真价实，经权威部门鉴定公证。

　　这种促销力度，有吸引力吗？卖100送800，如何？可能你满脑子疑问：卖水，送美钻？你一定以为厂家疯了，这样的促销还不亏个底朝天？珠宝店凭什么提供这么大的折扣？它难道是在为生命水的促销免费作秀，吐血赠送？或者，它是在玩"先提价，后打折"的猫腻？再或者，生产生命水的厂家背后补贴珠宝店的损失？

　　可以明确地告诉大家，都不是！事实上，卖水厂家的促销压根就没花钱。珠宝店不是慈善机构，5 600元的美钻是正常的市场零售价格，而企业更不会做亏本生意。那么，5 600元的美钻只卖2 320元，在商业上怎么可能呢？

　　促销方案解密：在珠宝市场上，钻戒上面的"裸钻"很大部分都来自进口，之后再由国内的珠宝企业加上白金托，这样就成了钻戒成品。钻戒成品，还不是由厂家直接流到珠宝行，中间仍有环节。在每一个流通环节上的利润截留，导致了我们在珠宝行里所见到的钻戒价高无比。比如：20分的"裸钻"国外供应商出货价一般是1 000元左右，钻戒厂家加上的白金托是260元，钻戒也不过1 260元，但是珠宝行的零售价是5 600元。从1 260元到5 600元，就是流通里的增值部分。

　　正是如此大的差价空间，给促销方案带来了生机。于是，我们找到钻石供应商，要求大批量进货（进的是裸钻），得到的价格很平。之后，我们再找到当地最大的珠宝行，要求和珠宝行联合完成这次促销活动。我们给珠宝行的价格，远远要低于珠宝行在正常渠道进货的价格，而且我们的促销活动又能给他带来众多的顾客，最厉害的是还可以赚取大量加工费用并打击同业！同时，我们要求珠宝行按原零售价的70%降价卖给消费者，以吸引更多顾客，但额外的要求是消费者要参加我们的活动，凭活动券才可以获得优惠。

　　这样，消费者只花了一半的价钱就得到了美钻，而对于该企业而言，10分钻戒成本只需400元左右，而消费者购买它最少得花600元；20分钻戒成本为1 260元，消费者购买时最少花费2 320元。也就是说，消费者只要购买钻石，卖家就赚钱，而且这个差价还不小，即使算上与当地钻石商的分成，企业仍有较高的利润空间，完全可以贴补送出去的100颗钻石。这样看来，我们不但送得起美钻，还能在美钻上获得甚至超过卖生命水的利润，还怕赠送的面积大吗？对于珠宝行来说，这样的联合不但给他们带来了商机和利润，更重要的是还带来了人气，对于一个珠宝行来说，有什么比人气还重要呢？对于消费者，更是100%得到了实惠，太超值了！

　　经过8周的上市促销，A企业的生命水上市获得了巨大的成功。企业利用冬季促销，不仅获得销售额的上升，一举成为当地市场饮品的强势品牌，并获得了多重的收获。我们可以看一组数据：渠道出货量达4万箱（均为款到发货）；终端销售近3万箱，平均每月1.5万箱，且呈现上升趋势；企业知名度在当地达到100%；大经销商发展为6家，终端客户达1 000家；营销队伍已从4人发展到30人，并在活动过程中得到了最实战的锻炼与提高；该市月销售量已稳定在旺季销量的30倍；8个品种14个规格的产品全面上市。

三、品牌推广模式

（一）单品牌推广模式

顾名思义，单品牌推广是指一个或多个品牌独立进行各自品牌推广活动。对于实施单一品牌战略的企业来说，就是在所有的品牌传播活动中使用统一的品牌名称，但在该品牌名下可以有多个系列和多个品种的产品。这种模式的优点在于品牌名称突出，有利于企业创建统一的品牌形象，有利于产品线延伸，有利于集中营销资源，取得品牌规模效益。这种模式的缺点在于随着品牌名下产品种类数量的增多，品牌识别与价值体现将变得模糊不清，顾客不再清楚品牌到底是干什么的。品牌名称覆盖的行业范围越广，不专业和贪婪的问题就越容易出现。因为顾客有许多品牌可供选择，当然不会花精力去琢磨你这个品牌代表什么。另外，企业使用统一的品牌推广主题，必然会抹杀各品牌产品的个性特征，使得顾客区分不同产品变得十分困难；并且当其中一种产品出现问题时，必然会殃及企业所有产品。

另一种情况是，如果厂商拥有多个品牌，每一个品牌各自独立地进行品牌推广活动，就极可能导致各个品牌的推广活动方案之间产生不协调、目标不一致的情况，引起企业资源浪费，而且企业品牌整体推广效果也会不好。假设，同属于一个汽车制造商的两个汽车品牌，一个汽车品牌在进行品质形象方面的塑造，而另一个汽车品牌则在大肆进行降价促销活动。想想顾客若看到这种情形会做何感想呢？因此，对于实施品牌组合战略的企业来说，协同组织各品牌推广活动是十分必要和重要的事情。

（二）品牌联合推广模式

如今，越来越多的品牌采用品牌联合推广模式，英特尔、可口可乐、麦当劳等也因此获得了成功。该模式是指品牌营销者从提升品牌价值，促进产品销售的目的出发，借助多个品牌联合向消费者提供产品或服务的推广模式。这些品牌既可以是来自内部的品牌，也可以是同外部品牌进行联合。与单一品牌推广模式相比，品牌联合推广模式可以借助内外品牌优势，从战术层面的广告宣传、公关活动和促销活动到战略层面上的品牌联盟、品牌规划，发挥协同优势和效应，从而丰富品牌内涵，提升品牌竞争力；同时，品牌联合推广模式可以强化品牌个性，突出差异化，为目标消费者提供更具价值的产品和服务。

品牌联合推广模式分为横向联合型和纵向联合型。横向联合型大多是联合品牌基于某一目标市场，进行小范围、局部的、短时期的推广活动，如"小天鹅"与"碧浪"在大中专院校联合开办的"小天鹅碧浪洗衣房"就对提高小天鹅洗衣机和碧浪洗衣粉品牌知名度都起到了积极的作用。与横向联合相比，纵向联合是指处于同一产品供应链的上下游企业品牌之间的联合。这其中最著名的实例当属英特尔的"Intel Inside"。1991年，英特尔做出一项重大决策，以附加优惠条件的形式要求采用其处理器的各家电脑厂商如当年的IBM、戴尔等在电脑主机、说明书、包装和广告上，加上英特尔商标。结果，在短短的18个月内，出现"Intel Inside"字眼的广告数量飙升至9万页以上，如果将这个数字换算成曝光次数，那么该商标的曝光次数更是高达 100 亿次。就在这 18 个月里，知晓英特尔品牌名称的电脑终端用户，从之前的 46% 上升到 80%，英特尔品牌知名度快速提高。

（三）纵联品牌推广模式

纵联品牌推广是指生产者控制着整个品牌增值过程，从产品开发直到商品零售。其中，最具代表性的是生产者将自己的品牌产品在专卖店进行销售。这一模式在服装、药品、食品、化妆品、家电、个人电脑、手机、汽车等许多行业较为流行，如"阿迪达斯"品牌专卖店遍及世界各地。与传统的品牌经营只注重产品的开发、设计、制造，然后销售给零售商相比，纵联品牌推广具有一定的优势。首先，它可以更好地了解和满足顾客的需求。由于生产者能够接触市场信息的源头，因此能够直接听取顾客对产品及服务的各种反映，并及时、准确地反馈给企业内部各部门，避免做出盲目的决策，从而对市场需求变化做出快速反应。其次，它可以降低成本。纵联品牌推广避免了生产商、批发商、零售商三者之间的摩擦成本，并把这种成本所获得的实惠传递给消费者，提升品牌竞争力；能够有效进行市场细分和物流配送，减少时间上的延误成本；同时，减少了顾客维护成本，最终提高顾客满意度与忠诚度。最后，它有利于突出和提升品牌形象。纵联品牌具有统一的店面形象，统一的广告制作与发布，统一的员工形象，而且还具有统一的企业理念，给消费者带来了强烈的视觉效果和环境氛围，从而增加了亲和力和信任感。

（四）直销推广模式

传统的消费品制造商，都是以中间商作为产品销售的渠道，经由批发商、零售商传递到消费者手中的。而雅芳则在 20 世纪 40 年代的时候，首开直销推广方式。产品由雅芳小姐通过组织朋友家庭聚会等方式进行推介销售，并给予相应的培训与指导，取得了巨大的成功。如今，这一模式进一步发展，戴尔及淘宝网上各品牌的网上直销便是这种模式在信息时代的发扬光大。

（五）柔性推广模式

柔性推广又称为模块推广，该模式源于现代生产方式中的柔性生产——一种由多条产品线结构性组合的生产组织方式。它将品牌形象/价值/个性分成若干个模块，又进一步将这些模块组合成"核心模块"和"选择性模块"两类。核心模块中确定的规则是企业不论在何时何地都必须遵守的，选择性模块则允许企业根据不同的市场需求、消费习惯、风俗等文化背景对其加以掌握，然后再把二者进行有机组合。这样做的好处是，既保证了品牌核心竞争力的稳定性，又能最大限度兼顾不同消费者的多样化需求，从而争取更多的消费者，使同一品牌在不同市场上保持共性的前提下发挥个性。例如，麦当劳在世界各地进行品牌推广时始终遵循"QSCV"的经营原则，Q 代表品质（quality），S 代表服务（service），C 代表清洁（cleanness），V 代表价值（value）。这些原则就是麦当劳品牌推广的核心模块，是麦当劳品牌形象的核心，是在任何时候、任何地方都不得改变的。它使得人们不论在任何时候、世界任何地方，都能很自然地把麦当劳与"Q""S""C""V"联系在一起。同时，麦当劳公司又根据不同消费群体的文化背景采取了具有一定差异的经营方针、措施，这些方针和措施就是麦当劳的"选择性模块"。

第二节 品牌推广的方式

一、品牌推广方式组合

品牌推广方式（也可称为品牌推广工具、方法、手段、渠道、媒介）有许多选择，比如电视、广播、印刷品、社会化媒体、公司网站、公关关系与宣传等。事实上，每一个品牌的推广活动都包括许多传播媒介，是它们共同作用的结果，因而品牌推广可称为品牌推广或者品牌传播方式的组合。

按照是否有媒体参与品牌传播活动，品牌推广方式可分为媒体推广方式和非媒体推广方式两类。媒体推广方式是指那些主要通过媒体（大众媒体和自主媒体）进行品牌推广的方式，它分为两种不同的情况：一种是企业不能够控制的传播媒介（大众媒体），主要包括商业广告、公关关系与宣传、社会名流等；另一种是企业可以自主选择与控制的传播媒介（自主媒体），主要包括官方网站、博客、微博、企业公众号等社会化媒体、企业内部刊物、内部电视广播等。非媒体推广方式是指那些不主要依靠媒体而是企业自主进行品牌推广的方式，它也分为两种情况：一种是不主要依靠媒介，而是企业自主实施的品牌推广方式（专门工具），主要包括销售促进、人员推销、直接营销等；另一种是那些本身并非专门作为传播媒介使用，但对传播品牌信息具有重要作用的载体（非专门工具），主要包括产品包装、企业家、员工、企业建筑物及内装饰、办公设备等。品牌推广方式组合见表8-1。

表8-1 品牌推广方式组合

媒体推广方式		非媒体推广方式	
大众媒体	自主媒体	专门工具	非专门工具
①商业广告 ②公关关系与宣传 ③社会名流	①社会化媒体 ②企业内部刊物 ③内部电视广播	①销售促进 ②人员推销 ③直接营销	①产品包装 ②企业家 ③员工 ④企业建筑物及内部装饰 ⑤办公设备

最后我们需要说明两点：一是，品牌推广工具随着信息技术的飞速发展而不断创新，企业对这些现代信息沟通技术应该给予足够的重视并擅加利用。比如，基于第三方应用程序App开发的博客微博等社交网站，不但用户数量众多，影响范围广，而且信息传播速度快，具有互动性，并且成本低，这些沟通方式也为品牌提供了方便、快捷和经济的推广方式。二是，以上的各种品牌推广工具并不是互相孤立的，而是相互联系、互为补充的。成功的品牌推广必然是在品牌推广战略的指引下，结合不同时间、地点，进行多种工具的有效组合，从而达到整合传播的效果。

二、媒体推广方式及策略

（一）商业广告

1. 广告在品牌推广中的作用

广告是付费的大众传播，其最终目的是传递信息，改变人们对广告商品或品牌的态度，从而诱导消费者产生购买行为。广告是现代市场经济激烈竞争的产物，也是重要的品牌推广工具。国际商界有这样一句俗语："推销商品而不做广告，犹如在黑暗中向情人传送秋波。"一个品牌，即使它的产品质量再好、款式再新，如果没有广告来助威，就没有几人知晓，也更谈不上购买。

商业广告在品牌推广中的作用主要有：①提升品牌知名度。广告的基本功能是传递信息。由于市场中品牌及产品的极大丰富，某企业要想销售产品，就必须积极、主动地向消费者传递有关自己品牌与产品方面的信息，这是实现销售目的的前提条件。因为只有品牌信息被消费者知晓，消费者才有可能做出购买你的品牌或产品的选择。因此，广告推广不但需要并且应当定期重复，以提醒或提示目标顾客。尤其对行业的新进入者来说，提升品牌名称的知名度与加强其同行业间的联系是整个品牌推广首先应当重点投入的工作。②刺激和诱导消费。广告在传播信息的基础上，又增加了劝说和诱导的因素。这种劝说和诱导通过各种广告创意和艺术手法来激发，它能创造出极有诱惑力的煽动效果，使消费者在短时间内产生购买欲望和冲动。可口可乐公司有一句名言："我们卖的是水，而顾客购买的是广告。"翻看一下中央电视台和广告公司向企业发出的招标说明，映入眼帘的尽是"决战利器""制胜法宝"之类的煽动性语言以及某某企业中标后销售额、利润翻番的数据说明。③塑造品牌形象。动机研究之父、心理学家厄内斯特·狄切特（Ernest Ditcher）曾经说："品牌形象，部分是产品塑造，部分是广告塑造。"广告虽然无法直接言明产品的品质，而其传递的品牌形象却可以显示出对产品质量的高度自信。

2. 广告推广计划的程序

（1）市场和竞争者分析。市场和竞争者分析是企业实施广告推广策略的第一步。在基于市场调查的基础上，企业通过一系列的定量和定性分析得出市场容量、发展趋势，以及竞争对手及其产品的市场地位、销售状况等，为后续的决策提供依据，做到知己知彼、有的放矢。

（2）消费者分析。不同的消费者由于年龄、性别、职业、教育、风俗习惯的不同，他们对广告的感觉也不同。首先，这就要求企业针对不同的目标消费者群体采用不同的广告表现形式，如对农民和知识分子的广告表现是绝对不同的，对国内消费者和国外消费者的广告表现也是不相同的。其次，企业要了解消费者的需求偏好和心理特征，要了解他们对产品及广告的认可程度，对广告本身的满意程度以及对广告效果的评价等。最后，还需要掌握广告受众接受外界信息的主要道路，以确定信息能够被他们接收到。

（3）广告定位。广告定位是指确定产品在市场中的最佳位置。它是指企业根据消费者对一产品属性的重视程度，给产品确定具有竞争力、差异化的市场定位，为自己的产品创造特点，再力图用广告手段表现出来，以满足消费者的某种偏好。一般来说，广告定位有实体定位和情感定位两方面：实体定位是从产品的功能、品质、价格等方面出发，强调产品与同类产品的不同之处，以及能够给消费者带来的独特利益；而情感定位是突出产品所代表的价值中所具有的象征意义。情感定位是无形的和心理的，如亲情、友情、爱情、气质、地位等，这种定位对较感性的购买者具有较强的刺激作用。

（4）确定广告目标。广告目标是企业进行广告宣传要达到的归宿点，从不同角度来看有不同的分类方式。例如，广告目标从时间上看有长期目标、中期目标和短期目标，从对品牌的影响来看有提高品牌知名度、市场占有率、利润率，以及消除品牌误解等。我们在制定目标时，应尽可能量化，这样才能更好地检验广告效果。

（5）编制广告预算。广告预算是广告主根据广告计划对开展广告活动所需费用的估算，是广告主为进行广告传播活动而投入资金的使用计划。预算常采用目标任务法进行编制。编制广告预算是制订广告计划的重要内容，是确保广告活动有计划并顺利展开的基础。广告预算编制额度过大，会造成浪费；编制额度过小，则又无法达到广告的预期效果，影响广告目标的实现。一般来说，广告投入与广告效果成正比例，但研究发现，广告效果呈边际递减的趋势。影响广告预算的因素很多，主要有产品的生命周期、行业市场竞争状况、品牌市场地位及广告频次等。

（6）选择传播媒体。广告主确定好广告预算之后，就要根据目标的不同和各种媒体的特点来选择适合的媒体，并且加以组合。通常有五种常用的媒体可供选择，它们各自的优缺点如下：①电视。这是拼抢最为火热的媒体。它的优点是速度快、范围广、表现手法多样、富有吸引力；缺点是时效性差、费用高昂。②报纸。它的优点是读者广泛、稳定、信息量大、时效性强、费用低、可信度高等；缺点是缺乏动感和音像画面、吸引力较弱。③杂志。它的优点是针对性强、印刷精美、保存期长、费用较少；缺点是阅读范围较小、周期长、时效性差。④广播。它的优点是传递快、范围广、较大的灵活性和适用性、费用低廉等；缺点是覆盖率较窄、声音无形、不利于品牌产品表现等。⑤网络媒体。这是一种新兴的媒体形式，越来越受到企业的重视。它的优点是速度快、灵活、制作精美、针对性强、费用低甚至免费等；缺点是易受人为的干扰与破坏等。除了这些媒体以外，还有邮寄广告、路牌广告、卖点广告（POP）等形式供选择。

（7）制作广告创意和广告语。广告定位仅仅是一种思想或观念，如何把它们表现出来，怎样表现得更富有感染力，就是广告创意和广告语要回答的问题。这是指广告设计和制作者根据广告主题，经过精心思考和策划，运用艺术形式，用所掌握的材料，塑造一个形象或一个意念的过程。

（8）广告实施计划。广告实施计划是指广告主将选定的广告创意和广告语以具体系统的形式加以规范，形成更具体、更详细的书面策划方案，使其具有可操作性。

（9）广告效果评估与监控。在广告推广计划实施过程中，广告主要随时根据广告的目标监控广告的效果，并及时将情况反馈给相关部门，以采取必要的调整措施。

3. 广告推广的注意事项

（1）广告的诉求应做到简洁而鲜明。有的广告，篇幅巨大，商品的八大优点、九大好处全部通通描述一番。其结果是消费者不知所云，不清楚到底广告在讲什么，也就难以打动消费者。

（2）切实履行广告承诺。广告的成功在于真实，广告的失败也在于真实。广告从要约角度看就是品牌对消费者的承诺，这种承诺必须使广告内容与产品实际情况基本相符，当然适当的艺术雕饰也是必要的。如果这种承诺不能履行或是广告出现虚假内容，那么必然使品牌形象变差。

（3）要改变把广告看成推销滞销商品的手段。现实中存在这样一个误区，人们认为商品销售状况良好时就不需要广告，只有滞销的商品才打广告。这种看法是严重错误的。事实上，广告具有保护品牌的功能，即使产品销售状况再好，也不能停止做广告。这一误区造成的后果是，有的企业有钱不愿做广告，产品滞销了又没钱做广告，最终导致市场营销的失败。

（4）中小企业同样可以打广告。有人认为，由于广告在市场竞争中的作用越来越大，而中小企业不可能花大量的资金去从事广告，因此必然被排挤出广告市场，似乎广告与中小企业无缘。实际不然，一则并非广告费用越高，效果就越好；二则大公司不可能垄断所有媒体。中小企业由于市场狭小，可以同产品市场细分一样在局部地区取得广告比较优势。

（二）公共关系

1. 公共关系在品牌推广中的作用

企业是社会物质财富的创造者，也是社会体系中的一个部分。因此，在整个社会系统内，企业必定面临这样或那样的社会关系问题。现代企业运作离不开良好的社会环境，品牌的发展也离不开良好的公共关系。

从公共关系学角度看，按照美国公共关系权威期刊《公共关系新闻》创始人丹尼·格里斯沃尔德（Denny Grisworld）给出的定义，公共关系是一种管理职能，用以评估公众态度，从公众兴趣的角度出发来决定企业政策和程序，计划并实施行动方案以获取公众的理解与认可。它包括三个层次：一是迎来送往搞接待的层次，二是新闻报道、广告宣传的层次，三是专业的、高层次的公共关系策划。

公共关系包括顾客关系、政府关系、媒体关系、社区关系等多个方面的关系，这前四种统称为外部公共关系。品牌推广主要考虑外部公共关系。

（1）顾客关系。顾客是公司产品或服务的购买者，是公司生存和发展的决定性力量，顾客关系是所有外部公共关系中最重要的关系。

（2）政府关系。所有的商业关系无不涉及政府。柯达把这样一句话写在了员工手册上："与中国政府建立友好、相互信任和可持续的关系，并利用它促成有利于中国和中国人民的政策、法规和做法，同时增强柯达目前和未来的商业机会以及保护柯达在大中华区的投资。"政府是社会统一管理的权力机构，企业作为社会的一部分，必然服从政府的领导与管理，因此尤其要加强与政府的信息沟通与协调，特别是在政府力量很强的某些发展中国家。

183

（3）媒体关系。新闻媒体是企业对外宣传的重要渠道。企业同媒体保持良好的关系，一方面可以通过媒体获取大量的社会信息，另一方面也可以通过媒体的影响力宣传企业的方针、政策和经营成就等。

（4）社区关系。社区是社会学上的一个概念，意为具有社会功能的一定地理区域，如城市、街道、小区、学校、工业园区等，是人们共同活动的生存空间。任何一个社会组织的存在都离不开一个具体的社区，也必然要与社区发生或多或少的关系。这一类关系处理的好坏，直接影响组织在社区的生存与发展，不容忽视。

从品牌推广的角度考虑，公共关系指企业举办社会活动或制造事件，再通过大众传播媒介，引起社会大众或特定对象的注意，产生对自己有利的声势，达到塑造企业品牌形象，增强品牌竞争力的目的。具体讲，公共关系在品牌推广中的作用主要表现在以下四个：

（1）传播、沟通信息。企业通过公共关系渠道传播和沟通信息，了解社会公众对企业品牌的看法，建立起品牌与公众之间相互信任的信息交流渠道，争取公众对品牌的认可与信赖。这种传播过程分为两个方面：一是收集信息的过程，包括政府决策信息、舆论信息、企业形象信息、竞争对手信息、消费者信息等；二是向公众传播与品牌有关的信息的过程，包括产品服务信息、企业信息、社会评价信息、咨询建议信息等。企业通过这种双向的信息交流来消除误解，传达正确信息，进而塑造良好的品牌形象。

（2）协调关系，营造良好的外部环境。每个企业与社会都是相互联系、相互依存的关系。企业的各种生产经营活动与推广活动必然会对社会产生一定的影响；反过来，社会的变化也会对企业的发展产生影响，尤其是公众意志和社会舆论的变化。因此，公共关系的又一重要使命是代表组织，通过各种方式与公众进行交流，化解双方的误解，协调双方的关系，为企业的发展铺平道路。

（3）塑造品牌形象。品牌形象是企业的无形财富。企业的一切推广活动在一定程度上来说都是为了建立起良好的品牌形象，这也是公共关系的一项基本职能。品牌形象分两部分组成：一是品牌知名度，表示公众对一个企业品牌的知晓程度；二是品牌美誉度，表示公众对企业品牌的信任程度。

（4）化解社会危机。企业品牌的发展不可能是一帆风顺的。有些社会危机甚至会演变为品牌危机，而社会问题产生的原因是多方面的。从内部来看，原因有可能是产品质量问题、销售问题、服务问题和沟通问题；从外部来看，原因有可能是顾客问题、渠道成员问题和竞争问题。不管发生问题的原因是什么，其影响都可能是十分严重的，甚至会危害企业生存。因此，如果企业在品牌推广中，不对这些问题运用公共关系等手段及时处理，则会引发严重的社会矛盾及后果。

2. 公共关系传播方式

（1）新闻传播。公共关系的新闻传播，是指企业利用新闻报道的形式为公众提供信息，吸引公众注意力，从而提高品牌知名度、美誉度。它具有可信度高、传播面广、传播费用低等特点。企业利用新闻媒体进行公共关系推广，首先必须熟悉新闻传播的特点，这是处理与媒体关系的前提。当我们了解到这些特点之后，我们就可以根据自己经营方针的需要，恰当地选择合适媒体，把握时机，进行有利的品牌形象宣传推广。其次企业要与新闻界人士建立友好关系。企业同新闻媒介打交道，不能只追求一时、一事功利，应该经常与他们接触，建立友谊。企业与新闻媒体的接触形式主要有：①及时主动地向新闻媒体提供有价值的新闻素材；②组织记者招待会或新闻发布会；③邀请新闻界人士实地参观访问；④策划新闻事件。策划新闻事件，又称事件营销，即"制造新闻"，是指企业在不损害公众利益的前提下，有计划地策划和组织举办有新闻价值的活动、事件，制造新闻热点，使企业成为新闻报道的主角，从而达到扩大组织影响的目的。策划新闻事件是组织一项具有创新性、组织性、针对性很强的公共关系推广工作，其目的是引起"轰动效应"。据有关人士统计分析，企业运用事件营销手段所取得的投资回报率约为传统广告的三倍。企业策划一个成功的新闻事件，必须注意以下几点：第一，其主题应与社会公众有密切关系，具有时代性，不但能够吸引公众，而且还要有益于公众；第二，它是组织有意识、有计划的策划，而不是随意产生的；第三，应该有政府官员、权威人士、舆论界人士的参与，以扩大影响力，尽可能增强事件的重要性。

（2）广告。我们经常在媒体上看到的各种公益广告，就是公共关系广告的一种形式，此外它还包括企业形象广告。公共关系广告不同于商业广告，它向社会展示的是企业关心社会、服务社会的高尚情怀和强烈的责任意识。其内容囊括社会公益的方方面面，能够引起公众的心灵共鸣和情感交流，博得社会的认同和好感。所以，公共关系公益广告现在已为越来越多的企业所运用。

（3）展览会。展览会是指企业通过运用各种实物、文字图像、声音等媒介，在某一特定的时间和地点向公众展示企业的产品、服务、企业形象和品牌形象的活动。与其他公共活动相比，展览会具有互动性、生动性、新闻性的特点。互动性是指企业和消费者直接面对面交流，一方面企业通过讲解、演示、咨询等形式使公众了解企业；另一方面也通过意见征询，调查了解公众对企业的意愿和要求。生动性是指展览会通过各种媒介，增强了展览的直观性、知识性和趣味性，有很强的吸引力。新闻性是指展览会往往会成为新闻媒体跟踪报道的对象，企业应该加以利用，积极与新闻界沟通，保持接触，扩大对企业的宣传。

展览会能否取得成功，取决于以下两个条件：一是展览内容是否代表行业未来发展的方向；二是展览会能否获得行业协会和行业主要代表人物的支持和合作。如果展览会具备这些条件，则无疑增加了展览会的声誉和可信度，使之规模不断扩大，并带来巨大宣传效果和影响力。

（4）赞助活动。赞助活动是企业以资金无偿提供者的身份参与各种社会活动，这亦是企业常使用的一种公共关系推广活动。总体来说，举办这些赞助活动的目的主要有：　是体现企业的社会责任感，追求长远的社会效益；二是联络公众感情，促进企业与公众建立亲善友好关系；三是配合广告宣传，增加广告的社会影响力。赞助活动的形式多种多样，有赞助体育赛事、赞助文化活动如音乐会和演唱会等，有社会慈善事业和福利事业如抗震救灾等，也有赞助教育事业如设立奖学助学基金和赞助希望工程等。

一个成功的赞助活动应该具有以下特点：①良好的品牌形象和声誉是通过有计划的、连续的赞助活动建立起来的。在整个赞助过程中企业应该有一个完整的活动规划，杜绝临时性的赞助行为；赞助活动需要企业投入资金并有效整合一系列的宣传、促销等推广活动。②有明确的赞助定位。赞助活动应该根据产品的性质，活动的性质、影响力，目标群体的心理特征进行，选择合理的赞助形式，避免盲目投入大笔资金。③赞助系统之间的协调配合。赞助是一个复杂的系统活动，只有当参与活动的四方，即赞助者、被赞助者、媒体和中介机构都旗鼓相当、精诚团结、同心协力、密切合作时，才能获得好的收效。

另外，公共关系推广还有开业典礼、周年庆典等方式。

3. 公共关系推广原则

任何组织开展任何活动都必须遵循一定的原则和行为规范，才能实现活动的目的。公共关系推广的主要原则有：

（1）诚实守信原则。同人与人之间的交往一样，公共关系活动也必须遵循这一基本原则。这一原则要求企业把实事求是作为一切公共关系工作的出发点，以掌握事实及其规律为基础，以如实反映事实为依托，不唯虚、只唯实。同时，这一原则要求企业不向公众承诺无法做到的事项，对自己的言行承担完全的社会责任，才能获得社会的信任与支持。

（2）平等互利原则。该原则要求组织以公众利益为出发点，通过对双方利益的协调与平衡，使企业和公众的利益都得到满足，谋求双方的共同发展。平等互利原则既不允许组织损害社会公众的利益，也不允许组织工作人员毫无意义地出让组织利益。

（3）协商沟通原则。企业只有通过与公众的互信与沟通，才能既保证社会公众加深对自己的了解，塑造企业品牌，又保证企业不断了解公众的真实需要，调整实际工作，使企业的组织活动将社会利益、公众利益和组织利益融合在一起。

（4）创新原则。现代社会的信息量是如此巨大，如何才能将公众注意力吸引到公共关系推广活动中来，是摆在企业面前的一个难题。这就要求企业的公共关系推广活动必须具有一定的新颖性和独特性。因此，企业的公关人员必须具有开拓创新精神，要力图使组织开展的每一项活动都具有一定的新意，能最大限度地发挥组织的创新力和对公众的吸引力。

（三）代言人

1. 代言人在品牌推广中的作用

代言人可分为三种，即企业形象代言人、品牌代言人和广告代言人。企业之所以聘用社会名流做代言人，是因为名流本人具有很高的人格魅力和社会知名度，在公众心目中具有某种独特的形象，具有名人效应。企业启用他们做代言人，能够拉近消费者与品牌之间的距离，能够突出品牌个性，能够利用个人形象传达品牌形象，从而达到塑造品牌形象、促进销售的目的。例如，德国阿迪达斯公司起初是一个名不见经传的小作坊，甚至称不上企业。其运动鞋由人工制造，产量很小，没有销路，但质量是一流的。1931年公司把运动鞋送给美国著名田径运动员杰西·欧文试穿，结果欧文夺得了四枚金牌，阿迪达斯也因此名声大振。此后，公司每年都邀请世界著名运动员为其做宣传。

可见，企业启用名人作为品牌的代言人能起到"四两拨千斤"的作用。企业可利用他们的影响力，在舆论中迅速"聚焦"，诠释品牌个性，增强消费者与品牌之间的情感关系，赋予产品更多的附加价值；消费者会因为明星的推介，产生模仿的冲动与行动，并对品牌及产品产生好感。

2. 代言人的选择

（1）围绕品牌个性选择代言人。品牌个性是品牌价值体系中的关键环节，是企业品牌产品从众多产品中脱颖而出的法宝。而人的个性千差万别，或沉稳老练，或青春活泼，或温文尔雅，或粗犷朴实。企业只有将品牌个性与代言人个性相匹配，才能有效地树立品牌形象，否则反差越大，副作用越大。百事可乐在早期聘用迈克尔·杰克逊作为代言人十分成功；而起用副总统候选人费罗拉则是失败的，其原因就在于她的个人形象与百事可乐的品牌个性不协调。

（2）不选用有争议的名流做代言人。有争议的名流做品牌代言人虽然可以提高品牌的知名度，但同时也会遭到一些对代言人持批评意见的人的反对，从而影响销售。

（3）企业代言人的选择，并不一定非得用名流，有时也可以用普通人。这种策略力求还原生活现实，以普通人的手法拉近与普通大众的心理距离，从而产生强烈的认同感。此策略运用得当，可以收到出奇制胜的效果。如以前"步步高"无绳电话广告中温柔地说着"小莉呀…"的滑稽男人形象，可谓深入人心，取得了意想不到的效果。

（4）运用卡通形象做品牌代言人。现实中，很多企业一方面聘请诸如明星之类的社会名流做代言人，另一方面也塑造自己的代言人——具有独特个性并被赋予了生命力的品牌图标、吉祥物等，如海尔的"海尔兄弟"、美的的"美的熊"、旺旺的"旺仔"等。卡通代言人模式在全世界范围内都得到了极大的推广，并取得了很好的效果。以IBM为例，IBM为了改变在欧洲客户中的刻板形象，推出了长着一条长长绒毛和粉红色尾巴的顽皮、合群的"红豹"，这一卡通形象一反欧洲计算机行业的单调枯燥，引起了欧洲人的强烈兴趣。

3. 品牌与代言人关系的维护

（1）企业对代言人的使用不能仅仅停留在广告模特的身份上，仅让他们拍一两个广告即算了事。企业应当让代言人参与品牌形象提升的整个流程，参与各种大型的品牌推广活动。

（2）不宜频繁更换代言人。一方面，企业频繁更换代言人，消费者很难将某一品牌形象与某一特定的代言人联系在一起，企业就不能很好地突出品牌个性；另一方面，代言人多了之后，一旦某个代言人出现了问题，则很有可能波及品牌形象。

（3）代言人的专有性。企业同代言人订立合同时，就应该明确告知：在合同期内，代言人不能为别的产品做代言，至少不能为同行业的其他品牌做代言。一旦违背原则，其代言品牌在消费者中的品牌形象就会受到稀释，这时企业应该采取行动加以制止。

（四）官方网站

1. 官方网站的内涵及类型

消费者浏览品牌网站时将接触到各种各样的信息，这些信息可能会激发他们积极或者消极的情绪，并将其附加在品牌之上。例如，宝马成功通过网站激发浏览者的积极情感。在其国外官方网站中，消费者可以按照自己的要求对汽车进行装配，制作定制化的个人汽车。网站还展示了宝马汽车艺术并支持在线购买。宝马网站为其粉丝提供与宝马亲密接触的机会，在浏览网站过程中，粉丝们已经潜移默化地将正面的情感转移至品牌之上。品牌官方网站按照其所提供信息内容可以分为三种类型：

（1）基本信息网站。它定位于发布品牌信息的功能，官网以介绍品牌基本情况、帮助树立品牌形象为主，这些信息包括：消费者关心的产品方面的信息，如产品规格、外观、结构、使用等；企业方面的信息，如企业规模、文化、经营理念、新闻等；消费者购买方面的信息，如常见问题的解答、意见建议等。这类网站如果能够吸引消费者对品牌的关注，将有助于提升品牌形象，维持消费者品牌的忠诚度，并增加线下交易的机会。

（2）综合门户网站。它整合了各种信息系统的功能，可以为企业雇员、消费者、合作伙伴及供应商提供目的明确的服务，并兼具品牌形象宣传、产品演示等传播功能。例如，联想集团公司网站就是这类网站的代表。联想的官网是中国企业门户网站中的佼佼者，它在突出在线销售功能的同时也重视品牌塑造的作用，在网站首页突出品牌名称和 logo，内容包括公司概况、在线商城、产品动态、社区等。

（3）主题宣传型网站。它是为了配合品牌主题营销活动而建立的互动平台。例如，每当百事可乐发起一项宣传主题时就会建立专门设计的网站，发布活动主题、活动视频、线上游戏等吸引顾客参与互动的信息，这类网站不仅能够提高主题营销活动的效果，还能表现百事可乐年轻、时尚的品牌定位。

2. 运用官方网站推广品牌的建议

（1）导入鲜明的品牌形象。品牌网站在视觉上应与品牌识别系统相符合，在内容上与品牌文化、理念和精髓相符合，营造一个与目标顾客相符合的空间。可口可乐公司网站的 logo、色彩、标准字等围绕该品牌识别系统设计，鲜艳的红色和独享的字体产生品牌连接，让浏览者过目不忘。此外，可口可乐还在其官方网站上展示品牌的发展历史、员工形象、公益活动等。

（2）提高审美和趣味性。为了让消费者在上网过程中产生积极的情感，品牌网站应该通过丰富的信息内容提高生动性，提供视听方面的感官体验。提供生动活泼、丰富的链接和信息资源的网站更受浏览者的喜爱并使其产生积极的情感。但在提供丰富内容的同时，品牌网站要注意对信息进行分层，使消费者通过点击三个以内的链接就能准确找到他们所需要的内容。

（3）鼓励消费者参与。品牌网站要鼓励用户参与互动，为其提供良好的互动体验。例如，2008 年麦当劳的 Happymeal.com 网站与动画版《星球大战》合作，为孩子们提供飞往遥远星球的虚拟体验。他们在网站上注册并登录依据《星球大战》原型创建的虚拟世界，然后使用麦当劳欢乐套餐包装盒上提供的号码即可参与虚拟游戏。在参与游戏的过程中，孩子们将有趣、好玩变成对麦当劳的记忆并在大脑中储存起来，在不自觉中增加了对品牌的好感。

（五）社会化媒体

1. 社会化媒体的内涵及方式

从品牌推广角度看，社会化媒体是企业借助移动网络技术，在品牌与消费者之间实现即时、双向沟通的平台。只要在微博、人人网等社会化媒体上注册一个账号，品牌就可以像人一样展现自己的魅力，建立自己的社交圈，达到传播品牌信息、塑造品牌形象的效果。社会化媒体的传播方式正处于快速发展时期，新的传播方式不断产生。下面介绍几种可用于品牌推广的社会化媒体：

（1）网络百科。网络百科是允许用户自己增加、移除和改变文本信息内容的平台，以维基百科、百度百科为代表，这些是消费者获取品牌相关信息和认知品牌的重要渠道。

（2）博客。品牌可通过注册自己的账号与其他博客用户互动，发动与品牌相关的活动，能够起到提高品牌知名度和塑造品牌形象的目的。例如，2012年江西省旅游局启动"搏动江西·风景独好"活动，从腾讯、新浪、搜狐网站中选出拥有上百万粉丝的作家、摄影家和旅行家奔赴赣东北、赣西、赣中南，对当地旅游景点进行实地体验，并将见闻以图片和文字的形式上传到博客中。江西省旅游局希望借助这些意见领袖的影响力，提升江西旅游品牌知名度，这一活动也取得了很好的效果。

（3）社区网站。社区网站是用户分享信息的平台，以豆瓣网、土豆、优酷、YouTube（视频网站）为代表，可以作为品牌传播的媒介。成都市为宣传城市品牌，以"快城市慢生活"为特色拍摄旅游宣传片《成都，一座来了就不想离开的城市》，并投放到优酷、土豆等视频网站，该片从带着奶奶期望的一位男子的角度，展示了杜甫草堂、都江堰、火锅川菜、川剧、老茶馆等成都文化元素，向社会宣传成都旅游品牌，使成都成为许多人向往的旅游目的地。

（4）社交网络。它是用户同朋友分享生活体验的平台，以人人网、开心网、Facebook（脸书）为代表。在社交网络中，品牌借助消费者的社交圈扩大信息传播的范围。比如，美国一家花店开发了一款Facebook的应用程序"Gimme Love"，为用户提供向家人朋友发送虚拟花束的功能，当然用户也可以直接链接公司网站并给他们送上真的鲜花。

（5）虚拟游戏。品牌可以通过开发专属的虚拟游戏让用户进行品牌体验，传播品牌信息。例如，2011年雅士利携手腾讯打造"体验好奶源，玩转新西兰"品牌定制化的社交游戏。用户可以在虚拟的雅士利牧场亲自体验——从种植无污染牧草，到饲养健康奶牛，再到奶制品加工的全过程，从而感受雅士利奶制品所具有的高品质。

2. 运用社会化媒体推广品牌的建议

品牌应通过策划与品牌相关的热点事件接触目标受众，与他们进行持续的互动。营销者在激发一个语境后，要整合和发布具有关联性、吸引人们关注和讨论的内容，

189

鼓励用户阅读、评论和分享内容，并与品牌建立联系，进而形成围绕品牌的网络社群。

（1）巧用免费模式。企业可以利用消费者喜欢获得赠品这一点来鼓励消费者关注、参与和转发信息，以提高品牌知名度。比如，麦当劳通过即时通信应用开展免费获赠200万杯饮料的活动，鼓励用户积极参与，起到唤醒品牌记忆的作用。

（2）抓住意见领袖。网络没有绝对的权威，但有意见领袖，他们在各自的社交圈内具有很高的人气和很强的话语权，其观点对圈内人有着重要的影响。因此，品牌若能让意见领袖们为自己说话，会更容易获得消费者的关注、信任甚至共鸣。譬如，2009年福特嘉年华希望改变自己在年轻人心中的品牌形象，发起了一项全国竞赛并从中选择100名司机，这些司机便获得了六个月试驾新车的机会，并被要求每月参加品牌活动，且在 Fiesta Movement.com 网站中分享他们的博客内容和驾驶体验。福特汽车借助100名司机与消费者的互动，对品牌信息进行了二次传播，收效甚好。

（3）言之有物。在当今海量信息的社会中，品牌应言之有物，通过优秀的内容让消费者感受到自己是一个善意有趣、能够提供有用信息的朋友。在社会化媒体中，品牌要针对目标受众，创造符合他们需要、与其生活或情感相匹配的内容，使他们产生情感共鸣，自发地对品牌信息进行传播，通过转帖在其社交圈内对品牌进行分享、推荐。例如，凯迪拉克微电影《66号公路》通过男女主人翁驾驶着凯迪拉克 SRX 穿越美国极具文化内涵和标志性的66号公路，将忠于自由、回归真我的浪漫之旅同凯迪拉克自由、开拓、梦想的品牌精髓融为一体，使目标受众不自觉地被广告说服，并且主动与人分享，成为品牌的传播者。

（4）鼓励参与。进行社会化媒体传播时，品牌必须想方设法调动消费者参与的积极性，帮助同类型的消费者组织网络社群，并协助加强社群成员、社群与社群之间的联系与归属感。例如，海飞丝曾经为了宣传其男士专用洗发护发系列产品，将产品线"快速、持久、深入"的价值理念与篮球游戏结合，即针对社交网络中年轻的 NBA 球迷，采用游戏设计思路，开发了名为"海飞丝实力训练营"的应用。用户可以邀请好友组建自己的球队，各球队相互比拼实力分值，累积一定分值可获得相应的奖励。此外，海飞丝还设计了一套训练手册，里面涉及 NBA 球队和海飞丝的相关知识，用户通过答题也可以获取相应分值，并通过分值来兑换篮球装备。该应用推出一段时间后，有6名用户被选出，与海飞丝男士产品系列品牌代言人彭于晏一同前往美国观看比赛，并在微博上及时上传行程情况，此举在深入推广产品理念的同时也提升了海飞丝男士的品牌形象。

专栏：小故事·大启示

四个靠自动贩卖机创意营销的企业品牌

可口可乐拥抱贩卖机

2012年4月，可口可乐拥抱贩卖机出现于新加坡国立大学，意在传播欢乐，减少学生考试压力。一个拥抱，一罐可乐，可口可乐设计了独特的拥抱贩卖机活动，用创新的方式去传播幸福与快乐。你需要做的只是去给可口可乐的贩卖机一个拥抱，接受它的爱，然后就能获得一罐免费的可乐，这个有趣的活动在网上也产生了巨大的反响。仅仅一天，一些网络平台如 Facebook、推特（Twitter）和博客就出现了数以万计的关于"可口可乐拥抱贩卖机"的视频和图片，讨论接踵而至。同时，鉴于"可口可乐拥抱贩卖机"在新加坡的热烈反响，此活动计划扩展到整个亚洲，希望带给更多消费者同样的快乐与幸福。

BOS 推文贩卖机

2012 年南非饮料公司 BOS 推出了全球第一台用推文支付的自动贩卖机"BEV"。这台贩卖机位于南非开普敦温布利（Wembley）广场，机身顶端有 LED 显示屏，显示想要得到饮料需推文的内容"#BOSTWEET4T"，以及推文者的账号名称，并为消费者倒数饮料送出的时间。只要站在贩卖机前发一条推文，你就可以免费获得 BOS 冰茶一瓶。

Rugbeer 啤酒贩卖机

阿根廷的啤酒厂商 Cerveza Salta 有一台必须用身体去狠狠撞击才能出啤酒的"Rugbeer 啤酒贩卖机"。当地人都疯狂迷恋橄榄球，这台贩卖机结合了"橄榄球"与"啤酒"，上面甚至还配有一个力度测量计，让买啤酒喝成为一个有趣的体验，在扩大品牌知名度和表达自己积极态度的同时，提升了销量。

互动式贩卖机"Delite-o-matic"

澳大利亚零食制造商为了宣传 Delites 薯片而专门打造的互动式"Delite-o-matic"贩卖机，富有几分"逗你玩"的戏弄气氛。人们只要按照屏幕提示完成它规定的动作，就可以得到一包免费的 Delites 薯片，比如这台淘气的贩卖机可能会让你按上 5 000 次按钮，让你跳一段舞，甚至会蛮不讲理地要你在大庭广众下对它跪拜。结果发现，很多消费者真的会按照指示，完成规定的动作并获得薯片，之后，该制造商再将这个有趣的街头实验拍成一段 3 分钟的视频放在网上，引来市场对品牌的关注。

三、非媒体推广方式

（一）销售促进

1. 销售促进的内涵

销售促进是品牌直接给予目标受众某种形式的奖励、回报或承诺，从而鼓励消费者做出购买决定或者做出预期的反应。销售促进增大了品牌与消费者之间的接触面，发挥了传播品牌信息的作用。因此，销售促进具有传播信息、刺激和邀请三个明显的特征。

销售促进既可以分为对消费者的促销和对中间商的促销，也可以分为货币性促销和非货币性促销。无论其类型或方式如何，销售促进都是通过给目标受众某些好处来邀请他们参与交易，从而达到传播品牌信息、促进品牌产品销售的目的。

2. 运用产品包装推广品牌的建议

（1）销售促进和品牌形象应保持一致性。销售促进能够为品牌产品提供附加价值，是提升品牌认知和影响消费者行为最为直接有效的品牌推广方式。因此，在促销活动中，企业应当尽力保持促销主题是从品牌核心概念出发，使促销活动和品牌形象达成一致的互动，从而形成"以品牌拉促销，以促销推品牌"的良性循环。而能否做到良性互动，关键在于企业在确定品牌促销手段时，是否考虑了品牌资产因素，是否坚决避免采用可能会损害品牌价值的促销手段。例如，荷兰啤酒商策划的2010年世界杯足球赛上的"偷袭营销"对巴伐利亚啤酒品牌的长期影响无疑是负面的。

（2）销售促进应与其他品牌推广活动相互促进。在销售促进活动中，企业应充分考虑不同销售促进方法间的组合运用，使之功能互补、相互促进，从而产生整体效果最大化。与此同时，销售促进活动必须从品牌建设的全局出发，综合考虑各种促销手段的组合运用。广告、公共关系等都是品牌构建的基石，它们在功能上与销售促进形成互补，企业对其进行整合，可以传递更加丰满、立体的品牌形象。

2012年9月27日，屈臣氏推出了屈臣氏版的手机应用"i蝶儿"，顾客下载了这个软件之后，只要走近屈臣氏零售店，就会有美丽的蝴蝶在手机屏幕中飞过，如捕捉到蝴蝶，即可马上走进店里兑换相应的优惠。顾客若是在微博上分享此次活动的信息或者捕捉到蝴蝶图片还可能获得抽奖机会，赢取意外的奖品。"i蝶儿"推出后即受到消费者的喜爱，让屈臣氏在活动期间单店销售额平均增长15%以上。

（3）合理使用打折促销。打折促销虽然具有吸引消费者注意力，增加其购买行为的作用，但频繁的价格折扣促销会降低品牌"身价"，削弱消费者对品牌的忠诚度。因此，品牌应合理使用打折促销，避免其对品牌资产造成伤害。比如，凡客诚品的社交营销就是一个成功的价格促销实例。用户上传身穿凡客诚品产品的照片，将其在凡客诚品的达人街拍频道、单品消费详情单和频道页展示出来，其他用户只要是通过这些图片产生购买活动，这些用户都能获得10%的销售分成，他们能够随时通过后台查询自己的分成金额，实时提现。除了给予消费者一定的价格奖励外，凡客诚品还开通了"凡客达人明星计划"，用户有机会成为品牌的签约模特，并在电子杂志——《LOOKBOOK达人志》中成为封面明星。

专栏：小故事·大启示

荷兰啤酒商"偷袭"世界杯①

据荷兰阿姆斯特丹电台报道，36名年轻女性穿着荷兰球迷常见的红白色服装，在世界杯荷兰对战丹麦的比赛中，进入场馆前排观赛。但比赛开始不久，她们就脱下外衣，仅穿橙色迷你裙，利用唱歌和跳舞的动作吸引现场观众和摄影记者的注意，多次出现在了电视转播的镜头中。国际足联认为她们的行为是在"偷袭营销"，在比赛进行到下半场时将这36名女性驱逐出场，并进行了长达数小时的问询。

按照国际足联的定义，"偷袭营销"就是一种在"世界杯中未被授权的或未经许可的商业性活动"。世界杯的"偷袭营销"，又称"埋伏式营销"，是指那种企业不愿意花费高昂的赞助费，却通过运用一些营销技巧而搭上世界杯"便车"的行为。6月16日，两名穿着橙色性感迷你短裙的荷兰女性因涉嫌在周一的比赛中实施

---

① 故事根据《华夏酒报》相关文章改编。

"偷袭营销"而被约翰内斯堡警方逮捕。

国际足联表示，有证据表明，巴伐利亚啤酒公司从荷兰至少派来了两名组织者帮助开展"橙色短裙"的品牌营销活动，这群年轻女性多为南非籍，受雇于荷兰巴伐利亚啤酒公司。他们设计了一整套营销策略，其中包括在赛前对南非本地雇佣的女性进行培训。而且，有证据表明，两名被捕女子去南非的机票和在南非的食宿都是由巴伐利亚啤酒公司支付的。国际足联同时表示，该公司可能分发了数百套这种橙色迷你裙，穿着这种裙子的女球迷分散在场馆的各个角落。

另据英国《卫报》报道，这些服装是荷兰啤酒生产商巴伐利亚啤酒公司（Bavaria Beer）从世界杯开始前就开始的促销活动作为赠品发放的，上面带有一个非常小的巴伐利亚商标。人们从外观很难看出是什么品牌，但在此之前，巴伐利亚公司邀请一名荷兰籍皇家马德里球员的妻子穿着这身短裙公开亮相，所以很多球迷看到这件裙装就会联想到巴伐利亚啤酒。同时，该报认为百威英博作为世界杯足球赛的官方啤酒赞助商，为此支付了相当可观的赞助费，却可能算不上这场啤酒世界杯的真正赢家之一。

随着全世界媒体目光都集中在这些短裙美女身上，巴伐利亚啤酒公司成了人们关注的焦点。该公司网站的访问量骤增，一时出现网络拥堵。美国互联网权威流量监测机构益百利（Experian Hitwise）发布的统计数据显示，其在英国的点击量仅次于卡林（Carling）、蛇王（Cobra）、百威和嘉士伯四大啤酒品牌。这家监测机构的一位调查总管说："虽然这一事件饱受争议，却明显地提高了该公司网站的访问量。尽管这些女性被驱逐出赛场，公司可能还要面临官司，但对其品牌的知名度而言，这个活动确实起了巨大的效果。"巴伐利亚英国公司一位营销总管也认为："这一事件无疑提高了巴伐利亚的品牌认知度，在 Twitter 及一些社交网站经常看到人们在谈论。这一事件，无疑会对销售产生积极的影响。"

据悉，巴伐利亚啤酒公司并不是第一次和"偷袭营销"扯上关系。2006 年德国世界杯期间，在斯图加特进行的一场比赛中，一群荷兰球迷穿着印有"巴伐利亚啤酒"字样的橙色皮短裤入场观战，不幸的是此举被赛场工作人员发现，最终这几位球迷不得不穿着内裤观看完了比赛。

值得一提的是，在这场角逐中，从驱逐"橙衣宝贝"离场到警方的调查，最终到该事件风波的平息，这一事件在全球沸沸扬扬、无人不知，国际足联无疑成了输家。而巴伐利亚啤酒公司却在没有赞助世界杯的情况下，获得了不啻赞助商的成果。不管怎么说，知名度提高总不会是一件坏事。

（二）产品包装

1. 产品包装的内涵

产品包装是流通过程中保护产品、方便储运、促进销售的辅助物的总称。对品牌而言，产品包装是品牌提供给消费者的视觉识别物，能让消费者产生良好的第一印象，能帮助品牌从竞争者中脱颖而出，是一种不可忽视的品牌传播媒介。文字、图案和造型是产品包装传播品牌信息的三个要素。

2. 运用产品包装推广品牌的建议

在品牌传播中，企业应结合品牌的视觉识别系统，将各种品牌元素融入包装设计之中，展示品牌的独特性。

（1）体现品牌核心理念。企业在设计产品包装时，应该融入品牌理念，使消费者能够从产品包装中联想到品牌理念。比如，家具品牌宜家就成功地使用产品包装来传播"为消费者创造 DIY 家具的乐趣和美好感受"的品牌理念。为了方便顾客搬运、安装，宜家家具多采用易于拆装和组合的包装结构设计，让顾客体验亲手组装家具的乐趣，使消费者潜移默化地接受宜家的品牌理念。

（2）统一视觉形象。企业在设计产品包装时围绕品牌理念，整合各品牌要素，形成统一的品牌视觉形象，能使消费者对品牌印象深刻。宜家在策划产品包装时，就特别注意线下线上产品包装的整合传播，对同一型号产品，网上展示的包装与卖场中的一模一样，使顾客在选购产品时有所参考，为购物带来便捷，也增加了他们对宜家的好感和满意度。

（3）与品牌活动相互配合。营销者将产品包装融入品牌整合营销传播方案中，使其与其他的传播活动产生关联和呼应，互相促进，能提高品牌传播活动的效果。如可口可乐借助社会热点事件吸引消费者对品牌的关注，其产品包装图案常出现在世界杯、奥运会或歌星演唱会等活动画面中。

（三）企业家

1. 企业家的内涵

企业家是在企业内居于某一领导职位，拥有一定领导职权，承担领导责任和实施领导职能的人。企业家的仪容仪表、言行举止、个性、道德水平等个体特征都会通过各种社会活动表现出来，形成其个人形象。对品牌而言，企业家也可能成为品牌传播的方式，因为消费者会对企业家个人形象与品牌形象进行关联。因此，良好的企业家形象将有助于公众对品牌的认知持积极的态度。比如，俞敏洪是"新东方"品牌创始人，他时常以"新东方"为背景出现在各大媒体的镜头中，他在通过发表演说塑造个人品牌形象的过程中，也将"新东方"的品牌形象带入公众的视野。企业家品牌传播的方式主要有新闻或专题报道、事件营销、社会化媒体、公关关系、广告代言等。

2. 运用企业家推广品牌的建议

通过企业家进行品牌推广是企业家在塑造个人品牌的基础上，在消费者心中建立个人与品牌之间的关联，从而扩大品牌资产价值的过程。

（1）以企业的品牌形象为准则。企业家个人品牌的塑造能与品牌形象形成合力，塑造积极的品牌资产。企业家面对社会公众时，应该以企业的品牌形象为准则，思考自己的言行举止对塑造企业品牌的影响。2012 年聚美优品 CEO 陈欧代言的广告火遍中国，其中充满正能量的广告语"我是陈欧，我为自己代言"，在网络上迅速走红。陈欧的个人名气不断上升，而与他关系密切的聚美优品在品牌知名度和影响力上也有了很大的提升。

（2）为个人品牌定位。企业家需要通过定位塑造差异化的个人形象，其中要兼顾个人特质和企业品牌形象。为与万科理念"创造健康丰盛的人生"相契合，王石成功地借助媒体塑造出自己崇尚健康生活的理念。他一直通过登山、探险、出版书籍等活动创造热点事件，代言品牌形象。

（3）提高曝光率。企业家个人品牌传播要时常向媒体、公众发出自己的声音，要关注业界热点事件并做出评论，要积极参与社会活动并表现出强烈的社会责任感。比如，SOHO 中国董事长潘石屹、搜狐公司董事局主席兼首席执行官张朝阳等无不是此道中的高手。

（四）员工

员工与企业存在劳动契约关系，员工品牌是消费者脑海中对企业员工形成的整体性认知，员工品牌能影响企业品牌。企业在运用员工推广品牌时，应当高度重视前沿员工的个人形象对品牌形象的影响，因为前沿员工是直接面对社会、顾客的人，主要包括门卫、保安、保洁、导购员、话务员、推销员、服务员、营业员等。

此外，我们对企业运用员工推广品牌的建议是：

（1）员工内部品牌化。品牌化的初始受众应当是企业自己的员工，一个连员工都不理解和认可的品牌，是无法被社会所接受的。品牌形象塑造需要全体员工齐心协力，将品牌理念、价值观和愿景在日常工作中践行。品牌化行为应成为员工的共识和自觉行动。企业应经常对员工进行品牌化教育，帮助员工将个人价值观和品牌价值观联系起来，要为员工制定行为准则，保证统一的行为和形象。新加坡航空公司为确保品牌体验能够得到充分而持续的贯彻，始终对其机组及空乘人员进行全面而严格的培训，久而久之，"新加坡空姐"成了新加坡航空的品牌标杆。

195

（2）鼓励员工建立个人品牌。企业除了要重视员工行为和修养外，还应运用传播手段帮助员工塑造个人品牌，以建立起品牌与消费者之间的信赖关系。传播员工个人品牌的具体方式有制作反映员工精神风貌的广告片；发布展示员工风采的新闻报道、专题报道、纪实性文章和著作；在网站或内刊中树立和推广一批先进员工的典型，通过榜样的力量，产生全体员工的情感共鸣，走进员工的内心世界。比如，因为沃尔玛注重员工培训和形象展示，顾客总会将热情周到、笑容满面的店员形象同公司品牌形象产生联想。

第三节　品牌推广计划的制订

计划是行动的指南和基础。一个科学合理的品牌推广计划能够指明推广的目标、重点、阶段和原则，有利于企业整合各种推广工具，减少行动的盲目性，做到突出重点环节，循序渐进地开展品牌推广的具体活动，从而保证品牌推广计划任务目标的实现和各项工作的顺利进行。

一、品牌推广计划程序

（一）确定目标受众

确定目标受众，就是推广计划制订者要明确品牌推广的对象是谁。品牌推广不是面向所有人，而是品牌的现实顾客和潜在顾客以及可能对顾客消费行为产生影响的组织或个人。比如，对于那些制定高档老年人保健品的厂家来说，他们的品牌推广对象应该主要是60周岁以上的、城镇高收入的老年人，以及可能对他们产生影响的医生、医疗机构、媒体和政府卫生部门等。一般来说，目标受众界定得越明确，品牌推广工作效率就越高，效果就越好。

（二）确定品牌推广目标

目标是行动的向导，是品牌推广活动要求达到的结果。目标有长期目标、中期目标和短期目标三种。目标的实现是分阶段的，这是一个循序渐进的过程。也就是说，品牌在不同发展时期随着环境及资源条件的变化会存在不同阶段的品牌推广目标。比如，在品牌发展初期，品牌知名度就是品牌推广的主要目标之一；在企业资源积累达到一定规模时企业就可以制订更宏大的目标和计划。另外，目标既要有定性目标，也要有定量目标，企业要尽量将各种目标指标化、定量化。

企业在制订品牌推广目标时，应该全面而深入地分析市场环境，包括宏观市场营销环境和微观市场营销环境，这样才能够在品牌推广过程中利用环境中的积极因素，消除和克服消极的不利因素，做到审时度势、趋利避害。同时，企业必须充分考虑自身的技能和资源条件，这样才能使计划具备实施的可行性，才能保证计划目标的实现。

（三）设计品牌推广信息

企业设计品牌推广信息的内容需要考虑品牌推广主题、品牌内涵和目标受众的普遍偏好。品牌推广主题应根据品牌推广目标来确定，一般情况下在某一个特定时期，品牌推广只应有一个主题，参与其中的所有个人和组织、各种品牌推广活动及传播信息的提炼都应该围绕这一品牌主题展开。品牌内涵主要是指品牌主、品牌名称、品牌产品所属行业、品牌核心识别、品牌价值体现、品牌文化、品牌定位以及其他的品牌识别元素，它构成了品牌推广主题的选择内容。此外，品牌推广信息必须符合目标受众的消费心理、消费嗜好、文化价值观念和语言接受习惯，企业要以有趣而生动的信息表达方式潜移默化地将品牌信息传播给目标受众。

（四）选择和组合品牌推广工具

品牌推广是指企业面向受众传播有关品牌的信息，因而品牌传播者必须根据目标受众接收信息的渠道进行品牌推广工具、渠道的选择决策。如对生产老年人保健品的厂家品牌来说，企业应根据老年人接收信息的习惯，选择电视、报纸、老人社区、健康讲座等渠道，向老年人灌输品牌信息。另外，每一种品牌推广工具都有各自的特性。各种工具之间并不是相互独立，而是相互影响的关系，需要相互协调才能发挥各自最大的作用。品牌推广者在选择推广工具时一定要根据品牌所处行业特点、品牌推广目标和预算费用安排来进行组合。一般来说，经营个人消费品的品牌一般把大部分资金用于商业广告，而对于经营行业生产用品的品牌则会将资金主要用于人员推销。

（五）编制品牌推广费用预算

对每一个企业来说，资源都是有限的，而品牌推广则是一项长期的、繁杂的工作，因此有必要对企业的品牌推广费用加以分类，然后根据实际情况制定合理的预算。从大的方面来说，品牌推广预算分为商业广告预算、销售促进预算、公共关系与宣传预算、文化推广预算等。每一种又可分为若干项目。以广告推广费用为例，又分为广告调查费用、广告策划与设计制作费用、广告行政费用、机动费用和其他费用。企业应根据实现品牌推广目标所需要进行的任务来安排品牌推广费用预算，即充分运用目标任务法。

（六）实施、监测和协调品牌推广活动

品牌推广计划制订后，品牌推广者就应当精心地组织品牌推广活动，严格按照计划内容实施品牌推广计划。然而，实施情况和计划目标之间常会出现偏差，因此品牌推广者需要在品牌推广计划实施过程中，密切追踪和仔细评估各项品牌推广活动的实际执行情况，监测推广活动对目标受众的影响效果。检查推广效果可以采用定量的方法，如统计、对比分析销售额的变化，这是衡量受众行为最直观的方法；也可采用定性的方法，如采用访谈法询问目标受众，了解他们是否能够识别和记住品牌信息，他们看到或听到过几次，记住了哪些，感觉如何，以及对品牌及产品过去与现在的态度等。企业如果发现品牌推广活动产生的效果与计划目标存在差距，就需要深入分析原因，并及时采取必要的措施加以修正，以防止偏差进一步扩大化，甚至失控。

二、品牌推广的基本原则

品牌推广最基本的原则就是整合营销传播（integrated marketing communication，IMC）。整合营销传播思想最早是由营销专家唐·舒尔茨教授（Don E. Schultz）提出的，其理论核心是用同一种声音说话。美国广告代理商协会（简称"4A"）对整合营销传播给出的定义是：这是一个营销传播计划概念，我们要充分认识用来制订综合计划时所使用的各种带来附加价值的传播手段，如普通广告、直接反应广告、销售促进和公共关系，并将之结合，提供具有良好清晰度、一致性的信息，使得传播影响力最大化。可见，整合营销传播理论的核心思想是"一致性"，它包括品牌传播信息的一致性和品牌传播行动的一致性。

我们知道，品牌资产的形成是与品牌相关的所有品牌推广活动的产物。企业进行品牌推广，首先应当了解品牌传播的每一句话和所做的每一件事，也就是搞清楚品牌与消费者的每一个接触点，在正确的地方、合适的时间，采用恰当的方法传播一致的品牌信息。所谓品牌信息的一致性是指企业综合协调所有的品牌形象、品牌定位和口碑的信息。品牌信息的一致性同品牌推广策略、品牌所作所为的一贯性是紧密联系的。站在消费者的角度看，品牌传播行动的一贯性代表着"这个品牌总是这样做，而不会做出令人感到怪怪的事情"，这样消费者就很容易识别品牌。为此，一些著名的国际品牌常采用品牌使用手册来规范和协调各种传播环节和方式，以确保每次传播都能够正确地阐释品牌的核心识别及价值、品牌定位和品牌适用的行业范围。汤姆·邓肯（Tom Duncan）在《广告与整合营销传播原理》中认为品牌必须从六个方面保持一致性：企业核心价值观与企业任务、以客为尊的营销哲学、品牌识别标志的一致性、产品与服务的一致性、品牌定位的一致性和执行上的一致性。

此外，以下几点应当引起注意：第一，品牌定位要与众不同。品牌需要向目标市场顾客积极展示自己的品牌定位，而要引起他们的关注及购买行为，品牌定位点应实现差异化。如宝洁公司象牙牌香皂是"会漂浮在水面上"的香皂，七喜是"非可乐"。第二，品牌核心识别元素及其价值体现是品牌推广的重要主题，因为这些方面自始至终都是品牌的灵魂。如菲利浦公司"让我们做得更好！"的广告语无处不在。第三，品牌名称及其与所属行业类别之间的联系必须是品牌推广的开端。因为消费者只有记住了品牌名称和知道品牌是什么东西，才有可能将品牌产品写入他们的购物清单，因此品牌知名度、品牌与行业之间的关联度是任何一个品牌都必须开始就做和经常做的品牌推广主题，这样才能够实现品牌产品的销售。如格力公司就不断高喊"好空调格力造"。第四，有目的地提升品牌名称的身份。这可能对于初创的品牌尤为重要。如海尔就是这方面的"高手"，像最初的琴岛利勃海尔到现在的海尔纽约人寿保险公司。第五，品牌推广内容要保持相对稳定，不能轻易变动。因为随着时间推移，产品出现次数和消费者对其使用体验的增加，品牌资产也将日益强大。

三、品牌知名度的推广策略

对于提供低价值产品的品牌而言，品牌知名度的推广显得十分重要，因为购买者对于这类产品大多属于冲动型购买行为，而广告本身就能够给消费者带来和留下"自信、强势和熟悉"印象。对于新产品而言，品牌知名度的推广必须结合品牌价值的体现，因为品牌价值是消费者购买的理由。下面，我们就如何推广品牌知名度的提出一些建议性方法。

（1）品牌箴言。品牌箴言要表现品牌内涵的精要、价值以及品牌定位等精神。比如，李维斯常常打广告说"今天你应该休息了"。

（2）标识展示。标识是品牌的视觉形象，它应易于为人们理解和记忆。比如，固特异（Goodyear）轮胎经常在室外比赛上空使用固特异软式飞船展示其名称；而美国的 Geico 汽车保险公司则更是动用小型飞机拖着大块横幅在城市上空转悠来展示自己的品牌标识。

（3）公共关系。通过"制造"有新闻价值（能引起媒体极大兴趣和关注）的事件来进行宣传，它比媒体广告成本低且效果更好。比如，张瑞敏抢大锤砸冰箱的"作秀"事件就在当时引起了社会的轰动。

（4）赞助比赛。在大多数情况下，赞助体育赛事最主要的作用是创建或者维持品牌知名度。例如，阿迪达斯1954年赞助原西德足球队装有短钉的运动鞋奇迹般地战胜了实力强大的匈牙利队而赢得了世界杯，使得自己的品牌一时声名鹊起。

（5）使用提示物。品牌名称、图标，或兼而有之的提示物有助于推动品牌知名度活动。最为有效的品牌提示物是包装及其他人们经常会用到的物品或食品。比如，在牛奶盒等包装上贴上自己的品牌标识。

此外，经常重复有助于建立品牌回想。让消费者回想品牌比让消费者识别品牌更难。因为随着时间的推移，品牌回想将不断地弱化。要建立品牌回想，就必须多次重复。就像百威啤酒这一品牌要维持其让消费者铭记在心的状态，就需要无限期地进行频率较高的重复广告活动。事实是，企业通过不断展示品牌而维持强有力的铭记在心的品牌知名度水平不仅能够提升品牌知名度，而且能够起到抑制消费者想起其他同类品牌的作用。

本章小结

品牌推广，又称为品牌传播，是指企业在顾客心中建立预期的品牌知识结构和激发顾客反应的一系列品牌与顾客之间的沟通活动。它是品牌营销的重要环节。品牌推广包含狭义的和广义的品牌推广两层含义。狭义的品牌推广是指品牌知名度的推广，而广义的品牌推广是与品牌资产价值形成有关的所有品牌营销活动。企业在品牌推广中既要重视向外的品牌推广活动，也要重视向内的品牌推广活动。企业进行品牌推广的目的是，以吸引和挽留目标市场顾客为中心，并与其建立起牢固的、排他性的关系，最终扩大品牌产品的销量、建立品牌顾客关系和积累品牌资产。品牌推广内容和品牌推广工具是两个不同的问题，我们尤其要分清楚二者的区别。信息传播处理模型是指任何一次品牌传播活动都将依序经历展示、注意、理解、反应、意向和行动，成功的品牌传播需要这六个步骤中每一步都能够实现，否则就是不成功的。品牌推广模式有单品牌推广、品牌联合推广、纵联品牌推广、直销推广、柔性推广五种。各种推广模式之间并不是截然分开的，企业更多的是同时采用多个模式。

品牌推广方式按照是否有媒体参与品牌传播活动，可分为媒体推广方式和非媒体推广方式两类。媒体推广方式是指那些主要通过媒体进行品牌推广的方式，它又分为大众媒体和自主媒体两种情况；而非媒体推广方式是指那些不主要依靠媒体而是企业自主进行品牌推广的方式，它也分为专门工具和非专门工具两种情况。

商业广告是重要而昂贵的品牌推广方式，由于它对提升品牌知名度、刺激和诱导消费以及塑造品牌形象都有重要的作用，因此国内不少企业都不惜代价打广告。企业在运用商业广告推广品牌时，应严格按照广告推广计划的程序进行，并注意广告的诉求应做到简洁而鲜明。公共关系指企业举办社会活动或制造事件，再通过大众传播媒介的报道，引起社会大众或特定对象的注意，产生对自己有利的声势，达到塑造企业品牌形象，增强品牌竞争力的目的。公共关系在品牌推广中具有传播、沟通信息，营造良好的外部环境，塑造品牌形象和化解社会危机的作用。公共关系传播方式包括公共关系新闻传播、公共关系广告、展览会和赞助活动，这几种方式各具特点。企业启用名人作为品牌的代言人能起到"四两拨千斤"的作用，但品牌代言人的选择及品牌与其关系的处理问题十分重要。现在越来越多的人倾向于通过品牌官方网站来获取信息。品牌官方网站可以分为基本信息网站、综合门户网站和主题宣传型网站三种类型。企业运用官方网站推广品牌的建议有：导入鲜明的品牌形象、提高审美和趣味性、鼓励消费者参与等。从品牌推广角度看，社会化媒体是企业借助移动网络技术，在品牌与消费者之间实现即时、双向沟通的平台。社会化媒体有许多传播的方式，本章只简要介绍了网络百科、博客等方式。企业运用社会化媒体推广品牌的建议有：巧用免费模式、抓住意见领袖、言之有物、鼓励参与等。

非媒体品牌推广方式主要有销售促进、产品包装、企业家、员工等。销售促进是品牌直接给予目标受众某种形式的奖励、回报或承诺，从而鼓励消费者做出购买决定或者做出预期的反应。销售促进增大了品牌与消费者之间的接触面，发挥了企业传播品牌信息的作用。因此，销售促进具有传播信息、刺激和邀请三个明显的特征。企业运用产品包装推广品牌的建议是：销售促进和品牌形象应保持一致性，应与其他品牌推广活动相互促进，合理使用打折促销。产品包装是流通过程中保护产品、方便储运、促进销售的辅助物的总称。对品牌而言，产品包装是品牌提供给消费者的视觉识别物，能让消费者产生良好的第一印象，能帮助品牌从竞争者中脱颖而出，是一种不可忽视的品牌传播媒介。文字、图案和造型是产品包装传播品牌信息的三个要素。企业运用产品包装推广品牌的建议是：体现品牌核心理念，统一视觉形象，与品牌活动相互配合。良好的企业家形象将有助于公众对品牌的认知和持有积极的态度。运用企业家形象推广品牌的建议是：以企业的品牌形象为准则，为个人品牌定位，提高曝光率。员工品牌能影响企业品牌。企业在运用员工推广品牌时，应当高度重视前沿员工的个人形象对品牌形象的影响。

品牌推广计划是品牌推广活动的行动指南。品牌推广计划程序包括确定目标受众，确定品牌推广目标，设计品牌推广信息，选择和组合品牌推广工具，编制品牌推广费用预算，实施、监测和协调品牌推广活动等步骤。品牌推广最基本的原则是整合营销传播。整合营销传播理论的核心思想是"一致性"，它包括品牌传播信息的一致性和品牌传播行动的一致性。此外，还有其他的一些原则，如品牌定位要与众不同，品牌核心识别元素及其价值体现是品牌推广的重要主题，品牌名称及其与所属行业类别之间的联系必须是品牌推广的开端，有目的地提升品牌名称的身份，保持推广内容的稳定性等。最后，对如何推广品牌度提出了几点建议。

思考题

1. 什么是品牌推广？它与产品推广有何不同？
2. 怎样理解品牌推广内容和品牌推广工具之间的差别？
3. 什么是信息传播处理模型？
4. 品牌推广主要有哪些模式？
5. 什么是商业广告？企业运用商业广告推广品牌的注意事项有哪些？
6. 什么是公共关系？公共关系推广品牌的作用和方式有哪些？
7. 企业运用官方网站推广品牌的建议是什么？
8. 企业运用社会化媒体推广品牌的建议是什么？
9. 什么是销售促进？它有哪些特征？
10. 企业运用产品包装推广品牌的建议是什么？

11. 企业运用企业家推广品牌的建议是什么?

12. 企业运用员工推广品牌的建议是什么?

13. 品牌推广计划程序包括哪些步骤?

14. 什么是整合营销传播?

15. 品牌推广的原则有哪些?

16. 如何提高品牌知名度?

案例分析题

东鹏特饮的品牌推广①

随着消费者生活观念及消费理念的逐渐转变,功能饮料的产品优势愈发凸显,近五年来已开始呈两位数增长。诚然,当前国内能量饮料市场风起云涌,新玩家也层出不穷,但红牛、东鹏特饮和乐虎始终占据前三名的位置。但是,2018 年东鹏特饮只有 50 亿元销售额,尚不及红牛的四分之一。

多年来,红牛依靠先入为主的压倒性优势,一直稳坐中国功能饮料市场头把交椅。令东鹏饮料集团董事长林木勤头疼不已的是,"山寨红牛"是整个社会舆论对东鹏特饮最为普遍的诟病。东鹏特饮曾将"累了困了,喝东鹏特饮"作为广告语,而更早之前,红牛的广告语便是"困了累了,喝红牛"。天无绝人之路,红牛深陷商标纠纷,导致其广告宣传锐减。林木勤敏锐地捕捉到了翻牌机会,加之东鹏饮料市场布局的逐步完善,他当机立断,做出将公司营销策略的重心由产品转向品牌的决定,借势升级品牌概念。在 2015 年,东鹏特饮摒弃了此前被诟病山寨红牛的广告语,将产品主张更新升级为"年轻就要醒着拼",正式确立"品牌年轻化"战略,旗帜鲜明的与广大年轻人站在了一起。

东鹏特饮除了更换全新的设计包装、对品牌进行更精准聚焦的定位以外,还整合优质资源进行品牌深耕。在能量饮料品牌中,东鹏特饮开始和红牛进行核心人群差异化区隔。区别于红牛打高端人群精准化路线,东鹏特饮更聚焦于社会基层,即一线劳动者群体。面对功能饮料市场异常激烈的竞争和日益挑剔的消费者,在更新升级自身的品牌定位之后,东鹏特饮又是如何开展品牌推广来全面融入目标消费人群的呢?

小小二维码,暗藏大玄机

在林木勤的记忆里,正是那次与集团副总裁、他的好兄弟林木港在广东事业部大会上的交谈给了他启发。林木港曾对他建议:"随着移动互联网的应用普及,通过扫码进行红包营销的企业并不在少数,甚至成为企业触电新营销方式的标配。但微信扫码、送红包只是让品牌营销停留在表层上。部分企业盲目追求扫码得红包的营销手段,不重视消费者大数据的积累,仿佛回到了当年'再来一瓶'的时代,后期高昂的营销费用将为企业运营埋下定时炸弹。"如何打造出区别于同行企业的品

① 本案例摘选自中国管理案例共享中心中的《与时代共舞:东鹏特饮的品牌建设之道》。

201

牌营销策略，成为东鹏特饮品牌推广面临的一大难题……

1. 一物一码，大数据架起沟通桥梁

零售品牌每天卖出的商品数以亿计，但企业缺乏与消费者的关联导致巨大流量"消失"，并且难以回流沉淀。东鹏饮料迫切地需要将卖出去的产品转变成"流量"并沉淀下来，搭建一座品牌与消费者深度联系的桥梁。因为公司的品牌营销不仅要吸引消费者，更要把他们留在平台上。

为了实现这个小目标，林木勤和林木港两人绞尽脑汁，想尽了办法。最终，东鹏特饮借助"一物一码"技术为每件产品打上唯一的"身份证"（二维码），利用码与消费者建立双向连接，让用户与品牌紧密互动，使品牌逐渐渗入消费者的日常生活。这在很大程度上解决了品牌无法快速了解用户需求的难题，帮助企业生产出消费者刚需的产品。

东鹏特饮巧用红包玩法，以一物一码的方式为流量入口，为每件商品赋予唯一特性的二维码，积累了大量消费者数据，这些消费者也逐渐成为东鹏特饮的忠实粉丝，公司还能为其生成消费者画像。更为特别的是，东鹏特饮通过瓶身专属ID，运用数字化技术手段对已投放市场的产品进行营销布局和远程遥控，在线上找到消费者，借助扫码送红包、扫码第二瓶半价、扫码送跨界礼包等活动，再利用数字化线上手段营销消费者，最终把消费交易导入线下门店。在半年不到的时间里，就收获了几十万粉丝，社群和微信公众号日活跃粉丝上万，销售额更是扶摇直上。目前，东鹏特饮C端有过扫码行为的消费者已达1亿位。不仅如此，B端零售店的注册超过100万家。东鹏特饮通过后台不仅能够与消费者互动，还能监测B端零售店的销售动态与销量，使企业实现了直接"握手"终端店与消费者的目标。

2. 将心比心，收"用户"为己用

"当与消费者取得联系后，下一步就该考虑应该如何和他们进行互动。"林木勤注意到，传统的线下营销活动成本高、效果差，根本无法追踪活动效果。在他的进一步推动下，东鹏借助"一物一码"搭建了以"用户为中心"的社交对话平台，拉近了品牌与用户的距离。用户可进行社群化交流，并与品牌对话来倾谈心事；公司可以对用户数据进行收集分析，实现精准营销，吸引消费者回流，有利于沉淀用户，使公司为消费者提供更好的产品和服务。

在实际操作中，东鹏特饮将线下的扫码用户聚拢到其微信公众号中，然后通过后续的系列营销活动来对用户持续经营，如：节日活动、世界杯竞猜、集卡牌等，这也就完成了"拉新—促活—转化"的营销闭环。公司通过后台终端数据统计分析客户的喜好，及时调整品牌营销方案，提升了企业在同行业的竞争力。这样，不仅通过促销活动带动销量增加，更重要的是建立了品牌商自有的会员体系，让品牌商拥有了属于自己的用户大数据，从而充分了解消费者需求，生产出让消费者满意的产品，最后让整个营销生态形成闭环。

在用户心智占领和用户数据积累基本完成后，东鹏特饮后期通过大数据引擎的用户画像系统实时分析用户数据，基于原生数据、场景数据、行为数据、交易数据等各类数据，全面实施用户分类、会员分级、特权分层，将内容作为打穿社群的核心原动力，彻底融入社群营销的海洋。截至目前，东鹏获得非重复顾客画像及应用数据量累计达 7 000 万，平台日活动量也已突破 150 万。

玩转互联网，酒香也怕巷子深

林木勤非常重视与年轻消费者的互动沟通，关于品牌建设，他一直推崇的，不仅仅是"年轻就要醒着拼"一句广告语。为了真正塑造东鹏特饮鲜明、立体的"年轻感"品牌形象，他始终坚持娱乐化创新营销与内容营销相结合的品牌推广理念。

在影视热剧和综艺节目中植入品牌吸引观众流量，已经成为近年来各大品牌娱乐营销的重头戏之一。林木勤选择不走寻常路，他根据实时热点和人群风向来选择适合植入的影视综艺作品，不拘泥于传统植入的形式，在影视综艺中开启了东鹏特饮的创新营销策略，与年轻人群展开花样互动。从花式口播到花式物料，东鹏特饮解锁了许多新玩法，也成为后来者争相模仿的对象。

由于林木勤本人不喜欢照本宣科，所以东鹏饮料并未止步于简单的热剧植入与综艺冠名，而是独创了压屏条、创可贴广告植入，与传统的广告植入相区隔，为东鹏特饮增色不少。例如，2016 年东鹏特饮赞助了爱奇艺热剧《老九门》，以"创可贴"弹幕开辟了全新的广告互动形式，对内容营销进行了大胆积极的探索，并且颠覆和创新了植入营销模式，将广告作为内容带动剧情发展，引发网友的广泛情感共鸣。

林木勤秉持"顺势而为"原则，力求在保证不影响剧情发展的前提下将东鹏特饮自然融入，使植入镜头生动自然，不会有任何突兀的地方。比如在剧中或节目里，当出现人物熬夜工作、大量运动、疲倦劳累等场景时，东鹏特饮就会适时地出现，给主角人物补充能量。这样一来，既能突出人物拼搏奋进的精神，又能给观众留下深刻的品牌印象。频繁出现在各类节目情景植入当中的东鹏特饮，已成为时下年轻人热议的话题，不少网友都发出感叹："要细数东鹏特饮陪我看了几部电视剧！"就此东鹏特饮全新品牌形象深入、立体地展现在了年轻人面前。

近年来短视频平台快速崛起，成为新的营销阵地，东鹏特饮一直在品牌营销的路上寻求创新，作为深受年轻人喜爱的功能饮料品牌，自然不会错过抖音这个国民级的平台。2019 年下半年，林木勤主动拥抱抖音这一年轻生态平台，抖音的大部分用户是年龄低于 30 岁的年轻人。他们处于人生中最重要的拼搏阶段，在生活中经常出现疲乏困乏的情形。东鹏特饮在抖音开启了主题为#累了困了醒醒吧#的竖屏共创大赛。根据东鹏特饮的品牌特性和产品特点，300 多位参赛选手发挥想象力，从抖音达人到消费者，为此次挑战赛定制了原生创意视频内容，掀起了全民参与热潮。通过此次大赛，由上及下地让年轻用户主动参与内容创作，引发了品牌内容传播的巨大势能，东鹏特饮此次竖屏共创大赛累计曝光近 60 亿次。

抢占体育制高点，品牌进阶不是梦

在功能饮料市场，体育营销一直以来都是兵家必争之地。近几年，中国饮料市场仿佛回到了战国年代，从赞助知名赛事到签约赛队再到聘请代言人，各大品牌商的运营策略可谓"百花齐放"。林木勤跃跃欲试，开始结合东鹏功能饮料的属性，重点布局体育营销，通过持续发力体育营销进入品牌赋能时代。

当然，林木勤深谙营销推广之道，他认为："优质的营销不应只停留在品牌露出，只有与赛事、组织的深度结合才能完成品牌的升级。"东鹏特饮选择在 2017 年赞助国际冠军杯（ICC）足球赛，在足球领域小试牛刀。2018 年，在连续赞助 ICC 的同时，东鹏特饮牵手中超，斥资 2 亿元来取代红牛，与中超联赛官宣战略合作；为 2018 年世界杯（FIFA）转播提供赞助，与央视达成合作；此外，还与葡萄牙国家足球队建立战略合作关系，已然将品牌影响力推广到国际范围。东鹏特饮匠心独具，在世界杯期间发起了众多接地气的竞猜营销活动，掀起了一股全民"赌球"的热潮，其中最具代表性的，便是让人记忆犹新的"熬夜看球醒着拼，50 万大奖等你赢"活动，当时在短时间内打开了观众的每个消费场景，让品牌随处可见。以世界杯为载体，东鹏特饮这一品牌始终活跃在公众面前，品牌影响力非同凡响。

除持续深耕足球领域之外，东鹏特饮也在不断涉猎和尝试其他领域，解锁体育营销新玩法。2019 年，东鹏特饮与中超再续前缘，合作涉猎极限赛车领域，成为中国汽车耐力锦标赛（CEC）赞助商。东鹏特饮除了为赛车手送去能量支持，还在现场多方位强势植入，包括赛道广告、品牌涂装车、颁奖背景板等露出，持续向场上的赛车手、赛车迷传递品牌官方身份，强调"醒着拼"的品牌价值印象。当赛车引擎轰鸣，赛车手全力加速时，东鹏特饮提神醒脑、补充能量的品牌定位也得到了更直观的呈现。此外，东鹏特饮还初步涉猎网球领域，全力赞助珠海女子网球联合会（WTA）超级精英赛，开始进行特色体育活动的尝试。这种小众而酷炫的比赛项目，能够极大地提升品牌格调，收获年轻群体的好感和认可。

伴随着全面健身热潮的兴起，林木勤也在积极响应国家号召，为我国体育事业的发展添砖加瓦、提供赞助，实现了多方共赢。东鹏特饮为众多体育活动提供赞助，如旱地冰球、跑车锦标赛、中国女排等热门赛事，为产品销售打开了一扇全新的大门，在国内乃至国际层面全面提升了品牌知名度。究其根源，这是由于东鹏将功能饮料与体育沾边，实现了弯道超车。在为运动员补充能量、恢复体力的同时，将"年轻就要醒着拼"的品牌形象与运动员赛场拼搏精神有效契合。与此同时，东鹏特饮借此将品牌精神更好地传递给社会上热爱运动、精力充沛的年轻人，调动年轻人参与社会体育的积极性，借助赛事来消除粉丝与东鹏特饮之间的"隔阂"，在不断拓展年轻化主张的同时，也从单纯的产品功能升级到品牌价值观，从消费场景拓展到精神引领。

[案例思考]

1. 东鹏饮料品牌为什么从"山寨红牛"升级为"品牌年轻化"？

2. 在"互联网+"时代，为什么东鹏饮料公司要实施"三步走"的品牌推广策略？可有其他更有效的路径？

3. 东鹏饮料主要采取了哪些品牌推广方式？可有其他更有效的方式？

第九章
品牌维护

品牌营销活动是在不断变化的环境里实现的，品牌营销活动的成败由企业对环境的适应能力的强弱决定，当然也受制于企业所处环境的突变性。品牌危机就是由于企业外部环境的突变和品牌管理的失常，而给品牌整体形象带来的不良影响，这种影响会在短时间里波及开来，最终使企业陷入困境。因而，深入了解和精准把握企业内外环境变化及其趋势，并及时、及早采取应对策略维护品牌权益，尤其是防范和妥善处理好品牌危机事件显得尤为重要。

第一节　品牌诊断

一、品牌诊断的必要性

（一）品牌诊断及其目的

品牌诊断是指企业定期或不定期开展品牌的自我检查，分析品牌状况，找出薄弱环节，以便及时采取必要的纠正措施。要清楚，品牌诊断不是有了问题才检查，而是通过检查来防范问题的发生，因此品牌诊断工作应当制度化。

品牌诊断是为品牌做"体检"，目的在于及时、及早发现问题，未雨绸缪，防患于未然。例如，近年来医院的性质发生了很大的变化。以"救死扶伤、治病救人"为宗旨的医院纷纷开设了保健、体检、康复、理疗等新业务，没开设的医院也正在向这些业务领域迈进。乍一看是医院的改变，但实质是消费者观念变了，消费者开始更多的由病后救治转向病前预防了，面对需求的变化，医院当然要顺应潮流。在我国，经历三十多年市场经济洗礼后，经过质量、价格、渠道、广告、终端等营销策略的较量后，品牌成为今天企业立足市场的最强大的竞争武器。每一年，都有众多的品牌诞生，也有许多的曾经拥有良好市场表现和市场影响力的品牌"因病不治而亡"。看来就如同人一样，要减小品牌的"死亡率"，保持品牌的健康成长，品牌建设也需要改变观念，变"病后救治"为"病前预防"。

（二）品牌诊断方式

根据参与诊断人员的不同，品牌诊断分为内部诊断和外部诊断。内部诊断，即由企业内部工作人员承担品牌诊断的任务，一般是定期进行，时间大多安排在年中或年末，有时对于一些突发性问题也可采取临时性的问题诊断。其优点是费用低、时间灵活、诊断人员熟悉自身的工作环境。但是，内部诊断也可能出现一些影响诊断质量的问题。比如，诊断人员有时可能对存在的问题习以为常，视而不见；或者因问题发生原因与自己有关而心存顾虑，即使发现问题也不愿意把问题反映出来；等等。这些情况一旦发生，品牌诊断就很可能流于形式而失去了意义。

因此，企业定期（如每隔1~2年）聘请企业外部品牌管理机构的专业从业人员对品牌进行全面诊断，即外部诊断，也是十分必要的。就外部诊断而言，诊断者因专业知识和经验十分丰富，并且身处事外，所以他们能够公正、客观地发现并提报问题。其不足之处是诊断者可能对企业情况缺乏深入了解（如果企业与诊断者建立了长期的合作关系，这个问题就很好解决了），而且诊断费用较为昂贵。总之，内部诊断结合外部诊断是一种有效且必要的品牌诊断方式。

此外，值得注意的是，作为诊断人员，应当掌握以下四个基本的诊断技巧：第一，诊断人员不是检察官，而是侦探；第二，倾听是一种美德，鼓励被访者畅所欲言；第三，把复杂问题简单化，要找出问题之间的逻辑联系和生成的主要原因，而不能"眉毛胡子一把抓"；第四，不要轻易相信被访者的结论。

（三）品牌诊断分类

品牌诊断按诊断目的的不同，分为品牌战略诊断和品牌战术诊断。我们常通过品牌战略诊断找问题，而通过品牌战术诊断找原因。品牌战略诊断考察品牌的市场表现、价值传递及其竞争前景，其主要目的是找出目前品牌建设中存在的或潜在的深层次问题。品牌战术诊断，又称市场营销诊断，是期望从企业外部和企业内部两个角度，找到产生品牌问题的原因，如表9-1所示[①]。

表9-1　品牌战术诊断的内容

类别	内容
外部营销环境	技术、政策、文化、自然因素影响；经济衰退、市场低迷，行业竞争加剧，消费趋势、消费行为变化
内部营销环境	营销观念落后，营销人员素质欠缺，企业文化荒漠化，营销机构设置不合理，绩效评价有失公平，流程管控系统缺乏效率，信息反馈渠道不畅通
营销组合	品质存在问题，产品线不合理延伸，产品定位不准，价格体系不合理，价格政策落实不到位，通路结构不合理，通路管控不力，广告计划和媒体策略问题，公共关系与促销问题，品牌策略问题
销售管理与执行	销售费用使用不合理，对销售人员行动的管理不力，缺乏销售培训计划，缺乏专业化销售程序设计，销售人员考核与激励机制不完善

二、品牌战略诊断的内容

我们洞察一个品牌的过去、现在和未来，了解一个品牌的竞争力和健康程度，需要从三个角度去综合考察，即品牌对消费者的价值传递、品牌在市场中的表现和

① 曾朝晖. 诊断：品牌诊断实案解密［M］. 北京：机械工业出版社，2005：44-82.

品牌的竞争前景，具体如图9-1所示。

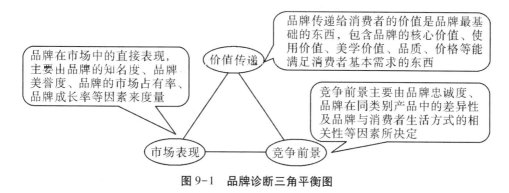

品牌传递给消费者的价值是品牌最基础的东西，包含品牌的核心价值、使用价值、美学价值、品质、价格等能满足消费者基本需求的东西

品牌在市场中的直接表现，主要由品牌的知名度、品牌美誉度、品牌的市场占有率、品牌成长率等因素来度量

竞争前景主要由品牌忠诚度、品牌在同类别产品中的差异性及品牌与消费者生活方式的相关性等因素所决定

价值传递

市场表现   竞争前景

图9-1 品牌诊断三角平衡图

价值传递是品牌的物质基础，没有价值，品牌就失去了存在的根基；市场表现则是品牌从过去到现在发展的结果，是诊断品牌的历史依据，也是诊断品牌未来的起点；竞争前景是对品牌未来的展望，对品牌竞争力与成长动力的洞察。企业根据品牌在这三大要素方面表现的强弱程度，可以清晰地界定出品牌的市场位置、品牌战略的市场效果、品牌竞争力以及品牌管理的未来改进方向。基于三大要素表现的平衡程度，我们可以得出如下八种品牌战略诊断的结果，如图9-2所示。

（1）强势品牌：这种品牌具有稳固的品质基础和已经建立起来的市场基础，而且在同类别产品中建立起了独特的和不可替代的品牌形象，并表现出与消费者生活方式的高度相关性，属于典型的领导品牌。

（2）弱势品牌：这种品牌已不具有任何竞争力，也缺乏基本的价值传递功能和市场基础，属于淘汰品牌。

（3）成长品牌：这种品牌有稳固的品质基础，但处于产品市场开发阶段，在产品同质化的市场中表现平平，缺乏品牌运作的能力。企业如果加大品牌传播力度，挖掘品牌内涵和实施完善的品牌战略，将具有很强的成长性。

（4）流行品牌：这种品牌价值认知度不高，也不具备差异化和独特性，但市场的表现很好，属于典型的跟风品牌。

（5）特异品牌：这种品牌既没有好的品质认知，也没有好的市场表现，但具有比较强的差异性和独特性。它有两种情况：一是典型的概念炒作型品牌，但炒作效果并不理想；二是边缘细分型品牌，即与某一类特定消费者（这类人群的容量并不大）的生活方式有很强关联性。

（6）现实大品牌：这种品牌虽然具有稳固的品质基础和市场基础，但抵御其他品牌竞争冲击的能力较弱，前景不容乐观甚至陷入价格竞争和市场衰退，需要再造品牌、重塑品牌特性与创新策略。

（7）低价品牌：这种品牌没有很好的品质传递，却有比较好的市场表现，它与市场中的低收入消费群体有很强的关联性。这类品牌只能是低价模仿产品，依靠价格优势抢占比较大的市场份额。

（8）利基品牌：这种品牌是一个高度精确的细分品牌，以突出的品牌价值满足特定目标群的差异化消费需求，虽然市场的总体表现因细分市场消费人群所限而不理想，却可以在自己的目标市场内精耕细作，获取超额利润。

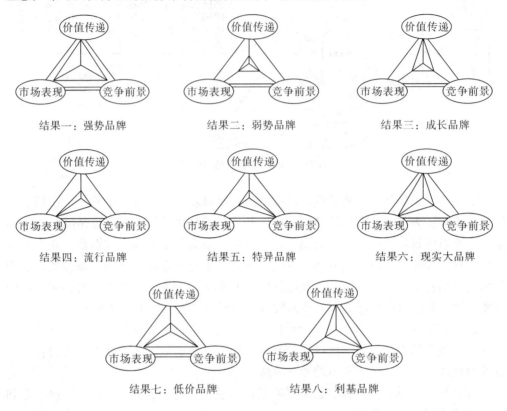

图 9-2　品牌战略诊断结果图

第二节　品牌维系与保护

一、品牌维系

　　品牌维护包括品牌维系和品牌保护两方面行为，其目的是保持和提升品牌竞争力、保护品牌权益和积累品牌资产价值。

　　品牌维系是指企业用于巩固和提高品牌市场地位、声誉的营销活动。品牌维系要以品牌诊断为依据，可分为两种形式，即保守型维系和积极型维系。前者包括品牌危机处理和常规品牌维系，也就是企业在经营战略中采取非进取性的用于加强巩固品牌地位和声誉的传播及经营手段；后者包括科技创新、管理创新、营销创新以及品牌形象更新、品牌再定位等，是一种积极地开拓市场和提升品牌形象的进取性战略，其核心是紧随消费者心理变化、市场变化和技术进步，不断创新。

　　对企业而言，品牌维系是一个必须长期坚持的过程，需要从每一件具体业务和业务的细节做起，日积月累才能在消费者心中树立牢固的品牌形象，稍有不慎则可能满盘皆输。所以，品牌维系要求每一位员工尽职尽责地从细节和小事做起，从每一天努力做起。可见，企业员工是品牌维系最好的工具。具体来说，常规的品牌维系主要包括产品保证、质量管理和广告宣传三个方面。

（一）产品保证

产品是品牌的基础，保证产品和服务质量是维系品牌的必要条件。名牌产品在维系其市场地位时，必须从市场需求出发，坚持产品的高质量、优美的外观设计和优质的服务。任何产品质量的设计都要从满足消费者的需要出发，考虑到产品的安全性、耐用性、适用性。

安全可靠是消费者对产品的最起码的要求。安全性能是否良好，直接关系到产品的市场发展前景和品牌形象的好坏。尤其对那些可能造成重大安全隐患的产品，比如汽车、充电电池、热水器等，这一点更是至关重要。

结实耐用是产品质量的基本要求。能够长期无故障使用的产品，更容易受到消费者的喜爱。当然，从现在的消费观念来看，耐用性不一定符合时尚性需求的市场发展趋势。比如前些年，人们对服装的要求是耐穿，一件衣服可能会穿几年、几十年甚至几代人，而现在，人们出于对时尚的追求，有些衣服只穿一季甚至一次，因此对很多产品而言，耐用性已显得不是那么重要了。

适用性是指企业从目标市场的消费者需求出发，调整产品的局部性能，以增加产品对消费者的有用性。有些产品本身融入了许多高科技成分，功能齐全，操作复杂，但多数消费者恐怕只需要其中最基本的某几项功能，而可能不会尝试使用其他功能。因而，产品功能的数量应适当，要综合考虑顾客的需要和成本问题。

随着生活水平的提高，人们对美的追求越来越丰富，也越来越强烈。企业应积极考虑对产品的设计、包装加以改进，以适应甚至引导消费者不断更新的审美观，使产品在消费者心目中始终保持美好、新颖的形象，也使品牌在消费者心目中历久常新。可口可乐、百事可乐这些世界著名品牌都非常注重产品外观的更新，百事可乐的易拉罐上不断更换明星形象，有时是歌星，有时又是著名球星，始终凸显百事可乐是"新一代的选择"。

由于现代消费者选择商品，更注重产品之外的附加利益，所以企业要注意加强竞争性配套服务，以增强品牌竞争力，维系品牌地位。如空调公司提供的销售、包装、运输、安装和维修的一条龙服务，和路雪冰激凌公司为其零售商提供冰柜和运送服务等，这些服务措施有效地维系了消费者的品牌忠诚，维系了企业的品牌形象。而我国许多品牌早因包装呆板不变、服务不周到而丧失竞争力，进入老化状态。

（二）质量管理

"质量第一"是品牌维系的根基。企业要制订切实可行的质量发展目标，积极采用国内外先进质量标准，形成一批高质量、高档次的名优产品，提高品牌产品的市场占有率，突出品牌质量形象。质量管理包括以下三个方面：

一是质量维系。它是通过 SDCA 循环来进行的。S 是标准（standard），即企业为提高产品质量编制的各种质量标准体系文件；D 是执行（do），即企业执行质量标准体系；C 是检查（check），即企业对质量体系的内容审核和各种检查；A 是行动（action），即企业通过对质量标准体系执行情况的评审，做出相应处置。不断的SDCA循环将保证质量体系有效运行，以实现预期的质量目标。

二是质量改进。它是指企业不断提高产品和服务的质量，是通过PDCA的循环来实现的。P是计划（plan），D是执行（do），C是检查（check），A是行动（action）。质量改进要注意定期更新产品，使产品升级与市场保持一致；保持和发挥产品的特色，以满足不同的消费者；根据市场变化做出迅速、准确的反应，提高产品性能。

三是重点分配。企业对品牌的维系应根据品牌的优势，分配产品质量控制和研发更新的重点，以保持产品差异优势。许多拥有多个品牌的企业不可能对每种品牌都投入大量的资金和精力，且对于缺乏竞争力和市场表现差的品牌，这种投入也是得不偿失的。所以，企业应把品牌和创新的重点放在业绩较好的品牌和产品上。

（三）广告宣传

现代广告对企业形象的塑造，企业知名度的提升，独特品牌形象的建立和传播，品牌的推广和维系，起着不可低估的作用。在很多企业的发展中，广告是其翅膀，它能在较短的时间内将品牌信息传递给消费者。合理的费用开支，合理的媒体选择，新颖的广告创意，能够不断重复品牌在消费者心中的印象，引导消费者在品牌购买选择中建立品牌偏好，逐步形成品牌忠诚。

需要强调的是，企业用广告作为引导消费者购物的手段时应注意以下几点：一是应不断强化品牌声誉。公共舆论的集体效力、专家学者的权威效力对品牌声誉的树立和强化都很有作用。二是应加大广告宣传力度，使产品有形而且有"声"。企业通过品牌广告促进产品销售，通过产品销售提升品牌市场地位。三是应坚持广告宣传的长期化。广告宣传出来的品牌只是知名度较高的准品牌，其市场地位仍然非常脆弱，企业要巩固其品牌地位还需要从产品质量、管理上下功夫，并辅助以持续的广告宣传。此外，现代广告不能只注重产品功能的介绍，而要把品牌形象放在重要的位置；因为同类产品太多，不同产品可能具有同种功能或类似功能，企业如果只注重产品而忽视品牌宣传，就可能使广告为他人做"嫁衣"。其他的用于品牌日常维系的宣传方法还有促销、公关与宣传、网络营销等。

二、品牌保护

品牌是一项重要的无形资产，尤其是历史性品牌、国内外著名商标更具有极高的品牌价值，是企业的一笔巨大财富。企业必须对自己的品牌进行充分保护，使这笔巨大的无形资产和宝贵财富不受侵犯。

（一）品牌保护的必要性

品牌保护，就是企业对品牌的所有权人、合法使用人的品牌（商标）实施各种保护措施，以防范来自各方面的侵害和侵权行为。它包括品牌的法律保护和品牌的自我保护两种行为。

我们知道，创立一个品牌难，要维护和发展一个品牌更难。如果一个为社会所公认的品牌，企业没有很好地加以保护，则有可能前功尽弃，将品牌毁于一旦。当前我国经济正处于转变经济增长方式与经济结构的关键时期，品牌的作用将越来越重要和突出。但由于某些企业的思想观念和行为还没有完全转变到市场经济轨道上来，对市场经济体制中品牌与经济增长的关系、品牌与企业生存发展的关系、品牌与产品及市场的关系等尚缺乏清晰的认识，因而面对市场中不正当竞争对品牌的强大的冲击，就显得有些盲目被动，束手无策。

市场对国内品牌的冲击主要来自假冒伪劣产品的冲击、国际品牌的冲击和自砸牌子的行为。企业作为使用、保护品牌的主体，应当增强对品牌的自我保护意识，树立对品牌主动保护的观念，并在品牌营销战略的整个实践过程中，采取全方位的、动态的保护措施。

（二）品牌的法律保护

法律保护是品牌保护中的基本手段之一。在我国颁布的《中华人民共和国民法典》《中华人民共和国商标法》《中华人民共和国专利法》《中华人民共和国反不正当竞争法》《中华人民共和国刑法》《工业产品质量责任条例》等法律法规，对商标的创建、使用和违法惩罚都有明确的规定。对一个企业来说，首先不得实施侵犯他人品牌权益的违法行为，并依据法律法规的规定对自己的品牌采取相应的保护措施。

品牌的法律保护，主要涉及两个方面：一是注册权的保护，二是商标权的保护。其中，商标权的保护是品牌保护的核心。商标权是对商标拥有的各种权利的统称，包括商标专用权、续展权、许可权、转让权、诉讼权和废置权等。

1. 注册权的保护

品牌获得法律保护的前提是经过注册获得商标专用权，这就客观上要求企业要强化注册意识。企业若淡化商标意识，不注册或注册滞后或注册遗漏等，都将给企业在未来激烈的市场竞争中留下隐患，最终使企业蒙受损失，付出高昂的代价。注册权保护的具体原则如下：

（1）注册类别要宽。

商标权的范围以商标注册时核准的商品为限，超出核准的商品范围的商标不能得到法律的保护。近年来，越来越多的企业意识到品牌或商标是参与国内外市场竞争的有力武器，故多采用"一标多品"的注册原则。一标多品注册，也被称为占位注册，它有利于防止竞争对于使用与自己相同或近似的商标生产经营其他类别的商品，以免在市场上引起混淆，减损品牌的市场利益。也就是说，如果商标注册范围过于狭窄，就会为其他企业抢位留下余地，进而有可能影响自己的经济利益。

当然，商标占位虽然能一定程度地保护品牌所有者的合法权益，但毕竟要交付一笔注册费用。企业应根据自身实力与对未来发展的预测来选择商标占位的宽度或是否占位。一般来说，如果是小企业则可能没有必要采用较宽的占位策略，只需选择较窄的占位策略，甚至不需要什么占位；而对大型企业来说，宜采取比较宽的占位注册策略，占满与本企业产品或服务相关的几个或十几个大类别中的商标位置。

（2）多样化注册。

多样化注册是品牌保护的另外一种手段，它实际是注册防御商标的问题。在获准注册的多个近似商标中，一个为正商标，其他的近似商标则为防御商标。防御商标有两种表现形式：其一是以正商标文字的交替颠倒而形成的防御商标，其二是以正商标的主要文字衍生而成的亲族型防御商标。

值得说明的是，防御性商标的注册可以为正商标构成一道法律防护墙，进而保护商标所有者的合法权益免受侵犯，但同时也容易形成商标的"垄断"。一般认为，企业注册防御商标是有原则的，即在正商标有一定的知名度并且广大消费者对该商标或品牌下的商品产生偏好时，注册防御商标才是法律允许的行为。

（3）注册区域要广。

考虑到进占异国和异地市场，企业在品牌的运营实践中，对品牌商标的注册要坚持地域辐射原则，不能仅在某个国家或地区注册，应意识到品牌在异国或异地受到法律保护的重要性，在多个国家或地区注册，以获得该国或该地区法律的保护。企业实施商标地域辐射策略有两种具体做法：一是申请国际注册，二是到各国逐一注册。

2. 商标权的保护

（1）商标专用权的保护。

专用权是商标经核准注册或经法律规定赋予商标所有人对其商标的独占使用权。商标所有人在核准注册时指定的商品范围内享有完全独占使用其商标的权利。但有一个例外，就是商标成为世界著名商标后，如万宝路、可口可乐、海尔、华为等，其商标就不受指定范围的限制，商标所有人可在商品的一切领域内享有完全独占使用其商标和自动取得法律保护的权利。商标专用权是全部商标法律保护权利的核心，也是品牌创新、发展的基础。品牌所有人应当加强对自己商标专用权的保护，主动关注市场上相同或类似的商品使用与自己相同或类似的商标的侵权行为，并及时依法追究其法律责任。

（2）商标续展权的保护。

续展权是商标所有人在其商标注册后保持商标继续有效的一种权利。法律对它的保护，就意味着商标法律效力在时间上的延续。续展权的保护首先要注意法律对注册有效期的规定，商标权具有时间性，即商标权有有效期限。在有效期限之内，商标权受到法律保护；超过有效期限，商标权不再受到法律保护。各国规定的商标权的有效期限长短不一，我国规定为十年。到期后企业一定要及时申请续展商标权，否则将可能丧失商标权。同时每一个企业还应知道递交续展注册申请的期限，各国一般规定在有效期截止日前六个月内递交申请，而且还规定可以在有效期日后六个月内补办续展申请。其次，商标所有人应当妥善保存商标实际使用资料，包括标签、合同、发票和账单等，因为有些国家或地区规定在办理续展时要提供这些实际使用证据。最后，商标所有人应当保存好商标注册证，不得随意在上面涂改。商标所有人在注册人名称、地址、内容等变更后应及时办理相应的变更手续。注册证的涂改、遗失和变更不当都有可能导致商标权的丧失。

（3）商标许可权的保护。

许可权是商标所有人许可其他个人或组织在一定期限、一定区域，以一定的条件使用自己的注册商标的权利。许可分为独占使用许可和普通使用许可两种。许可权是商标所有人的一项重要权利，也是品牌增值的一个重要手段。对许可权的使用事项的各个方面，协议条款要尽可能的细致、完备。企业在实践中自砸牌子的行为，其中很大一部分就是许可使用人的不当使用造成的。商标使用许可经双方当事人达成协议后，还应将文本递交商标主管机关备案，不备案的许可协议，往往在事后得不到法律和国家权力机关的有效保护。

（4）商标转让权的保护。

转让权是指商标所有人出于某些原因，将自己的商标权转移给他人的权利。各国法律对转让的规定不一样，有的允许商标可以单独转让，有的则要求商标必须连同企业一并转让。但几乎所有国家的法律规定，对一个商标注册所包含的内容不能部分转让即分割转让，也就是说，如果是联合商标，不能只转让其中的一个，必须将整个商标一并转让。商标权的转让有两种情形，一种是继承转让，另一种是合同转让。不论哪一种形式，转让人必须向商标主管机关申请办理转让手续。

法律的保护具有权威性、严肃性、公正性，把品牌保护纳入法律范围就有了最可靠的法律保障。近年来，我国人民代表大会通过了一系列法律法规，加强了知识产权立法，营造了品牌法律保护的社会氛围。

（三）品牌的自我保护

运用法律手段保护企业拥有的合法权益是实施品牌保护行之有效的手段，但在实践中，受执法力度的局限，法律保护并不是十全十美的保护手段。因此，为了提高品牌保护力度和效果，企业必须注意和加强在品牌营销过程中的自我保护。基本举措包括：

1. 严格管理与持续创新是最重要的自我保护

对品牌的自我保护，最重要的是企业对自己严格要求、严格管理和永不自满、不断创新的精神和行动。它们应体现在企业活动的各个方面和全部过程，其目的是保持和提升品牌竞争力，使品牌更具活力和生命力，成为市场上的强势品牌。

（1）坚持全面质量管理和全员质量管理。

"质量第一"是品牌自我保护的根基。"以质取胜"是永不过时的真理。企业要树立"质量是企业的生命"的观念，并把它贯穿到企业的一切活动和全部过程中。企业要制定切实可行的质量发展目标，积极采用国际标准和国外先进标准，形成一大批高质量、高档次的名优产品，提高名牌产品的市场占有率。企业要建立从产品设计到售后服务全流程的、高效的、完善的质量保证体系，严格执行标准，重视质量检验，加强工艺纪律，搞好全员全过程的质量管理。企业要深入开展全面质量管理、质量改进和降废减损活动，认真贯彻质量管理和质量保证的国家标准，积极推进质量认证工作，并借鉴国外企业科学的质量管理方法，推进"零缺陷"和可靠管理，提高企业的质量管理水平。企业要以市场为导向，面向市场，以满足消费者的需要为目标，建立技术创新体系，加快产品更新换代，努力开发一批适应国内外需求的新产品，全面提高产品档次和质量水平。符合市场需求的高质量，是企业对品牌自我保护的重要法宝。

213

（2）坚持成本控制和成本管理。

企业要在提高效率的同时降低成本费用，取得低成本领先优势，提高品牌的竞争力。低成本优势是企业对品牌自我保护的又一法宝。如果企业对成本不加控制，那么严重的浪费就会葬送企业的前程。为了控制成本，取得成本领先优势，企业就必须采用先进设备，提高劳动生产率，使成本降低建立在先进技术的基础上，同时加强企业的资金管理、费用管理、财务管理、物资管理、设备管理、原材料管理、能耗管理和其他管理，力争把成本降到最低。

（3）严格品牌商标管理。

企业要防止任意扩大品牌商标使用范围的情况，否则可能会导致品牌信誉度下降而遭受严重损失。

掌控品牌许可使用扩散程度，这也是品牌自我保护的一项重要内容。众所周知，品牌的许可使用能够带来几何倍数效应；但品牌许可使用扩散是有限度的，它不但要受到时间、地点的限制，还要受到品牌自身聚合能力和品牌管理能力的限制。当品牌许可使用扩散程度超过其自身聚合能力时，品牌的综合竞争力就会减弱和消失。也就是说，当品牌失去它原有的质量、技术和服务标准时，那么其对品牌本身的损害也就开始显现蔓延了。在实际经济生活中，的确有一些知名品牌的企业，为了图一时的蝇头小利，随意转让注册商标使用权，过度扩散品牌许可使用权，造成信誉下降，最终倒了牌子。这都是我们应该牢记的教训，千万不能重犯这样的错误。

（4）创新。

创新是企业的灵魂，是企业活力之源。不断创新是企业生存与发展又一重大的永恒课题。创新是一个系统工程，包括多方面的内容，主要有：

①观念创新。思想观念是行动的先导。没有观念创新就不可能有实践的创新。企业要树立"创新是企业的灵魂"的观念，坚持用创新思维指导实践；要研究社会经济的现状和发展趋势，研究技术与市场结合的方法，掌握最新的市场信息。

②技术创新。技术创新是指企业应用创新的知识和新的加工技术工艺，采用新的生产方式，提高产品质量，开发生产新的产品，提供新的服务，占据市场并实现市场价值。企业是技术创新的主体。技术创新是企业发展高科技、实现产业化的重要前提。企业要从体制改革入手，激活现有科技资源，加强面向市场的应用研究开发，不断进行技术创新并形成技术领先优势，才能够提高企业的品牌竞争力，加强品牌的自我保护。在技术创新过程中，企业要勇于突破，不断审视自己、超越自己。

③质量创新。质量不是一个静止的概念，而是一个动态的概念。企业必须紧跟科学技术进步的步伐，不断提高产品的科技含量，满足不断变化的市场需求，使质量创新为消费者所接受。

④管理创新。在加强基础管理的同时，企业要根据新的情况不断引进新的管理理念、管理制度和方法；要通过企业管理实践，创造出新的、有效的管理模式，推动企业管理水平不断提高。

⑤服务创新。服务是永无止境的，企业要在为消费者服务的过程中，不断创新服务内容、服务项目、服务方法，提高服务水平和服务效果，使消费者享受到最好、

最满意的服务。

此外，企业还要进行市场创新、组织创新、制度创新等，即全方位、高效地进行创新。只有这样，企业才会有无穷的生命力和永不枯竭的动力，才能不断发展壮大。可见，创新是企业对自己品牌最好的自我保护手段。

2. 品牌的技术保密性

品牌之所以成为品牌，总有它本身的特色，而特色往往是由支撑品牌商品生产经营的技术诀窍、秘方和特殊工艺等专有技术组成的。某些商品在长期生产经营活动中积累形成的这些"秘密"往往正是决定其品牌能够长盛不衰的奥秘所在。可口可乐是这样，同仁堂也是这样，如果这些技术被泄露，那就会给企业乃至国家带来巨大的损失。

3. 建立和完善品牌价值专门台账

按我国现行的财务制度，品牌价值增值是不能单独地从财务报表中反映出来的，而企业经营的现实又要求及时了解品牌价值增值的状况以满足资源分配等方面的需要。为此，经营者应当从品牌的长远利益考虑，学习国外企业一贯做法，以动态的方式把品牌的价值累计单独列账，为品牌从无形资产价值形态转化为独立的有形资产价值形态提供完整的原始数据，以便为企业在对外评估时和以品牌对外投资、转让、许可使用或向银行贷款时提供资产依据。这样做不但能有效地维护品牌的价值和声誉，还有利于扩大品牌的影响力。

最后，我们认为，企业积极借助政府部门的力量打击侵权行为，也是实施品牌自我保护的有效手段。因为政府有责任、有义务规范市场秩序，因此品牌所有人和合法使用者可以积极寻求政府有关部门的协助，严厉打击假冒伪劣商品经营者和不合法经营者，以捍卫自身的市场地位，保护品牌权益。

215

第三节　品牌危机

企业经营充满风险和挑战，为谋求发展取得更好的效益，一批企业家们"战战兢兢，如履薄冰"。海尔提出，市场中的企业如同放在斜坡上的球，它受到来自市场竞争和内部员工惰性形成的压力，如果没有动力，就会下滑。各个企业正是在这种提升力和阻力的综合作用下经营发展，一些前进了，一些则衰落了。

相对于常规状态下的经营压力和阻力，危机如同前进道路上潜藏的陷阱，伪装粉饰后耐心等待莽撞者闯入。那些不慎被危机"撞"到的企业，往往要使尽浑身解数方能脱身，而脱身乏术者只能被危机吞噬，正所谓"墙倒众人推，鼓破万人捶"。"人无远虑，必有近忧"，如何及时及早发现危机陷阱，减少危机冲击是企业经营者必须面对的课题。

一、品牌危机及其影响

品牌危机是指由于企业外部环境的突变和品牌营销管理失败而对品牌整体形象

构成的不良影响，这种影响会在短时间内波及开来，最终使企业陷入困境，甚至破产倒闭。突发性和蔓延性是品牌危机的两个主要特征。

多年来，由媒体曝光引发的品牌危机事件接连不断，被危机击中的名牌企业包括麦当劳、肯德基、高露洁、雀巢奶粉、光明乳业、三鹿集团、双汇集团等，其中食品行业最为集中，而台湾发生的"黑猪油"事件也使统一集团、顶新集团、奇美食品等一批知名企业同样被卷入危机的风暴中。

通过对上述品牌危机事件的分析，我们认为，品牌危机按性质可以分为两类：第一类是产品质量问题引发的危机，第二类是非产品质量问题引发的危机。第一类危机事件之所以引人关注，在于其品牌的高知名度和此前的良好形象，在于其产品的大众日常消费品特征及由此而拥有的庞大消费群体，在于其产品直接关乎消费者的身体健康和生命安全。比较而言，对第二类危机事件，消费者关注程度较低。

两类危机引发的原因和影响有较大差别。第一类是产品质量问题直接引发消费者不信任和不购买，随之造成销售量的大幅下滑，引发企业经营危机和困境。第二类非产品质量问题而是企业内部某方面缺陷引起的经营危机和困难，如资金问题、法律诉讼、人事变动等，内部问题逐渐向外传递造成客户对企业不信任。

二、品牌危机的表现

如果企业缺少适应环境的能力，疏于内部管理，就可能随时陷入品牌危机。历史记录下了品牌危机事件。历史上发生的品牌危机的主要表现有：

1. 产品构想的失败

产品构想的失败是因为企业坚持认为自己比消费者知道得更多，所以坚持推出了一些没有人需要的、糟糕的品牌产品。如同可口可乐犯了"新可乐"错误一样，百事可乐在1992—1994年先后推出了"水晶"系列的百事可乐，以满足"消费者对纯洁的新要求"——因为当时消费者对"依云"等矿泉水的需求很大。但结果是，没有人对百事清澈的"水晶"可乐产品感兴趣。

2. 品牌延伸的失败

如果企业不能正确理解自己品牌的实质，那么结果将是灾难性的。譬如，做药品的品牌向食品行业延伸，"荣昌"在肛泰产品成功后就曾经推出过"甜梦"口服液，因"部位"不对而失败；"恩威"在洁尔阴"难言之隐，一洗了之"成功后延伸出"好娃友"儿童口服液，市场形象反差太大，难以被老顾客接受。许多雄性荷尔蒙过剩的哈雷拥有者身体上都刺有哈雷·戴维森这一品牌名字和形象的纹身，哈雷曾利用这种品牌情感优势大肆扩展连锁店经营的商品，标有哈雷·戴维森品牌商标的商品几乎无所不包，T恤、内裤、衬衫、领带、袜子、打火机、香水，甚至还包括婴儿尿布及服饰，这些为谋取金钱利益的品牌延伸行为严重损害了品牌的核心价值，即"强壮、粗犷、阳刚之气"的品牌形象。

3. 公共关系的失败

许多企业并不能很好地处理社会危机，他们认为最好的处理办法是否认危机的存在。其中最为著名的当属"麦当劳诽谤案"。1986年国际绿色和平组织分支机构——伦敦绿色和平组织印发了一本名为《麦当劳怎么了?》的宣传册,指出了麦当劳产品对人体健康有损害的问题。由此,海伦·斯蒂尔和戴夫·莫里斯两人被卷入了此次冲突。1994 年法庭对该案进行审判就花费了 313 天,成为英国历史上耗时最长的一次审判,仅法官的审判书就超过了 1 000 页。尽管 1997 年 6 月 19 日的最终裁决结果是:麦当劳获胜,斯蒂尔和莫里斯负责赔偿麦当劳 6 万英镑,可是 180 个证人讲述了有关麦当劳的各种故事——食物中毒、拖欠法定加班费、虚假的再利用声明、派遣间谍渗透到伦敦绿色和平组织等,让麦当劳经历了一次又一次的羞辱。尤其是网站、报刊、书籍、电视节目的宣传,使该案件在全世界范围内广为流传,对麦当劳形象的损害是无法修复的。1997 年 6 月 20 日英国《卫报》评论道:"这是场得不偿失的胜利。"

4. 文化的失败

许多企业在行动上会犯同一个错误,就是混同了全球化时代,在一处市场上一种产品的成功让他们假定在另一处也会取得同样的成功。这些企业以为,只需使用当地的语言建一个网站,发动几次广告促销活动,建立类似的分销网络,就大功告成了。然而,他们忘记了另一个国家不仅是语言、货币和国内生产总值的差别,国与国之间甚至是一个国家内部文化的差异也能够极大地影响品牌的成功机会。例如,2005 年明基移动(BenQ Mobile)在收购西门子手机部门后次年就亏损累累,不得不折羽而归,主要原因就是东西方文化的差异。

5. 人的失败

"鱼的腐烂从头开始。"品牌背后的领导人是品牌最重要的形象大使,任何品牌要在轨道上正常运行最终需要依赖的是人的行为。例如,美国能源巨头、得克萨斯州的安然公司不但是美国第七大公司,而且在《财富》杂志"最适宜工作的公司"排行榜上名列前茅,连续 6 年荣获该杂志授予的"美国最具创新精神公司"的称号。安然公司为世人展示了良好的企业形象。然而,2001 年,安然公司被证明多年来的利润报表是虚假的,并且隐瞒巨额债务,同年 12 月该公司宣告破产。"安然事件"对美国乃至世界政治、经济、法律的后续影响是十分巨大的。

6 品牌命名的失败

一些企业在为产品命名时没有认真思考品牌的寓意。比如,春兰集团曾经雄心勃勃,推出"春兰虎""春兰豹"系列摩托车——期望显示摩托车强悍、坚韧和牢固的产品个性,这样做就把一个柔美的名字"春兰"与虎豹为伍,让人望而生畏!而有的公司为了追赶时代潮流或者为适应国际化的要求,冒着抛弃历史遗产的风险,而做出了更改品牌名称的决策。像丰田汽车公司将其旗下品牌"花冠"更名为卡罗拉(Corolla)、"佳美"更名为凯美瑞(Camry),"凌志"更名为雷克萨斯(Lexus),当时就引发了中国车主的强烈反对!

7. 互联网与新技术的失败

科特勒曾说:"不要老是向客户叫卖你的产品,要不断为他们创造价值。"事实上,一些从事电子商务的公司只是重视网站建设和推广,而忽略了电子商务存在的根本价值在于为客户提供增值服务。只有名气而不能够为顾客带来任何价值甚至增加顾客负担的各种网络平台，终究是要显出"原形"，被市场抛弃的。

8. 疲惫的品牌

品牌老化是品牌甚至是国家衰亡的原因，从日不落帝国英国到现代版的柯达历史一直在验证着这条法则——无论是个人，还是企业、国家，无论是谁，都必须与时俱进，才能够生存和发展。

此外，在中国，企业过度的广告投入而忽视品牌美誉度，过度的价格竞争（杀敌一千，自损八百）和售后服务质量低劣等营销与管理方面的漏洞也会导致危机。品牌危机绝不是偶然的事件！

事实上，市场环境充斥着多种不确定性因素，使得品牌在成长过程中危机四伏，品牌维护变得越来越艰难。现实中，品牌危机可以说无所不在，无时不在，不可避免。因此，企业需要建立一套危机管理机制，以完善对品牌的动态管理。

三、品牌危机的防范与处理

随着市场经济的发展，危机管理已成为我国企业品牌管理战略的一个重要课题。危机管理可分为危机预警和危机处理两类。前者是在危机发生前及时预见，建立品牌危机预警系统；后者指在危机发生后企业如何处理应对危机。

（一）品牌危机的预警系统

品牌危机预防着眼于未雨绸缪、策划应变，企业应建立危机预警系统，及时捕捉品牌危机征兆，为可能发生的品牌危机提供切实可行的应对措施。有关具体措施的建议有：

第一，企业要组建一个由具有较高专业素质和较高领导职位的人士组成的品牌危机管理委员会，制订与审核危机处理方案，清理危机险情。一旦危机发生，品牌危机管理委员会及时遏止，减少危机对品牌乃至整个企业的危害。

具体讲，品牌危机管理委员会的工作职责包括：全面、清晰地对各种危机情况进行预测；为处理危机制定有关的方针、程序和策略；监督有关方针和程序的实施；在危机发生时，对危机应对工作进行指导或咨询。品牌危机管理委员会的关键作用在于尽可能确保危机不发生。他们应该针对企业存在的各种潜在威胁制定相应的防范方针政策，在制定这方面的政策时，可以参照已有的准则，这有助于把握政策的框架和深度。具体的做法是，他们要考虑这样一些问题：这种危险情况是否影响到企业目标的实现；所鉴别出的潜在危机其真实性如何；企业现有的行为能否阻止或遏制危机的产生；所制定的方针政策是否经得住社会考验；企业是否具备行动所需之资源；这种资源消耗对于企业来说是否能够承受；是否有采取行动的决心；不采取行动的结果将会怎样。积极的危机管理要求组织对所制定的防范方针的贯彻落实情况进行定期检查与审核。

第二，企业要建立高度灵敏的信息监测系统，可以及时收集相关信息并加以分析处理，根据捕捉到的危机征兆，制定对策，把危机隐患消灭在萌芽状态。危机信息监测系统要便于对外交流，适于内部沟通。其信息内容要突出"忧"，信息传递速度要强调"快捷"，信息的质量要求"再确认"。品牌危机管理委员会分析后的紧急信息或事项要实施"紧急报告制度",将危机隐患及时报告主管领导,以便能及时采取有效对策。

第三,企业要建立品牌自我诊断制度,从不同层面、不同角度进行检查、剖析和评价,找出薄弱环节,及时采取必要措施予以纠正,从根本上减少乃至消除危机发生的诱因。

第四,企业要开展职工危机管理教育和培训,增强职工危机管理的意识和技能,一旦发生危机,职工才具备较强的心理承受能力。企业要向员工宣讲危机和企业生存发展之间的关系,提高所有员工的警觉性,教育员工看到市场竞争的残酷性,使企业员工感到危急时刻在他们身旁,并威胁着他们及企业的生存和发展;要教导员工"从自我做起,从现在做起",积极献计献策,并使员工掌握应对危机的基本策略,临危不乱。

(二)危机处理的基本原则

品牌危机处理着眼于对已发生的危机的处理,力求减少或是扭转危机对品牌的冲击和给企业带来的危害。企业在处理危机时,应坚持以下基本原则:

(1)主动性原则。任何危机发生后,企业都不能回避和被动应付,而要积极地面对危机,有效控制局势,切不可因急于追究责任而任凭事态发展。

(2)快捷性原则。企业对危机的反应必须快捷,无论是对受害者、消费者、社会公众,还是对新闻媒体,都应尽可能成为首先到位者,以便迅速、快捷地消除公众对品牌的猜疑。

(3)诚意性原则。保护消费者的利益,减少受害的损失,是品牌危机处理的第一要义,企业断不可只关心自身品牌形象的损失而推诿责任。

(4)真实性原则。危机爆发后,企业必须主动向公众讲明事实的全部真相,而不必遮遮掩掩,否则反而增加公众的好奇、猜测乃至反感,延长危机影响的时间,增强危机的伤害力,不利于企业控制危机局面。

(5)统一性原则。危机处理必须冷静、有序、果断、指挥协调统一、宣传解释统一、行动步骤统一,而不可失控、失序、失真,否则只能造成更大的混乱,使局势恶化。

(6)全员性原则。企业员工不应是危机处理的旁观者,而是参与者。企业让员工参与危机处理,不仅可以减轻企业震荡,而且能够发挥其宣传作用,减轻企业内外压力。

(7)创新性原则。企业危机处理既要充分借鉴以往成功的处理经验,也要根据危机的实际情况,借助新技术、新信息和新思维,进行大胆创新。

(三)品牌危机的公关策略

所谓危机公关就是指由于企业的管理不善、同行竞争甚至遭遇恶意破坏或者是外界突发事件的影响,而给品牌带来极大的负面影响,企业对此所采取的一系列维护社会公共关系的行动,包括消除影响、恢复形象等。危机公关属于危机管理系统的危机处理部分。

尽管企业采取诸多防范措施,危机仍难以完全消除,一旦危机发生,就应该立

219

即有组织、有计划、有步骤地展开公关行动。企业在遇到危机时，决不能听之任之，应该立即组织有关人员，尤其是危机处理专家参与成立危机公关小组，调查危机情况，掌握事件真相，对危机的影响做出全面评估，以制订相应计划控制事态的发展。

品牌危机的公关策略可以概括为1F4S：

一是行动迅速（fast）。品牌危机出现之后的12~48小时是有效处理危机事件的"黄金时间"；企业如果没有利用好这短短的两天时间，也许未来两年或更长时间的努力，也难以弥补时间上的损失。因此，一经发生危机，企业就必须以最快的速度启动危机处理机制，倾注全力争取在尽可能短的时间内平息危机风波。

二是真心道歉（sorry）。公众不仅关注事实真相，在某种意义上更关注当事人对事件所采取的态度。事实上，90%以上的危机恶化都与当事人采取了不当的态度有关，比如冷漠、傲慢、敷衍或拖延。

三是不狡辩、不争辩（shut up）。企业应始终把品牌形象放在首要位置，了解公众舆论，倾听他们的意见，确保企业能把握公众的情绪，并设法使公众的情绪向有利于自己的方面转化。

四是展示行动和事件真相（show）。值得注意的是，沉默并不是金。企业之所以闭嘴，是不与消费者争辩。但企业务必重视与消费者的沟通，建立有效的沟通渠道，与新闻媒体保持良好的合作关系，主动把自己所知道的和自己所想的，尽量展示给公众，不要试图去欺骗或愚弄公众；否则，会给人留下傲慢、不诚实和不尊重消费者的形象。

五是使消费者满意（satisfy）。"公众利益至上"是危机公关的基本要求，企业应积极处理，把该召回的召回下架，对该赔偿的就尽快赔偿，该认错的就痛快认错。我们会原谅一个犯错误的人，但不会原谅一个不承认错误的人，因此企业必须勇于承担自己的责任，以赢得公众的理解和信赖。

市场风云变幻莫测，突如其来的危机对一个品牌，就像流感一样防不胜防。对一个企业来说，建立品牌危机预警系统很重要，但最重要的还是态度，态度决定结果，企业应勇于承担责任。

本章小结

品牌诊断是指企业定期或不定期开展品牌的自我检查，分析品牌状况，找出薄弱环节，以便及时采取必要的纠正措施。品牌诊断是为品牌做"体检"，目的在于及时、及早发现问题，未雨绸缪，防患于未然。品牌诊断可分为内部诊断和外部诊断，也可分为品牌战略诊断和品牌战术诊断。品牌诊断的内容包括品牌价值传递、品牌市场表现和品牌竞争前景的诊断。

品牌维护包括品牌维系和品牌保护两方面行为。品牌维系是指企业用于巩固和提高品牌市场地位、声誉的营销活动。它分为保守型维系和积极型维系。常规品牌维系主要包括产品保证、质量管理和广告宣传。品牌保护，就是企业对品牌的所有权人、合法使用人的品牌（商标）实施各种保护措施，以防范来自各方面的侵害和侵权行为。它包括品牌的法律保护和品牌的自我保护两种行为。品牌的法律保护涉及注册权和商标权的保护。为了提高品牌保护的力度和效果，企业应采取积极的措施加强品牌的自我保护。

品牌危机是指由于企业外部环境的突变和品牌营销管理失败而对品牌整体形象构成的不良影响，这种影响会在短时间里波及开来，最终使企业陷入困境，甚至破产倒闭。突发性和蔓延性是品牌危机的两个主要特征。品牌危机的主要表现有产品构想的失败、品牌延伸的失败、公共关系的失败、文化的失败、人的失败、品牌命名的失败、互联网与新技术的失败、疲惫的品牌等。品牌危机的管理可分为危机预警和危机处理两类。品牌危机的公关策略可概括为"1F4S"，即行动迅速，真心道歉，不狡辩、不争辩，展示行动和事件真相，以及使消费者满意。

思考题

1. 什么是品牌诊断？其目的是什么？
2. 内部诊断与外部诊断的区别是什么？
3. 品牌战略诊断与品牌战术诊断的目的是什么？
4. 品牌诊断包括哪些内容？
5. 常规的品牌维系包括哪几个方面？
6. 品牌保护从哪些方面做起？
7. 什么是品牌危机？其主要表现有哪些？
8. 怎样做好品牌危机的防范和处理？
9. 品牌危机的公关策略是什么？

10. 国内某品牌乳业公司曾被某市记者曝光：夏季在该市没有销售出去的过期的变质鲜奶被厂家回收，兑上部分好奶后再销售。该公司在其《诚告消费者书》中明确表示"某市某品牌从来没有做过将变质牛奶返厂加工再销售的行为，请广大消费者放心"。但也承认管理上存在疏漏，将可常温存放的产品堆放在外面，这样"在存放过程中如果发生渗包现象就会造成一些污染"。请从程序和策略两方面谈谈该如何处理这次危机事件？

案例分析题

鸿茅药酒"跨省抓捕医生事件"危机①

2018年8月，本该处于生产旺季的内蒙古鸿茅国药股份有限公司（简称"鸿茅国药"）厂区不见人车喧嚣，酿酒车间六条生产线近百个基酒窖池已经闲置，大部分生产线已经停止运行，销售萎缩至25%。这一切，皆源自4月爆发的一场舆情危机。

---

① 本案例摘选自中国管理案例共享中心。

案例背景

内蒙古鸿茅国药股份有限公司，始于1962年的国营凉城县鸿茅酒厂。2011年，商务部授予鸿茅药酒"中华老字号"；2014年，鸿茅药酒配制技艺入选国家级非物质文化遗产名录。2017、2018年两次入选"CCTV·国家品牌计划"。鸿茅国药拥有中成药酒剂、中药口服液、保健食品、健康白酒等产业门类，其核心产品鸿茅药酒覆盖全国省市县乡超过20万家药店，年销售额跻身全国药品零售排名三甲行列。鸿茅国药是内蒙古36家重点企业之一。

2012到2015年间，鸿茅药酒在一类城市零售药店终端的销量复合增长率达126.5%。2016年，鸿茅药酒以销售规模（仅实体药店和网上药店，不包括超市或其他渠道的销售额）16.33亿元、市场份额占比1.69%的成绩，占据中国城市零售药店终端竞争格局中成药品牌第二位，仅次于东阿阿胶。2017年鸿茅药酒销售（包括所有渠道销售）突破50亿，纳税3.5亿元，而2016年整个凉城县的公共财政预算收入才4.08亿元。

"跨省抓捕医生"事件

1. 医生谭秦东发帖引刑拘

2017年12月19日，拥有麻醉医学硕士学位的医生谭秦东在"美篇"发表了《中国神酒"鸿毛药酒"，来自天堂的毒药》（注：鸿毛药酒即为鸿茅药酒，发文者笔误），文章从心肌的变化、血管老化、动脉粥样硬化等方面，说明鸿茅药酒对老年人会造成伤害。截至2018年1月10日谭秦东被抓捕时，该文有2 052个点击量，被分享了125次。

2017年12月22日，凉城公安局接到鸿茅药酒的报案：近期多家公众号对"鸿茅药酒"恶意抹黑，甚至宣称鸿茅药酒是"毒药"，大肆散播不实言论，传播虚假信息，误导广大读者和患者，致多家经销商退货退款，总金额达827 712元，造成公司销量急剧下滑，市场经济损失难以估量，严重损害公司商业信誉。据相关询问笔录称，受"毒药"一文影响，在深圳、杭州、长春三地，共两家医药公司、7名市民要求退货。内蒙古丰镇兴丰会计师事务所做出会计鉴定书称，若两家医药公司履行合同，鸿茅药酒能赢得净利润1 425 375.04元。

2018年1月2日凉城公安局立案侦查，得出结论：谭秦东损害商业信誉、商品声誉犯罪事实清楚，证据确实充分，于1月10日对嫌疑人谭秦东采取刑事拘留强制措施；1月25日经凉城县人民检察院批准对其逮捕。

谭秦东，2010年中南大学麻醉学专业硕士研究生毕业，获医师资格证书和临床执业证书，曾在南方医科大学第三附属医院担任麻醉医师。2015年起，谭秦东自主创业开办医药科技公司，主要从事医学美容与皮肤病治疗，并不从事药酒生产，自称发布上述文章，"与商业竞争无关"，"写文章为了博眼球"。

谭秦东和他的妻子都证实，鸿茅国药的高管参与了跨省抓捕行动，全程陪同并承担经费。凉城公安抓捕谭秦东后，凉城县检察院对谭秦东是否立案向公安局提出补充侦查意见：1月25日，做出《逮捕案件继续侦查取证意见书》，要求凉城县公安局调查谭秦东文章发布后，是否还存在其他因这篇文章而取消订单的情形；3月

23 日，凉城县人民检察院又做出《补充侦查决定书》，要求凉城县公安局对起诉意见书所提到的文章点击量和转发量是如何认定的等 6 个方面进行补充侦查。也就是说，谭秦东的文章到底是否构成损害鸿茅国药商业信誉？

3 月 12 日谭秦东向凉城县公安局递交申诉书，提出，发布文章是为老年人提出忠告，"药酒是药不是保健品，有具体适应证、禁忌证和严格的剂量要求。'对症是良药，滥用如毒鸩'。如果厂家在广告中夸大疗效，淡化适应证、禁忌证和严格的剂量要求，给患者带来严重后果，'良药'变'毒药'绝非危言耸听"。"发帖不以任何商业利益为目的"。文章标题拟定上或有不妥之处，但在文中没有捏造任何虚假事实，不能仅看标题就定下损害商品声誉的罪名。该申诉没有得到回应。

2. 舆论质疑鸿茅国药致其陷危机

4 月 13 日，凉城县公安局将该案移送凉城县人民检察院审查起诉，公诉时间仍未定。就在这一天，微信公众号"红星新闻"发布了《广州医生发帖称"鸿毛药酒是毒药"涉嫌损害商品声誉被警方跨省抓捕》的文章，这一事件曝光于公众视野。澎湃新闻在网站和微博进行了转载发布，并迅速被南方人物周刊、南方周末等微博大 V（在微博上活跃、有着大群粉丝的用户）等转发，吸引了法律和医药界在微博上参与讨论，大量网友参与其中。各大社交媒体上，铺天盖地声讨"鸿茅药酒"的内容；五岳散人等齐声喊"鸿茅药酒是毒酒"；新华社、《人民日报》、光明网等权威媒休都相继发声。

媒体和网民的质疑集中在几点：

第一，鸿茅药酒的安全性及疗效。有医学界人士质疑，在已公开的信息数据中，直询不到鸿茅药酒的临床试验记录；而且鸿茅药酒的配方同时存在的半夏和附子，违反了中医药禁忌"十八反"（注：两种药物同用时发生剧烈的毒性反应或副作用，称相反。文献记载有十八种药物相反，故称"十八反"。）2004 年至 2017 年年底，在国家药品不良反应监测系统中，共检索到鸿茅药酒不良反应报告 137 例，不良反应主要表现为头晕、瘙痒、皮疹、呕吐、腹痛等。

鸿茅药酒本来是治疗风湿关节炎的，这是内蒙古的常见病，但后来夸大了疗效和适应对象。记者采访鸿茅药酒员工，员工表示，自己不喝鸿茅药酒，没什么疗效。该酒在凉城县的销售并不火爆，在内蒙古的销售也不好，主要卖给其他地区的人。

知名记者王志安发表博文"157 千克酒加 30 千克糖，不如叫红糖料酒"，他通过查阅《中华人民共和国卫生部药品标准中药成方制剂第十四册》看到，鸿茅药酒的配方中，三分之一的成分都是白糖和红糖，此外，超过二分之一的部分是白酒，而其一直大力宣称所使用的 67 味中药材，每一种药材占比仅约千分之五。鸿茅药酒药材剂量都是 15 克，15 克是多数中药一份方剂的剂量。也就是说，一服中药的普通剂量，加上了 157 千克的白酒，又加上了 30 千克的糖水，其中药的含量相当于长江里打了个鸡蛋，于是长江水变成蛋花汤。还有网友质疑，鸿茅药酒配方中还包括豆蔻、陈皮、小茴香等调味香料，不如叫鸿茅料酒。

第二，鸿茅药酒配方中"豹骨"的来源。根据中国科学院上海有机化学研究所《豹骨》一文记载，豹骨的来源不只是豹属的金钱豹，还包括其他猫科动物，如雪豹属和云豹属。但云豹、雪豹、金钱豹无一例外都是国家一级保护动物，云豹、金钱豹属于濒危动物，雪豹属于极危物种，有灭绝危险，保护不慎极有可能永远从地球上消失。据国家林业局中国重点陆生野生动物资源调查局显示，我国豹的数量仅存 3 310 只，云豹仅存 2 600 只，雪豹的总量为 2 000~3 000 只，并不比大熊猫多多少。公益人士王海、刘江要求鸿茅国药公司公开豹骨的来源。前央视主持人王某质疑，自 2007 年 11 月起，鸿茅药酒所属公司内蒙古鸿茅国药股份有限公司建设规模达到年产药酒 15 000 吨。简单测算可知，鸿茅药酒每年需要 1 203 千克豹骨。即便每头豹子有 5 千克骨头，每年也需要 240 只成年豹子才能满足鸿茅药酒的生产。

第三，鸿茅药酒如何证明 140 万退货与谭秦东文章内容有直接因果关系。大量网文对此提出质疑；媒体和记者还追踪采访鸿茅国药称退货的两家公司，两家公司均表示没有退货。

第四，凉城县公安是否为鸿茅国药这个"金主"滥用职权。这是被媒体和网友质疑最多的问题，也是引发舆论风暴的关键点。损害商品名誉罪是民事纠纷，认定纠纷之前，警察为什么要先抓人？作为企业的鸿茅国药，是否运用公共资源谋企业私利？

3. 多方干预谭秦东被释放

鸿茅药酒"跨省抓捕医生事件"成为热点新闻，在铺天盖地的舆论抨击下，政府及行业协会等做出了反应。

4 月 16 日，国家药监局要求内蒙古药监局落实属地监管责任，严格药品广告审批，加大监督检查；组织有关专家，对鸿茅药酒由非处方药转化为处方药进行论证；要求内蒙古药监局严格按照鸿茅药酒说明书（功能主治）中规定的文字表述审批药品广告，不得误导消费者，加大对鸿茅药酒的检查检查力度，严肃处理违法问题。随即，内蒙古食药监局组成检查组赴企业，责成企业将近五年来被各地监管部门对其处罚的虚假广告情况及产生原因、不良反应发生等情况向社会做出解释和公开；督促企业对药品安全性和有效性情况做出解释。进一步核查企业是否按照药品生产质量管理规范组织生产。

4 月 17 日，公安部刑事侦查局责成内蒙古公安机关对"抓捕医生"事件依法开展核查工作。17 日晚，凉城县公安局表态坚决贯彻公安部、自治区公安厅指示要求。最高人民检察院也要求内蒙古自治区人民检察院依法办案，4 月 17 日，内蒙古自治区人民检察院研究认为，目前案件事实不清、证据不足；指令凉城县人民检察院，将该案退回公安机关补充侦查并变更强制措施。

4 月 19 日，谭秦东所在的广东省部署对全省范围内的鸿茅药酒广告开展全面监测，要求各地食药监部门一旦发现相关违法广告，立即取证并移送广告监管部门依法处理。

相关行业协会也就鸿茅药酒事件表态。4 月 16 日，中国医师协会法律事务部发布关于鸿茅药酒事件的声明，提出执行刑法应当遵从谦抑，愿意为谭秦东提供法律援助；呼吁医药企业应严格遵守《医疗广告管理办法》，依法依规发布广告；对于涉及药品的不同观点，应慎重对待，以示对生命负责；公权力机关应慎重对待不同学术观点和言论，防止将民事纠纷刑事化。4 月 26 日全国律协副会长蒋敏提出，对于媒体报道凉城律师王永奎在担任谭秦东辩护律师期间，有诱导当事人认罪、威胁家属等行为，全国律协责成内蒙古律师协会开展调查。如有违法违规执业行为，将按行业规则处理绝不护短。

鸿茅药酒连续两年入选"CCTV·国家品牌计划"。4月19日本处在行业领跑者名单中的鸿茅药酒，已从"国家品牌计划"的首页上消失。同时央视广告经营中心关于入选计划企业的介绍中，关于鸿茅药酒的内容已经无法访问。

鸿茅国药"跨省抓捕医生"事件在多方关注下，2018年4月17日，谭秦东被取保候审，至此，他已被拘留97天。

鸿茅国药在危机事件中的反应

抓捕谭秦东后，鸿茅国药对媒体的质疑进行了一系列反击。

2018年3月8日，微信公众号"法律101""红盾论坛"发布文章"广告史劣迹斑斑的鸿茅药酒获'CCTV国家品牌计划'，打了谁的脸?"，质疑鸿茅国药虚假广告。鸿茅国药官方微博发布：对一些自媒体严重诽谤我公司商誉的严正声明，提出将依法追究法律责任，要求自媒体对公司道歉。

鲍洪升发微博，义正词严地说：中国难于产生世界民族品牌，重要的是不良媒体，利欲熏心的记者，不顾民族利益，不求事实真相，胡编乱造，断章取义，把艰难前行的民族品牌、本土企业扼杀在摇篮之中，这是民族的悲哀，媒体的耻辱。

4月2日，鸿茅国药公司在呼和浩特举办"保护民族品牌，振兴中蒙医药"研讨会。在到场的40余家媒体共同见证下，专家们就民族医药品牌的保护与振兴展开了深入的探讨，共同开启了"振兴民族医药品质行动"的序幕。会议有多名专家发言。

房书亭：民族医药是文化瑰宝，我们应该自豪和自信。

非遗专家柳长华：非遗资产就是文化资产，理应得到保护和尊重。

蒙医专家孟根杜希：鸿茅药酒是中蒙医药的精粹、民族医药的瑰宝。

中医理论专家梁爱华：科学客观看待中药"毒性"。

中医大方学者王凤兰：站在民族自信的高度上，认识中医，了解中医。

法学专家刘双舟：个别自媒体误读广告法。

传媒人王跃进：客观公正是媒体的底线。

鸿茅国药鲍洪升：像对自己孩子一样尽职尽责地培养、呵护民族品牌。

4月10日，内蒙古质监局局长霍武一行莅临鸿茅国药调研指导工作。鸿茅国药官网发文专门报道。

4月13日抓捕谭秦东事件曝光后，鸿茅国药立即成为媒体关注焦点。16日，鸿茅药酒公司生产中心总经理王生旺和总经理助理韩军接受澎湃新闻的专访，回应质疑：

①鸿茅药酒是国家中药保护品种，所以临床实验数据、毒理学实验数据可以不公开，但这些数据都已上报给内蒙古自治区食药监局和原国家食药监总局，消费者可以向这些部门申请公开。

②至于安全性，实验显示一天喝82.5千克才中毒。10年只有137起不良反应，已经很好了。

225

③谭秦东被跨省抓捕案只是"偶然事件","他要不说它是毒药,我们也不会起诉(应为报警)。""抓捕是警方的事!"

④王生旺否认鸿茅药酒公司派员参与了对谭秦东的抓捕,也没有承担经费。

⑤公司使用的豹骨来源"合法",是申请获批后,到指定的合法单位购买的,而这些豹骨是那些野生动物"被列入保护名录前的库存"。

⑥针对虚假广告问题,这些广告一般是当地经销商投放的,广告内容是鸿茅药酒公司提供给当地经销商的,但投放前,经销商做了哪些修改,如何使用这些内容,他们"不得而知"。

⑦事件与上市无关,暂不计划上市,踏实做好产品。

舆论漩涡中,鸿茅国药于4月16—17日在北京召开经销商会议,经销商透露,16号鲍洪升去了季度颁奖出国旅游会,"讲了几句话,说自己成了名人了,但事态可控",他一直在给经销商打气。"然后16号下午事态就越来越严重,舆论沸腾了,可能需要处理舆情,17号没有出现在会场"。会场戒备森严,防止任何外人介入。经销商还透露,鸿茅药酒本想判完谭秦东后再抓春雨医生,因为春雨医生2018年3月共发表五篇文章涉及鸿茅药酒,对毒中药、违法广告、豹骨、领导人背书的真实性、麝香等问题都质疑过。

4月25日,微博大V"一个有点理想的记者"深入鸿茅国药公司采访到一名资深行政人员,透露危机事件发生后,所有生产工人无限期放假,行政人员正常上班,21号那天公司解散了所有的工作微信群。因为受舆论的影响,库房里的药酒都是满的,没法再生产,车间已经做好了长期停工的准备。该员工还透露:鸿茅药酒广告宣称基酒是自酿,而实际从外地购买;工厂员工收入低;等等。

4月26日,鸿茅国药公司发布自查整改报告,回应公众质疑的问题:产品的安全性是符合国家规定的;豹骨在2007年后进行了替代(国家食品药品监督管理总局发文,2006年1月1日起,我国已全面禁止从野外猎捕豹类和收购豹骨。不过,为避免药品生产企业的经济损失,准许药品生产企业将现有库存的豹骨继续使用完毕);违规广告皆为经销商所为,有的甚至是冒牌鸿茅药酒所为。报告表示公司会暂停广告,全面整改,接受监督(4月18日起,鸿茅国药停播了鸿茅药酒投放的全部广告,并要求全国各地经销商于4月20日18:00前停播广告,暂停终端药店的营销推广活动)。

尾声

2018年5月17日,谭秦东妻子的微博发布了谭秦东的"个人声明",向鸿茅国药股份有限公司及消费者致歉。鸿茅国药回应:公司与谭秦东充分沟通,谭秦东本人表示写作初衷并非恶意,并对该文给公司造成的损失及公众的误导表示歉意。经研究,公司决定接受谭秦东本人所做的致歉声明,同时向凉城县公安局撤回报案并向凉城县人民法院撤回侵权诉讼。同日,凉城县公安局撤销该案。

[案例思考]

1. 鸿茅国药发生的"跨省抓捕医生"事件是偶然的吗?

2. 鸿茅国药品牌危机管理有哪些问题?

3. 请为鸿茅国药策划一个危机管理方案。

第十章
品牌创新

产品都具有生命周期，品牌也可能因为缺乏创新、维护等问题而使生命周期提前结束。两者的区别在于，品牌的生命周期具有极大的弹性，品牌可以通过及时、持续性的创新而防止老化，保持旺盛的生命力。可见，品牌创新是活化老品牌，永葆品牌生命力的最有效、最重要的手段。品牌营销者更应关注品牌创新，而不仅是市场份额的大小。

第一节　品牌老化

一、品牌老化与品牌短命的关系

(一) 品牌资产价值流动模型

为了清楚地说明品牌老化与品牌短命的区别和联系，我们首先要了解品牌的生命周期。品牌的生命周期常常通过品牌资产价值流动的三个阶段来表示，具体如图10-1所示[①]。

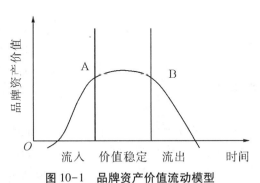

图 10-1　品牌资产价值流动模型

从图10-1中我们可以看出，在 A 线左边是品牌资产价值的流入阶段，即品牌的成长期，企业在此阶段经过一系列的品牌推广，随着品牌知名度和美誉度的提升，品牌逐渐得到消费者的认可，这表现为品牌的资产价值开始增长，品牌开始获取利

----

① 薛可. 品牌扩张：延伸与创新 [M]. 北京：北京大学出版社，2004：93.

227

润；A 与 B 之间是品牌资产价值稳定阶段，即品牌的成熟期，在此阶段品牌的形象已经趋于稳定，得到了消费者的认可和支持，品牌已经拥有了相当数量的拥护者，品牌不断地创造出较为稳定的价值流；B 线右边是品牌的衰退期，它表示如果品牌得不到有效的维护、创新，就无法保值增值，品牌必将衰退，品牌的资产价值也必将流出，并将随着时间的推移而消失殆尽。

（二）两者之间的关系

品牌老化是指由于内部或外部的原因，品牌在市场竞争中知名度、美誉度和消费者忠诚度下降、销售量减少、市场占有率降低等品牌衰落现象。品牌老化最突出的表征之一是高知名度和低认可度。处于这个境地的品牌，往往有这样一个特点：提起这个牌子人人都知道，即知名度已经相当高，但在买东西时就不记得了；或者是记得起，但没有购买欲望。例如，被誉为中国"国车"的红旗牌轿车，一度是中国民族工业水准的象征，但它在不断变化的市场环境下，几十年不变，质量水准亦没有明显的提升，制作工艺落后，外观设计陈旧，油耗高性价比低，多次停产，最终只能沦为博物馆里的陈列物品，成为人们缅怀历史、追寻往昔的物质寄托。

品牌短命是指一个品牌在市场上的存续时间较为短暂，可能是几个月，也可能是几年，但往往不超过五年便从市场上消亡，如昔日人们熟悉的爱多 VCD、华生电扇、黄河电视、三株口服液、旭日升冰茶、智强核桃粉等。品牌短命是一个相对的时间概念，即它是相对于那些已经存续了几十年、上百年甚至几百年依然生机盎然的品牌而言的，如国际名牌宝洁（P&G，Procter & Gamble，始于 1837 年）、雀巢（Nestlé，始于 1867 年）、飞利浦（Royal Philips Electronics，始于 1891 年）、雅芳（AVON，始于 1886 年）、奔驰（Benz，始于 1886 年）；再如中华老字号同仁堂（始于 1669 年）、全聚德（始于 1864 年）、恒源祥（始于 1927 年）等。

概括地讲，品牌老化与品牌短命的区别主要表现在以下几个方面：

1. 发生阶段不同

品牌老化发生在品牌资产价值的流出阶段，它经历过品牌推广和成长阶段，也享受过由品牌成熟带来的巨大收益，只是由于品牌维护不当、缺乏创新而风光不再。品牌短命可能发生在品牌生命周期的任何一个阶段，如果发生在品牌资产价值的流出阶段，多半是由品牌老化所致。

2. 强调内容不同

品牌短命强调的是品牌在市场上的存续时间较短，一般不超过五年。品牌老化强调的是品牌的高知名度和低认可度；强调的是一个知名的品牌，一个曾经充满活力的品牌，无法再为企业创造出稳定的价值流，甚至将要从市场上消失的现象。事实上，品牌的生命周期或长或短，弹性相当大。但品牌老化在大多情况下与品牌的存续时间无关。例如，老字号"王麻子"剪刀始创于清朝顺治八年（1651 年），已经有着三百多年的历史，截至 2002 年 5 月 31 日，企业资产总额为 1 283.66 万元，负债总额为 2 779.98 万元，资产负债率高达 216.6%。2003 年 1 月，"王麻子"剪刀厂向法院申请破产。

3. 研究目的不同

品牌短命研究的目的是如何延续品牌生命力，即如何成功推出一个品牌，促使其健康成长并永葆活力。品牌老化是针对已经存在的、比较成熟的、能够为企业创造出较为稳定的价值流的品牌，研究如何保证它的保值、增值并永远焕发出生机与活力。譬如，美国百年老牌——麦当劳和可口可乐，其市场销售业绩在某一段时期内也可能走下坡路。2002年第四季度，麦当劳公司出现了有史以来的首次季度亏损，该公司关闭了175家快餐店，并大举削减成本；可口可乐公司则是连续三年业绩下滑。这种现象是什么原因造成的？这就是品牌老化的研究目的。

二、品牌老化的表现

（一）市场萎缩

从企业自身的角度讲，品牌老化发生在品牌资产价值的流出阶段，所以市场萎缩是品牌老化最直接、最主要的表现，即品牌产品在市场竞争中销售量、市场占有率、知名度、美誉度、忠诚度等都在持续下降。我们从旭日升冰茶的市场变化可以直接看出其品牌老化的速度。中国饮料行业协会统计资料显示，2000年，旭日升在中国饮料十强中排名第二，并一度占据茶饮料市场70%的份额，品牌价值达到160亿元，被誉为中国的"茶饮料大王"。然而不久，各种茶饮料品牌异军突起，行业市场开始迅速洗牌。此后，市场又盛传旭日集团欠债数亿元，导致旭日升的市场份额迅速丢失。2001年年底，旭日升的市场份额从70%骤跌至30%，2002年下半年停止铺货，2004年，人们在市场上已难觅旭日升的品牌痕迹了。

（二）形象僵化

从消费者的角度看，品牌形象僵化是品牌老化最直接的外在表现。品牌的形象是由品牌的名称、标志，产品的品质、特色、包装及服务，还有市场营销策略等所传递给消费者的一个综合的印象。品牌形象的僵化主要体现在以下两个方面：

1. 产品形式老化

产品形式老化是指品牌产品一直缺乏创新、老态横生，随着时间的流逝，不能适应时代的变迁，无法赋予产品新的形象而造成品牌内涵的缺失，渐渐地被新生代的消费者视为敝屣而弃之墙角，老顾客也会因为其他更好的替代产品的出现而"移情别恋"。上海知名品牌"大白兔"便是典型的一例。"大白兔"疯狂时期曾进军美日市场，但渐渐地，"大白兔"在琳琅满目的糖果市场上渐渐消失了。究其原因，便是其十年来一成不变的老配方、老味道、老包装，根本无法跟上市场的变化和产品更新换代的需要。相反，已成为西班牙高品质商品代表的罗意威（LOEWE）皮革制品，不仅在款式、图案上不断创新，而且就连其产品的任何小配件，如拉链、金属小扣式锁头等，也都尽可能推陈出新，从而在竞争中显出了自己的优势，确保了品牌资产价值的保值增值。

2. 品牌传播内容与方式固定化，并形成路径依赖

以广告为例，由于广告效果具有不确定性，国内很多企业在通过广告传播品牌时往往形成很强的路径依赖，不能随着现代品牌传播方式的发展和消费者喜好的变

迁而与时俱进，而是始终坚持固定化的传播手段，沿用一成不变的广告诉求，这不仅造成很大的广告浪费，而且给人一种过时、落伍的印象。像衡水老白干多年来一直使用"行多久方为执着；思多久方为远见。时间，给了男人味道。衡水老白干喝出男人味！"等僵化的广告语，看得国人直起鸡皮疙瘩，你会去喝吗?! 相反，国际知名品牌，像可口可乐、百事可乐、阿迪达斯等，其广告则在表达方式与传播方式等方面能不断创新，紧紧跟随甚至引领时代潮流。

三、品牌老化的原因

品牌老化的原因是多方面的，既有外因也有内因，但更多的是企业自身造成的。譬如，第一台傻瓜相机的发明者柯达公司因为忽视数字成像技术和数码市场而破产。外因主要有市场竞争的加剧和消费者消费行为的变化，内因可以概括为三个方面：品牌意识不全面、对市场变化不敏感及品牌扩张战略的失误。

（一）市场竞争加剧

市场的本质是竞争，2001 年 11 月 1 日，中国加入世界贸易组织以后，对中国的企业来说，面临的是更加激烈的竞争。市场竞争的加剧主要表现在以下几个方面：

1. 行业竞争的加剧

行业竞争的加剧主要表现在同类产品品牌繁多且严重同质化。我国国内日用品品牌已多达十几万个，各类产品的质量与性能几无差别，产品之间的替代性增强。据统计，早在 2011 年在国家工商总局注册的商标总数就已超过 220 万个，其中本土商标 170 万个；中国当时就成为世界上注册商标数量最多的国家。这正是我国眼下的所谓"品牌泛滥"的真实写照。产品同质化的一个直接后果是品牌营销费用的急剧上升，即企业推广一个品牌或者维持一个品牌的高知名度需要付出更高的成本。20 世纪 80 年代，"春都火腿肠"用 6 000 万元就响遍了全国，1996 年"秦池"用了 1.3 亿元才获取中央电视台的"广告标王"，而 2005 年宝洁（P&G）获得"标王"花了 3.851 5 亿元，到了 2011 年五粮液竞得 8 个 A（5—8 月份除外的新闻联播"及时单元"就花掉了 4.05 亿元。难怪有人评论说，"这还是钱吗！"）如果企业因为广告费用跟不上而造成销售不力，势必加大品牌被消费者遗忘的可能性。产品同质化的另一个直接后果是可能发生价格大战，而长期激烈的价格战，必将极大地压缩企业的利润空间甚至于亏损，使企业的自我积累能力减弱，更严重的是品牌的魅力可能会丧失殆尽，从而加速品牌老化。看来，在当今市道中"造牌"已不是面对竞争的办法，与众不同的创新方为良策。

2. 竞争范围的扩大

由于金融业的快速发展，融资日益便利；随着政府干预的减少，行业壁垒的阻碍显得越来越少，从而引发了更多的跨行业、跨部门竞争。多元化发展似乎成了当今国内大公司的必然选择，原来做饲料的延伸到了金融领域，制衣的现在也做起了房地产。就连国际知名企业也禁不住跨界经营。知名的杜邦（DuPont）公司的经营范围除了传统的化工行业领域，其业务跨越的行业范围还包括医药、衣服纤维、汽车配件以及家庭用品等领域。一直做饮料和休闲食品的百事可乐，近来也悄悄地进入了背包、运动鞋、收录机等行业，虽然其产量及销量均不大，但因其品牌的高知名度、资金实力雄厚，必定会对原行业的许多品牌形成巨大的威胁。

3. 不正当竞争问题突出

不正当竞争直接导致"劣币驱逐良币"、市场秩序混乱、市场"商风"日下的严重后果。不正当竞争现象的主要表现有：一是评奖太滥。近年来，国内品牌评奖之风日盛，而且不少组织者的评奖多以出钱多少"论英雄"，使一些质量低劣的产品居然披着名牌的华丽外衣堂而皇之地进入市场，排挤了同行业中真正优质产品品牌的市场。就拿过去的"驰名商标"为例。我国对驰名商标的认定主要有两种方式：一种是主动认定，由国家工商总局领导组织认证实施工作。另外一种是司法认定，这是由各地区司法部门在审判商业侵权案件时通过司法裁决而间接做出认定的方式，因而又称为被动认定。据报道，前几年沿海某些省市驰名商标的认定数量急剧增加并屡创新高，其中绝大多数认定形式都属于司法认定。二是假冒伪劣产品充斥市场，极大影响了中国品牌的健康发展。近些年，云南玉溪卷烟厂为了保护品牌合法权益，仅每年花费的打假费用就高达数亿元。更有甚者，有些名牌产品被挤出了市场，陷入破产的窘境。武汉黄鹤楼酒厂生产的小黄鹤楼酒被假冒后，昔日"门庭若市"的酒厂变得"车少客稀"，假酒横行于市，而真酒却被挤进了仓库。国家工商行政管理总局的资料显示，2012 年全国工商系统共查处销售不合格和假冒伪劣商品案件 11.88 万件，查处有关服务领域侵权案件 2.31 万件。

4. 科技不断进步使产品更新换代速度越来越快

现代社会，科学技术进步速度越来越快，技术上的创新往往带来产品的创新甚至行业的革命。许多行业出现了替代性的新产品或服务。打火机的发明几乎颠覆了整个火柴行业，数码相机市场的成长使传统相机和胶卷制造业企业已难以生存，互联网的迅猛发展对新闻、邮政、文化和娱乐等行业造成巨大的冲击……据报道，高科技产品的研发也已更新了周期，在 19 世纪是 70 年，在 20 世纪 70 年代是 10 年，在 20 世纪 80 年是 30 个月，在 20 世纪 90 年代缩短为 20 个月，而现在只有 18 个月。

伊士曼·柯达被佳能所取代，面临相同命运的日本三大电气巨头夏普、松下、东芝正在被海尔、美的、三星取代。科学技术进步使得高科技行业竞争愈演愈烈，稍不留神就可能被其他品牌取代。

（二）消费者消费行为的变化

消费者消费行为的变化从理论上可以通过边际效用递减规律和库恩（Alfred A. Kuehn）提出的品牌学习模型来解释。

1. 边际效用递减规律

边际效用递减规律是指消费者连续消费同质产品其边际效用递减，即消费者对所消费的每一单位的产品或服务感受到的功能满足与情感满足程度随着消费单位的增加而减少。所以，即使是十分优秀和满意度高的产品或服务，当消费者消费的数量达到一定程度的时候，他们也会转而尝试其他的产品或服务。

由表 10-1 可知，假如市场上只有 A 和 B 两种品牌形象的产品和服务，且价格相等。消费者初始消费选择和再次消费选择必为 B，当消费者做出第三次消费选择的时候，如果消费者还是选择 B 的话，其所产生的效用要小于初次消费 A 所产生的效用，所以理性消费者往往转而选择 A 产品或服务。

表 10-1　A、B 品牌与效用比较

产品或服务	第一单位效用	第二单位效用	第三单位效用	第四单位效用
A	12	10	6	1
B	20	16	10	2

2. 品牌学习模型

消费者当期购买、使用过的某品牌商品，对其将来再次购买此类商品的品牌选择有着重要的影响。在市场上没有永远的品牌忠诚者，也没有永远的品牌背叛者。这点可以通过库恩提出的品牌学习模型得到解释（如图 10-2 所示）。

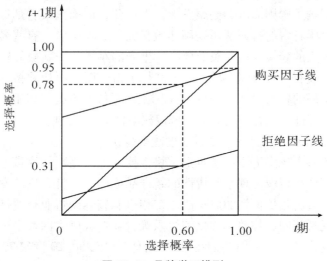

图 10-2　品牌学习模型

图 10-2 中的横坐标表示消费者在当期即 t 期的购买选择品牌 j 的概率，纵坐标表示消费者在下一期即 $t+1$ 期选择品牌 j 的概率。购买因子线和拒绝因子线表示品牌 j 在当期是否被购买及消费者满意与否，对消费者下期购买品牌 j 的概率的影响。如果消费者当期购买品牌 j 某商品的概率为 0.60，并且感到满意，由购买因子线得知，下一期该消费者购买该品牌商品的概率为 0.78；如果不满意，则对应拒绝因子线，那么下一期购买该品牌商品的概率为 0.31，远小于 t 期的购买概率 0.60 推到极限，即使消费者对品牌 j 的本期购买概率为 1.00，因为他感到十分满意，下一期还是可能购买其他品牌的商品，也就是说，从图中可以直观看出，这时选择概率是 0.95，而不是 1.00。纵然是被消费者长期忽略的品牌，在下一期消费时还是存在被选择的可能性。

通过边际效用递减规律和品牌学习模型可知，消费者有可能转而购买其他品牌的产品或服务，如果某个品牌不能给消费者提供持续增长的价值满足，则很有可能被消费者抛弃，从而加速品牌的老化。

以上是导致某些品牌老化的两个外因，接着分析一下品牌老化的主要内因。

（三）品牌意识不全面

品牌资产是由品牌忠诚度、品牌知名度、品质认知度、品牌联想因素构成的，其中任何一方面构成要素存在缺陷都可能导致品牌失败。然而许多企业把品牌资产仅仅看成品牌的知名度，把品牌的创建看成打打广告而已，而忽略了其他方面的提升，使整个企业非平衡发展，品牌出现老化问题。早在 20 世纪 80 年代初期，燕舞集团就凭借强大的广告攻势，在当时的收音机、收录机产品市场上获得了非常大的名气，然而市场调研结果显示，"燕舞"牌产品知名度高、美誉度低、返修率高、档次比较低。20 世纪 80 年代中后期，燕舞就从市场上消失了。然而，现实版的"燕舞悲剧"仍不断上演。

（四）对市场变化不敏感

今天，很多国内企业对市场的变化不敏感。原因如下：首先，市场经济体制在我国的确立到现在只有一个较短的时间，国内企业的市场经验相对较少。而且，与西欧国家相比，我国的市场化程度不高，地方保护主义的存在也使一些企业对外界的变化不敏感。其次，国内的企业普遍缺乏一整套的品牌运行监控机制。最后，一部分企业享受着由当前的高知名度、高认可度所带来的品牌"红利"，自我封闭，而忽视了品牌的维护和创新。让我们看看福特的教训。福特公司（Ford Motor Company）1908 年研制出"T"型车以后，以其物美价廉的优势和强大的广告攻势，控制了北美的汽车市场。巨大的成功使亨利·福特（Henry Ford）陶醉起来，忽视了市场对性能更优越、乘坐更舒适、外形更美观的汽车的需求，仍然醉心于生产外观比较粗陋的"T"型车，从而造成福特汽车的市场占有率从 1923 年的 57%迅速下滑到 1925 年的 25%，福特品牌形象也大打折扣。可见，市场环境在变、消费者也善变，唯一不变的是"变化"；企业只有时刻关注市场变化，及时应对变化，才能在激烈的市场博杀中赢得市场，否则企业会随时陷入品牌老化危机。

（五）品牌扩张战略的失误

企业领导者独断专行或缺乏战略眼光，也会导致品牌的延伸或者创新失败，促使了原品牌的老化。派克（Parker）钢笔曾经号称"钢笔之王"，是一种高档产品，消费者购买派克钢笔更主要的是购买一种形象、体面和气派。1982 年派克公司新任总经理彼得森上任后，热衷于生产经营每支售价仅 3 美元以下的大众钢笔。没过多久，派克品牌不仅没有顺利地打入低档笔市场，反而让其竞争品牌克罗斯（Krause）乘虚而入，致使其高档笔市场占有率迅速下降到 17%，销量只及克罗斯的一半。同样，企业在缺少资源和技能保障的情形下，盲目进行品牌扩张也是尤为不明智的选择。

四、品牌老化的危害与监控

品牌老化对企业造成的直接危害是：品牌所有者不仅没能够争取到更多的新顾客，还丢掉了部分老顾客。品牌老化更深层的危机还在于：预势一旦形成就很难逆转。企业改变消费者对品牌的印象会遇到高知名度的障碍，因为很少有人愿意花时间进一步了解一个他们原本已经很熟悉的品牌。高知名度的品牌如果得不到市场认可，有可能会成为一蹶不振的衰退品牌。

所以，企业有必要对品牌的运行状况进行监控，以便及时地发现品牌老化的征兆，适时地采取措施，防止可能出现的品牌老化因素造成品牌资产价值流失。企业对品牌运行的监控一般有下面三种方法：一是市场营销的监控，即企业通过对销售额、市场占有率、销售额与费用比率的分析和顾客态度的跟踪，来监控品牌的市场运行状况；二是品牌价值监控，即企业通过定期或不定期对品牌资产价值进行评估，了解企业品牌在品牌排行上的地位和变动情况，从而及时地发现品牌老化的迹象；三是建立品牌研究机构和品牌监测信息系统，及时收集相关信息并加以分析处理，根据捕捉到的品牌老化征兆，制定对策，把老化危机隐患消灭在萌芽之中。总之，企业通过品牌监控只是有可能及时地发现品牌老化的征兆，而防止品牌老化、保持品牌常青的最根本方法是不断进取、品牌创新。

五、挤奶与放弃战略

面对衰落的行业、强大的竞争对手和日趋激烈的竞争，通过品牌再造努力仍然无法改变品牌资产价值不断下降的趋势，企业不得不忍受销量下降和利润减少甚至亏损的痛苦；同时，所涉及的品牌不是企业的主力品牌或威望品牌，对企业财务状况与品牌声誉不产生严重影响。这时候，企业就应当采取"挤奶"战略（milk strategy）或者放弃的战略，这不失为明智的选择。例如，联合利华公司旗下的力士牌美容香皂，已经有二十多年没做过广告了，只是在公司其他品牌产品渠道网络中通过"搭顺风车"的方式进行销售，其销售毛利率却因此而高得惊人，达到50%以上，这是公司对该品牌所采取的、典型的挤奶战略。

挤奶战略是指避免向某个品牌及产品或者该业务投入资源，而是减少运营支出，或者提价，以使短期现金流最大化。挤奶战略的目的是从该品牌中榨取更多的短期利润，而置该行为对品牌的长期影响于不顾。采用挤奶战略的企业必须接受该品牌产品销量不断下滑和总利润不断下降的事实，最后将承担该品牌或者该项业务单位消亡的风险。

对于采用多品牌架构组合的公司而言，可以考虑采用放弃品牌的战略，使公司资源得到更加有效的利用；而对于使用单一品牌战略的公司来说，它们一般不会轻易地放弃品牌，而是在与品牌联想有关的领域内寻找新的业务——概念延伸，以赋予品牌名称新的内涵，如宝洁公司就曾经成功从最初经营蜡烛贸易业务转型为如今的个人护理行业的制造商。

在日趋下降的行业中做出品牌战略决策主要受到以下三方面因素的影响：

第一，行业市场发展前景。需要仔细调查和分析这些问题：①市场下降的速度是否有序？是否可以预测？②是否尚有一部分市场需求？③下降的原因何在？是暂时的吗？是否可以逆转？

第二，市场竞争的激烈程度。包括对下列问题的回答：①是否存在具有独特技能的、占绝对优势地位的行业竞争对手？②是否有很多竞争对手不愿意采纳收缩或放弃战略？③顾客忠诚主要集中在哪些品牌？这些品牌之间是否存在较大的差异？④市场是否普遍存在价格竞争的压力？

第三，品牌强度及其能力。品牌强度（系数）表示品牌竞争力，该系数越大，品牌竞争力就越强。这里需要品牌战略家思考的问题有：①品牌是否强有力？是否具有很高的品质认知度？是否具有积极的、有价值的品牌联想？②品牌在市场占有率中处于何种位置？其未来发展趋势如何？③在主要的细分市场中该项业务是否具有竞争优势？④企业是否有能力管理好挤奶战略？⑤该品牌是否能够搭乘其他业务的便车？⑥该品牌是否与企业现行战略推进目标相向而行？⑦退出壁垒有哪些？

第二节　品牌创新及其原则

一、品牌创新的内涵

创新理论的提出源于经济学家约瑟夫·A.熊彼特（Joseph A. Schumpeter）1912年出版的德文版著作《经济发展理论》。熊彼特认为，创新就是企业实现对生产要素的新的组合，包括：引入一种新的产品或提供一种产品的新用途；采用一种新的生产方法；开辟一个新的市场；获得一种原料的新供给；实行一种新的企业组织形式。他认为，通过上述途径，企业就能够将新知识、新技术和新观念导入管理活动中，从而促进企业的增长与发展壮大[1]。从创新理论出发，品牌创新即品牌再造、品牌活化（如中华老字号）的定义可表述为：企业依据市场变化，对品牌识别要素实施新的组合，或者说，对品牌营销战略及策略所做的改变。品牌创新的目的是增强品牌活力，更新品牌形象，防止品牌老化。品牌的每一个识别要素都可以作为品牌创新的维度与工具来实现品牌创新。

站在消费者的角度看，品牌创新的出发点是顾客，其核心是品牌的价值创新，即企业在一定的成本范围内，通过一系列的创新，如改进产品品质、更新广告形象、完善服务等行为为消费者创造出更大的价值满足和满意。只有这样，企业才有可能留住老顾客、吸引新顾客，从而增加或占据稳定的市场份额，立于不败之地。

站在企业自身的角度看，品牌创新的目的是品牌形象的创新，即企业通过更新品牌识别来强化品牌资产而焕发品牌新的活力——提高品牌熟悉度、强化品质认知、改变品牌联想、延伸顾客群和提高品牌忠诚度，而不仅仅是为了增加品牌产品的销售量。

品牌形象的创新是一种创新的结果和目的，而不是创新的过程或者创新的维度。品牌识别系统是和企业识别系统紧密地联系在一起的，消费者头脑中的品牌形象也往往是通过企业识别系统（corporate identity system，CIS）形成的。企业识别系统由以下四个方面构成：

---

① 熊彼特. 经济发展理论［M］. 孔伟艳，朱攀峰，娄季芳，译. 北京：北京出版社，2008：38.

MI（mind identity）：企业理念识别。这主要包括经营方针、精神、标语口号、企业经营风格、企业文化、企业战略、企业建筑、招牌、制服、吉祥物等，是企业所蕴含的内在动力，影响着企业其他活动的开展和进行，同时，也是 CIS 其他方面的决定性因素。

BI（behavior identity）：企业行为识别。这主要包括教育培训、福利待遇、礼仪规范、环境规划、营销活动、沟通活动、公益活动等，是行为活动的动态形式，偏重过程的实施与形式，是 CIS 外化的最主要的表现形式之一。

VI（visual identity）：企业视觉识别。这包括企业名称和标志、标准字、标准色、广告设计、建筑物、办公环境及用品、交通工具、辅助产品设计等，是 CIS 系统中最外在、最直观的部分，直接刺激人们的视觉神经，在人的大脑里迅速形成记忆。

AI（audio identity）：企业听觉识别。这包括企业的口号、团队歌曲、形象音乐等。它以听觉的传播力来感染媒体，把企业理念、文化特质、服务内容、企业规范等抽象事物，转化为具体的事物，以声音的手段塑造企业形象，彰显个性。

可见，上面四"I"之中，任何一个"I"的改变都会引起品牌形象的改变，而品牌形象的改变可以通过上述四个"I"的综合改变而实现。

专栏：小故事·大启示

"六神"花露水的前世今生

诞生于 1990 年、主打传统中医药理念的六神花露水，称得上上海家化的明星产品，其行业市场占有率最高时超过 70%。2008 年以来，一向以现代科技为卖点的宝洁、联合利华、巴黎欧莱雅等跨国巨头亦如法炮制主打中药牌，隆力奇等国内竞争者也开始贴身肉搏，六神品牌一度危机四起。2008—2010 年消费者研究报告指出，消费者认为六神的品牌形象是"老土""传统""不时尚"等；而消费者对产品功能也有负面的反映，认为"香味不好""包装陈旧""功能单一"等。为了顺应市场趋势，上海家化与时俱进，在 2011—2012 年对六神进行了品牌创新，为这个名牌注入了新鲜血液。

作为品牌创新的重要内容，上海家化对六神产品进行了革新。为此，2012 年六神推出具有新的功能利益诉求的多种系列花露水，如"持久清凉"的六神劲凉提神花露水，"除菌消炎"的六神艾叶健肤花露水，"冰莲清香"的六神喷雾驱蚊花露水……在消费群拓展方面，2011—2012 年六神推出了针对 0~6 岁的"宝宝花露水"，同时相继推出了祛痱、驱蚊、止痒型的汉草精露系列产品。"随身花露水"则针对 22~28 岁的城市年轻女性，包装极富创意，不但小巧，而且一改传统色调，推出了粉红色、橘黄色等"另类"色彩。这些重磅出击的产品革新，改变了市场对六神的刻板印象。

此外，上海家化还对六神采用了更为年轻人所乐于接受的传播方式，例如开通网络 B2C（商对客）传播渠道，数字化传播也是其新的尝试之一。六神将目标受众设定为 18~35 岁的年轻人，表现手法采用喜闻乐见的动画形式。《花露水的前世今生》动画片长达 4 分 30 秒，涵盖了产品、历史文化等诸多领域。"如果这么多的信息在传统媒体中去投放，成本是不得了的。"上海家化事业部总监秦奋华感慨地说。此外，网络视频的制作周期短至数天，较传统广告的半年周期快得多，灵活性使其易于结合当下热点。

伴随 2011—2012 年六神在产品和传播上的突破性创新，六神花露水的市场份额在市场总体增长停滞的环境下依然有所上升，而其他主要竞争品牌的市场份额则有所下降。现在，六神依然占据花露水市场绝对领导地位。在 2012 年 1—6 月，六神花露水市场份额同比增长 10%，六神宝宝系列花露水市场份额同比增长 50%，夏日随身系列花露水市场份额同比增长 80%。

上海家化对六神的品牌创新很及时，使其在众多本土的、外资的沐浴露及花露水产品合围之时，依然能迅速吸引年轻消费群的眼球，并对六神的喜爱度大幅提升；最终，六神取得了其他品牌花露水难以企及的市场份额。六神在其发展历程中通过创新成功解决了品牌老化的问题。

二、品牌创新的原则

品牌创新的原则主要由三个方面构成：一是从消费者的角度考虑创新，为"消费者原则"；二是从企业自身的角度考虑创新，有"全面性和成本性原则"；三是从创新的时机上看，有"及时性和持续性原则"。

（一）消费者原则

消费者原则是指品牌创新的出发点是消费者，创新的核心是为消费者提供更大的价值，从而使消费者感受到更大的满足，包括功能性和情感性满足。"消费者原则"是一切原则中的根本原则，忽略了消费者感受的品牌创新，注定是没有前途的。

宝洁公司的香皂与洗涤剂分部就犯了这方面的错误。该公司开发的"浓缩超级绒软"（Ultra-Downy）牌产品，采用了小纸箱包装来销售，消费者需要把浓缩液倒进其他容器内，并掺入三倍的水。宝洁的科学家认为这既给公司节省了包装费用、运输费用，同时也向消费者表达了公司对环保的态度。创新的结果是，原来忠诚的"绒软"（Downy）牌消费者也不愿意购买这种新产品，消费者认为其使用过于烦琐，并且比起竞争对手以相同价格提供的大塑料瓶包装来，小纸箱包装使消费者混淆了价格与价值的关系。虽然一年后，宝洁公司将其改回瓶装，但是"浓缩超级绒软"品牌的特征已使该产品品牌形象受到破坏，在竞争中失去了部分忠实的消费者。

随着空气质量的恶化和沙尘暴问题的日益突出，人们对清新、健康空气的要求也与日俱增。海尔集团顺应民心，早在 20 世纪初及时推出"健康金超人"和"数码太空金超人"两款空调新产品，并采用了当时世界上最新的双离子技术。该技术通过等离子对微尘进行强力吸附，清除空气中各种微尘，并且以负离子发生器消除空气中的异味、灰尘和病菌，增强人体携氧抗病能力，使人们能够在一个清新、健康的环境中享受空调带来的舒适。

（二）全面性和成本性原则

全面性原则是指企业对品牌的某一个维度进行创新时，往往需要其他维度同步

237

创新的配合，才能取得较好的结果。比如，品牌的定位创新常常需要进行品牌的科技创新，科技创新往往需要通过产品创新来体现，而产品创新也经常要求广告等传播手段的创新，另外还可能需要进行品牌的组织创新、管理创新等。抽象地讲，品牌创新的全面性原则，其本质是一种"全面品牌创新"（comprehensive brand innovation，CBI），它是以品牌创造与品牌培育为核心的综合性一体化创新，把创新纳入品牌运营的所有环节中，通过有效整合和协同，形成系统性，提高创新效能。

全面性原则可以增强企业内部整体系统的有机性；可以使创新后的品牌对消费者产生较为一致的品牌形象，不至于因其他维度没有及时地创新而发生形象识别紊乱，从而强化了新的品牌形象的说服力。

成本性原则，是指任何维度的品牌创新，都是有代价的，包括可能的巨额研发费用、营销费用、管理费用等，而且随着市场竞争的加剧，这一代价呈现出递增的趋势。如果企业没有做好资源的准备与使用计划，将大部分的人力、物力、财力集中于某一品牌创新的话，虽然创新成功的结果可能在短时间内产生极大的经济效益或社会效益，但创新最终可能因资源供应不济的问题而半途而废，甚至使品牌惨烈牺牲。

根据成本性原则，企业在进行品牌创新时，一方面应该根据内外环境分析，比如 SWOT 分析，结合自身资源能力等条件进行创新；另一方面，不妨通过联合品牌战略来达到减少风险、降低成本、提高收益的目的。许多个人电脑生产厂商在产品和广告上标注"Intel-inside"，借助 Intel 的技术优势来提高产品信誉；固特异公司（Goodyear）声称其生产的轮胎是奥迪（Audi）和梅赛德斯-奔驰（Mercedes-Benz）车推荐使用的部件。竞争对手之间也可以优势互补，通过相互合作来实现低成本、高效益品牌创新的目的。此外，企业还必须充分调研市场是否愿意为创新"买单"的问题；这决定了创新价位能否交换出去和企业能否赢利。

（三）及时性和持续性原则

及时性原则是指品牌创新要能够及时迅速地跟上市场变化步伐、满足消费者对产品或服务的需求变化。创新不及时，产品或服务必将落伍，品牌必然老化。

吉列（Gillette）公司就曾因为创新不及时险些从地球上消失。早在 1962 年，吉列的高级蓝色刀片非常受欢迎，这种刀片能防止因毛屑黏附在刀片上而妨碍剃须的情况发生，并成为吉列公司的主要盈利产品。其后，英国一家叫维尔金森（Wilkinson）的公司，开发出一种不锈钢剃须刀片，因其使用寿命长且防腐，市场反应良好。此时的吉列公司不以为然，认为尽管不锈钢刀片的使用寿命比蓝色刀片长四倍，但不如蓝色刀片好使而迟迟不肯研发新产品。直到 1963 年秋天，不锈钢刀片进入市场整整六个月之后，吉列公司才发现自己的市场已被大片占领，才顺应市场需求开发不锈钢刀片。只是这时，该类产品的市场早已被他人瓜分了，吉列要从别人的手里夺过来，就只有花费更大的代价了。

企业通过品牌运营状况的监控，可以较早地发现品牌老化的征兆，当征兆出现时，便意味着需要品牌创新了。此时进行的品牌创新即为及时的品牌创新。

持续性原则，是指世界上没有一劳永逸的品牌创新。索尼（SONY）公司持续不断的创新，创造了多个世界"第一个"的产品，如第一台磁带录音机、第一台晶体管半导体收音机、第一台晶体管电视机、第一部随身听（Walkman）、第一台激光唱片机等，对世界其他企业包括美国苹果公司产生了巨大的影响，甚至苹果公司创始人史蒂夫·乔布斯认为公司的目标就是成为"美国的索尼"。

持续性原则和及时性原则是紧密相连的：企业只要较好地把握住"及时性创新"，一个个连续不断的"及时性创新"便构成了有效的"持续性创新"；"持续性创新"是多个"及时性创新"在时间维度上的外在表现，是其呈现出来的结果。

综上所述，"消费者原则"是品牌创新成功的前提；"及时性与持续性原则"是品牌创新的基本要求，也是品牌创新的意义所在；"全面性和成本性原则"是品牌创新成功的保证。三者有机地统一，在品牌创新体系及其执行过程中缺一不可。

三、品牌创新的阶段

在上一节分析品牌老化问题时，我们是用品牌资产价值的流动阶段来表示品牌生命周期的。品牌资产价值的流动也可对应分为三个阶段：流入期、稳定期和流出期，在品牌生命周期的不同阶段，品牌创新的内涵与特点各不相同。

（一）品牌资产价值流入期的品牌创新

这个时期品牌创新的特点是强调创造出不同于竞争对手的具有鲜明属性的品牌，以求得立足于市场。因此，品牌属性的差异化是此阶段创新中最重要的因素。在洗发水市场，由于"宝洁"卓越的多品牌洗发水把许多细分市场牢牢占领，再加上"宝洁"财力雄厚，所以其他竞争者的洗发水品牌如果没有差异化的价值点切入，无异于飞蛾扑火。早在 20 世纪末"重庆奥尼"别出心裁地对市场进行细分，在国内首次把洗发水分为化学和植物两类，于 1997 年推出"百年润发"植物洗发露，于 1998 年又推出"新奥尼皂角洗发浸膏"，强调"不燥不腻，爽洁自然"的纯天然价值，终于撬动了被"宝洁"封锁得像铁桶一般的市场。人们一般认为看电视对眼睛不好，尤其是对儿童的伤害更大，"创维"推出一款"不伤眼"概念的电视机，很快得到了消费者的认同。"舒肤佳"（Safeguard）进入市场时，以"除菌"为核心价值，经过近十年的宣传，其市场占有率超过老牌香皂"力士"（Lux），位居香皂品牌的榜首。

（二）品牌资产价值稳定期的品牌创新

品牌从步入稳定期开始，品牌资产价值逐渐达到良好的状态。随着品牌的日趋成熟，同类产品竞争更为激烈。此时，品牌的创新显得十分关键和必要，稍有松懈，就会前功尽弃；加把劲，则有可能一跃成为行业的佼佼者，保持品牌发展的优势。在此阶段，品牌的创新要做好两手准备：

一方面，品牌创新应对原有的品牌发展战略做进一步的强化，加深消费者对品牌的认知，巩固已有市场并开拓新市场，可主要通过广告等传播媒介的创新，以竞争性、强化性宣传为主，突出品牌的特性和个性，深化消费者对品牌的印象。百事可乐的核心价值"年轻、未来一派，紧跟时代步伐"的精神特质，十多年来一直未变，但广告片更换了不下 50 个；耐克的核心价值"超越、挑战自我"，也是几乎每

239

隔半年就会有一条新的广告片。这些知名品牌变着花样不断地带给消费者视觉听觉上的新感觉，使品牌茁壮成长、永葆活力。另一方面，企业也应该借助这一难得的稳定阶段，及时、持续性地进行科技创新，不断推出新产品，留住老顾客，吸引新顾客，巩固和提升品牌产品的行业市场地位。微软从 1990 年开始连续不断地推动 Windows 视窗系统的研发，产品升级换代，从 Windows 3.0 到 Windows 95、Windows 98、Windows 2000，再到 Windows XP，通过科技与产品的不断创新，实现了品牌资产价值的提升。

（三）品牌资产价值流失期的品牌创新

在这一时期，品牌的形象开始老化，原有产品已逐步变得过时，新产品则已逐步进入甚至开始替代企业的现有产品，品牌资产价值开始衰弱。因此，企业在此阶段能否及时地进行品牌创新、品牌创新成功与否，关系到品牌的生死存亡。这一阶段，企业通过品牌创新获得成功的例子也很多。

1. 通过开发新产品，使品牌重新进入增值状态

雅马哈（Yamaha）钢琴在 20 世纪 80 年代因为音响、电子琴的普及而使其原有的市场份额以每年 10% 的速度急剧下滑。为了走出已饱和的钢琴市场，1989 年公司推出了一种电子控制的钢琴"雅马哈—蒂维卡维尔"，它集弹奏、录音、放音、变音、调速、重放式教学、练习、娱乐等功能于一体，可供使用者边弹奏、边录音或边放音。这款新产品在推向市场后马上得到了消费者的高度认同，仅仅三年时间就成为市场上的领导品牌，从而重振了下滑的钢琴市场。

2. 通过产品的新配方、新包装，重新焕发出生机和活力

上海冠生园"大白兔"作为新中国第一代糖果，曾经在长达数十年的时间里，以一成不变的形象面对几代消费群体，并由此遭到人们的非议："大白兔"还蹦得动吗？"大白兔"会远离年轻消费群体吗？2002 年，"大白兔"大变脸：在品质上，全新的大白兔奶糖的鲜奶含量增加 10% 以上，奶香更为浓郁，同时不含香精和色素，弹性更足、口感更滑软；在包装材料上改用不易皱褶的高档材料，包装图案由原来静卧的大白兔改为奔跑的卡通兔。通过品牌创新，大白兔品牌显现出高档、时尚、充满童趣的美好形象。"变脸"后的大白兔，踪迹现已遍及五大洲 40 多个国家和地区，并在东南亚、南非设立了生产工厂，沃尔玛（Wal-Mart）商场和泰国 2 000 多家便利店已为"大白兔"敞开大门，在市场经济大潮中，这一沪产老名牌终于"动如脱兔"。

3. 通过品牌的重新定位，增加新的消费群体，走出品牌的低谷

一百多年来，发酵粉是美国大众烤焙蛋糕与面包的必需品，销量一直稳定增长。可是到了 20 世纪 60 年代，蛋糕预调配方的出现，取代了部分发酵粉市场；到了 20 世纪 70 年代，由于冷藏蛋糕的问世，发酵粉的销量一落千丈。美国市场上的斧头牌（AXE）发酵粉也未能幸免，遭遇了空前的危机。后来，有人发现，发酵粉除了能够烤焙蛋糕外，还能放置到冰箱内消除异味，如果把它倒入马桶中，还能消除恶臭。公司的营销经理据此对斧头牌发酵粉进行用途的重新定位，并制作了题为"我发现了一个秘密"的系列电视广告，宣称：把用剩的斧头牌发酵粉放在冰箱内，可以消

除异味；冰箱内的发酵粉放置一段时间后，其功效会降低，此时应换新的发酵粉，然后把旧的发酵粉倒入厨房内的水槽或厕所下水道中，能消除恶臭。这一再定位，引起消费者的极大兴趣和反响，美国各地经销商的订货电话也蜂拥而至。

应该注意的是，这一阶段的品牌创新通常是全面性的创新，即品牌的创新涉及多个维度的协同创新，而往往最根本的则是企业的内部机能创新，比如组织创新、管理创新等。企业之所以没有在品牌资产价值稳定期这一最有利的时期进行及时的品牌创新，往往与企业自身的组织结构的灵活性、管理的科学化程度有最直接、最根本的关系。所以，保证品牌能够常青的根本大法还在于从品牌发展的战略角度进行企业内部机能的创新；企业内部机能的创新也不仅仅是在品牌的资产价值流出的阶段才开始进行的，同样需要及时性、持续性的创新。

第三节　品牌创新维度

品牌创新维度就是品牌可以从哪些方面入手实施创新，即品牌创新的内容。从这个角度看，品牌创新行为应包括品牌营销战略方面的创新和品牌营销策略方面的创新。品牌战略创新是从战略角度对品牌进行重新调整，包括品牌战略、品牌识别元素或系统、品牌架构、品牌管理体系建设等内容；而品牌策略创新则是从目标市场出发，对品牌定位以及市场营销策略的优化，使其更适应市场变化的需要。

事实上，无论是品牌战略创新还是品牌策略创新，可供选择的创新点都很多，企业关键是要找到适合自己市场情况的创新点，这显然是一件十分艰难而至关重要的工作。对于企业来说，品牌创新根本目的是增加品牌产品销售量，因而此处先简要回顾一下品牌产品创新的主要方法，然后选择性地阐述品牌创新的一些内容。

一、品牌产品创新的方法

1. 增加产品使用量

首先，需要对市场现状进行深入调研，搞清楚以下几个基本问题：顾客为什么不更多使用本品牌的产品或服务？哪些因素抑制了其使用决策？使用量少的和使用量多的顾客在态度和习惯方面存在哪些方面的不同？然后，采用"提高产品使用频率和提高单次使用量"来增加消费者对品牌产品的使用量，即产品使用量＝产品使用频率×单次使用量。

2. 发现现有产品的新用途

企业可以采用头脑风暴法发现产品的新用途。譬如杜邦公司的重要产品——尼龙（Nylon）就是　个典型的例子。最初，尼龙是用来制造降落伞的，然后又成为长筒袜的主要原料，再后来变身为衣料；至此，人们以为尼龙应该到了其寿命终结期，熟料，经过杜邦公司开拓其新用途战略的不懈努力，尼龙又成功地进入了汽车制造业，成为轮胎和坐垫的原料。

3. 强化品牌产品和服务

强化品牌产品和服务主要有：①不断改进产品。随着采用新技术的新产品不断出现，老产品被淘汰，因而跟上技术发展和市场需要的脚步不断改进品牌产品是必须做的事情。比如，汰渍作为世界第一种合成洗衣粉品牌，自1946年诞生以来一共进行了90多次配方的改变。②改进产品包装和样式，使得产品旧貌换新颜。如牙膏采用的立式塑装、药片锡箔纸压膜包装、白加黑等。③优化卖场环境和销售方式。如伊藤洋华堂提供给购物者宜人的购物环境。④强化服务。对于成熟行业来说，有两件法宝：把服务做得更好，或者把服务做得与众不同。如餐饮业中川牌、川派海底捞所取得的巨大成功。

二、品牌符号创新

1. 品牌名称更新

纵观世界上的成功品牌，虽其名称各具特色，但都遵循着"好听、好读、好记、好寓意、好传播"的"五好原则"。如果因在最初的品牌设计中考虑不周，致使品牌名称不利于传播，或者因品牌发展而使现有名称不能诠释品牌的内涵，企业可以考虑更新品牌名称。

作为世界三大音响品牌之一的健伍品牌（KENWOOD）便是经典一例。健伍的原名称为"TRIO"，曾经因跟不上市场发展的脚步而一落千丈。尽管经营业绩不佳的原因是多方面的，却与品牌名称的设计不无关系。TRIO这一名称作为音响品名，虽然比较简洁却有明显的缺憾，主要表现在它的发音节奏性明显不强，从TR到O有头重脚轻之感，无法达到朗朗上口的效果。20世纪80年代，公司将其更名为KENWOOD，KEN与英文CAN谐音，WOOD又有短促音的和谐感，两者结合起来，读音很响亮、节奏感很强。品牌名称投入使用后，企业发现凡标注有KENWOOD的产品都得到了广泛的认同，因此TRIO三年后销声匿迹，KENWOOD得以在公司所有产品上推广。

摩托罗拉公司也将其过去"MOTORALA"的名称简化为简洁明快的"MOTO"，其灵感来自我国台湾地区年轻消费者之间流传的对摩托罗拉的"昵称"，是消费者在感受到摩托罗拉人性化移动科技后发自内心的声音。"MOTO"用一种消费者自己的语言向公众传递着"全心为你"的公司理念。"MOTO"的效果与我国《读者文摘》改名为《读者》、美国消费者将"Coca-Cola"简称为"Coke"，有异曲同工之妙。

必须指出，更新品牌名称，不仅包括品牌名称字符本身的变更，也包括品牌名称字符不变而是赋予新解的品牌名称更新。

"TCL"原来的意思很简单，就是电话通信有限公司（telephone communication limited）的英文缩写。这个英文缩写的品牌简洁明快，易于辨认，朗朗上口，易于记忆，并符合国际规范，不受汉字文化的限制，易于通行世界。如今的"TCL"已成为电话、电视和移动电话市场上富有竞争力的品牌。"TCL"人不满足已取得的业绩，又为自己树立了新的攀登目标，并将其蕴涵在品牌中，使"TCL"有了新的释义：today China lion（今日中国雄狮）。于是，"TCL"这三个字母，重新演化成给人以东方睡狮如今猛醒，大有怒吼震天，威猛凛凛的形象意蕴。

2. 品牌图标更新

只有名称是不够的，还必须为品牌设计一个抽象标识符号，即图标。品牌图标是指品牌中可以通过视觉识别传播的部分，包括符号、图案或明显的色彩和字体，如英荷壳牌集团公司（Royal Dutch/Shell Group）的贝壳造型，耐克的对勾，IBM 的字体和深蓝的标准色等。

心理学的分析结果表明：人们凭感觉接收到的外界信息中，83%的印象来自视觉，11%来自听觉，3.5%来自嗅觉，1.5%来自触觉，1%来自味觉。标志正是对人的视觉的满足，是创造品牌知名度和品牌联想的关键。世界金融业头号巨子"日本第一劝业银行"的图标是一颗逗人喜爱的小红心。走进他们银行，这颗小红心随处可见，传递着一种友善的氛围，令人难忘。

图标作为品牌与消费者沟通的一种方式，如果企业不能根据消费者的变化适时地对品牌标志进行调整，就可能会出现沟通障碍，面临失去新的消费者的危险。

1999 年"和路雪"公司在全球范围内推出精心设计的、更富有内涵的红黄搭配的"双心"新品标，以取代存活于市场几十年的和路雪旧品标，尽管旧品标已亨有较高的品牌知名度，为广大消费者所认知，但因其缺乏人情味、过于冷漠而显得不合时尚，不足以恰如其分地反映出企业与消费者日益紧密默契的关系。新品标红黄相间的色彩给人以温暖、亲切的感觉，体现了轻松自然、珍爱生活、快乐共享的品牌理念，为"和路雪"更好地赢得顾客奠定了宣传基础。

2003 年，可口可乐在中国启用了新图标，它最大的变化体现在对中文字体的设计上。香港著名广告设计师"陈幼坚"设计的全新流线型中文字体，与英文字体和商标整体风格更加协调，取代了可口可乐自 1979 年重返中国市场后沿用了 24 年的中文字体。公司试图通过此举扭转消费者认为可口可乐活力不足、传统、老化的印象。

"百事可乐"品牌不仅将名称从"PEPSI-COLA"更改为更为简洁的"PEPSI"，而且其标志从 1898 年注册至今，已进行过 9 次更新。特别是它现在采用的全蓝色图标，以饮料色彩中少用的蓝色来强调其"反叛、真我、独立"的个性，彻底地表示出它与红色浪潮的"可口可乐"的本质区别："百事，新一代的选择（The choice of a new generation）。"

三、品牌定位创新

消费者的需求和偏好不是一成不变的，随着目标市场环境的改变和企业自身经营状况的改变，品牌的定位策略也应该随之更新，进行重新定位。

品牌定位创新，通常有以下几种情况下的创新：

1. 初始定位失误

如果某品牌的定位策略得到了很好的执行，在消费者心目中辟出了一席之地，但无法借此达到营销目标，市场占有率、利润等均不理想。那么，失败原因只能是

243

定位决策的根本失误，企业需要考虑品牌的重新定位。

"万宝路（Marlboro）的变性手术"是一个很好的例子。在 20 世纪 20 年代，美国的年轻人被称为"迷惘的一代"，女青年抽烟是一种时尚。"万宝路"刚进入市场时，其定位是女性香烟品牌，它的口味也是特意为女性消费者而设计的：淡而柔和。万宝路创始人菲利浦·莫里斯（Philip Morris）注意到，女性们抽烟非常注意自己的红唇，常常抱怨香烟的烟嘴沾染上她们的唇膏，变得斑斑点点，很不雅观。为此，万宝路打出了一条不朽的宣传口号"樱桃红色烟嘴陪衬点点红唇"（a cherry tip for your ruby lips）。从产品的包装设计到广告宣传，万宝路都致力于明确的目标消费群——女性烟民。不仅如此，还把原本是地名的"Marlboro"这个名称赋予新解，宣传为"Man Always Remember Lovely Because of Romantic Only"的缩写，其含义是"仅仅由于罗曼蒂克，男人总是记得女人的爱。"然而，尽管当时美国吸烟人数年年都在上升，万宝路香烟的销路却始终平平。20 世纪 40 年代初，莫里斯公司被迫停止生产万宝路香烟。经过周密的市场调查发现，女性爱美之心使得她们担心过度吸烟会使牙齿变黄，肤色受到影响，在吸烟时要比男性烟民节制得多，因此，难以形成规模较大的女性烟民市场，客观上使女性烟的市场开拓受阻。后来，广告大师"利奥·贝纳特"在为万宝路做广告策划时，做出了一个重大决定，决定沿用万宝路品牌名将其进行重新定位为男子汉香烟，并把它与西部牛仔的形象结合起来。目光深邃、粗犷豪放、多毛的手臂下的手指中间夹着一支冉冉冒烟的万宝路香烟的美国西部牛仔，成了消费者追求的新偶像。

万宝路的命运由此发生了转折。一年时间，"万宝路"的销售量就提高了近 3 倍，成为美国第十大名牌香烟。至 1968 年，"万宝路"的市场份额已位居全美第二，仅次于"温丝顿（Winston）"。如今，"万宝路"每年在世界上销售的香烟多达数千亿支，美国市场上每卖出 2 包香烟，就有 1 包是"万宝路"。"万宝路"由脂粉气的女性烟转化成有铁骨铮铮的男性烟，这种品牌属性更新获得了巨大的成功。

2. 品牌延伸的需要

有的品牌在其最初发展时，由于产品种类单一，品牌定位比较狭窄，随着品牌向更多类产品的成功延伸，应对其进行重新定位。

中国娃哈哈集团，其娃哈哈品牌的最初定位是儿童营养品，并由此生成了儿童营养液、果奶、酸奶等产品，广受市场欢迎，成为中国儿童营养品的知名品牌。随着娃哈哈向成人茶饮料、水饮料系列的延伸，娃哈哈集团决定对定位进行创新，使其转向"中国饮品大王"上。这一创新不仅使其扩大了市场份额，同时也提高了品牌知名度，为其最终目标的实现奠定了基础。

海尔智家也是其中一例。从 1984 年至 1991 年，海尔只生产一种产品——电冰箱。从 1992 年到 1995 年，海尔品牌逐步延伸到电冰柜、空调等制冷家电产品。1997 年，海尔又进入黑色家电领域。1999 年，海尔品牌的电脑成功上市，现在海尔集团已拥有包括白色家电、黑色家电、米色家电在内的 58 大门类 9 200 多个规格品种的家电群，几乎覆盖了所有家电产品，在消费者心目中树立了海尔家电王国的形象。其初始定位显然不宜再用"海尔冰箱，为您着想"这样狭窄的界定，而启用了

"海尔，真诚到永远""海尔，中国造""海尔越来越高"等以优质服务、民族自信、卓越品质等特色的定位。这一重新定位有力地支持了海尔的品牌延伸，成功塑造了海尔家电王国的新形象。

3. 产品进入衰退期

产品是品牌的载体，当产品进入衰退期，为了避免品牌随着产品的衰退而衰退，可以通过多种途径解决，可以进行产品的包装创新，服务创新，或者产品的更新换代，抑或营销创新来实现。还有一种方法，不妨看看产品有没有其他新的用途，或者产品有没有可能开发出新的消费群体，通过用途的重新定位或者消费群体的重新定位来使产品走出衰退，实现品牌的增值。

多年前，台湾地区市场上有一种叫"仙桃牌通乳丸"的产品。这种产品是针对哺乳期妇女开发的，服用通乳丸，可使奶水不足的妇女奶水充足。近年来，由于人们生活水平的提高，妇女营养不良、奶水不足的现象已逐渐减少。再加上婴儿配方奶粉的问世，使得婴儿对母乳的依赖程度降低。因此通乳丸的销路不畅，市场逐渐走下坡路。这种濒临消失灭亡的产品，在企业人员的精心策划下，枯木逢春。过去的推销对象改为未婚的少女，诉求重点改为使乳房发育健全。目标市场和诉求重点的改变，使得"通乳丸"能以崭新的面目重现市场。而且，一出现就得到未婚少女的青睐。

强生（Johnson & Johnson）公司儿童用品部生产的儿童洗发剂在美国战后生育高峰期间非常畅销，但到了 20 世纪 70 年代，出生率不断下降使得儿童洗发剂前景黯淡。为此，约翰逊决定将产品重新定位，进军成人洗发剂市场。现代人追求头发自然蓬松和柔顺的美感。洗发时，他们特别警惕肥皂和化妆品的成分，不愿用不自然的方式来达到"自然美"的目的。公众认为约翰逊公司生产的儿童用品是安全的，约翰逊公司利用这一原有产品定位的优势，在市场上采用了"如果它对儿童是安全的，那么……"作为标识语来促进儿童洗发剂的推销。现在公司的儿童洗发剂已成功地重新定位于家庭洗发剂，它已不再是偶尔使用的产品，而是成为人们的日常必需品了。

4. 消费观念、消费行为的变化

消费者的消费观念、消费行为不可能是一成不变的，品牌应该及时创新以适应消费者需求的心理变化，必要时品牌的核心价值也应该进行重新定位。

"金龙鱼"在发展初期的品牌定位是"温暖大家庭"，因为他们调查发现，一种新的消费模式首先是以家庭为基础而被接受的，为此，他们采用了符合中国老百姓传统心理的红色和黄色组合，以富贵、喜庆的形象把家庭的温馨、亲情的浓郁这一理念根植于消费者心目中。随着经济的发展，人民生活水平的提高，"健康"这个概念已成为消费者追逐的时尚，"金龙鱼"重新定位于"健康营养"，推出第二代调和油，并宣称其食用油中的"饱和脂肪酸""单不饱和脂肪酸""多不饱和脂肪酸"的比例符合联合国粮农组织提出的 1∶1∶1 的膳食脂肪酸比例。这次重新定位为"金龙鱼"品牌提供了巨大的发展空间。

除了上述四点之外，企业经营战略的改变，也会促使品牌的重新定位。三星

（Samsung）电子过去在消费者心目中是档次不高的韩国货，为了改变形象，三星推出了全新的品牌战略，重新定位于"e公司、数字技术的领先者、高档、高价值、时尚"的高端"三星数字世界"。

四、市场营销策略创新

1. 产品创新

品牌产品创新是品牌创新的基础，是实现品牌创新的重要途径；而科学技术的创新是推动产品创新的一个重要"动力源"。尤其在科技浪潮汹涌澎湃的今天，谁拥有新技术，特别是拥有新技术的研发能力，谁就可以形成品牌的"先动优势"，就可以拥有市场，从而拥有世界的未来。所以，科技的创新已成为品牌创新的支撑点和后盾，对高科技企业来说，尤为如此。而产品品质方面的创新是赢得顾客"芳心"的重要手段。

产品品质创新是指对产品的开发和创造、产品质量的提高、性能的改善以及产品品种的增加等多方面的创新。根据产品创新方向的不同，创新可分为后向创新和前向创新。后向创新是指在运用新工艺的基础上，对老品牌加以改进、完善，使之适应现在市场的需要，不需要调整或改变生产体系，只是通过对生产技术和工艺的改变而达到创新的目的。像"康师傅"在"绿茶"的成功之后，又推出的"低糖绿茶""蜂蜜绿茶""红茶""柠檬红茶"等就属此列。前向创新是指创造出一种全新的产品，使其更加满足和适应市场的需要。哈根达斯（Häagen-Dazs）为了适应阿根廷市场就开发出了一种具有当地风味的"卡拉梅兹（Caramelize）"牛奶，深受消费者欢迎。肯德基（KFC）针对中国市场推出的"榨菜肉丝汤""老北京鸡肉卷"等都可归为此类。

通过产品品质的创新，企业可以不断制造出差异性，减少品牌在增值过程中的障碍，为延长品牌的生命力和塑造强势品牌奠定基础。"乔伊"（JOY）玩具的春风三度便是一个很好的例子。20世纪70年代，陷于越战的泥沼中，美国人无不希望出现一位机警灵活、刀枪不入的"超人"，拯救美国于水深火热之中，"乔伊"玩具作为这个时代的产物，扮演了人们期望的角色。"乔伊"上市后，其销售量直线上升，达到顶点时，年销售额达2 200万美元。但上市三年后，销售额直线下降，甚至从货架上消失。妙手可以回春，卷土重来的"乔伊"完全抛弃了先前的个人英雄主义，带领了一批精锐的"打击部队"，勇士们神态各异、配备不同。虽然每个玩具的定价为3美元，可是购齐全组勇士系列需要200美元。即便如此，"乔伊打击部队"销售状况仍是节节上升。使"乔伊"春风三度的是，公司在原来的勇士系列中又增加了精心设计的"坏人"系列。"好人"和"坏人"的整套组合一经推出，便大受欢迎。说不定，公司以后还有可能推出"乔伊"星球系列呢。通过对产品的不断创新，"乔伊"可谓占尽了市场的风头。

2. 渠道创新

分销渠道既是商品销售的渠道，也是展示商品的场所，因此在一定程度上可以通过渠道的创新实现品牌形象的创新。

品牌渠道的选择，往往应以品牌的定位为前提。法国欧莱雅（L'ORÉAL）旗下十几个品牌的美容、护肤、护发产品在落户中国后，分为四大类，并针对这四大类产品建立了四大不同的销售渠道。高档化妆品，如兰蔻、碧欧泉、赫莲娜，精心选择销售渠道，主要集中在中高档百货商店销售，以便能提供给消费者极高质量的服务；大众化的产品，如巴黎-欧莱雅、美宝莲、卡尼尔，则在百货店、大型超市就都能够买到，以满足消费者购物的方便；专业美发产品，如卡诗、欧莱雅专业美发，主要在中高档美发店销售；微姿、理肤泉则专门在药店销售，因为只有极少数的化妆品品牌能够通过严格的医学测试进入药房。

三星（Samsung）电子为改变其档次不高的"韩国货"形象，推出了全新的品牌战略，重新定位为"e公司、数字技术的领先者、高档、高价值、时尚"。为此，三星以壮士断腕的勇气进行了渠道创新，放弃了三星产品的主要零售商沃尔玛公司，因为再将产品摆在面向大众的折扣店里，对三星建立高端形象的努力会造成不利影响。

与三星的渠道创新截然相反的是德国汉高（Henkel）公司的渠道创新。1999年汉高毅然把Fa（身体护理品及化妆品）从大商场化妆品专柜中撤出，将自身定位于中档的基础护肤品摆进了大型超市的货架，以适应老百姓对超市购物的习惯与喜爱。这一渠道创新，让中国的消费者感觉到，Fa这个国际品牌是如此贴近他们的生活，从而乐于购买。这不仅提升了企业的盈利能力，也为企业自身的发展提供了广阔的空间。

3. 传播方式创新

品牌的定位创新、科技创新、产品创新需要通过传播方式的创新来体现，以便及时、准确地将品牌创新的信息和内容传达给消费者，取得消费者的理解和信任。传播方式的创新，不仅是实现品牌形象创新的简单、有力的工具，而且可以使自己的"摊子"热闹起来，以吸引消费者的眼球，保证消费者的持续关注，防止品牌的老化。传播方式的创新主要包括广告创新和在线营销的创新。

（1）广告创新。

广告是消费者最常见的 种传播方式，是塑造品牌形象的重要法宝。广告的创新主要体现在以下两个方面：

一是创意。如果广告的创意与传播枯燥陈旧、缺乏表现力、不具现代感，那么在今天消费者面对的海量广告信息中，根本不会引起什么关注，更不可能有多少号召力。新、奇、特的广告创意总会给人以新鲜感觉，为品牌的形象注入新的活力。美国无线电公司RCA是电视机的发明者，有着40年成功历史。20世纪80年代，来自日本的松下、索尼等品牌，以精美的外观和高科技感的形象趁机抢占了市场。与松下、索尼等日本品牌相比，RCA的品牌形象严重老化，既有的老顾客在一年年减少，而年轻一代又少有问津。RCA面临生死考验。RCA有一个沿用已久的品牌形象——小狗Nipper，在RCA的老客户中广受欢迎，但是随着时间的迁移，品牌形象开始老化，年轻人对它根本不感兴趣。于是，RCA决定新旧兼顾，让Nipper生下了一只狗仔Puppy，专门用来对付年轻人，并有意在广告中将Nipper和Puppy塑造成两代人。在 RCA 的一支广告片中，主人起床后要穿鞋，Nipper 很听话地将鞋叼了过来，而 Puppy 却叼着一只鞋径自走了，广告出来后，年轻人在 Puppy 身上找到了自己的影子。于是，RCA 在巩固老客户的基础上，又获得了年轻人的认同。

二是代言人的选择。用一个全新的代言人来做广告，也能给人带来耳目一新的感觉。如海信在一贯的采用技术人员做广告之后，请宁静做代言人，在原来比较"硬"、比较"板"的科技形象的基础上又赋予了"海信"品牌以轻松、愉悦的品牌感受。像可口可乐、百事可乐等知名品牌不断请当红的影星、歌星或体育明星做其形象代言人，其目的和意义还在于保证品牌形象的时代性、潮流性，吸引年轻消费者与他们同步前进。

（2）在线营销的创新。

网络可以使品牌与消费者面对面的沟通，可以经济、便捷地实现现在流行的品牌的时尚营销、娱乐营销和体验营销，为品牌卓越形象的建立、传播和发展提供了前所未有的舞台。在"百事中国"的网站上，你可以看到有"百事游戏""百事音乐""百事新闻""百事体育""百事俱乐部""百事下载"等多个板块，这些板块较好地实现了百事与消费者的互动，有力地推动了品牌的发展。

网络系统还可以跟踪记录用户信息，形成客户数据库，通过数据分析，了解用户的操作习惯、个人兴趣、消费倾向、消费能力、需求信息，有利于充分地展开个性化营销。美国的李维斯是家著名的牛仔服装生产厂商，它可根据顾客在公司网页上输入需求的尺寸、颜色、面料等信息，设计制造出顾客需要的服装，并在 3 周内送货上门。海尔集团曾提出了"您来设计我来实现"的新口号，由消费者在网上向海尔提出自己对家电产品的需求模式，包括性能、款式、色彩、大小等，海尔将根据顾客网上的要求定制冰箱，并在 7 天之内送货上门，受到消费者的高度赞誉。

综上所述，品牌创新的方式是多种多样的，不能完全照搬某一知名品牌的创新方式，而应根据自身情况来确定最适合本品牌的创新方式。实际上，品牌的各种创新维度也是常常被综合地利用，以达到最佳的创新效果。

本章小结

本章的主要内容是品牌创新，品牌创新的意义在于防止品牌老化。如果一个品牌不能与时俱进，必将遭到消费者的冷落，导致品牌的老化，造成品牌资产价值的流失直至丧失殆尽，品牌的意义也荡然无存。

品牌老化是指由于内部或外部的原因，品牌在市场竞争中知名度、美誉度和消费者忠诚度下降、销售量减少、市场占有率降低等品牌衰落现象。品牌短命是指一个品牌在市场上的存续时间较为短暂，可能是几个月，也可能是几年，但往往不超过五年便从市场上消亡。两者的区别主要表现在发生阶段不同、强调内容不同和研究目的不同。品牌老化的主要表现有市场萎缩和形象僵化。品牌老化的原因主要有市场竞争加剧、消费者消费行为的变化、品牌意识不全面、对市场变化不敏感和品牌扩张战略的失误等。挤奶战略是指企业避免向某个品牌及产品或者该业务投入资源，而是减少运营支出，或者提价，以使短期现金流最大化。挤奶战略的目的是从该品牌中榨取更多的短期利润，而置该行为对品牌的长期影响于不顾。企业在日趋下降的行业中做出品牌决策主要受到行业市场发展前景、市场竞争的激烈程度和品牌强度及其企业能力三方面因素的影响。

品牌创新是指企业依据市场变化，对品牌识别要素实施新的组合。品牌的每一个识别要素都可以作为品牌创新的维度与工具来实现品牌创新。品牌创新的原则主要有消费者原则、全面性和成本性原则、及时性和持续性原则。在品牌资产价值流入期、稳定期和流出期，品牌创新的内涵与特点有所相同。

品牌创新维度即品牌创新点，可高度概括为品牌战略创新与品牌策略创新两大部分内容。品牌创新根本目的是增加品牌产品销量。品牌策略创新主要包括品牌定位和品牌营销策略方面的创新。本章还简要阐述了品牌产品创新方法和品牌符合创新问题。

思考题

1. 品牌老化和品牌短命是一回事吗？如何防止品牌短命呢？

2. 如何理解品牌创新是品牌维护的最好方式？

3. 品牌创新的原则有哪些？

4. 如果做人如做品牌一样，试想一下，你现在有品牌老化的迹象了吗？如果没有，请问你是如何做到的？如果有，请问你将如何进行个人品牌创新，以保持勃勃生机？

5. 为什么要进行品牌创新？是不是所有的品牌都有创新的必要？为什么？

6. 注意一下你身边的品牌，想一想哪些是品牌创新的成功典范，它们是如何做到的？

7. 如何进行品牌营销策略创新？

案例分析题

宇通校车领导品牌创新之路[①]

第一阶段（2004—2008 年）

2004 年，校车对于当时的中国客车界来说，基本还是空白。研发伊始，无论是科研文献还是实际技术资料在国内都很匮乏，而国外，尤其是欧美发达国家的校车运行早已制度化。就在这年年底，宇通企业集团做出进军校车领域的决策。2006 年，宇通推出了第一辆国产校车——"阳光巴士"。宇通的"阳光巴士"着眼于安全，无论是底盘结构还是座椅设计乃至车灯等细微之处，都尽可能地从安全性出发，并针对不同年龄段的儿童，专门设计了多种型号的座椅。

---

① 本案例摘选自中国管理案例共享中心。

校车虽然造出来了，但如何推广呢？当时的中国，校车的概念还只是美国电影中的一个场景。2007年3月13日，上海新国际博览中心举行的世界客车博览会亚洲展会（BAAV）如期举行，此次博览会毫无疑问成为国内外客车巨头角逐的超级秀场。博览会开始以后，当宇通将中国第一辆校车"阳光巴士"展现在人们眼前时，活泼可爱的设计吸引了众多记者和参观者的闪光灯。当时的"阳光巴士"已尽显宇通对校车"安全"的理解，2+3的座椅，车顶白色的闪光警示灯，专门为儿童设计的座椅和安全带，根据学童身高特点设计的车门踏步板……

尽管"阳光巴士"的亮相引发了大家的关注和好评，但在展会上也传出些异议的声音，一位客车行业人士在参观完"阳光巴士"后说道："这车好是好，但是太超前了，在国内没有市场。"的确，当时校车并没有引起行业和社会足够的关注，市场尚未开发。

"一辆素以彪悍著称的悍马撞上了停在路边的无人校车。结果，悍马半个车体粉碎，校车却安然无恙。"这张拍摄在美国印第安纳首府的新闻照片，让宇通震撼不已。擅长平头设计，尚不具备前置发动机校车设计经验的宇通，在考量了儿童交通事故状况中正面碰撞死亡率最高的情况后，决定知难而上，设计制造防撞性能高的"大鼻子"校车。2008年是宇通校车发展最关键的一年，当国内校车标准仍处于准备阶段，宇通已将目光瞄向了专业校车制造，在"阳光巴士"实践经验的基础上，宇通第一款自主研发的专业级校车ZK6100DA在10月份正式推出。ZK6100DA在延续欧美传统校车风格的同时又有着时代的突破和创新，采用发动机前伸式设计，由于突出于车辆最前端突出的发动机舱体特别像鼻子，因此被形象称为"大鼻子"，其前伸式的发动机设计为车内学童提供了安全保证：当车辆正面撞击的时候，前伸式的发动机区域可以有效吸收撞击能量，大幅度降低撞击对乘客区的影响。同时，"大鼻子"打破了传统常规校车在大家心目中的平头形象，实现了校车造型设计方面大胆的突破，使校车在人们心目中的印象焕然一新。

第二阶段（2009—2012年）

校车市场在国内属于新兴市场，这几年销量增长迅速。2008年全国专用校车的销量150辆，2009年则接近900辆，越来越多的企业进入这一市场。虽然目前在市场和技术上宇通的校车占有优势，但仍面临很大的竞争。一汽集团已研发出校车，并准备2010年正式投产，每辆价格在40万元左右，主要针对高档校车市场；黄海客车采用合作伙伴德国MAN公司的技术及制造工艺，研发出黄海牌系列校车；长安客车已推出涵盖了6米、7米、8米、9米范围的校车；南京依维柯也已推出了专用校车；此外申龙客车、恒通客车也有多款专用校车即将推出市场。

尽管国家标准已出台，但不达标、无校车证的黑校车仍扎堆出没在学校门口。目前中、小学生及幼儿园的校车基本采用租赁的形式，由于养车成本较高，很少有学校自行运营校车，这些租赁的车辆多为金杯、福田等类型，虽然校车风格并不统一，但都挂上了"校车"标识。这些"黑校车"泛滥，导致校车安全事故率居高不下。

宇通的校车产品主要为涵盖6~10米不同大小的四款车型，购买专用校车的都是学校或者教育主管部门，汽车租赁公司购买的比较少。一汽、黄海、长安等后发校车制造企业的追赶以及"黑校车"泛滥不断扰乱市场秩序，又给宇通出了一道难题。

截至2011年12月底，客车行业申报校车公告的客车企业已达到近50家，几乎占据了客车行业的50%，而开展校车销售的也将近有30家客车企业，其中前10家企业累计销售校车5 645辆，市场集中度达到89.35%，校车市场已初步拉开竞争的序幕。然而，市场上大多数校车产品，技术上没有过多亮点，同质化现象严重。如何攻破校车同质化壁垒，通过差异化获取竞争优势，成为摆在众多客车企业面前的一道难题。

与此同时，随着全球主要经济体的发展成熟，服务净产值对经济增长的贡献率成为衡量一个国家经济发展水平的重要指标。在集团总部的决策下，宇通校车战略规划开始由"提供产品"向"提供解决方案"转型，打造校车安全解决方案，整合推介校车运营模式。2012年2月宇通在首届中国国际校车展上率先推出了集安全产品、安全管理、无忧服务及安全教育"四位一体"的360°校车系统安全解决方案，成为第一个推出系统的校车问题解决方案的中国校车生产企业，这引起了社会各界的强烈关注。宇通的360°校车系统安全解决方案是在融合德清、西藏、龙口等多地成功运营经验，同时汲取采购校车的各地方政府、教育机构以及其他市场主体对校车运营所提出的意见和建议，从相对单一地提供高品质产品，走向为客户分忧解难、提供系统的解决方案的道路。

由于校车本身具有公益属性，进入2012年随着校车市场井喷式发展，有关校车的公益营销活动此起彼伏。2012年1月宇通校车主题公益广告《可能篇》正式在央视一套及戏曲频道晚间7点到9点黄金档开播，一直持续播出到2012年年底。整个广告片主题鲜明，表述巧妙，在故事的铺垫下，尾版中"关注校车安全，呵护儿童成长"的主题立即凸显。与以往"打造品牌知名度，彰显企业实力"不同，此次发布校车公益广告，宇通更多的是为了打造品牌美誉度，提升企业形象。

2012年3月，宇通在校车公益营销方面又办了两件大事。一是在北京汽车博物馆内搭建的宇通校车360°安全体验园正式开园，这是国内首家客车企业入驻北京汽车博物馆，在体验园内宇通摒弃了传统说教式的安全教育形式，以集娱乐性、互动性为一体的游戏与体验活动取而代之，吸引了来自北京多所学校的老师和学生们入园参观并参与互动。二是在河南郑州举行了由中央电视台、中国儿童少年基金会、中国人口福利基金会等机构主办的"开往春天的校车"捐赠仪式，宇通向贫困地区一次性捐赠总价值500万元的20辆专业校车，成为首家参与"开往春天的校车"公益活动的车企。

2012年年中，国内首个针对专用校车座椅的动态试验标准——《专用校车学生座椅系统及其车辆固定件的强度》正式开始实施，该标准对校车座椅安全系数提出了严格要求。在校车座椅标准颁布一个月后，宇通成功完成国内首次专用校车座椅碰撞试验，此次试验全程以动态模拟碰撞试验方式真实反映座椅对学童的安全保护，开创了国内校车座椅动态碰撞的先河。此后不久，宇通的"大鼻子"校车在交通部公路交通试验场进行了正面碰撞试验，获得圆满成功，宇通再次成为中国首例成功进行正面碰撞试验的校车企业，将校车安全推向全新高度。

在产品品质和服务体系不断完善的情况下，宇通开始扩大校车产品品类的覆盖面。2012年8月宇通推出了可用B照驾驶的小型校车"小钢侠"，该款校车定位在低龄学童使用的小型专用校车，弥补了在道路交通条件差、经济落后的山区和农村，对小型专用校车的迫切需求；在"小钢侠"的基础上，宇通又陆续推出了车身更窄，更加适宜农村路面行驶的"小飞侠"和最具性价比的"小超侠"，其中"小超侠"具有超窄和超低车身两大显著特征，车身设计机动灵活，可满足不同地区的窄路段调头和连续转弯，其超低车身能确保车辆在社区地下停车场自如通行，方便停车。2013年3月宇通推出了第二代新国际校车ZK6119DX，此款校车，身长达11米，拥有50个座位，可满足整班学生的乘坐需求，更适应道路条件较好的大中型城市的校车需求，同时，配合"360°校车系统安全解决方案"，校车安全性能得到了立体性的提升。

第三阶段（2013—2018年）

1. 风云突变，校车行业遇寒潮

经历了2012年政策利好下校车市场的集体井喷，2013年校车市场渐渐趋于平淡，无论是校车制造企业，还是校车运营企业，都开始变得越加理性。在此之前校车采购主体主要是政府的主管部门，它们动辄数百辆的采购规模刺激了校车市场飞速发展，然而进入2013年，政府主导的大规模校车采购景象不再，二三线城市的校车终端用户（基层教育机构或校车运营单位）扛起了校车采购大旗。同时，经济欠发达地区的校车采购行为相对经济发达地区变得更加活跃，采购规模也由集中式大批量采购转为多而分散的小批量采购，终端客户的校车需求已经成为校车采购的主要动因。

事实上，2012年全年国内市场5米以上校车的上牌销量为24 422辆，同比增幅达到2.5倍；而2013年5米以上校车的上牌销量为28 186辆，销量增长缓慢。2013年前十五家企业合计销售24 657辆，占比87.48%，行业集中度有所下滑，但前十五家企业仍然占据行业的垄断地位。从品牌分布来看，一线品牌宇通、中通和苏州金龙分别位列第一、第四和第六位。东风集团（东风汽车股份有限公司、东风特种汽车有限公司和东风汽车有限公司）销售3 682辆，位列第二，五菱和长安分别位列第三和第五。

2. 服务创新，鼎力协作助终端

面对校车市场的下滑态势，为了稳固行业第一专业校车品牌的地位，宇通通过服务创新探索新的市场运营模式，通过助力终端校车运营公司撬动二三线市场的校车业务。在业务开展上，宇通采取"兵马未动，粮草先行"的策略，在车辆进入当地市场之前，先行铺设服务网络，宇通在全国范围内建立了8家集技术服务、信息反馈、配件供应、技术培训于一体的独资中心站，以及740多家特约服务网点和100多家配件中心库。针对二三线城市校车运营公司资金不足问题，宇通为校车购买者量身打造多款金融产品，只要通过指定的金融机构办理相关手续，即可分期贷款购买车辆，减轻购车压力。同时，宇通与中国人保财险携手合作，为所有新售校车附送一年的承运人责任险，每个学童座位保额为 30 万元。

2014 年宇通凭借多元化的校车产品以及完善的服务体系，陆续与长沙湘一校车服务公司、孝昌凯华校车服务有限公司、望城雷锋校车服务有限公司等多家校车运营终端展开合作业务。在强大的售后服务网络的支撑下，宇通还为这些校车运营公司提供：①校车专属服务。根据当地需求状况为校车制订特别服务计划，包括设立专门的服务站、加强服务站的技术培训和客户服务工作、提高配件供应及时性、协调配套厂商提高服务及时性。②新车增值服务。由当地服务站对车辆进行一次免费检查、免费咨询与培训，实行两次免工时费底盘保养，建立车辆档案和回访。③定期保养服务。每年实行冬季保养维护取暖装置、夏季维护空调服务，并在暑假开展校车专项服务活动，确保开学时正常运营。

在车辆技术性能配置等方面，宇通充分结合各区域地形、气候、乘车需求等特点，为客户推荐和定制最适合的校车产品，并提供种类丰富、档次各异的选配装置，实施区域定制化生产和销售。2014 年 8 月宇通助力福州康驰巴士公司启动"5i84 定制校车"服务，搭载宇通安芯校车智能管理系统，乘坐这些专用校车的学生将配有专属的公交卡，并与家长手机绑定，学生每次上车、下车都要刷卡签到，安芯系统将自动发送短信给家长，家长可实时掌握孩子乘车动态。2015 年 5 月，宇通向乌鲁木齐牛津宝贝国际双语幼儿园交付的"大鼻子"校车，除了符合国家标准外，还特别针对新疆冬季高寒的特点，单独配备了一套水暖系统，以解决孩子们冬季的取暖问题，同时针对新疆冬季夜间气温过低以及雨雪对车辆的侵蚀度较大的问题，宇通还对整车的电器件防腐和抗低温性能进行强化。

3. 价值传递，袋鼠行动进校园

社会舆论热潮的冷却使社会各阶层对校车安全的关注也逐步降低，2015 年 5 月宇通发起全国性公益活动"袋鼠行动"，分为校车安全大讲堂和安全演练两部分，旨在通过校车安全知识培训，向校车运营企业、学校乃至家长普及校车安全知识，就候车安全规范、上车安全规范、乘车安全规范、起火逃生安全规范，以及碰撞、侧翻、涉水安全规范、下车安全规范等进行了详细科普；通过现场模拟突发事件逃生演习，提升学生、司机及照管员应对突发事件的逃生能力。"袋鼠行动"发起以后陆续在广东、山东、山西、陕西、河南、四川、重庆等多个省份开展，惠及数十万学子，社会公众的校车安全意识再次被激发，借助"袋鼠行动"宇通在校车安全知识普及方面再次走到行业前列。

在推广"袋鼠行动"的同时，宇通在郑州市率先打造行业内首家交通安全教育馆，开创性地为学童提供了一所交通安全互动体验式教育基地，宇通安全教育馆以安全体验、答题互动、安全教育为功能划分，包括校车安全大讲堂、122 电话报警演练、骑行安全教育、红绿灯安全体验、交通指挥体验、醉驾体验等功能模块。教育馆内部设计简单易懂，包含各种交通实景和卡通元素，让学童更易接受和理解，并通过设施、场景展示、演练等让交通安全教育变得更真切、更有效，实现了线上与线下相结合。

4. 营销创新，线下线上双呼应

在品牌传播方面，宇通进一步开放思路，以"体验营销"的方式向社会公众宣传宇通的安全性能。2014年12月宇通校车现身东方卫视《巅峰拍档》节目，"中国好爸爸"田亮亲自驾驶宇通校车"以身犯险"，通过"对撞轿车、落水逃生、驾车撞墙"三项真人版实验，全方面展现专业校车的安全性能。在"对撞轿车"实验中，轿车被撞残，车身严重变形，而宇通毫发无损；在"落水逃生"实验中，尽管校车已完全落入水中，后围应急车门依然能迅速打开；在"驾车撞墙"实验中，3厘米的水泥硬墙被瞬间撞塌，校车受损极少，驾乘人员生存空间未受侵入，发动机能够照常启动并驶离现场。此后，宇通又发起"为爱酷跑"活动，上演国内首场校车直播秀，展示宇通校车在高速测试路、综合测试路、爬坡路、高环测试道、ESP测试场的整体性能。

同时，宇通逐渐突破相对"保守"的传统客车行业的传播方式，开始以"快乐营销"的方式，实现品牌传播由单向传播向体验互动转变。2016年"六一"儿童节之际，宇通客车联合迪士尼发起"晒笑脸赢迪士尼套票，宇通校车快乐学童"活动。2016年12月宇通客车联合腾讯网举办"多彩校车"涂鸦大赛，通过关注"宇通客车官方微信"，将孩子们有关校车的"涂鸦"作品上传，最终根据得票数量决出冠亚季军，颁发由腾讯网和宇通客车提供的相应精美礼品，截至活动结束，超过12万人次参加投票，活动页面访问量近70万次。除了宣传产品性能以外，在品牌传播方式上，宇通更多地呼吁一些如情怀、感受、爱、人性等有温度的内容，通过"长大只是一瞬间"等温暖营销的方式推出了多个针对校车的线上线下互动活动，激发社会公众的校车情怀。

5. 技术创新，智能校车再称雄

在技术创新上，宇通始终保持高投入、高标准与前瞻性，每年投入3%的销售收入用于技术创新和研发，使宇通的产品研发能力及技术水平一直处于行业前沿。安全是校车技术永恒的主题，也是宇通新技术研发的重点，根据校车事故发生前后的四个阶段（安全行驶、危险规避、事故中乘员保护及事故后逃生救援），宇通研发了一系列主动安全技术、预防性安全技术、被动安全技术和逃生救援技术，并开发出BuseyeB（视野辅助系统校车版）、BuseyePro（视野辅助系统客运增强版）、AEBS（高级紧急制动系统）、全承载客车正面碰撞防护结构等多项安全"黑科技"。

此外，随着工信部等三部委联合发布《汽车产业中长期发展规划》，智能化成为我国汽车强国路的发展方向之一。宇通在原有技术积累的基础上，开展涉及安全、节能、舒适、便利性、辅助驾驶等方面91项智能化技术的研究，并专门成立智能网联研究院和研发中心，对智能化技术研究，不设置预算的上限，大力支持创新研发的合理费用。

2017年12月，宇通发布覆盖从5米到11米、从19座到60座全品类的第三代校车，第三代校车在延续第一、二代校车的安全基因的基础上，以"三层防护圈+四大安全系统"构建全面有效的防护体系，赋予三代产品"更加安全"的产品特质。此外，三代校车还配备了升级版的防遗忘按钮，可有效避免人为因素导致的防遗忘功能失效，真正做到"强制巡检、零遗忘"；在舒适与环保上，宇通建立了完整环保管控体系，确保车内空气质量符合环保管控标准。第三代校车的发布再一次将宇通校车品牌影响力推到了新的高度，2017 年年底，全年校车销量以 2.1 万辆收官，其中宇通销售 8 914 辆，以 42.2% 的市场占比雄霸校车市场，实现了对行业的持续引领。

未来的挑战

然而，目前校车市场仍存在巨大的"缺口"，两极分化严重，2018 年 1 月，国内销售 5 米以上校车 2 312 量，同比下降 28%，2 月国内销售 5 米以上校车 1 234 辆，同比下降 33.26%。销量下滑的背后，是校车在全国范围内推广的举步维艰，相对于新能源汽车的多种补贴，我国目前对校车的补贴少之又少，只有极少数地方出台了购车和运营补贴政策，受校车使用率低、运营成本高等因素的制约，在空闲时间专业校车无法挪作其他用途，导致购买普通客车或者其他车辆作校车的现象盛行，挤占了专业校车的市场。中国校车市场实际需求量保守估计超过 100 万辆，但目前市场上校车保有量仅为 16 万辆左右。

[案例思考]

1. 宇通为什么要进入校车这个专用车市场？

2. 从 2004 年开始，我国校车市场经历哪几个发展阶段？在这些阶段中，宇通采取了哪些品牌创新策略？

3. 宇通校车品牌定位是什么？运用品牌定位理论分析其定位是否合理？请提出相关建议。

4. 宇通在品牌推广方面做了哪些事情？公司为什么要发动"360°校车系统安全解决方案"和"袋鼠行动"？

5. 未来宇通校车如何进行品牌创新以保持领导品牌的市场地位？

6. "站在风口上，猪也能飞起来。"小米创始人雷军的这句话被很多人奉为至理名言。但宇通董事长汤玉祥并不这么认为，"风一停下来，飞猪就要掉下来。我们不做飞猪，我们要把眼下的'家庭作业'做好"。你怎么看待他们的观点？

第十一章
品牌增值

　　"在当前所处的 21 世纪，拥有品牌的并不是营销者自身，相反地，品牌最终是通过消费者的眼睛来定义的。"① 事实上，品牌是企业和消费者共同创造的产物，消费者有关品牌的体验和记忆形成了其与品牌之间的联系。品牌只有为自己的顾客不断创造价值，才能够实现品牌增值，享有品牌权益获取品牌利润；这样，品牌的增值过程就是企业通过创造性的营销活动不断增加顾客利益的过程。

第一节　品牌附加价值

一、品牌权益与品牌附加价值

（一）品牌权益的内涵

　　品牌权益（brand equity），这一概念起源于 20 世纪 80 年代初期，首先在股票市场兴起，当时人们普遍认为，品牌权益普遍认为品牌是企业一项重要的金融资产。20 世纪 80 年代后期，营销界开始普遍重视对品牌权益问题的研究。法夸尔（Farquhar）将品牌权益定义为，它是"相较于无品牌产品，品牌给产品带来的超越其使用价值的附加价值"②。1993 年，凯勒（Keller）提出了基于顾客价值的品牌权益概念（customer-based brand equity，CBBE），认为品牌之所以存在价值是由于它对顾客存在价值，并将其定义为顾客品牌知识导致的对营销活动的差异化反应③。夏克（Shocker）等人认为可从企业和消费者两个角度来解释品牌权益，从企业角度看品牌权益是有品牌产品和无品牌产品相比获得的超额现金流，从消费者角度看它是产品物理属性所不能解释的效用、忠诚和形象上的差异④。可见，品牌权益即品牌资产价值就是品牌给企业带来的诸多方面的所有者权益，而基于顾客价值的品牌权益（品牌附加价值）是对品牌权益来源的解释。

----

　　① 卡恩. 沃顿商学院品牌课：凭借品牌影响力获得长期增长 [M]. 崔明香，王宇杰，译. 北京：中国青年出版社，2014：63.

　　② FARQUHAR P H. Managing brand equity [J]. Marketing research, 1989（30）：187.

　　③ KELLER K L. Conceptualizing measuring and managing customer-based brand equity [J]. Journal of marketing, 1993（57）：154.

　　④ SHOCKER D A, RAJEND K S, ROBERT W R. Challenges and opportunities facing brand management：an introduction to the special issue [J]. Journal of marketing research, 1994（31）：241.

品牌权益对于企业的价值体现在企业参与市场竞争所获得的经济、战略和管理方面的优势。经济优势体现在品牌为企业获取经济效益提供保证，即品牌对应产品的行业市场份额的规模、市场份额的稳定性、品牌带给产品的超额利润以及品牌带来的其他的所有者权利。战略优势体现在品牌具有威慑潜在竞争对手的能力，并迫使零售商选择这一品牌，以抑制市场竞争和防止顾客流失。管理优势体现在品牌能够增强企业凝聚力，为企业提供更加稳固的、充满自信和积极奋发的经营团队，为企业经营管理活动创造良好的内部环境。因此，品牌权益是指品牌给所有权人带来的利益。它不仅代表品牌带给企业的经济优势，还意味着品牌带给企业的战略优势和管理优势。

（二）品牌附加价值的内涵

品牌附加价值（brand additional value）是指品牌能够给消费者带来的利益。它是由感受功效、社会心理含义和品牌名称认知度构成的。感受功效和社会心理含义是品牌附加价值的内在因素，主要表现在两方面，即品牌是否能够给人以安全感和信任感，以及消费者是否能够获得品牌的荣誉感和满足感。品牌名称认知度（目标市场顾客对于某品牌建立起的知识结构）的高低在很大程度上决定着品牌附加价值是否能够实现或者起到强化的作用。

无论消费品、服务或工业品市场的购买者都把产品或服务视为能使他们的需要得到满足的一组价值的集合。品牌营销者必须认识到这一点，并通过开发品牌附加价值来创造与众不同的品牌。为了取得品牌营销成功，企业在确定品牌附加值时必须有一个整体的规划方案，这些包括：与竞争者不同，品牌名称能使消费者联想到品牌价值的独特性；附加价值不只是满足顾客基本功能方面的需要，还能够创造性地满足顾客情感方面的需要；品牌名称使人认识到购买品牌产品是低风险的；消费者容易购买到品牌产品；品牌名称经注册，取得商标的法律专属权，实现品牌化。成功的品牌不只是体现在这五个方面的某一个方面，而是各方面的整合及相互促进。

举个简单的例子，当你需要找搬家公司搬家时，你可能并不很清楚不同搬家公司之间有何具体的差别。可是，当你询问各家公司的服务时，差别就出现了。有的搬家公司可以随叫随到，有一些则不然；有的搬家公司有小册子介绍公司能够提供的服务业务，并告诉你如何把物件分类收拾成便于搬运的小捆。这表明，对于无差别的业务，基本的服务内容是相同的；在这种情况下，某一品牌被顾客认同的服务的内容，就是胜过竞争者的附加价值之所在。

那么，品牌附加值是怎样与品牌建设结合在一起的呢？企业通过优良的技术系统把价值注入产品之中，使其功能价值超过竞争者。但问题是竞争者可以进行模仿。对此，英特尔的办法是不断开发出功能更强大的计算机芯片。企业还可以把富有意义的价值观念注入品牌之中，使消费者更清楚地知道品牌的属性。例如，牢固耐穿是李维斯牛仔裤公认的功能性价值，李维斯可以在品牌传播中加入更具意义的个性化宣传，如休闲度假、不拘束，甚至性感等；苹果计算机品牌的富有意义的价值可能是创造性与个性化。再就是企业把核心价值加到品牌上，显示品牌的灵魂是什么。核心价值体现了品牌信念，在更深的层次上反映了其所持的伦理价值观或民族感情等，如消费者购买耐克品牌产品或是出于自我超越的感受，等等。

（三）品牌附加值和品牌权益的关系

品牌权益和品牌附加值之间的关系基本可以解释为因果关系，前者是"果"，后者是"因"。也就是说，品牌权益在很大程度上取决于品牌附加值的大小，两者成正向关系。品牌为其顾客提供的附加价值越大，品牌权益就越大，这是因为消费者能够从权益大的品牌消费中获取更多的利益。相反，不能为顾客提供增值的品牌，品牌权益就无从创造，最终品牌也必将消亡。由此可见，品牌权益是品牌对于企业的价值与意义，表现为品牌资产的大小或品牌强度的强弱。

那么，提供相同品牌附加值的品牌，品牌权益即企业所获得的利益是否相同呢？答案是否定的。这是因为不同品牌各自的营销因素会影响品牌附加值与品牌权益之间的关系。譬如，销售渠道发达的品牌比销售渠道少的品牌，品牌权益更高，因为经销渠道多，意味着消费者购买该品牌产品更为方便、机会更多。品牌之间价格上的差异也会影响品牌附加值和品牌权益之间看似简单的关系。比如，尽管价格昂贵的品牌产品可能代表其品牌附加值高，但由于多数消费者受收入水平的限制，这些品牌只能吸引一小部分的消费者来购买。就保时捷来说，许多消费者都会认为这一品牌具有很高的品牌附加值，但因其价格高昂，最终只有很少的消费者可以真正成为该品牌汽车附加值的享受者。总之，尽管品牌权益和品牌附加价值之间的关系受各种因素的干扰而产生不一致的情况，但实际生活中两者总是呈现出方向一致的关系，或者说二者成正向的关系。

二、品牌产品层次与品牌附加值的确定

（一）基本层次

在基本层次上的产品或服务是企业能在市场上销售的普通产品或服务，各品牌都可以生产出能够达到符合性质、数量要求的产品。比如，福特或大众汽车公司生产的汽车、苹果或联想生产的计算机、长虹或康佳生产的彩电等。在这个层次上，竞争者很容易开发出"我也一样"的产品，市场上充斥着各种各样的汽车、计算机与彩电就是例证。普通产品或服务很少能够保持品牌的领先优势，因为功能性价值是容易被"克隆"的东西。例如，由 TCL 最先设计出的灰色电视机外壳，一度受到消费者的热捧，可在很短的时间内，市场上就出现了这种颜色的各种品牌电视机。

（二）期望层次

期望层次上的产品与服务则是能够更好地满足具有不同需求特征的消费者的产品与服务。比如，品牌名称、包装装潢、款式设计、价格、质量等。为了确定这些特征，企业应该对顾客进行深入的调研。对于期望层次上的品牌竞争，在消费者对不同竞争品牌及其价值之间的差别不甚了解的情况下经常可以见到。在这种情况下，消费者主要关心的是购买的品牌产品能否满足他们的需要。例如，他们对热饮料就有不同的需求——为了放松、能量、暖和、刺激等，消费者通过品牌名称、包装说明、价格、促销宣传得出一个总体印象，清楚哪个品牌更适合满足他们的何种需要。在市场发展的早期阶段，不大可能出现多个品牌在满足消费者需求方面是完全一样

的情况，此时附加价值就应当具有功能性特征，因而品牌定位就十分重要了，即明确品牌是干什么的，能够满足消费者的什么需要。

（三）附加利益层次

当顾客的品牌经验丰富以后，他们就会与其他品牌进行比较，寻找最佳的价值，同时也开始关注价格的高低。为了使顾客继续保持忠诚，并且维持差价，企业就需要通过提供额外的利益来增加品牌附加价值。为了确定什么价值能够增强品牌的竞争优势，企业必须对有经验的顾客进行深入的调查，向他们询问品牌产品所存在的不足之处以及他们希望品牌做何改进。实际上，在附加利益层次上，消费者通常是在众多的品牌中选择几个自认为能够满足自己需要的品牌；然后比较它们之间的差异性；最后购买适合自己生活方式的品牌。可能有几个品牌都能够较好地满足消费者的需要，这时，消费者的关注就会转向那些差别因素，诸如尺寸、形状、颜色、方便性和安全性等因素，也可能是反映不同品牌个性的情感性因素。如福特公司和雷诺公司都生产适合在城市使用的经济型汽车，但都有明显的品牌个性，使得这两种性能相似的汽车品牌具有了明显的区别，福特的嘉年华（Fiesta）汽车适合努力工作的男人，而雷诺则比较适合于爱热闹的女青年。

（四）潜在层次

现在越来越多的消费者已将附加利益看成品牌必须提供的正常价值了。为了防止附加利益的品牌重新回到更关心价格的期望层次上，企业必须更重视创新，并不断地开发出新的品牌附加价值，把品牌提升到潜在层次。然而，这是一项具有挑战性的工作，可能会受到企业研究人员缺乏创造性或资金不足的限制。

259

企业确定向有经验的购买者提供新的附加值的基本思路是：从生产制造者到使用者两方面回顾一下品牌发展的道路，在发展过程的每个阶段都应该知道是谁在使用和如何使用品牌产品的；对消费者进行抽样调查，仔细询问他们的喜好，喜欢什么、不喜欢什么以及有关改进的意见。我们可以从航空公司身上看到品牌层次的这一演进过程。几年前，航空公司都以准点到达目的地为目标，注重准时性和可靠性。随着旅客更多地在空中旅行和航空业竞争的加剧，航空公司自然而然地开始寻找更多的表达可靠性的方法。现在，旅客会被形形色色的吸引他们感性需求的宣传所打动。大多数航空公司在广告中强调的已不仅仅是具有传统意义上的可靠性，还强调会提供使旅客身心感到舒适的优质服务，在具体服务层面上展开竞争。

从长远来看，由于产品功能越来越容易被竞争者仿效，一个品牌如果想要取得成功，就必须提供超过其基本功能性特征的品牌附加价值。从服务角度来看，当功能性因素与竞争对手相同时，企业提供有关服务方面的附加价值是取得成功的简便手段。在工业品市场上销售工程师可以向顾客展示一些事实，诸如企业良好的信誉、全面而严格的质量测试、所达到的国际品质标准（如 ISO 国际质量标准认证体系）以及客户的好评等，来证明本品牌是绝不会给顾客带来任何风险的。同时，企业必须把附加价值与消费者的基本需要联系起来，而不能仅从厂家和分销商的角度考虑价值问题，认识这一点非常重要。如果轿车生产商宣称自己的产品如何"智能化"、提供了多少附加价值，却不配备安全带，那么，用不了多长时间人们就会发现，消费者对那种"智能化"根本不感兴趣。再者,消费者觉得一个品牌的确提供了附加价值,是因为他们接收到了厂商发送的某些信号。客户是从多个不同的角度去审视品牌,而不是只盯着价格。但是,如果产品价格上涨,而同时一个特定渠道传递的信息(如交货的可靠性很低)相对于其他渠道的信息(如产品质量有所提高)来说又比较弱,消费者就会认为品牌价值降低了,因而很有可能选择竞争对手的品牌。此外,消费者总是会选择那些在特定的条件下能使自己保持身心舒适,而且支持其理念的品牌。值得注意的是,这一现象已经被许多研究人员记录了下来。例如,人们在购买汽车和衣物时,总是倾向于选择那些他们认为与自我形象相匹配的品牌。消费者常把品牌作为与其处于同一消费水平的人群进行交流的手段。例如,一家公司的老总自豪地买了一辆价格不菲的奔驰轿车,不仅因为它的品质精良,更因为它可用于显示自己优越的身份、地位和个人价值;人们精挑细选服装的品牌,是想透过品牌传达礼节、身份甚至诱惑的信息。当经营者意识到自己的品牌被消费者用作表达个人价值观的工具时,就应该及时调整市场营销策略,以适应并支持这样的顾客环境。在某些情况下,这就意味着,促销活动应该面向同一层次的消费群体,使这一层次的所有消费者都能体会到这个品牌的确是属于他们的。

我们描绘了这样一幅品牌愿景:面对竞争对手,除非品牌所提供的品牌附加价值独特且为消费者乐于接受,否则品牌的生命会非常短暂。如果没有这个愿景,企业就会在创建品牌的道路上迷失方向。

第二节　品牌增值及其类型

一、什么是品牌增值

品牌增值的概念是品牌营销理论中的一个重要范畴。从品牌权益与品牌附加价值之间关系的角度,我们将"品牌增值"定义为:与消费者相关的、能够被消费者感知的、超出和高于产品基本功能性作用的那些价值。品牌之所以能够维持超出其商品形态的价值而溢价,是因为消费者能够感觉到与这些品牌相关的增值;如果品牌提供的附加价值,不能被消费者感受到,或者消费者并不需要这些价值,那么对于这些价值顾客当然不会理解和认同,品牌就不能实现真正的增值。

企业面临的挑战是理解那些支持某品牌的所有市场营销资源是如何相互作用而创造出在消费者看来是该品牌所特有的附加价值的特征。品牌的有形部分或服务与通过广告、公关、包装、价格和分销等手段传播的象征成分以及企业品牌形象结合为一体,便有了新的意义。这些意义不仅能够使该品牌具有差异性,而且为它带来了增值。消费者理解隐含在某个品牌背后的市场营销活动的意义,把价值赋予该品牌,使该品牌具有了吸引消费者的特性。许多研究人员揭示出消费者在选择品牌时的倾向如同认真地挑选自己的朋友。通过认知品牌的特性,消费者在购买某个品牌时会感到更加愉悦。例如,消费者对某品牌有一种"舒适"的感觉——就好像我们与老朋友在一起聊天一样，或者这个品牌能够与消费者形象或者所期望的自我形象相匹配。

企业实现品牌增值有两种基本方式：一种是通过采用先进成本控制方法，降低单位产品及服务成本，进而降低价格，以使顾客获得更多的性价比利益，采用这种方式实现增值的品牌可称为"成本驱动品牌"；另一种是通过为顾客提供更多的除价格之外的其他附加价值来实现品牌增值，采用这种方式实现增值的品牌可称为"增值品牌"。

二、成本驱动品牌

成本驱动品牌关键在于企业不断努力地降低单位产品及服务成本。在全球零售业中，沃尔玛（Walmart）可以说是成本驱动品牌的典范。沃尔玛通过全球采购降低进货成本、高效的全球物流配送系统降低存货成本、压缩广告费用开支减少品牌推广成本等方法来保证其"天天平价，始终如一"的承诺。图 11-1 显示成本驱动品牌的总成本低于行业的平均总成本。由于总成本低，即使与竞争者相当的边际成本，其销售价格仍然低于竞争对手的平均价格，可以保证获取与竞争对手相近或更多的利润。

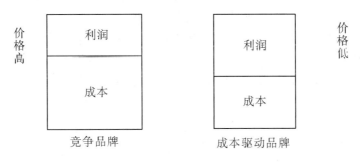

图 11-1　成本驱动品牌经济学

有些企业回避成本驱动的观点，因为他们担心低成本意味着低质量，而现实中确实存在这种结果。但是，降低质量标准不是降低成本的唯一方法，同时它也是不可取的方法。企业要降低成本可以通过诸如规模经济、比竞争者更快速地获得技术和生产经验、更有效地选择供应商、准确了解目标顾客需求等方法来实现。

如同所有的战略一样，企业开发成本驱动品牌战略也有风险：如可能会导致"营销近视症"以及忽视对市场环境变化等问题。因此，在实施成本驱动品牌战略前企业必须很好地考虑其适用性，如当竞争者都降低产品价格时，购买者的反应如何；企业形象能承受低价格吗；保证和支持企业低成本的条件如何等问题。

三、增值品牌

（一）增值品牌的类型

品牌增值是建立在消费者感知基础之上的，也就是说，品牌所提供的附加价值只有被顾客感觉到，才能真正地转换为品牌竞争优势。比如，某大学外的一家快餐外卖店所提供的菜品种类、口味和分量与其他竞争者基本相同，而该外卖店宣传自己使用了更优质的食用油与餐盒，并期望将高出的成本通过加价而转嫁给顾客，你认为这种差别能够被大学生顾客感知到吗？顾客会心甘情愿地为此买单吗？

从消费者感知角度，我们可以制定出一些较为实用的参照标准，帮助理解各种类型的品牌增值。这些参照标准包括了以下几种类型的增值品牌：

（1）来自消费者个人购物经验的增值。通过重复使用某个品牌的产品之后，消费者对该品牌拥有了信心，并且该品牌一贯的可靠性，使得消费者感到购买该品牌无风险。尤其是在食品店购物时，消费者往往在一个超级市场面对成千上万的各种商品，这种增值尤其有用，它能够使消费者通过选择自己认可的品牌而迅速完成购物过程。另外，当消费者在尝试了不知名的品牌后记住了这些品牌，这是对这种增值类型的进一步证明。

（2）来自参考群体效应的增值。广告使用名人效应来支撑一个品牌的传播方式被许多目标市场上的消费者所熟知，它将消费者所渴望的生活方式通过品牌代言人与品牌建立起联系。

（3）来自品牌是有效的这一信念的增值。认为某一品牌有效，这一信念极大地影响着消费者对该品牌真实性的认同。例如，在西装市场上，你常常听到男人们谈论在特定的场合穿一套特定的西装会感觉更舒服些。

（4）来自品牌外观的增值。在消费者对品牌的印象中有很大一部分是来自品牌产品的外包装和品牌标识。高价饼干市场尤其如此，包装设计人员用精美的金属包装来提高品牌的价格定位。从表 11-1 可以看出百事可乐和可口可乐的品牌标识对消费者的影响。

表 11-1　品牌标识对购买行为影响的测试

类别	无品牌标识/%	有品牌标识/%
喜欢无糖百事可乐	51	23
喜欢无糖可口可乐	44	65
相同或不知道	5	12
合计	100	100

（二）增值品牌的功能

增值品牌能够为客户提供比竞争者的品牌更多的利益，因而价格也高一些，从而获得品牌溢价而产生出的收益。克雷研究超级计算机具有巨大的数据处理能力以及与其他计算机相兼容的竞争优势。它可以运行任何语言编写的程序，并具有强大的软件库支持，同时配有一个在线支持小组随时帮助客户高效地使用机器，使机器达到 99% 的无问题运行，每台售价上千万美元。这个品牌使许多计算机科学家与工程师梦想成真。

为了经营增值品牌，企业的成本通常比行业竞争者的平均水平要高，必须付出更多的知识、劳动才能创造这种品牌的特性。消费者将会注意到品牌差异带来的附加价值，从而愿意以更高的价格购买该品牌产品。因此，经营增值品牌的企业就可以采取比竞争者更高的定价；而且这种价格反映了增值品牌所能带给客户的特殊利益。例如，在百货零售业中，哈罗德食品大厅（Harrods Foods Hall）就是增值品牌的典型，公司积累了经营日用百货的丰富经验以及上调商品价格的可能性。消费者都知道它销售高品质的商品，并且接受无条件退货。消费者可以在幽雅的购物环境中享受到热情又周到的服务，而驰名商标"哈罗德"（Harrods）的形象也进一步增加了其品牌价值。增值品牌经济学如图 11-2 所示。

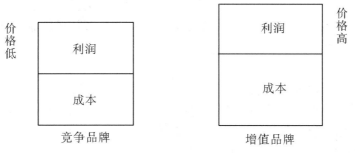

图 11-2　增值品牌经济学

四、品牌增值战略

不要认为品牌增值只有成本驱动竞争优势或者增值品牌竞争优势。实际上，有些品牌成本驱动成分多一些，另一些品牌则增值成分多一些。企业需要考虑自己的品牌是以成本驱动为主，还是以增值为主。根据成本驱动与增值因素对品牌的增值作用，企业可以确定品牌类型，制定相应的品牌增值战略（如图 11-3 所示）。

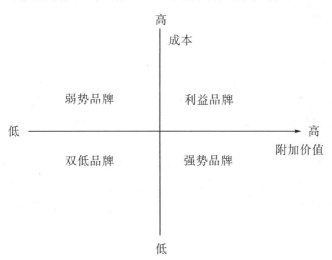

图 11-3　品牌增值战略分类

下面以旅行社为例来说明品牌增值战略类型。

263

（一）双低品牌

低成本和低附加值商业品牌的例子是小城市中的旅行社。在那里，旅行社基本没有竞争对手，而且也不知道附近城市里有竞争性的、顾客导向的旅行社的存在。它可能是家独自经营的小企业，只有很小的办公室；室内能提供的只有与大旅行社合作的游行手册；雇员的任务仅仅是向顾客展示手册和接受订单，他们能向游客提供的假日旅行的帮助仅限于自己的经验，加之没有经过培训，也不能提供手册中提到的一揽子旅行服务；任何有关优惠机票、其他旅游目的地及设施等问题，他们都不能迅速给顾客一个满意的回答，自然更谈不上为顾客提供增值服务。这种商业品牌为顾客提供的服务非常糟糕，一旦新的价格更低和服务更优的旅行社开业时，其生存就将难以为继了。

（二）利益品牌

利益品牌，又称为"双高品牌"，即不能让游客很省钱，却能提供特别好的服务的商业品牌。典型的利益品牌是为公务出差人员服务的旅行社。这些旅行社有很好的计算机网络系统，只需要很短的时间就能为出行的经理们预订好行程复杂的机票，安排好旅馆、负责机场接送的出租车，代办签证，购买保险，兑换外汇等事项，员工们都经过良好的培训，能及时获得有关全球旅行的最新信息。他们花费很多时间与精力尽可能与航空公司、出租车行、百货公司、高级宾馆等建立起密切的联系。这些旅行社的目标市场定位在为单位提供服务，这些单位有许多管理人员出差的需求，除了与个别客户之间的协议外，一般不提供折扣优惠。

（三）弱势品牌

弱势品牌的典型例子是提供低价旅行安排的旅行社。这些旅行社总是不断地在市场上寻找哪里的旅行价格最低，其媒体广告与橱窗陈列都是一个主题，即低价旅游。某些大旅行社为许多旅游城市提供廉价而服务差的旅游服务，而小旅行社提供的城市范围小一些。

（四）强势品牌

强势品牌是成功的品牌，能够为客户提供许多与旅行相关的额外利益。由于顾客满意度高，它们具有很高的市场占有率，从而获得规模经济效益。他们把所节约的成本中的一部分回馈给消费者，这样就能降低服务价格，因而比竞争者具有价格优势。著名的国际旅行社托马斯·库克（Thomas Cook）就是典型的强势品牌。公司拥有知识渊博的员工，能提供到许多地方的假日旅游服务，营业时间很长，还可以帮客户兑换外汇，员工通晓世界各地假日旅游情况，能为客户提供旅行线路、旅馆等方面的合理建议与安排，公司在外汇汇兑、旅行支票以及保险费用等方面的价格也很有竞争力。

第三节　实现品牌增值的途径

实现品牌增值是品牌营销的最终目的。品牌增值是企业通过增加品牌产品总的销售收入和利润来实现的；而增加品牌产品销售总收入和总利润的方法多种多样。值得注意的是，品牌增值必须使企业和顾客实现"双赢"，也就是说，企业在实现品牌权益即品牌增值过程中，必须为顾客创造更大的品牌附加价值，这是实现品牌增值的前提条件。概括地讲，企业实现品牌增值的途径主要有以下几类：

一、增加品牌产品的使用量

我们知道，某个品牌的产品使用量主要取决于每个购买者对该品牌产品的使用次数和每次的使用量，它直接影响着品牌产品的销售量，进而决定品牌权益的实现程度。企业提高品牌产品使用频率和单次使用量有许多方法。

（一）提示性广告

通常情况下，铭记在心的品牌或使用环境是购买行为的驱动因素。问题在于尽管某些人知道该品牌，但在没有外界刺激的情况下他们不会联想到使用该产品。这时企业就需要采用提示性广告，以使消费者回忆起该品牌和使用产品的利益点。例如，"Jell-O"布丁曾经发布了这样的提示性广告，"妈妈，您上次给我们吃布丁是在什么时候？"

（二）产品定位于经常使用

企业可以通过产品使用知识的宣传活动，影响消费者的产品使用习惯，提高产品的使用频率。例如，企业通过宣传活动告知人们要每餐饭后刷牙，或是定期保养汽车等。

（三）使得使用产品变得更加便利

在生活中，几乎每一位消费者都会遇到难于使用的产品，像滑丝的瓶盖或者刚拉开拉环就脱落了的罐头盖，这些经历都会让消费者对这些品牌"望而生畏"。询问消费者为什么不经常使用某产品，常常可以帮助企业获得让产品使用变得更加简单容易的办法。例如，产自美国的玻璃瓶装啤酒不需要使用开瓶器，而只需轻轻一拧就打开了；南方黑芝麻糊从2010年开始将过去的大袋包装改为杯装。这些办法大大提高了产品使用的便利性，从而促进了销售的增长。

（四）提供刺激

促销是最为常见的一种刺激方式，如肯德基快餐店对搭配购买的顾客给予更多的价格折扣。但刺激方式绝不仅限于此，其他的如"事件营销"在激发顾客购买行为方面也能够起到很好的作用，例如聚美优品"我是陈欧，我为自己代言"感动了众多追求自己梦想的青年人。

（五）减少提高使用频率可能产生的不良后果

如果顾客担心经常使用某产品会导致不良后果，他们就会减少使用的数量，渐渐地，品牌就可能因市场形象的恶化而变得老化。一旦出现这样的情况，企业必须采取能够消除或减少这种担忧的营销策略，以恢复或增加品牌产品使用率。例如，面对顾客普遍存在的、因食用其出售的高热量食品而肥胖的担心，麦当劳一方面努力降低食品热量，如推出没有蛋黄只有蛋白的汉堡；另一方面将出售食品的营养成分信息（专家一致认可的和顾客所理解的营养概念最为相关的5种营养元素——卡

265

路里、蛋白质、脂肪、碳水化合物和钠元素）以图表的形式直接标注在食品外包装上，以期摆脱"制造肥胖"的品牌形象。

（六）建立与产品使用情景相关的积极联想

将品牌同消费者日常生活情景联系起来，能够提高品牌产品的使用率。例如，王老吉凉茶在广告中说"怕上火喝王老吉"，提醒消费者在熬夜、吃火锅等引起上火的情景下使用该品牌产品。

此外，企业发现产品更多的新用途，改进产品质量、特点和式样，以及优化营销组合等也可以增加品牌产品的销售量，实现品牌增值。

二、通过品牌扩张实现品牌增值

品牌扩张，即企业扩大品牌产品的市场覆盖面，其目的在于吸引更多的消费者购买本品牌产品，增加品牌使用者人数，从而扩大品牌产品市场销售量，实现品牌增值。品牌可以从扩大品牌所覆盖的行业经营范围来实现品牌增值，即行业扩张；也可以从扩大品牌所覆盖的地理市场范围来实现品牌增值，即地理扩张，如品牌区域化扩张或国际化。在品牌营销实践中，品牌扩张战略主要有品牌联合（co-branding）、品牌授权（brand license）和品牌延伸（brand extension），其中，品牌延伸是品牌扩张和实现品牌增值最常见的途径。

（一）品牌联合

品牌联合是指两个或两个以上的独立品牌、产品和其他资产、资源的短期或长期组合与合作。品牌联合通常可以为其带来积极的市场效应，如提高消费者感知质量，提升产品服务形象；企业也可以利用品牌联合提升品牌知名度和品牌形象，或者作为冲破贸易壁垒，扩展市场销售渠道的手段。但是，品牌联合的前提是作为品牌联合的参与者都在积极寻求双赢的结果，否则这种合作关系就很难维持。品牌联合的例子不胜枚举，如1936年，德国奔驰汽车公司和戴姆勒汽车公司强强联手合并为"梅赛德斯-奔驰"（Mercedes-Benz）公司。1980年，红龙虾（Red Lobster）在假日酒店（Holiday Inn）联合开设餐厅。1985年6月，海尔集团与德国利勃（Liebherr）公司联合推出了"琴岛-利勃海尔"牌电冰箱，这是我国第一台四星级电冰箱。

成分品牌是品牌联合一种常见的方式。成分品牌，也称为要素品牌（ingredient branding），是指这些品牌的产品只是作为最终产品的组成部分，如部件、原料或其他成分。也就是说，成分品牌的产品不直接提供给消费者使用，生产这些产品的企业只是其他企业的供应商，如英威达（Invista）公司的莱卡品牌生产的莱卡面料，禧玛诺（Shimano）生产的自行车齿轮及刹车等部件。"如果你的产品直接面向终端消费者，那你就能利用各种渠道；如果你的产品只是其他公司产品的某个成分或要素，那你和消费者之间的关系就只能依赖提供最终产品的公司，而这个公司可能不愿帮你联系他们的客户。在这种情况下，要素品牌或许可以帮助增强供应商的力量，创造客户需求，从而提高销售额。"① 最能体现成分品牌对产品销售刺激作用的案例当属 20 世纪 80 年代初英特尔集团借助 "Inter-inside" 的品牌推广活动所取得的巨大成功。

（二）品牌授权

品牌授权又称为品牌许可，是指品牌拥有者利用自身的品牌优势，允许被授权者使用品牌的名称、图标或包装等其他品牌识别元素，在一定时间和范围内，生产、销售某类产品或提供某种服务，并向品牌拥有者支付授权费用的经营方式。这里需要注意的是，品牌拥有者即授权商始终拥有品牌的最终所有权，而被授权方则是通过向授权方支付授权费的方式取得一定期限内、某些地理范围或某些产品服务的品牌使用权及由此所产生的品牌控制权。

在品牌授权中，有关品牌的授权内容是不同的。一些授权商只允许被授权方使用商标及某些识别元素，而不允许被授权方使用自己品牌的名称，这种方式被称为品牌认可策略。比如，五粮液只允许金六福、浏阳河、京酒等被授权品牌使用五粮液的商标图案、瓶盖瓶身和在标签上使用 "宜宾五粮液股份有限公司监制" 的字样，但不允许这些品牌的企业使用相同或相近的品牌名称。有些授权商允许被授权方销售品牌产品，但不允许他们生产品牌产品。例如，肯德基专卖店统一销售授权品牌产品，并且肯德基负责各加盟专卖店的产品供货、店铺装潢、员工培训、制度设计与管理等，而绝不允许这些品牌加盟店自行生产各种速食食品。还有些授权商将其品牌授权给相关产品领域具有专业技能的第二方，以避免因经营自己不熟悉领域所带来的风险。这方面的品牌大多集中于文化娱乐品牌之中，如由美国著名卡通画家查理·舒兹（Charles M.Schulz）1950 年创作的卡通形象史努比（SNOOPY）通过漫画和卡通片传播而风靡全球 50 多年，而查理·舒兹先生则通过卡通品牌授权获得了巨大的财富，仅 2002 年全球就有超过 2 万种与史努比有关的商品在全球各地售卖。

对于品牌授权商来说，授权商获得了出让品牌使用权的授权费，实现了品牌增值而不会产生任何需支出的费用。对于被授权方而言，他们得以使用一个经过市场检验的品牌，而不必冒着从头开始创建品牌的风险，也不需要为品牌建设投入资本。因此，品牌授权意味着巨大的时间成本优势，并且获得强势品牌的授权，也可以获得溢价收入。

但是，品牌授权对于双方也隐藏着风险。对于授权商来说，一旦将品牌授权给另一方，便失去了一部分品牌控制权，就可能出现被授权方滥用品牌授权的隐患。例如，1994 年五粮液开始快速推广品牌授权，在短短的 8 年时间里，为五粮液所授权的品牌就增加到一百多个，而其中绝大多数品牌不但品牌知名度低，而且品质低劣，相互间大打价格战，相互诋毁，使得五粮液的品牌美誉度大打折扣。对于被授权方，品牌授权同样存在巨大的风险。如某些知名品牌利用这种优势，大肆搞品牌授权来达到快速圈钱的目的，而忽视品牌建设和管理，使得品牌价值快速缩水。

---

① 科特勒，弗沃德. 要素品牌战略：B2B2C 的差异化竞争之道 [M]. 李戎，译. 上海：复旦大学出版社，2010：3.

此外，我们需要指出品牌授权与品牌联合、品牌延伸之间的区别，以避免混淆。其一，品牌授权不同于品牌联合，在品牌联合中各方参与者的地位是平等的，也不存在一方向另一方支付费用的关系。而在品牌授权中，授权方在地位上优于被授权方，而被授权方不但需要向授权方缴纳一定数额的授权费，而且只能在合同约定的时间、地点和行业范围内使用品牌。其二，品牌授权也不同于品牌延伸。品牌延伸是品牌拥有者利用自己的品牌资源进行品牌扩张的方式，即不存在向自身缴纳费用的问题，也不存在地理或者行业方面的限制，完全属于品牌拥有者即企业的自主性行为，这显然不同于品牌授权。

三、通过增值服务实现品牌增值

企业为顾客提供优质而全面的服务，既可以留住老顾客和吸引新顾客，也可以提高产品价格。服务竞争在现代市场竞争中的地位和作用越来越突出，这是现代市场竞争的一个重要趋势。

质量概念不仅包括产品质量，也包括服务质量。对制造业企业来说，只讲产品质量，不讲服务质量的观点，是片面的质量观。现在，高明的制造商不仅关注产品质量，而且更关注服务质量。他们懂得，服务是公司获得竞争优势和品牌增值的一个不可忽视的角色。正是基于这样的认识，沃尔玛提出了"顾客永远是对的"的顾客观念，海尔集团始终践行"星级服务"的服务理念。

（一）服务质量创造品牌形象

品牌形象从根本上讲是产品质量和服务质量的综合表现。产品质量差，品牌不可能有好形象；而只注重产品质量不注重服务质量，品牌同样不会有好形象。从这个意义上说，产品质量创造品牌形象，服务质量同样创造品牌形象。海尔提出，"营造服务的品牌与营造质量的品牌一样重要"。

（二）服务可"增值"亦可"减值"

同等质量的产品，可以因服务好而"增值"，也可以因服务差而"减值"。在企业所有经营活动中，服务已经成为一个至关重要的竞争手段，而且它提供了形成巨大竞争优势的潜力。同样，服务也代表着一个重大的潜在利润领域。行业领先的制造商往往是在其产品生产领域之外通过增加服务创新而增加了品牌价值。

学者们在评论 IBM 公司的东山再起与郭士纳对其传统企业文化的改革时认为，IBM 的衰落并不是由于它的技术不如人，而是由于同客户的紧张关系，为此郭士纳把处理公司同客户的关系作为提高品牌营销质量的核心问题来抓，用他自己的话来说，"公司要围着客户的需求转，针对客户的需求来开展公司的经营活动"。树立客户为本的经营理念，搞好服务，这是 IBM 东山再起的一个重要原因。

（三）顾客购买商品的同时也在购买服务

我们必须看到，消费者购买一件商品，同时也是在购买服务。在现今产品之间的差异性越来越小的情况下，服务水平就显得更为重要。

企业所提供的服务内容、特别是服务质量，往往受服务提供者当时的主观精神状态、心理情绪、成本费用的影响。这就要求作为服务提供者的员工要提高、训练自己的心理素质，要注意职业道德修养，具备良好的精神状态。所以，服务竞争的背后实际上是员工综合素质的较量。而一旦一个企业的服务文化、服务风格和服务气质形成以后，就成为独有的精神文化财富，这是竞争者难以模仿的。服务是形成企业差异化竞争优势的一个重要领域。因此，在服务的全过程中，企业必须摆正与顾客的关系。从某种意义上说，服务创新就是创造顾客，创造顾客就是创造市场。虽然顾客并非总是对的，但顾客永远是第一位的。企业必须真正确立顾客第一、顾客至上的观念。

在满足顾客的服务需求中，企业需要注意满足顾客的个体需求。企业如果不懂得使服务如何满足那些具有相似需求的顾客群或单个需求的顾客的需求，那将会失去有分量的市场机会。而一些先进企业在这方面技高一筹，让顾客自己设计产品，这对企业如何处理好"标准化设计"与"个性化设计""标准化服务"与"个性化服务"的关系问题提出了更高的要求。

四、通过品牌文化实现品牌增值

企业在品牌之中注入符合目标顾客需要的文化元素，既可以强化品牌与消费者的关系，也可能提高品牌产品的售价，获得超额收益，实现品牌增值。如脑白金利用中国传统的送礼文化而一举成为中国保健品第一品牌，肯德基利用所谓的美国饮食文化而在中国大获成功。

品牌文化是指以品牌为中心构建的为目标顾客认同的一系列品牌理念、品牌行为和品牌识别元素。品牌理念，即品牌价值观，是指品牌如何看待其与顾客之间的关系，如飞利浦"创新为你"的品牌价值观。品牌行为就是品牌过去和现在的所作所为，它直接决定和影响品牌形象，并对消费者未来的购买行为产生极其重要的影响。某些品牌识别元素可以起到展示品牌文化的作用，这些元素可能来自品牌名称、商标、产品设计、包装物、文字、图形、宣传标语、员工形象和代言人等。例如，红豆牌衬衣将唐代诗人王维"红豆生南国，春来发几枝？愿君多采撷，此物最相思"的相思意境寄托在品牌名称之中。

品牌文化除了采用品牌识别元素来直观形象地表达品牌的文化内涵之外，还可以通过营造仪式化气氛、塑造英雄人物、创建品牌社区、传播品牌传记或传说、建立品牌博物馆等方式，塑造品牌文化[①]。例如，香奈儿（Coco Chanel）与品牌创始人加布里埃·香奈儿（Gabrielle Bonheur Chanel）的传奇故事、云南蒙自过桥米线传说中秀才与贤惠妻子的爱情故事、海尔与张瑞敏抢大锤砸冰箱的故事，在民间广为流传，感动和吸引了无数消费者。

五、通过营销方式的创新实现品牌增值

营销方式的创新不仅为消费者创造了巨大的利益，同时也为企业实现品牌增值创造了巨大的机会。电子商务、感官营销、饥饿营销等现代营销方式的发展方兴未

---

① 王海忠. 品牌管理［M］. 北京：清华大学出版社，2014：282-286.

269

艾,它们不仅是品牌产品销售渠道,而且是品牌推广、培育品牌忠诚的方式。企业需要尝试和利用新的现代市场营销方式,才能有效地应对现代市场经济的挑战。

(一) 电子商务

近年来,我国互联网的普及和应用技术的飞速发展使得互联网经济即电子商务出现了迅猛增长。2014年我国电子商务交易额约占国内社会消费品零售总额的一半,而且未来仍将保持两位数的增长速度。

根据商务部发布的《第三方电子商务交易平台服务规范》,电子商务系指交易当事人或参与人利用现代信息技术和计算机网络(物联网、移动网络和其他信息网络)进行的各类商业活动,包括货物交易、服务交易和知识产权交易。按照交易对象的不同分类,常见的电子商务形式有B2B(business to business,即企业对企业)、B2C(business to consumer,即企业对消费者)和C2C(consumer to consumer,即消费者对消费者)等,其中B2B是交易额最大的电子商务。有分析认为,未来电子商务市场中发展速度最快的领域是移动电子商务和线上线下混合电子商务模式(O2O),O2O模式有利于增强消费者的品牌体验和黏性,但企业也需要处理好线上与线下渠道相互冲突的矛盾。

网络经济环境创造出了许多新型网络品牌。这些网络品牌可分为三类:一是平台式品牌,这是在电子商务活动中为交易双方或多方提供交易撮合及相关信息服务的网络品牌,如天猫商城、京东商城、苏宁易购、腾讯电商、亚马逊中国、当当网、国美电商等。二是依托电子商务平台发展起来的网络品牌,如早期由淘宝商城推出的淘品牌(现更名为天猫原创)。经过多年的发展,目前比较成功的天猫原创品牌有尼卡苏、麦包包、韩都衣舍、裂帛、芳草集、小狗吸尘器等。三是综合性网络品牌,这类网络品牌有自己独立的电子商务平台,既销售自有品牌商品,也销售第三方品牌商品,如1号店、凡客诚品、梦芭莎等。

(二) 感官营销

感官营销(sensory marketing)是指企业利用人类的五种感官——视觉、听觉、嗅觉、味觉和触觉,影响消费者行为的营销活动。感官营销是指企业利用消费者感官感受,增强品牌独特的感官诉求,创建感官品牌(sense brand),提升品牌价值,实现品牌增值。"感官品牌的终极目标就是在品牌和消费者之间建立一条强大、积极而持久的纽带,从而使消费者对某一品牌始终保持忠诚,而不会去'投奔'其他同类品牌……忽略感官接触点是品牌的大忌。记住,涉及多种感官可增强品牌信息,从而使品牌有较大的突破机会。感官品牌研究认为,品牌与人类感官之间的关系越紧密,信息发布者和接收者之间的连接就越牢固。"[①]

1. 视觉营销

人体有70%的感觉器官集中在眼睛。视觉也是至今为止五官中被应用得最为充分的元素。法国人有一句经商谚语:即使是水果蔬菜,也要像一幅静物写生画那样艺术地排列,因为商品的美感能撩起顾客的购买欲望。视觉营销就是指企业通过视

---

① 林斯特龙. 感官品牌 [M]. 赵萌萌, 译. 天津: 天津教育出版社, 2011: 137.

觉刺激的方式，达到销售目的的一种营销方式。企业在塑造品牌时，文字、图标、产品的形状及包装、色彩、广告、陈列设计和店铺设计等因素都需要具有视觉营销的思维。例如，在所有色彩中，红、绿、蓝、黄、白、黑在视觉中能够给人留下较深刻的印象，因此有红塔山、绿箭、蓝月亮、黑人牙膏等许多以这些色彩命名的品牌。

2. 听觉营销

听觉营销是指企业利用独特的声音，吸引消费者的听觉注意，形成品牌听觉差异并影响消费者消费行为。听觉营销较早就受到市场的重视，如在品牌命名中克咳止咳药恰当地描述了咳嗽的声音，诞生于 1998 年并注册了声音商标的英特尔广告末尾中轻快、动感的"三连音"使人产生的第一反应是"附近有电脑商店，而且商店里有英特尔公司的产品"。产品在消费过程中发出的独特声音能形成品牌记忆，如汽车的关门声。研究显示，当音乐与产品形象和消费者心情匹配时，可以使消费者心情发生改变，进而产生时间错觉，从而影响人们的消费行为。当餐厅播放慢速音乐时，消费者的就餐时间要比播放快速音乐时长得多，从而增加了饮食消费支出。在超市中慢节奏音乐让顾客心情平静，从而增加购物数量。

3. 嗅觉营销

嗅觉营销是指企业利用特定气味吸引消费者关注、记忆、认同以及最终形成对企业品牌的忠诚度。在人类全部感官中，嗅觉是最敏感的，也是同记忆和情感联系最密切的感官。科学证明，每个人的鼻子可以记忆一万种味道，而嗅觉记忆的准确度比视觉要高一倍。每天，我们都生活在气味中，气味对人类的生活影响甚大，淡淡的香味如同标签一样，让消费者一闻就想起特定的品牌。营销者可以通过优化产品本身的香气来刺激消费者的购买欲望，如星巴克对于咖啡的味道和香味要求近乎苛刻，并成为星巴克特有的品牌文化；而那种好闻的、混杂着少许令人兴奋的皮革香气的"新车味"，是促使不少购车者做出购买决策的潜在因素。另外，与销售环境相适宜的气味也有利于强化消费者品牌记忆。

4. 味觉营销

味觉营销是指企业以特定气味吸引消费者关注、记忆、认同以及最终形成消费的一种营销方式。研究显示，人会把气味与特定的经验或物品联系在一起。味觉营销的思想用在品牌塑造方面就是企业通过给消费者留下难以言传的美味，实现品牌个性的潜移默化式传递。味觉营销多用在与口味有关的食品饮料行业，特别是在终端销售渠道上。在促销中，尽管现场陈列（靠视觉）是购物者最先注意的手段，但免费品尝和试用才是最能影响消费者的营销手段。例如，德芙巧克力"牛奶香浓，丝般感受"的味觉联想，留兰香型两面针牙膏早已成为几代人的记忆就是味觉营销的成功例子。

5. 触觉营销

触觉营销是指企业在触觉上给消费者留下难以忘怀的印象，宣传产品的特性并刺激消费者的购买欲望。消费者所获得的产品及其包装的触觉感受会直接影响消费者对产品及服务的评价。但凡能被人体皮肤感知的因素，如质地、温度、重量、硬度等都是触觉营销的组成部分。例如，在软木塞红酒与螺纹盖红酒之间，大多数人会选择软木塞红酒。其实，这与红酒本身的品质无关，人们在乎的是手指碰触到软木塞时，所联想到的红酒在气味芬芳的木桶中慢慢发酵的过程。另一个案例是，希尔顿连锁饭店在浴室内放置一只造型极可爱、手感舒适的小鸭子，客人多爱不释手，并带回家给家人做纪念，小鸭子给人的手感上的舒适和希尔顿给顾客带来的舒适正好呼应。这个不在市面销售的赠品为希尔顿赢得了口碑，并成为顾客喜爱希尔顿饭店的原因之一。

（三）饥饿营销

日常生活中，我们常常碰到这样一些现象，顾客买新车要交定金排队等候，买房要先登记交定金，甚至买手机也要排队等候，我们还常常看到某些品牌"限量版"产品的抢购等现象。在物质丰富的今天，造成这些供不应求现象的原因许多与饥饿营销有关。饥饿营销是指营销者有意调低产量，有意制造供不应求的"假象"，以提升品牌形象和维持产品较高售价的市场营销策略。饥饿营销的经典案例包括苹果公司推出的各新款电脑和手机、小米手机、华为的 Mate7 手机等。

饥饿营销属于快速撇脂策略，即企业通过限量供应调节供求关系来提高终端售价，达到在产品进入市场初期时快速赚取高额利润的目的，同时，饥饿营销也有利于树立高附加价值的品牌形象。饥饿营销一般仅限于知名度很高的强势品牌使用，而知名度不高的品牌几乎没有"资本"搞饥饿营销。同时，饥饿营销能否成功主要与产品市场竞争度、消费者成熟度和产品的替代性三个因素有关。也就是说，在市场竞争不充分、消费者消费心理不够成熟、产品综合竞争力和不可替代性较强的情况下，饥饿营销才能较好地发挥作用，否则，厂家就只能是一厢情愿。

本章小结

品牌权益即品牌资产价值就是品牌给企业带来的诸多所有者权益，而基于顾客价值的品牌权益是对品牌权益来源的解释。品牌权益对于企业的价值体现在企业参与市场竞争所获得的经济、战略和管理方面的优势。品牌附加价值是指品牌能够给消费者带来的利益。它是由感受功效、社会心理含义和品牌名称认知度构成的。品牌权益在很大程度上取决于品牌附加价值的大小，两者成正向关系。品牌产品可分为基本层次、期望层次、附加利益层次和潜在层次，不同层次的品牌产品所提供的品牌附加价值是不同的。

从品牌权益与品牌附加价值之间关系的角度，我们将"品牌增值"定义为：与消费者相关的、能够被消费者感知的、超出和高于产品基本功能性作用的那些价值。实现品牌增值有成本驱动品牌和增值品牌两种基本方式。成本驱动品牌关键在于企业不断努力降低成本。从消费者感知角度，增值品牌可能来自消费者个人购物经验、相关群体效应、品牌是有效的这一信念和品牌外观。增值品牌能够为客户提供比竞争者的品牌更多的利益，因而价格也高一些，从而获得品牌溢价增值收益。企业可根据成本驱动与增值因素对品牌的增值作用，制定相应的品牌增值战略，即双低品牌、利益品牌、弱势品牌和强势品牌策略。

实现品牌增值是品牌营销的最终目的。品牌增值必须使企业和顾客实现"双赢"。企业实现品牌增值的途径主要有增加品牌产品的使用率、品牌扩张、增值服务、品牌文化以及营销方式的创新五类。

思考题

1. 怎样理解品牌权益和品牌附加价值之间的关系？
2. 什么是品牌产品层次及其附加价值？
3. 如何认识品牌增值的内涵？
4. 品牌增值战略有哪些类型？
5. 实现品牌增值的主要途径有哪些？
6. 怎样增加品牌产品的使用率？
7. 品牌扩张战略有哪些类型？它们之间有何区别？

案例分析题

万达集团转型中的品牌价值提升战略①

万达集团创立于 1988 年，它的前身是大连市西岗区住宅开发公司，目前形成了商业、文化、金融三大产业集团。从名不见经传的小企业到资产数千亿元的超大企业，从国内到海外，从"一座万达广场就是一个城市中心"的口号到"国际万达，百年企业"的目标追求，万达集团何以在瞬息万变的商场中无往而不利？万达的品牌为何能够深深地烙印在消费者心中？其品牌价值究竟是如何一步步快速提升的？

万达集团的发展历程

1. 旧城改造蕴商机

1988 年，大连市西岗区政府下属的大连市西岗区住宅开发公司因经营不善，欠债达到 149 万元、濒临破产，是一个名副其实的"烂摊子"。西岗区政府向全西岗区的官员发出启事，希望有能人主动站出来为公司和区政府分忧。这无疑是一个棘手的工作，当时没有人主动和区政府接触，除了时任西岗区政府办公室副主任的王健林。

上任后的王总发现，当时开发房地产要有计划指标，拿到指标后才能申请用地，而大连能拿到计划指标的只有三家大型国有房地产公司，万达的前身（西岗区住宅开发公司）只能花钱向他们买指标，在夹缝中求生存。当时在大连市政府北侧有一个北京街棚户区，因为形象难看、改造难度大，市政府多次找到三家国有房地产公司，让它们改造，但谁都不愿意干。此时处于困境的企业向政府表态不管在什么地方，只要有活干、有口饭吃就行。见有人主动找上门，市政府就提出，如果愿意改

---

① 本案例摘选自中国管理案例共享中心。

造这个棚户区就可以给指标、批规划。

经过测算，北京街棚户区的开发成本是每平方米 1 200 元，而当时大连最贵的房子也只有每平方米 1 100 元。为了获得利润，开发企业只能想办法把售价提到每平方米 1 500 元，为此在项目中做了几点创新：当时铝合金窗、防盗门、明厅的设计在东北很少见，而且只有县处级以上干部的住房才配有洗手间，北京街小区却全部采用了这些设计；此外，又出 8 万元赞助了一部 40 集的港台电视剧，通过赞助让北京街小区家喻户晓。这些创新使北京街小区的 1 000 多套房子在一个月内全部卖完，而且均价达到了创造纪录的每平方米 1 600 元，企业获得近 1 000 万元的利润，掘到了第一桶金。

尝到了甜头，闯出了发展的路子，企业便一发不可收，规模迅速扩大，到 1992 年销售额达到 20 亿元，占整个大连房地产市场的 25%。几乎同时，为响应推行股份制的号召，西岗区住宅开发公司进行了改制，国有资本逐渐退出，成为一个民营企业。

2. 第一次转型——"不做家门口汉子"

1992 年年初，全国流行一句话"东西南北中，发财到广东"，公司便决定去广州开发房地产。要从大连走向全国，王总认为公司必须有一个响亮的名字和醒目的标志，于是决定登报征集。最终，一位名不见经传的年轻设计师的方案令王总眼前一亮，"万达"这两个字读起来朗朗上口、寓意深广，意为万事皆通达；拼音字母 W 代表海浪，寓意万达发祥于大连这个海滨城市，蓝色也正是大海的颜色，拼音字母 D 代表风帆，寓意乘风破浪、一帆风顺，外面的圆圈表示地球，寓意万达必将走向世界。小小的一枚 logo，深藏着王总的国际化雄心，种下了万达立志成为国际品牌的种子。

当时国家政策不允许企业到外地注册公司，对此万达找到了一家当地的华侨房地产公司，为其单独注册成立一家分公司，万达交管理费。随后万达在广州开发了一个 40 万平方米的小区，由于对当地文化的理解、成本控制能力、管理水平不到位，虽然没有挣到太多的钱，但是企业获得了走出去的信心，万达也因此成为全国房地产行业中第一家跨区域发展的企业。

"不做家门口汉子"，万达企业家获得了经验、锻炼了胆量以后，1997 年万达开始了全面跨区域发展，到成都、长春等多个城市开发，迈出大规模跨区域发展的步伐。

3. 第二次转型——进军商业地产

2000 年年初，万达开始认识到搞住宅开发是有风险的。现金流是企业生存发展的关键，更是企业品牌存在的根基。住宅产业的特性决定了当城市化进程完成后，随着住宅需求的下降，绝大多数的住宅企业就要退出或转型；同时做住宅现金流不稳定，有房子卖的时候就有现金流，卖完后重新买地、再做设计开发，现金流就没有了。那么，如何才能实现现金流的长期和稳定、保持品牌基业长青？

经过公司整整三天的会议，大家有的说做医药业、有的说做制造业，莫衷一是。考虑到技术、研发、经验等多种因素，王健林最终在参考大家的意见基础上做出决定：做收租物业。他认为这样一来可以沿用地产开发的经验，二来让世界500强和国内一流的企业做租户可以保证长期、稳定的现金流，这就是万达进军商业地产的重要一步。这个决定产生之后，万达开始了对商业地产模式长期不懈的探索与创新，就其产品形式而言，共经历了三代：

（1）第一代万达商业综合体——"单店模式"。

2000年，国内的商业建筑以传统的百货商场和大型超市为主，综合型的购物中心尚处于起步阶段。此时万达集团进入商业地产领域，开发出第一代产品，主要分布于城市的传统核心商圈、钻石地段。产品模式主要是单体商业楼，总面积为5万平方米左右，业态构成为主力店加精品店的模式，其代表有长春重庆路万达广场、济南泉城路万达广场、南京新街口万达广场等6个项目。

第一代万达商业综合体建筑规模相对较小，主力商业业态数量不多但布置紧凑，人流、货流主动线简洁明快。虽然其整体商业业态的层次分布尚不丰富，但由于处于城市商业核心地段，项目建设周期短且无须培育期，一经开业便可迅速形成较强的商业影响力，对当时城市商业发展起到了引领作用，也为万达商业地产形成核心竞争优势及以后的快速发展奠定了坚实的基础。

（2）第二代万达商业综合体——"组合店模式"。

2002年，万达商业综合体进入了"组合店"模式，每个项目有四五个独立商业楼，分别为百货楼、超市楼、影城楼、数码楼、家居建材楼等，通过室外步行街将其各个不同的商业业态连接起来成为一个完整的商业广场。总规模约15万平方米，项目选址依然主要位于城市核心商圈，两年内相继在南宁、武汉、天津、哈尔滨、沈阳、大连六个城市落成开业。

第二代万达商业综合体产品规模有所增大，商业主力店业态更加丰富，超市、百货、影院、数码广场和家居广场等配置齐全，有些项目成为该主力业态的全国旗舰店。较第一代产品而言，"组合店"模式商业功能更加丰富，主力商业业态之间功能互补，聚集叠加拉动效应明显。又因订单地产的商业模式，第二代万达商业综合体同样建设周期短，无须培育期，开业后对市民一站式购物、城市功能的完善、区域经济发展起到了巨大的拉动与提升作用，使城市中心效应更加明显，进一步扩大了万达在国内的影响力。

（3）第三代万达商业综合体——城市综合体。

2004年，自宁波鄞州万达广场开始，万达商业地产进入到第三代产品——城市综合体，从项目选址到开发规模与产品形态都发生了较大的变化。万达城市综合体一般涵盖了购物中心、高星级酒店、甲级写字楼、高级公寓、城市商业街及高尚居住区等，占地面积为10万~20万平方米，总建筑面积通常为40万~80万平方米，其中商业规模为15万~20万平方米。选址多在城市副中心或城市新区，商业的主力店一般为百货、超市、电器卖场、影院、量贩式KTV、电玩等。第三代万达商业综合体在国内首批创新引入了室内步行街的概念，购物中心的突出特点是"一街带多楼"的空间组合形态，丰富了购物中心的空间形态，多种业态的组合也为购物中心带来了更多的人流。

万达在发展商业地产的过程中十分注重品牌建设，其品牌形象的树立主要依靠"责任""诚信""慈善"三个关键点。首先，万达集团能够勇于承担责任。2003年，沈阳市太原街万达广场由于设计的先天缺陷，老百姓买铺以后，经营极差；经过反复折腾几年，半年讨论，万达做了痛苦的决定：给老百姓退铺，然后拆除重建。这件事的成本是巨大的，卖铺才6.1亿元，但是收回商铺花了10亿元。万达能够做到对消费者负责甚至甘愿付出一些利益，这份责任是付出了十几亿元的代价换来的。其次，王健林认为：诚信必须要体现在企业的管理制度中，万达讲诚信就把商品房工程质量作为抓诚信的重点，强调工程质量；诚信只有坚持落实到企业的一切经营活动中，诚信的理念才能扎实，才能形成真正的自觉行为；诚信要表现在企业的商品价值中，万达开发商品房，一是非常注意创新，二是注意适当留利，三是注重配套服务，特别是物业管理，因此万达开发的房子升值很快。最后，万达把慈善纳入公司制度与企业文化，硬性要求员工必须要做义工。万达成立至今，慈善捐助现金超过37亿元人民币，是中国慈善公益捐助额最多的企业之一，也是唯一七获"中华慈善奖"的企业。

4. 第三次转型——文化产业：一个没有天花板的行业

2006年，万达开始正式涉足文化产业，到目前已经涉及文化旅游城、电影产业、舞台演艺、电影娱乐科技、主题公园、连锁儿童娱乐、量贩式KTV、报刊、艺术收藏等领域。作为一个做房地产起家的企业，为何要转型做文化？

万达的第三次转型也是由一个偶然事件引起的，甚至可以说是被"逼上梁山"的。万达文化产业最早是做电影院，因为万达购物中心需要配建电影院，而当时万达并没有做影院经营的打算，只想做房东收租金，即与现有的院线合作。于是，万达最初和美国时代华纳院线合作，华纳对此也很感兴趣，但由于中美WTO谈判规定外资不能控股中国影院，也不能进行影院管理，华纳不愿意做小股东，合作只能告吹。这时万达只好寻找国内的合作伙伴，先后和上海、江苏、广东、北京等各地的广电集团谈过合作，但只有上海广电集团与万达签了协议，也交了保证金。但协议签订半年后，上海广电集团换了新的总裁，反对这个协议，而这时万达有10个新店马上要开业，不得已只能自己来做。就这样，2003年一个偶然的机会使万达进入了电影业，恰逢2005年起中国电影业开始腾飞，此后每年递增超过30%，万达借此机会，逐步做成了世界第一的电影院线。

虽然万达进军文化产业的契机是偶然的，但其之后的行为已转为一种文化自觉。万达发现电影院、量贩KTV、电子游戏等不仅可以给万达广场带来人气，提升广场整体消费，而且与各种业态相互依托，获得了不错的效益。这样的现象促使万达决定把文化当作产业来发展，而不是作为商业地产的附属和配套，主动全面向文化产业转型：2012年在北京注册成立文化产业集团，成立当年文化产业收入超过百亿元，2013年收入255亿元，是中宣部公布的全国文化产业30强第一名。谈及文化产业，王健林曾说过一句话，"绝大多数行业都有天花板，唯独文化行业是没有天花板的行业"，对此他给出了两方面原因：其一，品牌影响没有天花板，文化作品的影响可能非常深远；其二，文化产业的利润没有天花板，万达电影院线税后利润率超过百分之十几。

万达商业地产的运营模式

商业地产是整个万达集体的基石，正如王健林所言，"商业地产是万达的核心竞争力"。万达商业地产迅速发展的重要原因就是其独特的运营模式，主要包括订单地产、只租不售、体验式消费三个方面。

1. 订单地产的招商模式

万达提出的订单地产有四个方面的内容。第一是联合协议，万达首先与联合发展的主力店（通常是著名商家）签订联合发展协议，约定共同的目标城市、经营的面积规模与租金条件；第二是技术对接，在设计项目方案之初，万达和各主力店都有专人负责进行技术层面的对接，像餐饮的隔油池、游泳馆的降板、超市的载荷等内容在方案设计阶段就给予确认，尽量避免了商家进场后的改建，减少了浪费；第三是平均租金，万达与各主力店约定，将全国城市分为两档，北京、上海一档，其余城市一档，分别给出一个平均租金，不再就单个项目的租金水平进行谈判，这样就简化了合同洽谈步骤，保证了万达广场的发展速度，同时也明确了项目的租金、利润，降低了投资风险；第四是先租后建，万达商业综合体从建成后几个月开始记租，不论签订订单的商家是否开业，万达均能够获得收入。

订单地产有四大社会效益。首先是新增就业，购物中心是劳动密集型产业，一个购物中心最少可吸收 5 000 人就业，而且都是新增就业岗位，万达每年至少能创造上万个就业岗位。其次是新增税收，每个购物中心每年创造几千万元的税收。再次是方便消费者，万达商业综合体中包含零售、电影院、家居、图书、餐饮、娱乐各种业态，是一站式的购物中心，集购物、休闲、娱乐、交际功能于一身，能在休闲娱乐的同时增进人际交往。最后，所谓"一座万达广场就是一个城市中心"，万达的购物中心往往能够成为城市的地标性建筑，对城市形象的提升有着积极的促进作用。

2. 只租不售的销售模式

商业地产，狭义上特指用于零售业以及商务用途的房地产，以区别于满足居住功能的住宅地产、满足工业生产功能的工业地产、满足仓储物流功能的物流地产等。广义上，区别于所有自用的居住物业，泛指所有受供需规律影响，以物业租金收入为目的的长期房地产投资。

万达对商业地产的认识也是随着实践不断深化的，尤其是在"只租不售"的销售模式的确立过程中，万达有着深刻的教训。万达的前 10 个购物中心项目中，有部分商铺是销售的，一共卖出 9 万多平方米，当时全国每平方米均价 3 万多元，总共取得了几十亿元的收入，单从销售的角度看，是很成功的。但是这 10 个项目竣工后，虽然也进行了招商经营，还是有五六个出现了问题，问题就在于商铺在销售后再进行商业规划、整合，有两个方面不能保证：其一是经营的整体性，其二是经营的有效性。通过吸取沈阳太原街等项目的教训，万达得到了深刻的认识，即卖商铺不是商业地产。因此，2004 年之后，万达做出了购物中心只租不售的决定。

277

3. 大力发展体验型消费

万达把消费分为两大类：一类叫提袋型消费，另一类叫体验型消费。提袋型消费就是单纯的购物，而广义的体验型消费包括文化、旅游、体育、娱乐、餐饮等多种内容。与传统的生活必需消费不同，体验型消费层次更高，其主力多为中青年人、并以中产阶级为主，目前我国体验型消费的增长速度远大于GDP与社会零售商品总额的增速。此外，体验型消费不受网购的影响，只有到终端场所亲身体验，才能获得感官的刺激和消费的愉悦，这是网购所不能替代的。对此，万达实施了四项举措：

第一是增加商家比重，万达广场的设计规范中有一条明确规定了体验式消费的比重要大于50%。其中万达特别重视餐饮，每个万达广场都有美食街，餐饮商家超过30家。正如王健林所言"商业中心不是卖出来的，是吃出来的"，哪个商业中心注重餐饮，它的人气自然就旺。第二是合理规划设计。体验式消费虽然能够带来旺盛人气，但也有其缺点，即商家租金承受力较低，所以要对体验式消费进行合理规划。万达把体验式消费的商家安排在室内步行街或大楼的顶层，因为楼层越高租金越低，商家也就能够承受。这种设计还利用了商业的瀑布理论，把水抽到高处然后形成瀑布流下来。体验型消费先把人流吸引到顶楼，然后一层层往下逛，这样就延长了顾客停留时间、增加了消费机会。第三是强调地域特点，不管是餐饮、文化还是休闲，都要结合当地特点，强调地域特色。万达广场规定，餐饮招商必须进行调研，排出当地最受欢迎的前30家餐饮品牌，至少引进其中20家，突出地域特色。第四是给予政策扶持。体验式消费商家的装修成本高、投资回收期长，万达就在租赁政策上进行扶持，给予他们相当于服饰类商家数倍的租约；还有些很具特色的酒楼，一时拿不出几千万元的装修资金，万达就出钱帮他们装修，商家分若干年归还。

万达的企业文化

万达企业文化的核心理念是"国际万达，百年企业"。所谓"国际万达"即要求企业规模、企业管理、企业文化都要达到国际标准，而"百年企业"主要可以理解为两点：一是追求基业长青，辉煌百年。王健林曾分析，目前万达拥有大量的物业和长期收益，钢筋混凝土建筑存在100年，质量不会有问题，即使一个世纪后，建筑需要重置，费用也很低，比获取土地付出的代价小得多，因此万达只要做好自身约束，不搞高风险投资，不犯大错误，从资产和商业模式上看，完全具备基业长青的基础。二是追求长远利益。万达的理想是做百年企业，所以做事目光长远，追求长期利益。万达现在从事的产业，无论是商业地产、文化产业还是旅游，投资都是追求长期、稳定的现金流。万达的做事风格和方法，就是树立长远目标、追求长期利益，扎扎实实做实业。万达企业文化是随着企业的发展、眼界的提高而不断提升的，主要分为三个阶段，每个阶段都有不同的重点。

第一阶段是从1988年创立到1997年，这一时期万达的核心理念是"老实做人，精明做事"，文化的重点是诚信经营。当时房地产市场极度混乱，没有土地出让制度，销售不需要许可证，企业只要有本事拿到地，就可以玩"空手道"，先卖期房，拿到钱后再建房子。1988年年初，万达的前身——西岗住宅开发公司第一次开发项目，开盘前王健林去销售部检查，销售经理汇报说卖房时每套房子可以多算点面积，反正没人管，这也是市场上通行的做法。王健林一听，觉得这种做法相当于欺骗，赶紧制止，要求按实际面积老老实实卖房子。而且从此，为了防止出问题，万达定下了规矩，进行两次面积验算，公司内部设计部算一次，再委托其他设计院算一次，这样就规避了风险。

由于万达坚持诚信，获得了广大消费者的认可，形成了一定的品牌形象。万达从1988年到2004年，开发了近千万平方米的住宅和商业用房，一直保持着一个纪录——零空置。其原因除了性价比高、质量好以外，还包括了一定的品牌消费忠诚度的因素。有客户调研显示，三分之一的购房者是老客户多次购房或推荐购房，大连曾有一位客户，曾八次购买万达的房子，这也是品牌忠诚度的体现。正如王健林常讲到的，"万达的品牌是用做傻事换来的，但诚信就是这样一个问题，需要付出比一般的不诚信更多的时间成本、价值成本，开始是要吃亏的，但是如果你认识到诚信的价值，你老老实实地做，愿意增加成本去做，你换来了品牌，换来了以后的生活，这也是今天万达能够快速发展的原因"。

第二阶段是从1998年到2001年，万达的核心理念是"共创财富，公益社会"，文化的重点是承担社会责任。1997年年底，万达开始大规模跨区域发展，走向全国后企业实力成倍增长。这时王健林提出，万达除了自己要发展好，还要回报社会，主动承担社会责任。首先做好慈善捐助，捐助额要与企业发展规模相适应，从那时起，万达每年的慈善捐助额都在增加。此后，万达的社会责任中逐渐增加了关爱员工、保护环境等内容，形成完整的社会责任体系。万达还特别重视诚实纳税，把它作为承担社会责任的主要内容，把纳税多当作企业骄傲。

第三阶段是从2002年至今，万达的核心理念是"国际万达，百年企业"，文化的重点是追求卓越。2006年，万达对企业文化进行提升，当时万达资产超过100亿元，年收入也接近100亿元，已成为中国房地产知名企业。这时万达要不要继续发展，向哪个方向发展，成为这一时期的重点课题。经过多次讨论，王健林提出"国际万达，百年企业"的口号，万达要向世界级企业奋斗，成为长寿企业，他本人总结，"正因为万达成立之初就有远大理想，不断追求卓越，才成就今天的事业，所以优秀企业是有DNA的，优秀始于成立之初"。那么，如何才能把万达打造成为一个真正的国际品牌，国际化又会对万达品牌产生什么影响？

万达集团的再转型

这次转型分为两方面：从空间上看，万达从中国国内企业转向跨国企业；从内容上看，万达从房地产为主的企业转向服务业为主的企业，形成商业、文化、金融、电商四个支柱产业。2012年时王健林提出，万达当时的规模已经很大，但如果只在中国发展，即使做得再大，也是一个国家级的企业，要想成为世界范围的著名企业，就一定要走出中国。同时，万达跨国发展的另一个目的是分散风险，不把所有鸡蛋都放在一个篮子里，这也是与其第三次转型的思路一脉相承的。万达2012年宣布了十年战略规划，计划十年内成为世界一流的跨国企业，为中国的民营企业争光。

2012年9月，万达集团以26亿美元的价格并购了全球第二大影院公司——美国AMC，这是中国民营企业在美国最大一起企业并购，也是中国文化产业最大的海外并购，迈出了跨国发展的第一步。当时，万达承诺十年之内至少在美国投资100亿美元，第二天一家美国媒体刊登了一篇文章，标题是《王先生，希望你遵守承诺》；而截至2015年年底，万达已在美国投了100亿美元。后来，万达集团又发起了几次对欧美等国大型院线的并购，成为全球最大规模的电影院线运营商。

目前，万达集团已拥有四大上市公司：万达商业（港股）、万达院线（A股）、AMC院线公司（美股）、万达酒店发展（港股），万达影业、万达体育、万达电商、万达旅业、万达金融五大新兴产业，万达正以"互联网＋"的思路改造、颠覆自己的传统。

2015年起，万达商业地产已开始向轻资产发展模式全面转型：与之前传统的以自有资金开发建设，建成后持有经营、收取租金的"重资产"模式不同，"轻资产"模式下万达集团不使用自有资金，全部资金都由万达之外的投资人出，万达只负责选址、设计、建造、招商和管理，使用万达广场品牌和万达全球独创的商业信息化管理"慧云"系统，所产生的租金收益万达与投资方按一定比例分成。

[案例思考]

1. 企业转型可能面临着风险，结合案例分析万达四次转型（包括轻资产转型）潜在的风险有哪些？

2. 万达的商业地产运营模式的启示是什么？

3. 万达的企业文化和品牌文化是什么关系？

4. 万达集团品牌增值的路径有哪些？

5. 从品牌增值的视角来看，万达集团为何要向多元化与全球化方向发展？

第十二章
品牌延伸

事实上，品牌延伸是品牌名称力量的体现，是最重要的品牌增值方式之一；同时，品牌延伸有助于新产品进入市场。据统计，每年进入市场的新产品绝大多数采用的是品牌延伸方式，因此品牌延伸对于企业品牌名称覆盖行业的经营范围，进而做大做强有着非常重要的意义。

第一节　品牌延伸与形象转移

一、相关概念

（一）品牌延伸

品牌延伸是企业利用已经获得成功的品牌知名度和美誉度，扩大品牌名称所覆盖的产品集合或者延伸产品线，推出新产品，使其尽快进入市场的整个品牌营销过程。简单讲，品牌延伸就是企业将现有的品牌名称用于新产品。倘若新产品与现有产品属于同一类别，这样的延伸就称为产品延伸，如"康师傅"麻辣排骨面就是"康师傅"方便面的一种产品延伸。产品延伸通常是通过产品的描述性"标签"将不同属性的产品区分开来的。如果将现有品牌用于相同性质但不同种类的产品，这种延伸行为被称为名称延伸，譬如将"康师傅"名称用于"康师傅"冰红茶，方便面与冰红茶两者都属于食品。而概念延伸是指企业将原有品牌扩展到不同性质的产品上，如将"宝马"名称用于"宝马"牌服装。这里，汽车与服装显然是性质完全不同的产品。

在品牌延伸中，我们将最早使用某个品牌名称的产品称为"原产品"，而将现在人们最易由某品牌名称联想到的产品称为"旗舰产品"。很多"原产品"就是"旗舰产品"，但也有例外的情况。例如，一提到"康师傅"人们马上就会想到方便面，康师傅方便面既是原产品又是旗舰产品，而一提到 P&G 人们首先想到的不是它最初的产品"蜡烛和肥皂"，而是以海飞丝为代表的日用消费品。在品牌延伸中我们关心的不是某一产品是不是原产品，而是它是不是旗舰产品，因为品牌延伸是企业期望把旗舰产品的良好形象转移给新产品。

（二）形象转移

在生活中，人们相信，如果在一棵树上摘到一个甜或苦的果子，那么在另一棵树上的果子也是甜或苦的。同理，所谓形象转移是指消费者将对某一产品富有意义的联想转移到另一个产品上。在品牌延伸中，它是指企业使消费者把这种联想从"旗舰产品"转移到"新产品"上，从而使新产品迅速地打入市场。显而易见，形象转移至少需要两个"实体"，即发生形象转移的个体和接受形象转移的个体：来源体和目标体。首先，来源体必须在人们心目中已经激发了某种联想，然后通过形象转移将联想转移到目标体。要想使联想从来源体转移到目标体，那么这两个实体之间就必须存在某些方面的联系，即共性，如在品牌延伸中旗舰产品和新产品拥有共同的品牌名称。其次，目标体也应拥有能够激发人们这种联想的属性，如宝马通过品牌延伸生产高品质的服装，宝马的服装也能像宝马车一样使人们联想到较高的社会地位。当来源体和目标体具备这两个条件以后，根据人们的心理调节作用，就能实现形象转移。

二、与形象转移有关的认知调和理论

美国心理学家弗里茨·海德（F. Heider）提出的认知平衡理论阐明了作为人的两个个体和一个共同议题之间的关系，它假设两个人彼此相识而且都很熟悉该议题。该理论认为其中的人寻求的是协调平衡的关系，当关系失衡时，较弱的一方必须改变以便建立新的平衡关系。下面的例子中，如图 12-1 所示（符号"+"表示赞成或积极的关系，"-"表示反对或消极的关系），前面两种情况（a）和（b）是平衡的关系，但是，第三种情况（c）是失衡的关系。在（c）中，从个体甲或者个体乙的角度看，他要么改变与议题之间的关系，要么改变与另一方之间的关系，这依赖于两者之间哪一个关系更弱。

图 12-1　两个个体和一个议题之间的关系

协调论也能解释形象转移的发生。协调论（congruency theory）与认知平衡理论具有相似性，只不过认知平衡理论是用定性的方法表示相关者之间的关系（赞成或反对、积极或消极），而协调论则是用定量的方法来测度相关者之间的关系。协调论常用的衡量方法为语义区分量表（如图 12-2 所示）。

图 12-2　协调论量表

我们将这两种理论用于分析品牌形象转移原理的话，三角形中的个体甲变为了消费者，个体乙变为来源体，议题则变为目标体（如图 12-3 所示）。在形象转移中，我们假设消费者对来源体持有积极和肯定的态度，同时来源体和目标体之间的关系也是积极的。以品牌延伸为例，开始时，消费者对新产品（目标体）毫无联想，因此消费者和新产品之间的关系也就无所谓积极或消极。随后，企业通过营销传播使消费者认知到新产品的存在及其与旗舰产品（来源体）之间的联系，为达到认知上的平衡，消费者和新产品（目标体）之间也应当建立起积极的关系。反之，如果因各种原因消费者对目标体的最终认知是消极的，那么这种消极认知也会转移到来源体。因而，为了防止消费者和来源体的关系发生变化，企业只有改变来源体和目标体的关系，如放弃延伸出来的新产品；否则，目标体和消费者之间的关系，将会逐渐由积极关系转变为消极关系。

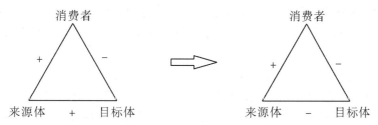

图 12-3　形象转移

心理学家李昂·费斯汀格（Leon Festinger）提出的认知失调理论（cognitive dissonance theory）也可用于解释形象转移。这一理论认为，人们倾向于减少认知上的冲突以避免由此带来的紧张关系，即认知失调，要么较弱的关系趋向较强的关系，要么较强的关系趋向较弱的关系。对于形象转移来说这意味着消费者会根据对来源体的印象来调整对目标体的印象，同样也会根据对目标体的印象来调整对来源体的印象。

在形象转移中，我们可用"海绵"来比喻目标体与来源体之间的关系。海绵只有在浸透水以后才能出水，而来源体也只有在浸透"联想"后才能转移联想。而目标体可能是一块有水海绵，也可能是一块无水海绵。如果目标体本身不能激发多少联想的话，就比较容易从来源体那里吸收联想。海绵的比喻使我们认识到"浸水"的形象比"干渴"的形象改变起来要困难得多，这点在分析目标体对来源体的反馈时很重要。倘若来源体本身已经建立了非常清晰的联想，并且来源体的品牌附加价值也积极且强大（就像浸透水的海绵），那么目标体对来源体的反馈影响就可能非常小。举个例子来说，我们把沃尔玛当作来源体，而把在沃尔玛销售的某一不知名的商品当作目标体，那么这种商品对沃尔玛的形象影响不会很大。由于消费者可能会认为在沃尔玛销售的商品的质量可靠，且性价比高，因此沃尔玛反而能够显著地提升这种商品的形象。

三、形象转移的实现条件

品牌延伸中形象转移的实现需要具备相应的条件。首先，在来源体的品牌附加价值（感受功效、社会心理含义及品牌的认知度）水平较高的情况下，形象转移才能成功。倘若来源体的品牌附加价值水平中等或较低，最好是延缓品牌延伸的步伐，首先要做的是通过增加品牌推广费用的投入、提升产品品质等手段使品牌附加价值达到足够高的水平。海尔在这方面做得非常好。1984年12月，张瑞敏率众砸掉了76台不合格的冰箱，宣告了海尔创造优质名牌的开端。从此以后，张瑞敏开始抓全面质量管理，并且专心做冰箱，一做就是七年。1988年，海尔获得了中国冰箱行业历史上第一枚质量金牌。1989年，冰箱市场发生"雪崩"，各冰箱厂纷纷降价以保生存，海尔则提价保品牌，厂门前仍然是车水马龙。1991年，海尔荣获中国驰名商标的称号。1992年，海尔电冰箱总厂成为国内第一家通过ISO9001认证的企业。与此同时，海尔通过各种促销手段和传媒渠道来打造名牌"海尔"，从而使海尔的品牌附加价值水平不断地提高。这七年间海尔忍受了同行业超规模生产、纷纷向彩电等其他暴利产品延伸的诱惑，"傻傻地"在冰箱这块"田地"里修炼品牌，这也为海尔在1992—1998年通过收购18家破产企业而迅速进行品牌延伸打下了坚实的基础。

影响形象转移实现的因素还有来源体和目标体之间相匹配程度，即产品相关性、目标群体相似度、视觉上的相似性以及其他营销组合要素方面的共性。

就产品相关性而言，首先，倘若来源体与目标体在产品属性方面相差不大，那么形象转移就比较容易成功。例如，"康师傅"方便面延伸到"康师傅"各种口味的排骨面，"红双喜"由乒乓球、乒乓球拍延伸到乒乓球桌；前者都是方便面，只是口味不同的产品而已，而后者都与乒乓球运动相联系，消费者很自然就把对红双喜乒乓球、球拍高质量的联想转移到乒乓球桌上。

其次，如果来源体与目标体瞄准的是同一目标消费群体，形象转移也比较容易实现。譬如，娃哈哈集团以生产"娃哈哈儿童营养液"起家，通过有效的营销沟通使娃哈哈在两年之内成功地成长为一个有极大影响力的儿童营养液品牌。之后，娃哈哈又推出了针对儿童的"娃哈哈果奶"，娃哈哈的这次品牌延伸很快得到了市场的认可，并一度占据了市场的半壁江山。

最后，倘若来源体与目标体具有某种视觉上的匹配，形象转移成功的可能性也很大。在品牌延伸中，视觉匹配往往体现在产品的包装上。当不同的产品包装使用相同或相似的外观时，我们称之为视觉上的相似性。乐百氏推出了"脉动"功能性饮料后，又推出了一种延伸产品：脉动动动茶。这两种饮料都使用相同形状的包装瓶，消费者一看到"脉动动动茶"就知道它是"脉动"的一种新产品，从而使这种延伸产品能够迅速地获得消费者的认同。

应注意的是倘若来源体与目标体相匹配的程度不够高，只要来源体的形象与目标体所期望的形象不会使消费者产生心理冲突，企业通过增加营销传播的力度还是可以成功地实现形象转移的。例如，康师傅最初是国内第一个也是最著名的方便面品牌，之后，顶新集团把康师傅这个品牌延伸到茶饮料上，这两种产品匹配程度并不高，但是通过加大广告促销的频率（康师傅在全国26个城市的56个频道中都有广告的投放，其广告投放量占茶饮料广告的半数以上），康师傅成功地实现了形象转移，其茶饮料获得了消费者的认可，市场占有率位居行业之首，成为茶饮料市场的领导者之一。

此外，来源体和目标体之间在技术、价格、渠道、广告等营销组合要素方面的相似或接近程度也可以增加二者的匹配性。

第二节 品牌延伸的动因与风险

品牌延伸对于企业的成长有着非常重要的战略意义。许多企业成长的历史就是一部品牌延伸的历史。譬如，"康师傅"由方便面延伸至饮料、糕饼等产品后，顶新国际集团才借以由名不见经传的台资小企业发展成资产达数百亿元的国际化企业集团；海尔也是依靠品牌延伸，从冰箱扩展到洗衣机、电视、空调等家电产品，才实现了企业资产的快速增长。然而，品牌延伸在充满诱惑的同时，也布满了各式各样的陷阱。例如，"活力28"曾是中国日化领域的一面辉煌旗帜：第一个提出超浓缩无泡洗衣粉的概念；第一个在中央电视台投放洗衣粉广告；第一个上市；第一个将广告牌树立在香港闹市区。但是，"活力28"显然不甘心仅仅局限在日化洗涤用品行业领域，洗发水、香皂、卫生巾、杀虫剂都很快进入了"活力28"品牌的家族，但它很快就尝到了品牌延伸的恶果。香皂因定价太高而滞销，最后只能作为福利发给自己的员工；洗发水因品质不过关，根本无法上市；至于"活力28矿泉水"，总是让消费者觉得喝的水里面有洗衣粉的味道，产品推出以后几乎无人问津，公司因此损失惨重。

一、品牌延伸的动因

安索夫的公司成长矩阵为我们理解企业的发展提供了一个角度。如图12-4所示，安索夫从产品与市场两个维度来看待企业成长战略，这两个维度组合在一起产生了四种不同的战略：市场渗透战略、市场开发战略、产品开发战略、多样化成长战略。其中，市场渗透战略和市场开发战略都是指企业充分发掘现有产品的市场潜力，或是通过降低生产成本向市场低价渗透，或是利用现有产品开拓新的消费者市场。虽然这两种战略对于企业的成长也有着重要的意义，但从长远看来，当这两种战略被充分应用以后，企业要想保持成长，必须不断地推出新的产品，即应用产品开发或者多样化成长战略。

	当前产品	新产品
当前市场	市场渗透	产品开发
新市场	市场开发	多样化成长

图12-4 企业成长战略

当公司推出新的产品时，可以采取以下三种品牌命名策略：品牌延伸策略，即利用现有的品牌名称推出新的产品；品牌认可策略，即通过认可品牌，采用一个新的品牌名称；多品牌策略，即通过新的品牌名称推出新的产品。

随着市场竞争越来越激烈，以及开发全新品牌的高额成本，大部分企业都放弃了传统的一种产品一个品牌的做法，而越来越多地采用品牌延伸来推出新产品。一项针对消费品生产商的调查发现，新产品中89%为品牌延伸产品，6%为名称延伸和概念延伸产品，只有5%为真正的新品牌下的新产品。另一项针对美国超级市场快速流通商品的研究显示，过去10年来的成功品牌（指年销售额在1 500万美元以上）有2/3是延伸品牌[①]。

由此，我们可以得出结论，开发新产品是企业长期成功的关键所在，而品牌延伸在企业的新产品开发中占据了极其重要的位置，所以说，品牌延伸对于企业的发展有着重要的战略意义。除此之外，品牌延伸还有以下七个方面的好处：

（一）减少消费者感知风险

俗话说，"爱屋及乌"。企业通过品牌延伸可以把"旗舰产品"的形象迅速转移到新产品上，使消费者对旗舰产品的信赖也随之转移到新产品上。企业推出新产品时，采用深受广大顾客欢迎的、具有高品牌附加值的现有品牌名称，就会使消费者在短期内打消对新产品是否可靠的疑虑，进而使新产品快速地占领市场。假设华为刚刚推出了一款新手机，如果新产品冠以"华为"品名的话，那么消费者就会根据以往使用该品牌产品时的经验或朋友的介绍、从其他媒体得到的信息等来预测这款新手机的品质。与采用新品牌策略相比，这无疑能够降低消费者感知的风险。

（二）增加产品分销及试销的可能性

现代商品种类繁多，零售商的货架上摆满了各种各样的商品，即使是同一种商品也有许多不同的品牌，某品牌要想挤占零售商有限的货架显得十分困难。斯坦福大学的大卫·蒙哥马利（David B. Montgomery）教授的一项研究表明，品牌声誉是超级市场进货人员采购新产品时关键的筛选标准。品牌延伸把由旗舰产品激发的联想转移到新产品上，新产品因而也享有和旗舰产品差不多的品牌声誉，这也使延伸产品更容易挤上分销商的货架。

（三）降低推出新产品的成本

首先，从营销沟通的角度看，企业运用品牌延伸推出新产品时只需着力于新产品与旗舰产品的联结点，从而大大降低广告促销费用。其次，品牌延伸还避免了企业开发新品牌时的高额成本。企业开发新品牌既是一门科学，也是一门艺术，需要进行消费者调研，聘请专业的设计人员设计高质量的品牌名称、图标和广告语，还要开展一系列的广告促销、分销活动。这些都需要花费大量的费用，而且即使投入很大也并不能保证新品牌一定成功。据估计，企业在全美市场上推出一个全新品牌产品至少需要3 000万~5 000万美元，而运用品牌延伸策略则能节省40%~80%的费用。步步高老总段永平说："品牌的高知名度与威望，可以使品牌具有很强的扩

① 艾克. 管理品牌资产［M］. 奚卫华，董春海，译. 北京：机械工业出版社，2006：202.

张力。步步高从无绳电话与 VCD 延伸到语言复读机，没做一分钱的广告，但仍供不应求，甚至加班加点也赶不及生产。1999 年我们为进一步扩大市场占有率才请张惠妹做广告。"而且，当多种产品使用共同的品牌名称时，一种产品做广告促销活动，其他产品也跟着受益，因而提高了广告的使用效率。最后，如果延伸产品与旗舰产品使用同样或类似的包装，这不仅有利于它们之间的形象转移，而且由于企业不必为新产品重新设计包装以及规模生产效应，使包装物的设计生产成本降低，从而减少新产品包装的成本。

（四）满足消费者的多样化需求

不同的人群一般都具有不同的品牌偏好，即使是同一个消费者，他的偏好也会随着时间及消费数量的变化而改变。因此，企业在同一产品大类里向消费者提供多种有所差别的产品，可以使消费者在对某种产品感到厌倦时，在原品牌家族内能够找到满足其需要的对应替代品。另外，企业为了有效地开展竞争，也有必要开发多种延伸产品，以避免顾客转换产品时使用竞争对手的产品。譬如，"康师傅"方便面有如下的延伸产品：康师傅香菇炖鸡面、康师傅八宝肉酱面、康师傅鲜汤虾仁面、康师傅椒香牛肉面、康师傅辣味八宝面、康师傅香辣牛肉面、康师傅麻辣排骨面、康师傅麻辣牛肉面等。这么多的延伸产品一方面可以满足消费者的多样化需求，另一方面也能尽量减少顾客购买其他品牌的方便面，如统一、今麦郎、华龙等品牌。

（五）明确品牌含义，丰富品牌形象

成功的品牌延伸能够增加某一品牌下的产品种类，进而明确并扩展品牌的含义。例如，"海尔"最初在消费者看来代表着高质量的冰箱，随后，海尔延伸到洗衣机、空调、电视、影碟机、电脑、手机、电热水器、微波炉、吸尘器等产品，成了中国乃至全球家电第一品牌，海尔在消费者心目中树立了家电王国的形象。再如娃哈哈的创始人宗庆后发现市场上缺少一种专门针对儿童的口服液，于是马上抓住这个市场机会，开发了"娃哈哈儿童营养液"，在强力的广告宣传下，娃哈哈在两年之内成功成长为一个有极大影响力的儿童营养液品牌。1992 年，娃哈哈又开发出针对儿童消费者的第二个产品——果奶。依靠娃哈哈强大的儿童品牌形象，娃哈哈果奶取得成功。而娃哈哈这次品牌延伸更重要的意义是，突破了娃哈哈品牌单一产品的概念，并巩固了娃哈哈作为一个强势儿童营养饮品品牌的地位，使品牌形象更为丰满。自此，"儿童""营养""健康"真正成为娃哈哈品牌的核心价值。可惜的是，娃哈哈后来没有坚持儿童食品的定位，推出了许多其他性质的产品，致使品牌形象弱化。

（六）强化品牌形象

任何产品的品牌形象都不是一成不变的，它既可能朝好的方向发展，也有可能朝坏的方向发展。根据形象转移理论，企业在进行品牌延伸的初期，来源体（旗舰产品）对目标体（新产品）的影响远远大于目标体对来源体的反馈作用，然而随着时间的推移，新产品的形象日趋丰满，其对旗舰产品的反馈作用也越来越大。倘若这种影响是积极的，那么旗舰产品的形象会得到强化。例如，海尔从冰箱延伸到了洗衣机，推出了一种海尔"小小神童同心洗"洗衣机，在洗衣机行业疲软的情况下，"小小神童"凭借其创新型的产品设计，赢得了消费者的喜爱，一问世即两次

287

"遭抢"，先是全国各地经销商们的"好大胃口"——纷纷抢先订购，接着海尔"小小神童同心洗"洗衣机在北京、上海、广州、青岛等全国各大城市上市后又被消费者抢购一空，创下了夏日洗衣机市场的新品销售新纪录。据统计，海尔"小小神童"上市 5 年中卖了 200 万台。显然这一成功的品牌延伸无疑大大增强了人们对海尔品牌高品质、富于创新的印象。

（七）为后续延伸做铺垫

成功的品牌延伸的好处之一就是它可以作为产品继续延伸的基础，因为品牌拥有者可以围绕这一延伸产品创造出一个全新的产品组合。例如，海尔在 1997 年延伸到了彩电行业，并推出了中国第一台数字彩电。1998 年 5 月，国家统计局中怡康有限公司对全国 600 家大商场的调查结果显示，海尔彩电市场占有率跃居全国第 4 位，在北京，海尔彩电以 21.4%的市场占有率抢得头把交椅。海尔的这次品牌延伸取得了初步的成功，之后，海尔通过技术创新，又陆续开发了多种类别的彩电产品，如海尔亮屏液晶电视、V6 系列、美高美系列、等离子电视、背投彩电、影丽系列、青蛙王子系列等。

二、品牌延伸的潜在风险

虽然品牌延伸能给企业带来多方面的利益，但是无"度"、无"节制"的品牌延伸反而会给企业带来各种危害。这些不利的影响有产品之间相互蚕食，联想互不转移或有害，负面反馈，品牌形象淡化，错过开发新品牌的机会等。

（一）产品间相互蚕食

这种情况发生的原因在于延伸产品与旗舰产品属于同一产品类别，所满足的消费者需求也大同小异，因而新的延伸产品总会多多少少蚕食现有产品的市场份额。例如，健怡可乐与传统的可口可乐都有"口感好"的特点，同时健怡可乐又有自己的差异点"低卡路里"，这无疑会使一些关注健康的传统可乐的消费者转向健怡可乐。

（二）联想互不转移或有害

旗舰产品的品牌形象可能未转移到延伸产品身上。一方面，在品牌延伸策略的实施阶段，消费者可能认为旗舰产品的主张与延伸产品的关联不大，因而形象无法转移；另一方面，还可能是由于旗舰产品本身的品牌附加值水平偏低，其品牌形象对消费者意义不大，因而也就无形象可转移；更糟糕的情况是旗舰产品所唤起的联想有损于形成延伸产品所期望的联想。例如，三九集团将"999"延伸到啤酒，并推出广告"999 冰啤酒，四季伴君好享受"。消费者对 999 啤酒的第一反应是联想到"999"的胃药形象，于是产生了心理矛盾：怎能接受这种感觉上带有药味的啤酒呢？

（三）负面反馈

延伸产品还可能给旗舰产品带来负面的影响。虽然在品牌延伸的初期，延伸产品的形象还未在人们心目中强有力地建立起来，因而这时它对于旗舰产品的反作用很少。但是，随着时间推移，它对于旗舰产品的反馈也会越来越多。如图 12-5（a）

所示，起初，倘若消费者对于延伸产品（目标体）的印象是消极的，对旗舰产品（来源体）的印象是积极的，旗舰产品与延伸产品之间的联系也是积极的（由于它们使用同一品牌名称）。根据形象转移的原则，消费者在认知上就产生了矛盾，为了重新达到认知上的平衡，消费者只有重新调整对旗舰产品的印象，如图 12-5 (b) 所示，这时旗舰产品在消费者心目中的形象也变为负面的了。例如，派克钢笔曾号称"钢笔之王"，是一种高档的产品，人们购买派克钢笔不仅仅是为了书写的目的，更重要的是为了显示自己有知识的社会形象。然而，1982 年，派克公司新任总经理彼得森上任后，不是巩固发展自己的市场强项，却利用"派克"的品牌优势进军单支售价仅为 3 美元的低档钢笔市场。结果，没过几年，派克不仅没有打入低端笔市场，反而让老对手克罗斯公司乘虚而入，高端市场也被冲击，市场占有率迅速下降，销量只及克罗斯公司的一半。派克的延伸产品的低档形象对派克的旗舰产品高档钢笔的形象产生了巨大的负面冲击，使得人们对派克的高档形象产生了怀疑，导致了派克品牌延伸的全面失败。

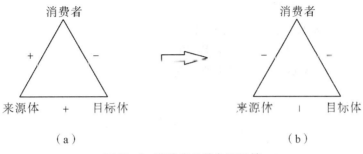

图 12-5　延伸产品的负面反馈

（四）品牌形象淡化

　　大量延伸产品的推出，会使长期建立起来的强有力的品牌形象在消费者心目中逐渐失去光泽，变得越来越模糊。特别是品牌延伸到其他类型的产品（名称延伸和概念延伸）时，品牌不再引起对产品的具体联想，这种情况就被称为品牌形象的淡化。品牌形象淡化的具体表现为消费者在列采购清单时，不再列出品牌名称，而只是写出产品名称或另一品牌名称。例如"康师傅"在未进行品牌延伸之前，几乎成了"方便面"的代名词，人们一提起"康师傅"头脑中马上就会浮现出方便面的形象，人们在写购物清单时往往也只写上"康师傅"。但是，"康师傅"延伸到饮料、糕饼等其他产品以后，它的"方便面"形象也就随之减弱了，人们在列购物清单时也就改写"方便面"了。另一个例子是法国皮尔·卡丹的全面品牌延伸。皮尔·卡丹是靠做服装成名的。当取得服装业的稳固地位后，皮尔·卡丹开始了它的品牌延伸之路。从服装到香水，从铁锅到咸肉，有上千种产品共享皮尔·卡丹名字的"荣耀"。这种全方位的品牌延伸虽然使企业获得了一时丰厚的利润，却动摇了初始品牌以高档、典雅时装为特征的市场地位。在中国市场上，它面向工薪阶层开发的中档西服，市场反应冷淡；同时也破坏了其高档西服的形象。因而，上流社会消费者认为穿皮尔·卡丹已经不能显示其高高在上的身份，于是不再买它。

（五）错过开发新品牌的机会

这是一个经常被人忽略的问题：以品牌延伸的形式推出新产品，可能使公司错失一次创造具有独特形象和附加值的全新品牌的机会。例如，娃哈哈进入碳酸饮料时没有使用品牌延伸策略，而是推出了另一个新品牌"非常可乐"，并通过"非常可乐，中国人自己的可乐"的广告诉求，在消费者心目中建立了民族可乐品牌的形象。2003年，非常可乐全年的产销量超过了60万吨，直逼百事可乐在中国的100万吨销量。同时，娃哈哈在"非常可乐"下又延伸出"非常柠檬""非常甜橙"等产品，完善"非常"产品线，全面挑战"两乐"旗下的"雪碧""芬达""七喜"和"美年达"。另外，娃哈哈还推出了"非常茶饮料"，向统一、康师傅主导的茶饮品细分市场渗透。假设娃哈哈集团将"娃哈哈"品牌名称延伸到它的茶饮料产品上，一方面它可能没有使用"非常可乐"这个品牌成功；另一方面也就错失了一次开发新品牌的机会。

综上所述，品牌延伸如同一把"双刃剑"，既可能给品牌名称带来好的一面，也可能带来坏的一面。好的一面是指品牌名称有助于品牌延伸，强化品牌形象。坏的一面是指品牌名称无助于品牌延伸，包括消极的品质联想，产品间相互蚕食，品牌名称受到损害，丧失创建新品牌名称的时机，延伸产品得不到公司资源的支持。因而，专家常常告诫品牌营销者"不要太贪婪"！

第三节　品牌延伸策略

品牌延伸按照延伸产品的性质可以分为三类：倘若延伸产品与旗舰产品属于同一类产品，则这种延伸就称为产品延伸；如果延伸产品与旗舰产品不属于同类产品，但性质一样，例如两者都是食品，这种延伸便称为名称延伸；若是两者既不是同类产品，也不是同性质的产品，这种延伸则称为概念延伸。这三种延伸策略的成功运用需要的前提条件不尽相同，以下就分别对这三种策略进行讨论。

一、产品延伸策略

产品延伸中不同的产品拥有相同的品牌名称。倘若产品延伸中不同的产品在价格上差异不大，这种延伸就是横向产品延伸；倘若价格有较大差异的话，就是纵向产品延伸。横向产品延伸的例子有农夫果园由混合果汁饮料延伸出农夫果园100%橙汁、农夫果园100%胡萝卜果蔬汁、农夫果园100%番茄汁，喜之郎延伸出各种不同口味的果冻。纵向产品延伸的例子有，同一轿车品牌中不同价格档次的车型，如宝马除了有豪华款轿车外，还有一些较小和较便宜的车型。横向产品延伸多见于非耐用消费品，常见于快速消费品，而纵向产品延伸则多见于耐用消费品。

相对于横向产品延伸，向上或向下的纵向产品延伸遭遇失败的可能性更大。尤其是对那些"主要出自身份和地位原因"而被选中的品牌来说，推出更便宜的产品需要慎重考虑该营销行为对品牌形象的损害以及对市场需求的长期影响。但这条规则并不适用于那些不具有社会地位象征寓意的行业品牌，例如海尔出产的电冰箱既有售价万元的，也有千元左右甚至更低价格的。对于中低档的旗舰产品，如果采取向上延伸策略的话，那么由于旗舰产品在消费者心目中只是中低档产品形象，延伸产品通过形象转移从旗舰产品上获得的也只是中低档的产品形象，这与延伸产品期望的高档形象是相矛盾的，因而这种形象转移是有害的。即使这种产品延伸能够成功，但为了消除有害的形象转移的影响，与推出全新的品牌相比，这种向上延伸还可能要花费更多的营销费用以改变该品牌的形象。因此，这种情况下企业与其采取向上延伸策略，还不如推出一个全新的品牌。日本的许多轿车生产商在进入高端市场时，大都使用新的品牌名称推出它们的高档车型。例如，丰田为其高档车型取名为"雷克萨斯"（Lexus），并为之进行了大量的营销宣传以建立起高档车的形象，在宣传 Lexus 时绝口不提"丰田"，以淡化"丰田"对新车形象的不利影响。等到 Lexus 的高档的品牌形象被消费者接受以后，再强调 Lexus 与丰田的联系，以便使 Lexus 的形象能够转移到丰田上，从而反过来提高丰田的品牌形象。对于社会心理含义很高的旗舰产品，倘若采取向下延伸策略的话，虽然开始时旗舰产品转移给延伸产品的高档形象有利于促进延伸产品的销售。但随着时间的推移，延伸产品的形象丰满以后，它对旗舰产品的负面反馈也会越来越大，从而损害旗舰产品的高档形象。比如，都彭的一条领带一般都在 1 000 元左右，如果有一天都彭推出 100 元一条的领带，消费者可能会蜂拥而至，花 100 元就能够买到平常花十倍价钱才买得到的都彭领带，多值啊！但从长期来看，这种延伸最容易损害品牌的高档形象，导致企业失去高端市场的老顾客；而高端市场给企业带来的利润也是最丰厚的，可想而知，企业失去这些顾客的损失将是非常大的。

产品延伸的目的是留住现有顾客，提高现有顾客的消费量，甚至吸引新的顾客。我们可以把产品延伸的目的分为：产品延伸作为攻击性手段；产品延伸作为防御性手段；产品延伸用于重新刺激市场需求。

当产品延伸用于市场渗透（进攻性手段）时，在产品生命周期的初期（进入期和成长期）进行更为有效。莱迪（Reddy）等人对美国卷烟市场的产品延伸的研究表明[①]：

（1）企业在产品生命周期初期进行产品延伸比后期进行能够赢得更高的市场份额。然而，倘若旗舰产品在生命周期后期具有更高的品牌附加值水平的话，延期进行产品延伸会在很大程度上补偿过晚进入市场带来的损失。

（2）企业在产品生命周期初期进行产品延伸有助于旗舰产品的迅速扩张。

（3）品牌若具有高的附加值水平，会使产品延伸更加成功。

（4）倘若品牌有广告支持，产品延伸会更加成功。

（5）由产品延伸策略带来的销售增加会大大补偿产品间相互蚕食导致的损失。

从以上的研究结果可以看出，为推进品牌迅速向市场扩张，产品延伸应该在产品生命周期的早期进行，如农夫果园为了赢得更大的市场进行的横向产品延伸。然

① 莱兹伯斯，齐斯特，库茨特拉. 品牌管理［M］. 李家强，译. 北京：机械工业出版社，2004：97.

而，这并不是说产品延伸不能在产品生命周期的中期或晚期进行。在产品生命周期的中期或晚期，倘若消费者偏好发生了变化，则产品延伸有助于品牌适应新的市场形势。

当竞争对手成功地推出一种新产品以后，企业也可以采取产品延伸策略模仿竞争对手的产品，以尽量减少现有顾客的流失。手机的发展可谓一日千里，2004年手机业界的一件大事莫过于高端拍照手机纷纷步入百万像素时代，日本电气股份有限公司（NEC）在中国内地第一个推出百万像素手机 NEC N830，更凭借130万像素CCD 的高阶参数成为市面上最高像素的拍摄手机。不久，诺基亚也推出了一款 100万像素拍照手机诺基亚 7610，夏普推出 Sharp GX32，索尼爱立信推出 S700，西门子推出了 S65，国内的手机生产商也在几个月之后纷纷推出了自己的百万像素手机。这时产品延伸便成了一种防御性手段，以避免自己被市场淘汰。

在某些情况下，产品延伸被用来作为重新刺激市场需求的手段。产品延伸可以为萎缩的市场注入活力，从而吸引消费者，扩大产品需求。这种现象我们可以在饮料市场中看到。现在的消费者越来越关注自身的健康问题，因而许多厂商抓住这一点推出了有益健康的饮料（如各种品牌的矿泉水、果汁饮料、茶饮料等），从而扩大了市场对饮料产品的需求。

二、名称延伸策略

当延伸产品处于生命周期的成熟期阶段时，名称延伸策略尤其有效。名称延伸策略可以成为突破消费惯性的手段。这里的消费惯性指的是消费者对现有成功品牌的偏好。根据前面的讲述我们知道，产品延伸在产品生命周期的早期最有效，而单从产品进入市场时间的角度来看，名称延伸则在产品生命周期的晚期更为有效。

名称延伸策略也是为了把旗舰产品的形象转移到延伸产品上。因此，影响名称延伸策略成功的因素和影响形象转移实现的因素相似。这些因素有品牌附加值水平以及旗舰产品与延伸产品的相匹配程度。品牌附加值包含三个元素：感受功效、社会心理含义以及品牌名称认知度。旗舰产品与延伸产品的相匹配程度也主要包含了三个因素：产品相关性、目标群体的相似性及视觉上的相似性。

就感受功效而言，倘若旗舰产品具有高水准的感受功效，名称延伸就更可能成功。有研究表明，消费者对旗舰产品的质量感受相当重要，企业如果能将这种质量感受功效成功转移到延伸产品上，延伸产品就更有可能成功。延伸产品带给消费者的质量感受的好坏决定延伸行为的成败，倘若延伸产品能够唤起消费者对旗舰产品同样的感受质量或者与众不同的特性，那么延伸产品及其旗舰产品将获得成功。

就品牌的社会心理含义而言，我们也可以得到类似的结论。例如，保时捷对于消费者来说比丰田代表着更高的社会地位，因此以保时捷命名的延伸产品就比以丰田命名的延伸产品更可能成功。具有高的社会心理含义的品牌要比低的社会心理含义的品牌更适合于名称延伸。倘若这种高的社会心理含义成功地转移到了延伸产品上，延伸产品无疑将更加成功。

就品牌认知度而言，消费者对旗舰产品的品牌认知度越高，从旗舰产品上转移给延伸产品的感受功效和社会心理含义的强度也更高。因而，消费者会更快地接受知名品牌的延伸产品。

我们得出的结论是，在感受功效、社会心理含义和品牌名称的认知度任一方面水平的提高都会对名称延伸产生正面的影响。除此以外，我们还应考虑它们之间的交互作用，比如说品牌名称的认知度高，同时其旗舰产品的感受功效也高时，才对延伸产品产生积极的影响，倘若感受功效较低，这时品牌的知名度越高对延伸产品产生的不利影响反而越大。

产品相关性涉及三个方面：消费者认为旗舰产品与延伸产品在产品类别方面的相似性、品牌定位以及现有产品广度。就产品类别的相似程度而言，消费者认为两种产品越相似，旗舰产品的形象越容易转移到延伸产品上，因而延伸产品成功的希望也就越大。就品牌的定位而言，若当前的品牌定位看重的是产品的内在属性（功能角度），名称延伸就会比较困难，而当品牌的定位点强调的是表意时，名称延伸将更加容易被市场接受。例如，方便面中的康师傅与今麦郎，前者的定位强调的是一种健康亲切的形象（表意），而后者强调的是它的面条"弹"的属性，显然康师傅更容易延伸到其他种类的产品。在手表品牌中，斯沃琪就要比精工更适合于名称延伸；而后者更适合于产品延伸。产品相关性的第三个方面是品牌现有的产品广度，它是指同一品牌名称之下已经开发的产品数目。与此相关的概念是常规延伸与非常规延伸，常规延伸是指在消费者眼中，旗舰产品与延伸产品的关联性比较强，而非常规延伸是指两种产品没有什么关联性。产品广度越小，常规延伸成功的可能性越大。企业应认识到的是品牌的产品广度不是恒量，品牌在经历多年的发展之后其产品广度也会由小变大。

目标群体的相似度也会影响名称延伸。消费者已经在心目中建立了对旗舰产品强烈的印象，如果延伸产品与旗舰产品具有相似的目标消费群体，那么这些消费者就很容易把对旗舰产品的印象转移到延伸产品上，因而延伸产品成功的可能性也就更大。譬如，"七匹狼"的目标消费群体是男性，而男性与抽烟有着天然的内在联系。于是，1995 年龙烟（龙岩卷烟厂）借船出海，联手晋江制衣公司（七匹狼集团的前身）和晋江烟草公司将"七匹狼"由男装延伸到卷烟。七匹狼卷烟的销量，2003 年是 13.2 万箱，2004 年变为了 22 万箱，可谓芝麻开花节节高，成绩斐然。七匹狼香烟与七匹狼男装的目标市场都是男性，这得使七匹狼男装的男子汉的形象更容易转移到七匹狼香烟上，因而七匹狼卷烟也就更容易成功了。在这种情况下，延伸产品最初的高销量往往归功于旗舰产品的消费者。倘若延伸产品的目标市场不同于旗舰产品的目标市场，那么延伸产品的最初销量与使用新品牌的情况应相差不大。

影响名称延伸成败的最后一个因素是产品视觉风格上的相似性。这种相似性指的是延伸产品与旗舰产品外观几乎一样，消费者仅凭产品包装或产品外形、色彩，就能很容易地断定两种产品属于同一"家族"。由于消费者很容易受到色彩与象征物的影响，因而统一的视觉风格有助于消费者将由旗舰产品唤起的联想转移到延伸产品上。

企业一旦做出了名称延伸的决策，就需要考虑许多实际问题。首先，倘若企业拥有的是一个品牌组合而非单一品牌的话,那么就要考虑使用哪个品牌进行名称延伸。根据形象转移原理,只有在品牌拥有良好的形象和较高的品牌附加值水平时,形象转移才具备实现的条件。在品牌组合中,主力品牌的形象较好且品牌附加值高,市场规模也大;进攻品牌给人的感觉往往是质量低下的;而侧翼品牌和威望品牌的市场范围都较窄,很难通过名称延伸获得理想的经济利益。这样看来,主力品牌经常是最适合于名称延伸的了。然而,企业利用主力品牌延伸一旦失败,将给主力品牌带来极坏的影响,甚至这一品牌下的产品有全军覆没的危险。倘若品牌组合中还有一个"次最好"的品牌可供选择的话,那么利用这一"次最好"的品牌进行延伸也许是最合适的。例如,荷兰喜力(Heineken)啤酒公司从来没以"喜力"品名做过任何低酒精或无酒精啤酒的产品延伸,因为企业不愿冒淡化喜力品牌形象的风险;而是通过推出 Buckler 品牌进行相应的延伸。

与名称延伸相关的另一个问题是,哪种产品应该采用名称延伸以及品牌哪一方面的特点应该成为名称延伸的核心要素。理想地进行名称延伸的新产品应该与品牌的核心能力及品牌的核心联想统一起来,这样就能使消费者更易将与旗舰产品相关的联想转移到延伸产品上。譬如,海尔的核心能力在于制造高品质的家电产品,基于这种核心能力,海尔延伸到吸尘器、电热水器等产品上,都取得了成功。

三、概念延伸策略

概念延伸是指将现有品牌用于不同于旗舰产品性质的新产品上,例如,娃哈哈由食品延伸到童装上。这类品牌延伸的命名来源于"品牌是一种概念"的观念,如李宁的"一切皆有可能"、耐克的"Just Do It"等。

影响概念延伸成功的因素有旗舰产品与延伸产品的相匹配程度和品牌的附加值水平。在两种产品匹配性方面,概念延伸中旗舰产品与延伸产品的差别往往非常大,两者在外观上也可能完全不同。这时,一般来说,相似的目标消费群体能够使两者尽可能地匹配,这样形象转移也就容易实现。概念延伸成功的可能性也就增加。而在品牌附加值水平方面,品牌的社会心理含义(品牌个性与社会地位的表达方式)是概念延伸成败的关键因素之一。这里举一个例子加以说明,"宝马"具有高的社会心理含义,在人们心目中几乎成了一种社会地位的象征。宝马公司将"宝马"品牌延伸到了服装上,并且得到了消费者的认可。宝马的概念延伸是有道理的。不难想象的是,"马自达"牌用于服装对于消费者的吸引力可能要低得多,原因在于,多数日系品牌轿车的社会心理含义都较低。研究表明,只有在轿车品牌的社会心理含义高的情况下,消费者才愿意购买这一品牌的服装或剃须产品;而品牌的感受质量对消费者购买概念延伸产品的意愿所起的作用不大。同样,品牌个性也有助于概念延伸,如英国维珍公司成功地把"叛逆和不受拘束"的个性赋予了旗下的不同行业产品,包括航空、金融、零售、化妆品,甚至是可乐。

对于不具有高的社会心理含义的品牌来说,一个可行的策略是:围绕品牌的"核心能力"开展概念延伸。譬如,雅马哈公司拥有两种主要的核心能力,过去曾经擅长加工用于制作钢琴的木材,并且擅长制作高品质的电子琴。基于木材加工方面的核心能力，该公司推出了诸如网球拍、滑雪板和高档家具等产品；基于电子琴方面的核心能力，则该公司推出了录像机和音响器材等电子产品。另一个案例是佳能公司将其摄影器材中的照相技术成功地用在了复印机产品中。

概念延伸决策要解决的实际问题是，确定哪个品牌的社会心理含义较高，这种社会心理含义（或称为感受世界）能给消费者带来哪些利益，哪些新产品有助于强化该品牌给消费者带来的感受世界。通过概念延伸，品牌概念应在消费者心目中得到强化，只有这样的概念延伸才是成功的。"宝马"由汽车延伸到服装，"万宝路"由香烟延伸到牛仔服、腰带等，都使得原有品牌形象得到了加强，可谓成功的概念延伸例子。

概念延伸中旗舰产品与延伸产品往往差别很大，因此概念延伸产品很多是采取许可证的方式生产。这种方式极可能使品牌拥有者失去对其品牌的控制力。因此，许可证合同除了注重财务和法律方面的条款外，还应加上营销方面的条款，以保持品牌拥有者对品牌的控制权，尽量避免延伸产品对品牌形象造成的损害。

四、品牌延伸与品牌认可策略的对比

一些著名的企业除了使用品牌延伸策略开发品牌潜在价值之外，还采取了品牌认可策略。品牌延伸策略中新产品使用与旗舰产品相同的品牌名称，而认可策略中新产品却使用新的品牌名称。品牌认可策略除了采用新的品牌名称外，还会为新产品提供一个"认可"品牌 。认可品牌的作用有两个，第一个是为新产品提供技术支持和信誉保证，这里获得保证的品牌称为"被认可品牌"。认可品牌对被认可品牌的担保既可能是直接的也可能是间接的，例如上海农心食品有限公司生产的农心方便面的包装上都显著地标明了"韩国农心（株）监制"的字样，显然这种担保是直接的。雀巢在它的子品牌"奇巧"（Kitkat）的产品包装上显著地标示了"雀巢"（Nestle）的品牌名称及标志，这里"雀巢"没有用语言直接为"奇巧"巧克力提供担保，而是让消费者由"奇巧"巧克力的包装联想到"奇巧"是"雀巢"认可的一个子品牌，目的是期望消费者能把对"雀巢"的信任转移到"奇巧"上来，这种担保作用是间接的。认可品牌的第二个作用是将旗舰产品的形象转移给延伸产品，在形象转移过程中，认可品牌为来源体，而被认可品牌即目标体，企业实行品牌认可策略可以把消费者由认可品牌唤起的联想转移到被认可的品牌上。为实现形象转移，认可品牌应当具有较高的品牌附加值水平。在产品包装上，认可品牌应被显著地标注在品牌商品名称的旁边，否则就起不到认可的作用。

在品牌认可策略中最为常见的是以企业名称作为认可品牌。如雀巢几乎对它所有的产品都进行了认可，如美极鲜味汁、奇巧巧克力、咖啡伴侣、三花全脂淡奶等。在这些产品的包装显著的位置都显著地标注着"雀巢"及其标志。

相关的研究表明，消费者对企业的认识可以影响被认可品牌的形象。这些研究提出了企业应关注的两类消费者联想：企业能力联想和企业社会责任联想。消费者有关这两方面的联想能够直接影响认可者的品牌附加值的水平，然后再通过认可者影响被认可的品牌。

企业采用品牌认可策略可以起到两个作用：一是利用消费者熟知的品牌促进消费者对新品牌的认同，提高新产品的销量。形象转移，一方面可以提高被认可品牌的产品质量形象；另一方面通过认可者品牌的保证作用，可以减少消费者对新品牌感受到的担心。一旦被认可品牌被消费者熟知以后，企业就可不再使用认可策略。从这个意义上来说，认可策略只是为企业开发新品牌提供了推动作用。二是倘若认可品牌为企业名称，被认可品牌一旦成熟之后反过来又可以丰富企业的形象，为后续的品牌认可做铺垫。

在品牌延伸策略中，旗舰产品对延伸产品积极的影响是通过形象转移实现的。其中旗舰产品为来源体，延伸产品为目标体。旗舰产品形象包含三个方面的内容：联想内容（由产品唤起的联想）、宜人性（联想是积极的还是消极的）、联想的强度（由品牌知名度决定）。一旦形象转移的条件具备，旗舰产品引发的联想就会转移到延伸产品上，同时联想的宜人性和强度也会随之转移。这意味着延伸产品与旗舰产品在这三个方面不会有多大的差异。同时，延伸产品也会为旗舰产品带来积极或消极的反馈，积极反馈可以美化消费者对旗舰产品的联想，延伸产品甚至可以改变人们对旗舰产品的固有印象。

在品牌认可策略中，认可品牌对被认可品牌开发的促进作用也是通过形象转移的过程实现的。但是品牌认可策略与品牌延伸策略在形象转移的过程中有两点区别：相对于延伸策略来说，来源体形象中联想的内容对目标体（被认可品牌）的作用要小一些；在认可策略中，目标体（被认可品牌）对来源体（认可者）反馈的作用要小一些。就第一点而言，来源体形象的宜人性和强度比联想内容更加重要。认可者的主要作用是为被认可者的"质量水准"提供保证，因而认可策略相对于延伸策略来说适用的范围可能更大一些。

与延伸策略相似的是，来源体（认可者）也应具有较高的品牌附加值水平。若认可品牌的附加值水平中等或较低，企业首先应增加对认可品牌的营销投入，等到其品牌附加值提高到一定的水平以后，再实施品牌认可策略。另外，由于认可策略中，被认可品牌对认可品牌的反馈要小得多，因而企业期望被认可品牌获得成功而迅速提升认可品牌的声誉是不切实际的，这一过程所需要的时间相对于延伸策略来说可能要长得多。

品牌认可策略中新产品拥有一个独特的全新的品牌名称，因而可能代表着与现有品牌不同的形象，从而企业就能够吸引现有目标市场以外的消费者。倘若企业希望开拓新的细分市场，品牌认可策略比品牌延伸策略更具优势。另外，延伸策略中旗舰产品与延伸产品使用相同的品牌名称，延伸产品或多或少要受到旗舰产品的影响，而认可策略中这种影响较小，因此认可策略可以成为发展新业务以及避免业务冲突的途径。

品牌认可策略与延伸策略相比需要耗费更多的营销传播费用。在延伸策略中，延伸产品与旗舰产品使用相同的品牌名称，消费者对延伸产品品牌的熟悉过程可以省略，他们把由旗舰产品唤起的联想转移到延伸产品上也更容易。在认可策略中，认可者的主要作用是对被认可品牌提供质量的保证，被认可品牌使用新的品牌名称，它需要更多的促销使消费者熟悉这一品牌并塑造一个新的品牌形象。所以，企业使用认可策略需要花费更多的费用。但是认可策略与多品牌策略（采用新的品牌名称推出新的产品，除了法定出品人以外不与任何其他品牌相联系）相比，还是可以节约许多费用的。

此外，企业使用品牌认可策略比延伸策略面临的风险要小得多。在延伸策略中，旗舰产品与延伸产品使用同一品牌名称，容易出现负面事件的连锁反应；而在认可策略中，被认可品牌对认可者的反馈作用要小得多，因此它要比使用品牌延伸策略安全得多。例如，斯科特（Scott）的产品线延伸就是一个很好的例证。美国斯科特公司生产的舒洁牌卫生纸曾经是世界卫生纸市场的第一品牌，但是该公司将品牌名称使用在餐巾纸市场中。随着舒洁（Kleenex）餐巾纸的出现，消费者心理发生了微妙的变化。对此，艾·里斯幽默地评价："舒洁餐巾纸与舒洁卫生纸，究竟哪个产品才是为鼻子生产的？"结果，舒洁牌卫生纸的市场优势很快被宝洁公司的恰敏（Charmin）牌卫生纸所取代。

第四节　品牌延伸的基本原则与步骤

一、品牌延伸的基本原则

从以上对品牌延伸策略的分析，我们可以总结出品牌延伸的基本原则。这些原则有：

（1）企业应选择具有良好品牌形象和高品牌附加值水平的品牌进行延伸。企业进行品牌延伸的目的是将旗舰产品的形象转移给延伸产品，旗舰产品首先必须有"东西"转移才行，良好的品牌形象和较高的品牌附加值水平是实现形象转移的前提条件。

（2）企业进行品牌延伸时，应避免损害旗舰品牌的形象。消费者所需要的延伸产品的形象应该与旗舰产品的形象保持一致，这样的品牌延伸能够强化与巩固旗舰产品的形象，可以使旗舰产品更加成功。反过来，如果延伸产品的形象与旗舰产品的形象不一致甚至相冲突的话，一方面消费者不会接受这种延伸产品，另一方面旗舰产品的形象也会受到一定程度的损害。

（3）延伸产品应当尽可能与旗舰产品相匹配。延伸产品与旗舰产品具有某种或某些方面的相关性，如具有相似的目标顾客群，相同的技术，相近的产品属性，相似的营销渠道以及相似的视觉感受等都能够增加它们的相匹配程度。它们相匹配的程度越高，形象转移越容易实现。同时，要尽力保证延伸产品与品牌核心识别、核心价值和核心联想相一致，底线是不相互矛盾和冲突。

（4）企业应谨慎施行纵向产品延伸。纵向的产品延伸容易引起旗舰产品与延伸产品之间的价格形象冲突，因而更可能遭受失败。

（5）企业应稳步推进品牌延伸。如果品牌延伸得速度过快、领域过宽，就容易造成企业资源分散和人财物供给不足等问题，从而影响延伸的效果，同时也给竞争对手留下了较佳的进攻机会。正如定位大师艾·里斯的劝诫，品牌就像一根弦，拉得越长，它就会越脆弱。

（6）企业应选择具有丰富的社会心理含义的品牌进行概念延伸。旗舰产品社会心理含义丰富是进行概念延伸的关键条件之一。

二、品牌延伸步骤

按照科学合理的方法有序地进行品牌延伸，可以减少品牌延伸的盲目性并降低风险，提高品牌延伸的成功率。附带的好处还可以使企业进一步了解品牌在消费者心目中的形象及品牌附加值水平，并将其与企业期望的品牌形象进行比较，找出差距，从而为改善品牌形象及提高品牌附加值水平找准方向。

（一）选择一个适合的母品牌（来源体）进行品牌延伸

品牌延伸的目的是进一步开发现有品牌的潜在价值，因此该品牌应该首先是有潜力可挖的才行，即它本身具有较高的品牌附加值水平。在品牌组合中，主力品牌似乎是最适合进行延伸的品牌了。但是，主力品牌是企业利润的主要来源，一旦品牌延伸失败将给主力品牌带来极大的负面影响，企业也将遭受重大打击。因而，我们应该认识到，采用主力品牌进行延伸的风险非常大。如果企业品牌组合中有另外一个"次最好"的品牌，那么利用该品牌进行延伸也许是最好的选择。

（二）识别品牌名称的联想

确定了用于品牌延伸的品牌之后，就需要明确消费者对品牌名称的相关联想，即品牌形象。企业可能大概了解该品牌在消费者心目中的形象，但进行市场调查还是必要的、有益的：一方面，可以发现真实的品牌联想与事前假定之间的差别；另一方面，还可能发现过去所忽略的重要的品牌联想。用于调查品牌形象的方法可分为定性与定量两类。定性的方法有自由联想、投射法、查特曼隐喻技术法等。而定量的方法则常采用利克特量表。

（三）列出与品牌联想相关的产品

企业召开经理人员会议，特别是在一种无拘无束的轻松的氛围中时，更能集思广益，激发每个人的想象力。一线的销售人员、经销商、服务商与顾客的联系最紧密，他们非常了解消费者的真正需求，往往能提出好的产品方案。此外，还可以直接深入访谈主要客户，征询他们可以把品牌延伸到哪些产品上。

（四）选择适合的产品项目

首先对备选的产品方案从形象转移、市场潜力、企业资源与竞争等几个方面进行综合评价，然后邀请顾客对名单中的产品进行概念测试，最后确定最适合的产品项目。

在形象转移方面，企业要考虑的是延伸产品的品牌联想是否与旗舰产品相同或相似以及形象转移的难易，一般来说，如果延伸产品与旗舰产品具有较强的关联性，则形象转移相对容易。此外，还需考虑延伸产品可能会给母品牌带来哪些影响，应避免给旗舰产品带来负面影响的延伸，而是要选择能够强化母品牌联想的延伸。

在市场潜力方面，企业应仔细评估延伸产品市场规模以及市场成长的潜力。企业还要考虑进行品牌延伸需要提供哪些资源，如人员、资金、技术等，企业是否拥有和有足够的能力提供这些资源。此外，还需考虑与可能的竞争对手相比，企业自身有哪些优势和劣势，能否取得竞争优势。

（五）开发延伸产品

一旦选定了产品项目，企业还要根据所选定的目标消费群体的需求，确定是否需要为延伸产品创造出一些不同于母品牌所唤起的联想，从而确定期望的品牌产品形象；然后制订计划并执行产品设计、定价、制造、分销、促销等活动。

（六）监控延伸产品市场运行状况

在延伸产品推出市场后，企业应持续检查是否达到了预期的目标，如预定的销售额、利润、品牌形象等，如果没有达到，应追查是什么原因导致的，找到原因后，应迅速改进营销计划。此外，还要考察品牌延伸对旗舰产品的品牌形象、销售额有何影响。

总之，品牌延伸的这些步骤之间是环环相扣的，上一步的决策往往决定了下一步的选择，下一步的执行失败时，又可回到上面的某一步骤，例如第四步中没有合适的产品项目可供选择时，可以回到第三步继续寻找可能的相关产品项目。

本章小结

品牌延伸是指企业将现有的品牌名称用于新产品。若旗舰产品与延伸产品是同种类的产品，这种延伸称为产品延伸；倘若旗舰产品与延伸产品是同性质但不是同种类的产品，则这种延伸称为名称延伸；倘若旗舰产品与延伸产品属于不同性质的两种产品，则这种延伸称为概念延伸。

企业进行品牌延伸是为了将旗舰产品的品牌形象转移到延伸产品上，以便挖掘旗舰产品品牌的潜力，实现品牌增值。影响形象转移成败的因素有旗舰产品的品牌附加值水平的高低及旗舰产品与延伸产品的相匹配程度的高低。只有在旗舰产品的品牌附加值水平较高时，才能实现形象转移。在这两种产品具有相关性、相似的目标市场及相似的视觉感受时，形象转移更容易实现。

品牌延伸对企业成长具有重要的战略意义。品牌延伸可以减少消费者感知风险，增加产品分销及试销的可能性，降低企业推出新产品的成本，满足消费者的多样化需求，还能明确品牌含义，强化品牌形象，为后续延伸做铺垫。但是不谨慎的品牌延伸也可能给企业带来很大的风险，例如产品间相互蚕食、联想互不转移或有害、负面反馈、品牌形象淡化、错过开发新品牌的机会等。

本章接着探讨了品牌延伸的策略。产品延伸可以分为横向产品延伸和纵向产品延伸，其中纵向延伸更容易失败。产品延伸策略在产品生命周期的初期进行更有效，而名称延伸策略在产品处于生命周期的成熟阶段更为有效，它是突破消费惯性的有效手段。此外，品牌附加值中社会心理含义的高低是决定概念延伸成功与否的关键因素之一。

本章随后探讨了品牌延伸策略与品牌认可策略的区别。认可策略比延伸策略需要更多的营销费用的支持，但是认可策略面临的风险小得多。

最后，品牌延伸的步骤是：选择一个适合的母品牌进行品牌延伸，识别该品牌名称的联想，列出与品牌联想相关的产品，选择适合的产品项目，开发延伸产品，监控延伸产品市场运行状况。

思考题

1. 什么是品牌延伸？品牌延伸可以分为几种类型？
2. 什么是形象转移？实现形象转移的影响因素有哪些？
3. 企业进行品牌延伸的动因是什么？它有哪些潜在的风险？
4. 为什么纵向产品延伸容易失败？
5. 影响名称延伸成功的因素有哪些？
6. 为什么说旗舰产品的社会心理含义是概念延伸的关键因素之一？
7. 品牌认可与品牌延伸策略有哪些异同？
8. 品牌延伸有哪些步骤？

案例分析题

东阿阿胶：品牌延伸培育族群①

东阿阿胶股份有限公司的历史可追溯至创立于嘉庆五年（1800年）的东阿阿胶制售坊，主体源自1952年建立的山东东阿阿胶厂。1993年由国有企业改组为股份制企业，1996年在深交所挂牌上市。东阿阿胶被商务部认定为第二批"中华老字号"，其制作技艺被列入第一批国家级非物质文化遗产扩展项目名录，业务以生产阿胶及其系列产品为主，系全国最大的阿胶系列产品生产企业，产品出口港澳、东南亚及欧美等十几个国家地区。

居安思危，打破瓶颈

通过价值回归引领的阿胶主打产品增长有没有天花板？盛世繁华下也可能危机四伏。2010年，东阿阿胶涨价了111%，成为其提价历史上的巅峰操作，但营收增速反倒下滑了6%。为了保证高毛利的局面，2011年，东阿阿胶再次提价60%。可惜的是在2011年也未能止住营收增速下滑的颓势，营收增速继续下滑了5.5%。

一个难题就这样摆在了董事长秦玉峰的面前。东阿阿胶两大明星产品阿胶块、复方阿胶浆的市场份额牢不可破，但增长似乎略显乏力，导致整个公司也难以更进一步。是不是要进行品牌延伸，推出新的产品？公司内部为此争执不休。

有人认为应该在现有模式下进行优化，东阿阿胶目前占据了高端滋补市场，被誉为"药中茅台"，而茅台就曾经尝试品牌延伸，收购了一些葡萄酒、啤酒企业，形成了"葡萄酒中的茅台""啤酒中的茅台"，但这些品牌延伸消费者并不买账。况

---

① 本案例摘选自中国管理案例共享中心的《东阿阿胶：老字号品牌如何"老树开新花"？》。

品牌营销学

且就在 2006 年前，东阿阿胶同样涉足了医药贸易、啤酒、包装印刷等业务，后来把这些业务都砍掉了，公司刚蓬勃发展了几天怎么又要去走回头路？

还有一部分人认为东阿阿胶应该依靠目前阿胶块、复方阿胶浆两大主打产品确保企业基本的市场份额和品牌价值，但同时应该去寻找新的增长点，即聚焦阿胶产品，同时发展衍生产品，实现产品及品牌发展的多元性及前瞻性，而非之前盲目地产品多元化。同为中医药企业的云南白药就突破了治疗出血症这一细分市场，自推出白药牙膏试水市场以来，云南白药更是在品牌延伸上一鼓作气，除经典的白药散剂之外，牙膏和创可贴已经成长了明星单品，在养生、护理、儿童用药等领域推出的一系列产品也都不可小觑，云南白药衍生产品的销售额在 2008 年就突破了 10 亿元，这充分证明了此路径的可行性。

两方似乎都有一定的道理，秦总斟酌再三，决定还是要进行品牌延伸以实现品牌价值的迁移，实行"单焦点多品牌"的品牌战略。

顺势而为，产品开发

如何进行品牌延伸，才能既不破坏阿胶传统的品牌形象，又能够满足现代消费者的需求呢？

恰逢此时营销部门递交的一份调研报告，引发了他的深思。报告显示，不少消费者反映阿胶服用起来比较麻烦，配料工序相对复杂；在当下快节奏的生活方式中，再像过去一样花几小时乃至一晚上的时间去准备各种配料熬制阿胶，不太现实。传统的阿胶服用方法已经不能跟上瞬息万变的新时代消费需求了，这也极大地影响了消费者对于阿胶的购买意愿。

如何解决这一难题？经过东阿阿胶的缜密研究，他们决定一方面针对阿胶块产品在线下开展免费打粉、代客熬胶服务，另一方面因势利导，顺势推出了"桃花姬"阿胶糕。既然我国南方地区的消费者素有在秋冬季节熬制阿胶糕进补的习惯，为什么不把这种产品推向市场呢？这也正是东阿阿胶一直苦苦寻觅的阿胶的传统感与大健康产品的现代感兼容点，桃花姬阿胶糕由此诞生。该产品针对当下消费者最迫切的美容养颜需求，主打"吃出来的美丽"，以"熬好的阿胶"为特性，开创性地解决了阿胶服食须长时熬制的最大难题，该产品采用的真空包装，更方便消费者携带和食用，以"养颜零食"的形式开创出新的客群。这一举措也使东阿阿胶进入了滋补零食市场，该产品一经问世反响良好，年增长率一度高达 20%。

"桃花姬"填补了快消品市场的空白，而针对高端人群的滋补需求，东阿阿胶推出"九朝贡胶"产品。每年仅在冬至子时取水，精选整张黑驴皮，恢复用古法炼制"九朝贡胶"，并且通过建立阿胶古方、传统技艺生产线、代表性传承人和健在的老练胶工带徒等方式使阿胶古法制作工艺传承下去。2009 年 6 月 24 日，"九朝贡胶"更是被当作国礼赠送给了美国股神巴菲特，一举成名天下知。

健康管理，服务增值

在人们开始对阿胶价值已经有所认知的背景下，秦玉峰逐渐意识到，只推出新形式的实物产品远远满足不了消费者的需求。东阿阿胶不能仅停留在依靠文化提高产品知名度、带动产品销售的层面上，还要以东阿阿胶品牌为核心提供关联的文化产品，向消费者提供以中医药文化为核心的健康管理服务。

随着社会养生保健意识的增强，民众对自身健康关注程度和养生保健意识明显增强，但由于高强度工作节奏和不良生活方式，相当一部分人处于亚健康状态，传统的医疗模式也亟待改变，需要从单纯的治疗模式逐渐向"防、治、养"模式转变，而这恰恰契合了中医"治未病"的思想。适逢国家中医药管理局出台了《"治未病"健康工程实施方案（2008—2010年）》，这也让秦玉峰极受振奋，东阿阿胶品牌所代表的正是这种传统的保健养生理念和健康管理方法。

在此背景之下，东阿阿胶决定陆续在全国建设90多家健康管理连锁店。健康管理连锁店不仅向消费者提供阿胶产品，还以3 200个阿胶经典验方和中医专家资源为依托，为消费者提供个性化的健康解决方案。此外，东阿阿胶还与全国100多家治未病定点医院签订了战略合作协议，让中医专家培训临床医生开膏方，真正实现了医和药的结合。中医素有"君臣佐使"的说法，君药起主要治疗作用，而其他药物只起辅助作用。膏方开出来后阿胶作为"君药"领着一群"臣子"（其他中药材）打天下，这就从单一产品变成为顾客提供全方位的健康解决方案。这和单打独斗地经营单一阿胶产品不可同日而语，它全方位地覆盖了消费者对于产品和服务的需求。东阿阿胶逐渐形成了以中医为主体，以健康管理连锁为平台，以四季养生膏方为载体，以"治未病"为特色的健康服务业务。

产业延伸，融合发展

健康管理业务的成功让东阿阿胶发现以品牌为核心进行全产业链价值迁移大有可为，于是东阿阿胶将品牌战略基点进一步向全产业链扩展延伸，在上游着力发展毛驴产业，孵化"黑驴王子"品牌，下游试水养生旅游产业。

长期以来，阿胶的原料——驴皮供应问题，一直是制约阿胶行业发展的一个最大瓶颈。"直接来看，解决了上游驴皮原料问题，就会解决阿胶产业发展的最大瓶颈，市面上的假胶、劣胶问题也会迎刃而解。我曾多次在人代会上提出'毛驴议案'"。秦玉峰常戏称自己是中国最大的驴倌，作为人大代表，他也经常在"两会"上为毛驴奔走呼号。驴的养殖，尤其是基地化、现代化饲养的问题，不仅在国内，从世界范围看也是一个冷门，鲜有人愿意投入精力去探索。科学研究上的滞后，阻碍了驴养殖产业规模的扩大，成为整个行业发展的瓶颈。为此，东阿阿胶近年来下大力气，一方面建设养驴基地，在新疆、内蒙古、甘肃、山东、辽宁等地建立了20个毛驴药材标准养殖示范基地，启动了山东聊城和蒙东辽西两个"百万头"养驴基地建设计划；另一方面完善毛驴交易机制，东阿阿胶参与打造的辽北牲畜交易中心是全国最大的毛驴交易市场，还上线了中国驴交易所，不仅保障了原料的供应，而且从源头确保了原材料的质量和产品安全。

奶制品企业可以只收购牛奶，但东阿阿胶深度涉入上游原料的代价是不得不收购整只毛驴。为了提升综合价值、形成一个可持续的产业链条，东阿阿胶孵化出了"黑驴王子"品牌，鼓励养殖户"把毛驴当药材养"，形成"活体循环开发"模式，将驴奶、孕驴血、驴胎盘等副产品循环开发，并且开始涉足毛驴深加工，除驴皮生产阿胶外，针对驴奶、驴肉开发出系列产品，为了推动驴产业的发展，东阿阿胶还投资建成了全球首家毛驴博物馆。

2010年上海世博会上，在法国馆的一次参观经历让秦玉峰对文化体验旅游念念不忘。2015年，秦玉峰去美国考察期间还专程到迪士尼乐园总部所在地奥兰多考察了当地的旅游体验经济。"奥兰多是个有趣的小城，只有不到30万市区人口。然而就是这不到30万人，每年却接待了将近3 000万的游客。奥兰多虽小，却包纳了一个大世界。体验旅游成为奥兰多的支柱。"迪士尼的成功给了秦玉峰极大的启发，工业体验旅游在西方已经成了一个较为成熟的模式，东阿阿胶能否效仿呢？东阿阿胶在此前就已经建成了中国阿胶博物馆和东阿阿胶城，能否在此基础上继续开拓，发展养生体验旅游呢？

"在我们的'十三五'规划中，'体验'成为未来战略，'文化体验营销'成为战略选择，而'文化体验旅游'则被定义为最重要的战略工程。"秦玉峰下定了决心要在文化体验旅游上做出一点名堂。为此，东阿阿胶请来了曾经操刀迪士尼乐园和环球影城的专业团队，打造以健康养生为核心概念的体验旅游产业链。通过重新规划装修，将旧车间改造为乐活中心，老厂区改造为体验酒店，增添了新业态。

2018年10月1日，国内单体最大、设计理念全球领先的阿胶世界开业，整套阿胶的制作流程和八抓手机器人、在线计数系统等现代化的生产线全部对游客开放。现代工业文明使人们大大减少参与了解商品的机会，而通过文化体验旅游，东阿阿胶让消费者亲身体验到了阿胶商品的制作过程，零距离接触商品，感知服务，从而实现让顾客变游客，游客变顾客。日前，东阿阿胶文化旅游板块已有国际良种驴繁育中心、阿胶世界、东阿阿胶城、中国阿胶博物馆、毛驴博物馆等，文化旅游体系初见雏形。东阿阿胶旅游景区入选了首批国家工业旅游创新单位、国家中医药健康旅游示范基地，2018年接待游客量达到242万人次，带动全域旅游井喷式发展。

东阿阿胶依靠品牌核心价值进行品牌延伸，从阿胶产品制造商逐步成长为大健康服务提供商，上游发展毛驴养殖、交易、加工三大产业，重点孵化"黑驴王子"品牌，中游聚焦阿胶生产主业，培育品牌族群，下游依靠东阿阿胶品牌背书，发展健康服务业、养生旅游业，形成了"3+X+2"全产业链融合发展新模式。

[案例思考]

1. 东阿阿胶股份有限公司为什么要通过品牌延伸来建立品牌族群？
2. 东阿阿胶品牌延伸包括哪些类型？
3. 东阿阿胶品牌延伸与云南白药品牌延伸有何不同之处？
4. 东阿阿胶通过品牌延伸建立起来的品牌族群存在哪些风险？
5. 运用品牌延伸等理论，对东阿阿胶品牌延伸提出相关建议。

第十三章
品牌国际化

在上一章我们分析了品牌延伸问题，它是品牌在行业方向上的扩张，而随着经济全球化的快速发展，企业应如何将品牌成功地延伸到不同的国家乃至全球市场上呢？这就使品牌国际化成了一个无法回避的问题。品牌国际化是品牌影响力在地理方向上的扩展，它与品牌延伸本质上都是为了实现品牌更大的增值。本章阐述的内容包括三个问题：品牌国际化趋势、品牌国际化战略以及品牌国际化策略。

第一节　品牌国际化趋势

一、品牌国际化的定义

品牌国际化（global branding），又称为品牌全球营销，其目的是公司通过品牌向不同国家扩张，来获取规模经济效益，实现低成本运营，最终实现品牌增值。

品牌的国际化运营产生了一大批全球化的知名品牌，它们大部分销售收入和利润并非来自本国市场，而是来自本土之外的其他国家市场，如可口可乐、壳牌、拜耳、劳力士、奔驰、苹果、欧莱雅、雀巢等已经成为世界消费者认可的品牌。除了增加收益的诱惑之外，公司做出全球化经营决策还有其他主要因素：

（1）本国市场趋于饱和、增长缓慢、竞争加剧；

（2）对利用海外市场的强劲增长和利润机会充满信心；

（3）希望通过规模经济降低成本；

（4）分散经营风险；

（5）具有全球化经营的资源和能力。

二、品牌国际化的动因

品牌国际化的动因是获得品牌全球营销的好处。著名品牌专家凯文·莱恩·凯勒（Kevin Lane Keller）对此提出了卓有成效的观点。他认为，实施品牌国际化具有以下优势：

1. 实现生产与分销的规模经济

在经济全球化的今天，对于许多行业的公司来说，在世界范围内开展经营活动有利于突破国内区域市场在地理空间上的局限性，其所带来的规模经济效益已成为许多跨国企业集团获得竞争优势的重要因素。经验曲线（learning curve）显示，制造和销售产品的成本随着产品产销率的提高而迅速下降。如果产品的产量与成本曲线越陡峭，那么全球营销方案就越能够体现生产和分销的规模经济，使产品更具价格竞争力或者使企业获得更多的利润。

2. 降低其他营销成本

除了降低生产和分销方面的成本，实施品牌国际化还可以在产品包装、广告、促销以及其他方面实施大体上一致的营销方案；而且，如果在各个国家市场上采用的品牌战略、策略越统一，成本降低的可能性就越大。比如，可口可乐公司通过全球化的广告宣传，在近30年里节省了数亿美元的营销费用。而欧莱雅集团则一直奉行积极的全球增长战略，有效地把公司品牌国际化形象战略（该品牌享有"美丽联合国"的美誉）和品牌本土化策略（美丽的文化内涵差异）结合起来，开发国际化妆品市场。

3. 全球感染力

品牌国际化可以创造有益的品牌联想，让全球消费者感到该品牌实力雄厚。全球品牌向世界各地的消费者传达一种信息：他们的产品和服务是专业的，得到了世界认可，值得信赖。品牌产品能够在全球范围内畅销，为广大消费者所接受并拥有大量忠诚的顾客群，说明该品牌具有强大的能力，能提供高质量的产品及服务。显赫的全球品牌所拥有的国际化形象还意味着社会地位和威望，这对服务品牌尤为重要。

4. 品牌形象的一致性

在世界各地的营销平台上保持品牌特征的相似性，有利于形成和保持品牌形象与公司形象的一致性。一个统一的品牌形象，使顾客无论身在何处，都能购买到他们熟悉的产品或服务，感受到独特的品牌个性与文化带来的愉悦。

5. 知识的迅速扩散

品牌国际化可以使在一个国家产生的好的建议或构想，无论是研发、生产制造方面的，还是营销领域的，都能迅速广泛地被公司在其他国家的营销经理所吸取和利用。另外，品牌国际化还能做到，全球营销方案立即覆盖各大目标市场，不给竞争者留下抢得先机的时间，从而能提高集团整体竞争力，如微软的视窗产品和英特尔电脑芯片的推出，都得益于品牌国际化营销战略。

6. 营销实践的一致性

由于营销者们对品牌产品的属性、生产方法、供应商、市场调查、价格定位等都非常熟悉，并且对该品牌的促销方式也有详细的记录，因此在品牌国际化过程中，就能够最大限度地利用公司的资源，大大减少和消除重复性的工作，以便迅速在全球展开该品牌的营销活动。

三、品牌国际化的障碍

成功实现品牌国际化，是所有品牌拥有者的美好愿望。理论上讲，在品牌国际化的过程中，品牌符号、品牌内涵、品牌定位、营销管理活动，越是具有一致性，

305

国际化成本可能就越低，效益就越显著；但与此同时，品牌在跨越国界的扩张中成功的概率就会下降。因为不同国家间在文化、政治法律以及竞争环境等方面有着显著的差别，消费者对品牌认知和理解也不一样，需要和消费行为也大相径庭。因此，品牌国际化将面临各种障碍以及由此可能发生的国际化风险。

（一）文化和经济方面的障碍

不同国家在文化和经济发展水平上存在着很大的差异，这不仅使不同国家消费者的消费行为存在着明显的不同之处，也使消费者需求、欲望和市场竞争环境存在着差别。因而，适应于某个或者某些国家的营销组合策略，在另外的国家可能根本就行不通，需要对其进行调整以适应当地市场环境。就产品而言，在不同的国家，品牌产品可能处在产品生命周期的不同阶段，因而产品营销方案存在着很大的不同，如早年间，汽车在欧美等发达国家已经是代步工具，而在我国则是身份地位的象征。就价格而言，不同国家产品的基本定价方法和价格需求弹性也许迥然不同，如汽油在某些国家是政府定价或者指导价，而其他很多国家采取的是竞争定价法。就渠道而言，不同国家产品的分销规则与结构存在很多的不同之处，如药品与医疗器械的分销。就整合营销传播而言，不同国家消费者对促销、赞助等活动以及媒体等存在着不同的偏好或反应。

不同国家文化差异的另外一个表现是语言文化的不同，这可能会扭曲或者改变不同国家消费者对某个品牌的名称、标识、标准色、数字、甚至广告等的理解。比如，大象在中国及东南亚国家，是受人喜爱的动物之一，是力量的象征。但在英国，大象有笨拙、大而无用的意思。《牛津现代高级英汉双解辞典》对"elephant"的解释是"昂贵而无用的东西；累赘"。因此，以"象"作为品牌标识在亚洲国家寓意很好，但在英美等国就不行。再如，可口可乐公司在俄罗斯等国家使用其著名的口号"享用可口可乐"（Enjoy Coca-Cola）时发现，enjoy 即"享用"一词在这些国家带有"性感受"的含义。为解决这一问题，公司不得不将"享用可口可乐"，更改为"请喝可口可乐"（Drink Coca-Cola）。

（二）政治法律方面的障碍

国家与国家之间政治上的紧张关系直接影响某些国家的品牌国际化，甚至成为几乎不可逾越的障碍。同时，不同国家法律体系存在显著的差异，在一个国家是合法的营销行为、表达方式（品牌内涵或定位），在他国有可能是非法的。如在欧美国家，性的诉求是合法的，而在伊斯兰国家则是绝对被禁止的；在英国，英雄人物不允许作为烟草广告的代言人，即使是万宝路广告中的牛仔也不允许；新加坡规定，不允许做"对比性"广告来显示自己品牌的优势；瑞典不允许对儿童做广告，而奥地利则对广告中使用儿童做了严格限制；波兰要求广告片中的插曲必须用波兰语演唱；加拿大禁止在电视上做药品广告；等等。这些规定使得在一国极为成功的品牌推广方式可能无法在他国使用。

四、中国品牌国际化的障碍

与美日欧相比，中国品牌走向国际显得更加困难。这些困难与西方发达国家消费者对中国的了解不够有关，也与我国自身的文化、语言特点相关。

1. 西方国家对中国历史文化了解少

中国拥有五千年的文明史，丝绸、陶瓷、中医药世界闻名。但总体上说，外国人对中国的了解程度远不及我们中国人对欧美国家和日本了解得多。尽管随着中国的改革开放和经济实力的日益增强，学习汉语的外国人越来越多，但毕竟只是少数人。汉语不像英法德语等语言，在世界上那么普及。再者，中国综合实力相对不强，西方国家对中国情况的宣传报道甚至有失偏颇。这样，中国品牌走向世界时，不少外国人持怀疑的态度：他们能生产出高质量的产品吗？

当然，近年来以华为、联想、海尔等为代表的中国强势品牌，不断引起西方发达国家著名新闻媒体和专业杂志的关注，甚至推荐。不过不可否认的是，拥有中国悠久历史文化传统的一些国内著名品牌，要想走出国门仍然困难重重。如北京同仁堂距今已有300多年的历史，成都同仁堂也有200多年的历史，泸州老窖有400多年的历史，但国外的人不知道这些品牌的发展史，因而品牌的历史文化积淀和品质口碑在西方人眼里几乎为零。不像美国的AT&T、IBM、GE，德国的西门子、奔驰等公司品牌，对自己品牌的百年历史主题在全球各地到处宣传，即使在中国也广为人知。当它们来到中国时，受过一些文化教育的人都对此有所了解，甚至趋之若鹜。一正一反的现实给我国品牌国际化平添了不小的障碍。

2. 西方语言与汉语文字之间差异大

西方文字与汉语文字之间存在的巨大差异，导致西方人对中文名及其拼音的辨认和记忆上有一定困难。西方语言文字与汉语言文字最大的区别是，前者是字母文字，而我国是方块文字。换言之，西方语言文字是一个字母一个字母通过横向组合来认知的，而中文是一个笔画一个笔画通过笔画组合来认知的。中国的品牌名称就很难让欧美国家的人辨认和记忆。

中国企业在国外商标注册时，在注册中文品牌名称的同时，也将其拼音注册了，如长虹Changhong。这样，在国内主打中文的"长虹"品牌，而在进入国际市场后，只能主打拼音字母式品牌"Changhong"。但结果出现了问题：一是拼音的字母组合模式与以英语为代表的西语不同。以长虹为例，在Changhong中，中国人知道字母"ang"与"ong"是一个整体组合，但在西方人不这样理解，对他们来说，记忆性问题依然存在。二是发音不同。我们知道西方人讲汉语，很难准确发音，不仅我们中国人听起来别扭，他们自己也感觉不爽。如果他们无法正确发音和辨认以拼音标注的商品，那么该品牌就很难在海外成功。

3. 进入国际市场后与中文品牌名称有关的品牌联想丧失

这种现象在世界各国普遍存在，但对我们中文品牌来说，问题尤为严重。如长虹，作为彩电的品牌名称，"天上彩虹，人间长虹"，"长虹"能给国人带来"色彩斑斓，逼真再现"的美好联想。又如，"春兰"的品牌联想是：在炎炎夏日和寒冷冬天，空调一开，如回到春天一般的感觉。对我们中国人来说，"长虹"和"春兰"分别是彩电和空调的理想品牌名称。然而，它们如果采用拼音模式，即音译为"Changhong"和"Chunlan"，则品牌名所产生的美好寓意和联想，立刻消失殆尽。

307

再如，"娃哈哈"作为国内畅销的儿童饮品，有着十分理想的语言特征：两个同音双叠字，朗朗上口，十分响亮，易于记忆；同时也能产生美好的联想——小孩子开心大笑的快乐场景。然而，一旦其进入国际市场使用"Wahaha"，美好的品牌联想即刻消失，与日本品牌"Yamaha"就没有什么区别了。

4. 中文品牌名称直译可能引发歧义

我国一些名牌产品在参与国际市场竞争时，由于品牌名称翻译失误而受损的例子也较多。例如，上海生产的"白翎"牌钢笔物美价廉，在进入国际市场时，它的品牌英文直译为"White Feather"，该产品在英语语系国家备受冷落。究其原因，是这个译名不符合英语文化。英语里有个成语叫作——"to show the white feather"，意为临阵脱逃、软弱胆怯。据传旧时宫廷斗鸡讲究毛羽一色的纯种鸡，而品种不纯的鸡胆小怕死，垂翅逃走时则会露出羽下的白色杂毛。在英语国家里如果要侮辱人，就送他一根白色羽毛（white feather）。这样的品牌名称如何叫产品好销呢？再如，国内"紫罗兰"男士衬衣品牌译为"Pansy"，殊不知这个单词在英语里是指没有男人气的男人，闹了个国际笑话。

第二节　品牌国际化战略

品牌国际化的根本目的是在世界范围内建立和积累全球品牌资产，而不仅局限于本国国内。然而，品牌国际化面临着许多重要的战略性问题，比如品牌进入哪些国家市场，哪些是主要市场，各个国家市场的品牌定位是什么，品牌如何在各个市场上建立强势的品牌形象等。下面，我们着重阐释其中的两个问题，即全球品牌资产的内涵及其定位问题。

一、全球品牌资产

建立全球品牌资产就是自己品牌及其产品获得所进入国家消费者的强烈认同，甚至不把他们看作"外国货"。这里涉及四个关键点：

1. 建立品牌认知

通常，品牌进入国外市场是通过其产品建立起品牌认知，品牌产品对当地顾客需求的满足程度决定着市场对该品牌的认知广度和深度。在这里，公司如何确定产品的推出顺序显得尤其重要。我们很少看到，新市场上产品推出的顺序与该品牌在国内市场上产品推出的时间、品种及品类等在顺序上相同的案例。从长期来看，在国内市场推出产品是连续的，而在海外市场则是渐进式的。譬如，宝洁公司从不提及美国字样，以减弱国家标签可能给品牌国际化带来的消极影响，因为并不是全世界所有人都喜爱美国。在刚进入中国市场时，宝洁成功推出了主打去头屑概念的海飞丝，接着陆续推出了一系列具有特定功效的洗发水品牌（飘柔等）以及其他的洗衣用品（汰渍与碧浪）、香皂（舒肤佳）、婴儿妇女护理用品（帮宝适与护舒宝）、口腔清洁用品（佳洁士与欧乐B）等护理品牌产品，之后甚至推出了品客薯片，从而逐渐增加其在华出售的品牌产品种类及其品种，不但使中国消费者在不知不觉中接受了这个品牌，而且极大地增加了公司收益。

推出产品的顺序对消费者的品牌认知会产生深远的影响，如品牌提供的利益、需求满足程度等。因此，对品牌推广的广度和深度，企业需要仔细进行考虑，以保证适当的品牌显著度和品牌内涵。

2. 打造品牌形象

全球营销面临的一大挑战是，在众多不同的国家市场上建立和提升品牌形象。品牌差异化是打造品牌形象的关键点。如果品牌产品在某个市场上与其他竞争者比较差别不大，那么功能性利益方面的品牌联想就没有必要不同。此外，品牌形象可能在不同地方也有较大差异。例如，某个品牌在其本土市场上也许具有悠久的历史和很强大的竞争优势，但在一个新市场上，这些优势就不复存在了。在一个市场中具有理想的品牌个性，在另一个市场也许并非如此。可是，有一点是确定的，就是品牌差异化必须是当地消费者所需要的而且必须适应当地市场变化的要求，这点与本土市场的要求是一致的。

3. 引导品牌响应

在新的市场上，品牌判断必须是积极的、正面的，这样消费者才会觉得该品牌可以信赖，并值得购买。建立正面的品牌形象有助于得到有利的品牌响应。然而，全球市场正面临的难题之一是，如何实现全球化与本土化恰到好处的平衡，并确定情感响应和品牌体验的优势。在市场实践中，融合内在情感和外在感受并非易事，因为不同的市场之间存在文化差异。

4. 培育品牌共鸣

培育品牌共鸣是与当地消费者建立起牢固的、积极的品牌顾客关系。消费者必须有足够的机会和动因购买使用产品，并与其他消费者和公司发生互动沟通，主动了解和体验品牌产品及其营销活动。很明显，交互式在线营销方式具有很大优势，因为全球各地的消费者都可以方便快捷地进行交流。但是，在建立品牌忠诚方面，数字与网络平台不能完全替代传统的营销工具。在不同的国际市场上开展品牌营销活动，仅仅直接套用已有的营销方案或稍做调整可能是草率的表现，因为消费者之间的差别很大，他们对相同的品牌行为不可能产生相同的品牌忠诚。

二、全球品牌定位

市场经验表明，精准的品牌定位可以为品牌赢得巨大的差异化竞争优势。品牌定位因文化的差异而需要"因地而异"，因此在确定地区品牌定位时，必须先深入市场进行调研，搞清楚每一个市场消费者消费行为的差异，如他们是如何购买与使用产品的，他们对品牌知道些什么，对品牌的感知如何。然后，据此制订不同的品牌营销方案，包括选择定位点，确定品牌核心价值，制订具体营销活动计划以及利用次级联想的杠杆作用等。其中，次级品牌杠杆包括公司、原产地、许可授权、品牌联盟、活动赞助、名人背书等，这是创建品牌联想的有效途径，但需要根据地域的不同而有所改变。

309

第三节　品牌国际化策略

品牌国际化策略涉及这样一些关键问题，如进入市场的方式、进入市场后怎样实现品牌国际化，以及如何处理品牌全球一体化与品牌本土化问题。

一、品牌进入新国际市场的方式

（一）利用公司现有品牌实施地域扩张

公司自主实施品牌地域扩张可以掌握进程中的完整控制权，但它的主要问题是速度太慢。由于大多数公司缺乏足够的资金和营销经验将自己的品牌产品同时投入很多国家，所以常见的品牌全球化扩张是从一个国家市场到另一个国家市场的缓慢进程，难以适应企业迅速扩张的需要。万宝路征服世界用了35年，而麦当劳花了22年。

（二）收购所要进入市场中的现有品牌

收购目标市场上正在遭受如财务危机等痛苦的本土强势品牌是一种快捷、高效的进入方式。但是，收购的代价往往是十分高昂的，也可能受到当地公司所在国家政府的反对，而且不同文化之间的整合难度以及由此带来的后续经营管理方面的不确定性经常比事前预想的更难控制。

（三）建立品牌联盟

与本地品牌建立共享利益和共担风险的联盟，如合资公司、合伙公司、许可证协议、代理商等亦是一种快速、方便的办法，且不需要投资（商标或技术入股）或只需少量投资。公司建立品牌联盟有利于培育品牌的全球性声誉，塑造企业形象，特别是两个强势品牌的"强强联合"，能起到共荣互利的作用。但由于联盟通常在产权上的纽带关系很弱，因此对公司品牌资产经营与发展的控制力也较弱。

综上所述，判断公司采用何种方式进入新的市场，主要取决于速度、控制力和投资收益三个指标。同时，品牌进入方式的选择在很大程度上依赖于公司所拥有的资源、战略目标以及各种选择背后的成本、利润、风险的匹配关系。例如，来自荷兰的喜力啤酒公司采取了"先后有序"的品牌国际化策略。公司先通过产品出口到新市场，建立品牌认知和品牌形象；如果市场反响好，公司将通过授权当地啤酒商生产喜力牌啤酒，以提升产品市场占有率和品牌影响力；如果这一步也成功了，公司将在当地建立合资公司。通过这种方式，喜力公司将其定位高端市场的品牌与当地的品牌相结合，获得理想的销售额，并成为世界上最具国际性的酿酒集团。

二、品牌进入新市场后的国际化模式

第一种模式：标准全球化。这种模式的主要特点是，在所有营销组合要素中，除了在不同国家市场中不得不进行的品牌营销要素的战术调整外，公司对其余营销要素均实行标准化，即将全球视为一个基本相同的大市场来运作，尽可能地实现品牌营销战略策略的标准化，包括提供全球化的标准产品，以实现品牌国际化的利益最大化。

第二种模式：模拟全球化。除了涉及品牌形象与价值方面的品牌核心识别元素实行全球统一化以外，其他要素都要依据当地市场的具体情况加以调整，以提高品牌对各地市场环境的适应性。这里所说的其他要素，包括产品形式、定价与渠道、广告促销、品牌宣扬的文化意义等。从行业上来看，比较典型的是汽车行业。例如，"欧宝"（Opel）汽车在欧洲的销售量很大，但是除了品牌标识、品牌价值与个性等至关重要的要素以外，从产品的设计到价格体系的制定，基本都实行了本土化策略。也就是说，生产什么款式、卖多少钱，全部由通用汽车公司子公司德国欧宝公司决定，总公司不予干预。

第三种模式：标准本土化。这是一种国际化程度最低的品牌国际化策略。公司在国际化战略与策略实施过程中，几乎所有的品牌策略的出台都要充分考虑所在国的文化传统和语言特征，并根据当地市场情况加以调整。这种模式主要运用于食品和日用品品牌。例如，在欧洲市场上销售得非常好的 Playtex 胸罩品牌，在意大利的产品是专门定制设计生产的，其含棉量要高于其他国家的。品牌名称在不同的国家也不相同，在法国是 Coeur Croise，而在西班牙则是 Crusado Magico。这家公司生产的另外一种无丝夹胸罩同样如此，在美国的品牌名称是 Wow，到了法国则变成了 Armagigues。

第四种模式：体制决定型。所谓体制决定型是指由于一些产品本身的特殊性，它们的营销并不完全取决于公司本身，而是要受到所在国贸易及其分销体制的巨大影响，因而公司只能在体制约束的框架内做出标准化或者本土化的决策。这种模式下的典型的行业是文化产业。一般来说，这些产品品牌的国际化进程通常要受该国贸易管制的极大影响，国际化程度也比较低。像美国的电影业，虽然在全球电影市场上占有较大的市场份额，但是从总体上说，由于各国对电影业的文化交流政策存在巨大差异，使得其发展呈现出明显的地区不平衡性。

我们需要明确的是，纯粹的（完全本土化或者完全标准化）全球化品牌通常是不存在的，这只是一种理想的模式。企业不管采用什么模式，有两点必须严格把握：第一，品牌标识、核心识别和核心价值一般实行的是标准全球化策略；第二，企业如果一味地实行标准本土化，一方面由于分散使用资源，会降低资源配置和利用效率；另一方面不利于品牌整体形象的形成。所以，最佳的选择采用第二种策略，即将本土化与标准化结合起来，采取混合型策略：对品牌的"核心元素"（那些能支持品牌核心竞争力的元素）进行标准化，而对"次要元素"（如广告、包装、价格、分销渠道等）进行本土适应性调整，针对不同的市场环境灵活加以运用。

越来越多的实践表明，营销者在品牌国际化和全球化过程中，需要对品牌的地域差别给予高度关注。即使是这些世界顶级品牌，在某些国家也不得不对品牌要素做必要的修正。如健怡可口可乐（Diet Coke），在欧洲出于法律原因更名为 "Coca-Cola Light"。品牌专家拉里·赖特（Larry Light）提出品牌国际化的准则是：Think globally, Compete Locally, Sell personally（全球化思考、本土化竞争、个性化销售）。

因此，品牌国际化不是"全球化"与"本土化"之争，而是如何整合或平衡"全球化"与"本土化"关系，以实现品牌增值最大化。

专栏：小故事·大启示

标准全球化适合哪些产品？

通常认为，下列产品和品牌被视为更适合于使用相同或相近的品牌营销方案：

（1）具有强大功能性利益形象的产品。例如电视机、录像机、手机、手表、电脑、照相机、汽车等。这些产品并非文化传统象征的一部分，容易得到全球消费者的普遍认可。比如，海尔家电产品以优质性能和良好服务享誉全球，成为世界家电行业第一大品牌。

（2）具有新潮、财富或地位象征意义的产品，如高档化妆品、装饰用品、服装、珠宝首饰、名烟名酒等，这类产品可以吸引不同国家的同一类人的市场。

（3）全球营销活动中具有显著的公司品牌形象优势的服务业品牌，如航空公司、酒店和银行保险等行业中的强势品牌及其产品。

（4）向上流人士专供商品的零售商，或者意在满足那些需求未得到满足的零售商及网购平台。如中国的拼多多网购平台极好地契合了某一群体的需求。

（5）主要以原产地为品牌识别元素的产品，如百达翡丽手表、日本原产地汽车以及国内的青岛啤酒、涪陵榨菜等品牌产品。

（6）其他不需要定制化的产品，如某些誉满全球的工程施工机械及运输装备、医疗设备等。

三、如何做到全球一体化

（一）品牌识别系统全球化

在推进品牌国际化的进程中，公司需要全面实施国际通行的行为识别（behavior identity，BI）系统，特别是视觉识别（visual identity，VI）系统。一般而言，在国际化的 VI 系统中，尤为重要的是品牌符号要素——品牌名称、图标、标准字与色，要易于被世界各地尽量多的、来自世界不同地域、肤色、文化的人们所认知、接受和传播。典型的是，品牌名称的全球化策略有：

1. 英文字母或阿拉伯数字作为品牌名称的构成元素

由于英文字母与阿拉伯数字是世界各地不同国家、不同民族的人群都认识的符号，并且通俗明了、容易记忆，故以英文字母与阿拉伯数字为元素的品牌符号系统放之四海皆可。像著名的电脑品牌 IBM 以企业名称的首字母缩写形成的三个字母组合，简单易记，又符合企业的个性。而像英国的"555"牌香烟，中国的"163"网站等就是纯粹的数字名称，也给人留下了深刻的品牌印象。

2. 以自创的英文单词作为品牌名称

以英文字母为元素组成的名称一般是一个单词，且这个单词在英文中并不存在，专为某一企业专用。此类标准字单词包含的内涵和信息量，基本上是企业长期传达给消费者的所有信息而形成的印象。这里需要注意的是，当不同国家的顾客接触到一个原本就有意义而又作为品牌名称的单词时，脑海反映出的这一单词的信息会比较杂乱，容易产生歧义，从而影响信息准确清晰地传达。有时一个词在某国是褒义的，而在另一个国家可能是贬义的，不符合世界通行的原则。比如，命名为"Mistatick"的发夹，在英国十分畅销，但在德国受到了冷落，原因是名称抬头单词"Mist"在德文中是指动物的粪便。但像我国的美的（Midea）、康佳（Konka），在出口或跨国经营时就不会遇到这类麻烦。

中国也有一些品牌名称表现不错。比如，上海家化的美加净（Max）是知名度很高的商标，品牌对应的产品有牙膏、香皂、化妆品等日用消费品。"美加净"这三个字能显现出产品的特点，同时它的英文名称"Max"，是一个比较符合国际惯例的品牌名称。名称本身无词汇上的意义，是一个新创词，看上去是来源于 Maximum（最大化）。它左右对称，优美醒目。另外，新飞冰箱的海外注册的品牌名称也是一个新创词——Frestech，来源于 fresh（新鲜）和 technology（技术）的组合，很能表现出这款冰箱的产品特点。

3. 拼读容易、音律优美、易于记忆和口头传播

海信公司为了适应全球营销战略，在"海信"的基础上加上一个谐音的英文品牌——"Hisense"，它来自英文"high sense"的变异组合，意为"高灵敏、高清晰"，作为电子产品商标十分合适；同时它又可引申为"卓越的远见"，体现了企业的经营理念，堪称中西合璧的典范。联想的英文品牌名称是"Lenovo"，单词本身虽无任何意义，但读来朗朗上口，也给人一种传奇之于高科技的联想，有助于联想品牌的对外宣传，提升品牌的全球价值。

（二）品牌核心价值全球化

品牌的核心价值作为品牌存在的价值，不仅要在时间上保持连贯性，还要在地理空间上应保持一致性。当代社会，数字信息技术、通信手段和交通工具的迅猛发展，使得信息、人员在全球流动更方便、更快捷。如果品牌在不同国家的核心价值不一致，会令全球消费者感到十分困惑：这个品牌到底是什么？

李维斯牛仔裤在远东市场和欧洲市场皆是高端市场的著名品牌，在美国却是主流的、实用的品牌。由于这些市场之间的地理位置相距遥远，品牌形象冲突问题得到了一定程度的缓解。但是，即使有这样一个"缓冲器"，公司仍然面临着困境——李维斯公司一直被所谓的"灰色销售"（商品通过未经授权的，但仍是合法的渠道销售出去了）所困扰。因为产品在美国的零售价格，往往要比在欧洲的批发价格还低得多。一家在英国居市场领先地位的零售连锁店特易购（Tesco），曾经从地下交易市场购买了4.5万件男式李维斯501型牛仔裤，并以远低于那些由李维斯公司直接供货的店铺的价格出售。结果怎样？授权零售商失去了销售李维斯产品的动力，而消费者则失去了全价购买正品李维斯牛仔裤所能带来的乐趣。而宝洁公司在推广全球性品牌时，十分看重使品牌在各个国家和地区的消费者心目中有一个清晰且始终如一的识别。比如，护舒宝是宝洁公司著名的全球品牌，品牌核心价值是"一种更清洁、更干爽的呵护感觉"，在不同国家都始终坚持这一诉求。

（三）资源配置全球化

为获得品牌国际化的成功，一个非常重要的问题就是企业如何在全球范围内配

313

置和利用资源。在经济全球化的今天，在全球范围采购，以全球为市场进行产品研发、生产制造以及销售，是全球品牌的显著特征。一些著名品牌企业在一些国家设置了研发机构，在另一些国家开设了生产工厂，而在第三国组装，再将产品销售到其他国家，这样做，最大限度地利用了世界各国的资源比较优势，极大地提高了资源利用效率，尽可能地实现了成本最低和利益最大化。全球化资源除了包括原料资源、市场资源外，还有资本资源、技术资源和人力资源。尽管我国品牌起步晚、品牌实力与国际地位较弱，但是现在有越来越多的中国企业正在整合和利用全球资源，来提高企业整体营销效能与效率，如福耀玻璃、海尔集团等。

四、如何做到品牌本土化

世界各地社会文化上的差别导致了顾客需求与竞争环境的差异，从而产生了品牌本土化问题。品牌本土化是指品牌营销活动本国化、当地化，主要包括传播方式的本土化、品质的本土化、产品包装的本土化以及定价分销的本土化等策略。

（一）采用本土化的广告传播策略

全球性品牌的本土化广告策略是指：在全球传递标准化的基本信息，但是允许地方营销者根据当地的观念、风格以及可利用的传播工具等情况进行适度修改，即"规划全球化，执行本土化"。由此，企业既可以在一定程度上获得标准化所带来的成本节约，又能适应不同文化之间的差异。

李维斯公司在其国际经营中，就遵循了这样一个基本原则：该公司意识到，一些国家顾客的消费价值观越来越美国化，这反映在越来越多的消费者热衷于"美国货"。李维斯牛仔裤是唯一能够被称作世界品牌的美国服装品牌。该公司通过宣传"将李维斯公司的产品作为一件值得珍藏的美国产品"从而获得了世界品牌的地位。穿着李维斯牛仔裤的年轻人，无论是在曼谷、圣彼得堡、巴黎，还是在里约热内卢，都表现出了这种相同的价值观。因此，李维斯牛仔裤在质量和美国特色这两个基本信息上在世界各地一成不变，而表达的方式在各国则有所不同。目前，李维斯产品在全世界70多个国家畅销，其广告主题因不同文化和政治因素而有所不同。下面是它使用的一些主题：①在法国，该公司将其生产的牛仔裤与全球年轻人的自由联系在一起；②在印度尼西亚，广告展示的是一群李维斯装束的年轻人开着一部20世纪60年代制造的敞篷老爷车兜风的场面；③在日本，地区经理们利用了过去的一些美国电影明星如玛莉莲·梦露做广告，因为日本年轻人普遍存在着对美国电影偶像的崇拜；④在新加坡，广告显示了李维斯牛仔服的结实，一个充满活力的泥瓦工脱下他的李维斯牛仔服，从一家着火的旅馆救出一名妇女，用李维斯牛仔服把她从绳子上滑到另一幢大楼；⑤在英国，广告强调李维斯是美国品牌，将一个十足的美国式英雄"牛仔"置身于梦幻般的西部背景中。

（二）采用本土化的品质策略

产品质量是产品属性中最核心的部分。随着技术力量的不断增强，全球工业日益向标准化方向发展，如ISO、IEC以及其他权威国际组织制定和颁布的国际标准。全球性品牌的本土化产品质量策略是指企业将产品中的核心部分（符合性能质量）

标准化的同时，对其他产品属性特征（性能质量）定制生产，从而在满足不同地区消费需求的基础上提高效益。因此，本土化产品策略的实质在于企业要搞清有多少东西需要调整和在多大程度上能够使产品实现标准化生产。

随着全球市场概念的逐步成熟，企业所采取的态度可能是能标准化的地方就标准化，该调整适应的地方就调整适应；尽可能从标准化中获益，同时又要满足当地文化的不同需求。一些全球性品牌正是抱着这种观点，研制包含关键技术在内的平台，并在此基础上生产不同的产品。例如，著名的达美乐比萨饼（Domino's Pizza）通过所谓的"文化表象"来改变比萨饼的味道，以此作为一种当地化的策略。在英国比萨饼的表皮被盖上了一层甜玉米，在德国则使用了意大利腊肠，而在澳大利亚用的是对虾。再如，尽管麦当劳拥有国际品牌的地位，也要不断地改变其产品：在德国出售啤酒，在法国出售葡萄酒，在中国出售杧果奶，在澳大利亚出售干肉饼，在菲律宾出售麦当劳通心粉。

（三）采用本土化的产品包装策略

就产品来说，品牌在进入新的海外市场初期，一般只推出一种或几种产品，并着力打造"专业、高品质、值得信任"的品牌产品形象，随着品牌形象的逐渐建立和品质认同，再循序渐进地推出更多品种、更多品类的产品。在向海外市场推出产品时需要注意的是，开发海外市场应当首先对当地市场消费者的消费行为进行全面、深入的调研，以了解当地顾客需要什么样的产品以及公司中哪些产品更适应当地市场需求，而不是公司在本国出售的所有产品。

包装不仅起着保护商品、方便运输的作用，而且起着促进销售，便于消费者挑选、携带和使用的作用。包装的设计除了要考虑美化商品、促进销售、便于使用，注意特色、时尚、提高档次外，还应注意目标市场当地的需要如包装物的材质、大小，绝对不能与当地的民族习惯、宗教信仰和法规发生抵触。比如，在信奉伊斯兰教的国家和地区忌用猪做装饰图案；法国人认为孔雀是祸鸟；瑞士人把猫头鹰看成死亡的象征；中国人把乌鸦看作不吉利的动物；乌龟的形象在许多国家被认为是丑恶的，但在日本被当成长寿的象征。有的图案、颜色或符号在特定的地区也有特定的含义，如在捷克红三角是毒品的标记，在土耳其绿三角表示免费样品，等等。因此，企业在设计产品包装时，必须考虑世界各地不同目标市场上消费者不同的爱好和禁忌。

（四）采用本土化的定价分销策略

就海外市场如何进行产品定价问题，最重要的原则是，必须弄清楚每个国家的消费者对品牌价值的感知是什么，他们是否愿意为此付钱和付出多少钱，他们对价格变动的敏感度如何；了解了这些问题，公司就可以依据顾客的感知价值对产品进行定价。例如，喜力啤酒、巴黎香水、瑞士名表等品牌，在海外市场上的价格比国内市场高得多，因为在其他国家，这些品牌的品牌形象截然不同，消费者的感知价值会高一些。除了不同国家间消费者品牌感知价值的差别外，可能影响价格的因素还有公司战略目标、价格需求弹性、分销结构、竞争地位、税率和汇率等。

许多品牌国际化时愈来愈面临着来自销售渠道的挑战，因为真正全球性的零售商并不多，尤其是在某些国家某些行业产品的销售渠道为少数制造商所垄断，使得产品通往国际市场的渠道变得十分有限和紧缺。同时，自建销售基础设施不但所需要的投资额巨大，而且可能会面临当地政府的管制风险。虽然，如今网上购物变得很普遍，但是国与国之间消费者购买还是受到许多限制，显得困难重重，有时甚至完全不可行；而且，仅在网上直销而缺少品牌产品在当地市场上的曝光，消费者不能体验产品，缺乏对品牌产品的基本认知，也不太可能会产生购买的欲望和动机。但是，随着国际贸易的不断深入发展，通过网购平台销售产品将来也许可能成为一种可行的渠道。

专栏：小故事·大启示

可口可乐：经典的全球品牌

可口可乐，全球知名度最高的品牌，源于亚特兰大的一个药房，在那里每杯可乐卖 5 美分。"可口可乐"这个名称于 1893 年 1 月 31 日正式注册为商标。很快，可口可乐在美国声名鹊起，公司在芝加哥、达拉斯和洛杉矶建立了原浆厂。

20 世纪 20 年代，可口可乐开始致力于成为全球品牌，在世界许多地方都出现了可口可乐的标识。当越南战争使美国形象在一定程度上受损时，可口可乐的广告更加强调了品牌的全球意识和形象。1971 年，可口可乐制作了一个广告片，片中展示的是一群孩子在意大利的一个小山顶上唱歌，表达了"我要请全世界喝一杯可口可乐"的主题。1978 年可口可乐进入中国，1979 年进入俄罗斯。1988 年可口可乐被评为世界上最具知名度和最受尊敬的品牌。

在这庞大的市场上，可口可乐没有在全球的每一个市场都制定一样的营销方案，而是根据特定市场偏好的不同，在味道、包装、价格以及广告等方面做出相应的调整。例如，在美国市场上著名的广告：一个疲惫的足球明星不情愿地从球迷那里接过一瓶可口可乐，然后出人意料地将自己的球衣作为答谢送给了那位球迷。广告在别的市场上也进行了复制，但在不同地区的广告中都分别选用了当地的著名运动员。

当地的区域经理负责可口可乐产品的销售和分销方案，以应对不同国家消费者行为的市场差异性。也许可口可乐最标准化的元素就是其产品形象，可口可乐在世界各地保持了产品外观与包装的一致性。为了保持品牌的相关性，可口可乐在不同的市场选择不同的广告代理公司，力求使品牌适合本地文化特色。而且，可口可乐在各个国家的营销组合设计都强调相对于竞争产品的正确定位。因此，虽然可口可乐在全球看起来很相似，但根据每个国家消费者偏好的不同，品牌形象在某些方面会有很多的差别。这样做的好处在于，使品牌分别融入这些国家的文化，数年后，这些国家的年轻人就不觉得可口可乐是外国品牌了。

1999 年，可口可乐新的全球营销口号是"本地化思考，本地化行动"，这与它过去的口号"全球化思考，本地化行动"差别很大。这意味着可口可乐回到根本，意味着它会雇佣更多的本地员工并允许当地的管理人员根据他们所处的区域市场情况进行策略性调整。

今天，可口可乐公司在世界上 200 多个国家拥有 400 多个品牌，公司超过 3/4

的收入来自美国以外的地区。此外，可口可乐公司还会在各地推出当地的产品品牌。比如，在日本取得巨大成功的格鲁吉亚冰咖啡。事实上这一产品的销量在当地超过了可口可乐。可口可乐公司目前在中国推出了包括可口可乐、雪碧、芬达、美汁源、冰露等20多个产品品牌。总之，世界上很难找到一家公司严格按品牌全球化营销的概念执行，即在每一个地方完全按照同一种模式销售同一品牌产品，即使是可口可乐。

本章小结

品牌国际化又称为品牌全球营销，其目的是公司通过品牌向不同国家扩张，来获取规模经济效益，实现低成本运营，最终实现品牌增值。实施品牌国际化的动因在于实现生产与分销的规模经济、降低其他营销成本、全球感染力、品牌形象的一致性、知识的迅速扩散和营销实践的一致性。品牌国际化的障碍主要是文化和经济方面的障碍、政治法律方面的障碍；除此之外，中国品牌国际化的障碍主要有西方国家对中国历史文化了解少，西方语言与汉语文字之间差异大，进入国际市场后与中文品牌名称有关的品牌联想丧失，中文品牌名称直译可能引发歧义。

建立全球品牌资产涉及四个关键点：建立品牌认知、打造品牌形象、引导品牌响应和培育品牌共鸣。精准的品牌定位为品牌赢得巨大的差异化竞争优势。品牌定位因文化的差异而需要"因地而异"。

品牌进入新的国际市场的方式有：利用公司现有品牌实施地域扩张、收购所要进入市场中的现有品牌、建立品牌联盟。判断公司采用何种方式进入新的市场，取决于速度、控制力和投资收益三个指标；同时，选择在很大程度上依赖于公司所拥有的资源、战略目标以及各种选择背后的成本、利润、风险的匹配关系。品牌进入新市场后可供选择的国际化模式有标准全球化、模拟全球化、标准的本土化和体制决定型，而且品牌国际化是"全球一体化"与"品牌本土化"的有机统一。全球一体化主要包括品牌识别系统全球化、品牌核心价值全球化和资源配置全球化。品牌本土化是指品牌营销活动本国化、当地化，包括传播方式的本土化、品质的本土化、产品包装的本土化以及定价分销的本土化等策略。

思考题

1. 品牌国际化及其含义是什么？
2. 品牌国际化的动因有哪些？
3. 品牌国际化的障碍主要有哪些方面？我国品牌国际化障碍主要是什么？
4. 建立全球品牌资产的关键点是什么？
5. 品牌进入新的国际市场的方式和模式是什么？
6. 如何理解全球一体化和品牌本土化的关系？
7. 品牌如何做到全球一体化？

8. 品牌如何做到本土化？

9. 亨氏公司在为开发新兴市场制定营销策略时坚持"3A"准则，即"适应性"（applicability，产品必须适应当地文化）、"随手可得"（availability，产品必须在与当地民众相关的渠道中销售）、"可负担"（affordability，产品的定价不得超过目标市场的接受范围）。请你运用所学理论知识，对该公司的准则提出自己的观点。

案例分析题

让梦想在全世界开花——重庆刘一手集团的国际化探索之路①

在 2018 年，刘一手集团的海外营收已占集团总营收的近半壁江山，达到 40%，旗下品牌刘一手火锅收入 33 亿，占集团品牌门店总收入 90%。刘一手集团已经建立了亚洲、澳洲、北美、欧洲四大核心市场的全球布局；以重庆刘一手集团国际管理有限公司为中心，快速拓展亚洲市场，努力改善澳洲市场，稳步推进北美市场，积极发展欧洲市场；建立了亚洲事业部、澳洲事业部、北美事业部、欧洲事业部，并对欧洲分公司、北美分公司实施区域化管理；在全球拥有 1 289 家店铺，其中海外分店 31 家，覆盖美国、加拿大、阿联酋迪拜、法国、澳大利亚、印尼巴厘岛、日本、新加坡、韩国、老挝、新西兰等 12 个国家和地区。在北美设立了 1 处底料加工厂，亚洲、欧洲底料加工厂也在建设中。

国际化的初步尝试

1. 进军国外市场的契机

2009 年是中国餐饮业改革开放的第 31 年，行业营业收入从 54.8 亿元增长至近 1 250 亿元，其中火锅企业营业收入占百强大型餐饮企业营业收入的 33.9%。随着国内市场竞争的日益加剧及金融危机的影响，火锅企业在不断整合资源，企业发展在竞争中逐渐拉大距离，形成多层级的发展态势。在 2009 年餐饮百强企业中，餐馆酒楼、火锅、快餐类企业占据了百强近八成的份额，火锅类企业营业额共 319 亿元，占餐饮百强的 26.30%，仅次于快餐类企业。其中超大规模火锅企业众多，有七成的火锅企业分布在前五十强中，众多火锅企业逐渐向大型企业集团发展。

由于国内火锅市场竞争加剧，各大火锅企业开始重视提升品牌意识、品牌价值，重庆刘一手集团也成功完成发展期的蜕变，进入平稳成长期，成功打造出成熟的运作模式和独特的品牌社会价值。然而随着几大火锅企业不断占据国内市场，抢夺市场份额，各企业面临市场不断被挤压的问题，同时，因受金融危机影响，火锅企业各项成本费用呈现增长势头，人工费用依然是整个营业费用中占比最高的支出，广告费用也因企业需扩大品牌影响力增幅最大，导致总体上成本费用增速快于营业额增速。因此，火锅企业的盈利能力不高且盈利模式单一，随着市场空间越来越拥挤，市场需求的趋势和利润增长的前途也就越来越黯淡，行业内竞争者已经打得头破血流，竞争也越来越残酷。这无疑是火锅企业在国内继续高速发展的一大阻力。

---

① 本案例摘选自中国管理案例共享中心。

相比国内市场，海外市场火锅行业竞争较小，少有大型连锁火锅企业参与，并且近年国人出国旅游、留学的人数不断增加，许多海外市场极具增长潜力。同时，国际市场对于作为世界第二大经济体的中国也充满了好奇，用美食演绎中国味道是国际沟通中最好的方式之一。火锅凭借独特的餐饮文化和味觉体验，让人们根据自己的喜好选择不同的食材、不同类型的锅底的同时，还能够围坐一起品味幸福、分享快乐。所以，火锅已逐渐成为外国人心中的中国特色餐饮，火锅的国际市场前景广阔。2009 年，"让世界爱上刘一手"正式成为刘一手集团的发展目标。走出国门，让世界品尝到中国味道是董事长刘梅一直以来的梦想，如今，这颗梦想的种子已经做好了萌芽的准备，只待选择一方沃土种下。

2. 国际市场第一站——迪拜

迪拜位于中东地区的中央，是面向波斯湾的沙漠之地，面积仅近 4 000 平方千米，是阿联酋人口最多的城市。在人们的印象中，迪拜是一座以"奢华，现代，时尚"著称的城市，它不仅是中东地区的经济金融中心和交通枢纽，也是一个世界级旅游城市，2018 年赴迪拜的中国游客近 87.5 万人且呈上升趋势。

受 2008 年金融危机的影响，迪拜国际游客数量增速放缓，来自欧美的游客的比例逐年减少，但以华人为首的新一代游客正在不断涌入这个令人神往的都市。依托迪拜政府在食品、着装、土地政策等多方面对外国投资者及游客的包容，大量中国商人在这里成家立业，中国游客数量也逐年上升，仅仅当地一个社区"龙城"就聚集着近十万在此地经商创业的中国人，这意味着迪拜拥有广阔的市场空间、强大的市场需求。不仅如此，迪拜在贸易上对外国人的灵活和宽松政策也为刘一手集团进驻迪拜提供了便利。经过缜密的市场分析，刘梅把迪拜作为刘一手走向国际的第一站。

从好奇到着迷，从猜想到实践，从计划开店，到前后筹备最终开业，刘一手集团调研组多次前往迪拜进行市场调研，积极探索迪拜市场，调研所得信息显示：迪拜当地火锅店较少，当地客户对火锅的需求量较大，且相比于其他火锅企业，刘一手品牌实力具有一定竞争力；同时，刘一手集团还对当地法律、宗教习惯进行深入了解，根据迪拜禁酒等宗教习惯改变经营策略。经过 4 个多月的努力筹备，终于在 2010 年 1 月，迪拜市区的"刘一手火锅"德拉店正式开始营业，成为"刘一手"集团国际化版图上的第一面旗帜。

店铺开业后广受好评，迪拜店又根据当地客户年轻游客占比高的特点，对经营模式进行调整，开创了一系列如 KTV 包间等的附加服务，受到许多前来旅行的年轻人的喜欢。在 2013 年集团总部派遣团队管理后，营业额更是飞速增长，年收入年均增长达到惊人的 20%。

3. 初步探索遇挫

迪拜店的运营并不是一帆风顺的。初入迪拜市场就受到种种约束，先是法律严令禁酒，后是宗教信仰不食猪肉，而华人的火锅里若没有了这两者的加入就相当于没有了灵魂。禁酒尚可有解决办法，但面对高达两千万元申请费的酒牌，这无疑是对迪拜初创店的一个不小的挑战，因此迪拜店不得不放弃高价酒牌，选择用其他饮品代替；而面对禁猪肉问题则是迪拜文化使然，这可以说是一个无解的命题，但只有尊重文化才能使品牌永久流传，迪拜店在食材选取上主打高品质牛肉和羊肉，用牛羊肉来弥补禁猪肉带来的菜品损失，增加素菜菜品数量以满足顾客需求。

然而，刚刚解决完食材问题后又迎来了官司之难——在迪拜初创门店之时，为了方便管理，将门店的经营管理暂时地交给了当时的华裔店长代管，经过几年的苦心投资经营，门店名气越来越大，收入也逐年增长，可这一成果却险些被迪拜分店店长据为己有，由于公司总部对于海外门店的管理处于尝试阶段，国际化人力资源管理战略尚不完善，给予了当地店长很大权力与自由度，没想到这却使得该店长被利益诱惑，萌生私心，试图独占迪拜门店的所有权，大有喧宾夺主的架势。面对这一危机，公司董事长刘梅及团队立即飞赴迪拜，开始了漫漫海外维权之路。刘梅亲自跑遍了迪拜的大大小小政府部门，从法院到警局，各个机关的工作人员都记住了这位坚持的中国女性，语言不通的她在酒店一住就是5个多月。就这样，经过两年漫长的司法诉讼，刘一手集团终于成功夺回了公司总部对于迪拜门店的实际经营控制权，而这也为刘一手集团海外发展敲响了警钟，长远的海外发展少不了系统的全球化管理人才体系的支持。

国际市场的全面进军

1. 险中求胜——北美市场

2013年刘一手集团在加拿大开启了新的麻辣征途，然而这条路，远比刘梅想象中更艰难。开店筹备阶段，就面临着投资方因个人原因紧急撤资的危机，一方撤资，导致其余投资方的风险陡然上升，各投资方因此矛盾不断，投资信心受到很大打击，都想要撤资。但是筹备工作已经紧锣密鼓地开始，一旦撤资将导致前期准备付之东流，同样损失巨大，这下如何是好？紧要关头，刘一手集团管理层出面调和多方的矛盾，调整投资占比，主动承担起了高额的风险，保证了其他股东的资金安全，给股东吃下了定心丸。

2014年，刘一手火锅加拿大列文治店得以顺利开张，然而开业运营一个月后，在"合适"的团队上出现了问题，位于海外市场对当地人力资源不熟悉，导致前期筹备时对聘请的当地店长的背景调查不充分，其个人品质不过关，欺上瞒下，对店面正常运营产生严重影响。总部发现后迅速做出反应，将其紧急辞退，并制订应急方案。同时，国内总部派出的店长签证即将到期，这给店里造成了关键管理岗位的空缺，导致当时的刘一手加拿大店的经营面临许多困难，人员管理出现大面积紊乱，迫切地需要一个合适的人选接任店长这一要职，带领员工帮助店铺度过危机。

在当地多方寻找人才无果后，刘梅想到了她的老同学海伦，经过沟通海伦表示愿意帮忙管理店面一段时间，解决燃眉之急。当时面对着乱麻般的门店，海伦一句轻描淡写"就是因为乱才需要管"的话语，让刘梅心里烙下了这个女子不一般的印象。从此，海伦与刘一手集团的国际化结下良缘，海伦上任后，认真负责地挑起了管理的担子，将店面运营内外事宜安排得井井有条，加上刘一手本身在火锅餐饮上的品牌号召力与竞争力，列文治店在当地华人中一炮而红，一传十，十传百，店面生意十分红火。尽管在店面运营之初，海伦只是为了兑现当初的承诺，打算就职一段时间，但因为刘一手火锅本身的巨大潜力，以及刘梅女士的倾情挽留，海伦最终加入刘一手集团并成为刘一手北美分公司总经理。

看着座无虚席的火锅店，刘梅意识到要想海外店能占据更好更广阔的市场，除了品牌实力，同样离不开构建海外人才管理体系，充足的海外人才储备将是刘一手国际化的坚强后盾。而2014年成立的北美管理公司使刘一手北美海外人才储备与国际化速度相匹配，这一专业餐饮管理公司针对北美刘一手的发展情况，提供更加高效合理的战略发展规划，为刘一手集团开发市场挑选了无数优良的资本合作伙伴。该公司优秀的管理型人才，高效的团队结构，运营系统的数字化管理，为北美刘一手打造了最好的"护城河"。

从2014年加拿大第一家店开业开始，刘一手顾客在北美市场的不断增加，北美门店扩张迅速，北美市场已是刘一手国际化战略目标的重点区域。截至2019年年初，刘一手已在北美一级城市开设了18家门店。2018年营业额超过1个亿且拥有超过50%的增长率，服务超过80万人次。

初战告捷，填补了重庆火锅在北美市场的空白。但是，进入加拿大市场并不意味着占据了整个北美市场。北美市场的重点在美国，美国华人数量众多，城市群相比加拿大更为密集，经济比加拿大更发达。从2014年开始，刘梅就一直筹划美国选址工作，选址采取的仍是国内操作模式，即"农村包围城市"。她首先选中了在纽约后花园——新泽西州普林斯顿大学旁的劳伦斯镇一家转让中的日式料理店。按照国内惯例，该店经过改造，预计半个月即可营业。可实际情况远比想象困难很多。由于不了解当地文化和法律要求，不熟悉餐饮企业开张营业的流程，在前期市场调研不深入、开店手续不够完备等原因，该店八个月仍未能正常营业，直接经济损失10万美金以上。同时，因提前宣传营业日期，开业却次次延误，影响了品牌的信誉和美誉度。开业准备的艰辛和代价也为刘一手的海外发展提供了宝贵的经验和教训。

在北美市场披荆斩棘的过程中，原材料供给的重要性逐渐显现。近五年来，随着门店的快速扩张，各种食材和底料的使用逐年递增近50%，火锅配方中的许多重要原料如牛肉等，通过海关运输不现实，许多门店的重要配方原材料，需要由人工通过航空客运等方式携带过境，这种费时费力费财的方式给刘一手集团敲响了警钟，少量多样的菜品安排终究不是长久之计，还需要一条稳定安全的原材料供给生态体系，实现原材料本地供给，达到缩短原材料配送时间、节省运输成本的目的。同样，刘一手集团的全球布局离不开海外底料加工厂的建立。2018年，董事长刘梅等公司高层与加拿大出口发展公司大中华区代表和加拿大驻重庆领事馆总领事进行洽谈，讨论了北美底料加工厂的初步筹备计划。同年，刘一手集团北美底料加工厂建成，强大的供应链不仅解决了原材料供应问题，还使北美刘一手集团的标准化建设逐步完善，在食材原料供给方面抢占了高地，保证了刘一手火锅的质量的竞争力，为刘一手集团未来北美战略规划实施奠定基础。

2. 顺势而为——欧洲市场

欧洲市场由于历史原因，餐饮市场并不发达，而中餐，尤其是火锅几乎仍是第一代模式：家庭作坊、中餐+火锅混合式经营，品类细分不足，品牌火锅还没进驻，火锅市场还处于原生状态，这既是商机，也是挑战。其中最大的挑战就是如何寻找价值观一致合作伙伴，特别是持有居住国国籍、工作身份且有连锁管理经验的伙伴。人才瓶颈带来了开店进展缓慢、加盟连锁复制困难等问题。

2015年，刘梅在机缘巧合下结识了在欧洲拥有一家华人火锅店"一家火锅"的店长李冰斯，会面商谈中，刘梅逐渐发现了欧洲市场的前景远比想象中的广阔，甚至优于人们心中普遍认同的北美市场。欧洲有着许许多多的老牌移民，欧洲各国的华人华侨的数量十分惊人，许多华人华侨经过几个世代的辛苦打拼，在欧洲站稳了脚跟，成就了自己的一番事业后，尤其思念祖国故乡的味道，怀念儿时记忆中的麻辣味道。并且与北美市场相比较，欧洲市场的客户黏性更大，人均消费水平也更高。

这让刘梅看到了梦想的一片新的曙光，经过刘一手集团管理层会议讨论，结合国际化现状分析了欧洲市场可行性，大家一致同意对欧洲市场进行开拓。2016年开始着手开拓欧洲市场的事宜，由于欧洲市场较为广阔，刘梅提出了采取与当地火锅店合作的发展战略，而李冰斯正是一个刘梅看好的合作伙伴，二人一拍即合，2017年"一家火锅"正式加入"刘一手"的大家庭，开始了加盟经营的全新发展之路。在合作过程中，刘梅发现当地虽然有许多家经营良好的华人餐馆，但长期以来餐厅老板大多拘泥于自己的一方小天地，缺乏品牌意识，并且缺乏把握商机开拓更广阔市场的眼界，导致消费者的品牌导向性不强、品牌忠诚度不高，而身为店铺大股东的李冰斯，也仍然把每天的精力花在固守已有客户上，于是刘梅决定，带动合伙人开发市场，创造客户而不是固守客户，让其意识到打造品牌的重要性，品牌是在新市场站稳脚跟的基础。经过刘一手集团管理人才体系的培养，如今李冰斯已成为欧洲分公司的得力干将。

为了能够在欧洲市场迅速提升品牌知名度，刘一手集团首先将目标客户群体定为在当地的华侨及中国留学生。在异国他乡，能吃到来自家乡的麻辣味道，而刘一手火锅有着川渝地道的麻辣风味，加上刘一手在本土的知名度，迅速吸引了一大批忠实华侨客户。除此之外，刘一手还注重对潜力客户的挖掘，分析不同国家的餐饮习惯和消费习惯，对产品结构进行调整，寻找产品契合点，既不能失去刘一手本身的特色，也要适当迎合当地主流消费群体的习惯。通过调研，刘梅了解到外国人对火锅的观念：外国人注重健康的饮食，对内脏等食物存在恐惧，但喜欢火锅中涮蔬菜，于是刘一手欧洲公司确定了以新鲜蔬菜为主的经营方式，并建立了食材供应链；外国人享受火锅这一可以亲自动手的、体验式的烹饪过程，也对看得见的烹饪过程十分放心，为此，刘一手制定了优质的服务流程以提高客户体验满意度；刘一手集团欧洲调研小组还意识到文化差异的影响，例如法国人对美食的仪式感，通过对文化差异的分析调整相关店面的营销方式，进行餐饮文化输出，以火锅为载体，让中国餐饮文化在一定程度上影响外国人的餐饮习惯和生活方式，提高客户留存率，保障刘一手火锅在当地的顺利发展。除此之外，利用软环境和硬产品相结合，根据当地特色对餐厅环境进行调整，将中国的传统文化和欧洲的文化相融合，打造出了巴黎店的白金风格。

综合调研所得信息，刘一手火锅以健康、体验式的形象在欧洲进行大力宣传，欧洲市场巴黎店自2017年11月开业以来，月营业额平均增长7%，快速成为当地明星门店。

3. 逐步布局——亚洲市场

在欧美国家的一番征战取得一定成果之后，刘梅又将目光移向了餐饮业发展极其迅速的亚洲市场。在2016年新加坡分店尝试失败后，时隔一年，刘一手集团选择进军日本。与其他国家相比，日本对于餐饮行业有着国际知名的高标准严要求。烹饪环境、烹饪工具、所有餐具碗筷都要经过多次严格的检测，以食品级为标准进行一系列的考核，食物的选材检疫方面有着极其严苛的筛查制度。对此，刘一手火锅对于每一种原材料的选用尤其精心，火锅制作过程中的每一样食材都采用单独包装，标识明确，正是刘一手本身具有的高要求的卫生标准和标准化的制作流程，能够在为消费者提供优质服务的同时为刘一手火锅进入日本市场做了良好铺垫。在保证高标准的同时，刘一手也针对日本当地人的口味对锅底进行了调整，根据日本风俗习惯对菜单进行了一定改动。在通过严格的卫生检测之后，刘一手集团将选址定在了旅游胜地北海道，因为来自世界各地的餐饮品牌及日本本土餐饮品牌大多数都聚集在东京、大阪等旅游热门城市，市场竞争激烈，而北海道的餐饮行业竞争较小且分散。2017年，刘一手作为日本第一家引进的中国火锅连锁店最终落户在了北海道夕张滑雪度假村，夕张滑雪场是日本著名滑雪胜地、北海道十大雪场之一，雪季这里聚集的大量本地及外国游客为刘一手火锅带来了丰富的客源。

除日本之外，2017年9月14日集团成功签约刘一手火锅香港特区店，同年12月刘一手火锅香港铜锣湾店盛大开业，次年10月，重庆刘一手全球第1 108家店香港旺角店（香港二店）盛大开业。

4. 稳步进军——澳洲市场

澳大利亚素有"骑在羊背上的国家"之称，当地发达的农牧产业全球闻名，而牛肉正是火锅的主要食材，刘一手国际化调查团在澳洲考察期间，逐渐萌生了引进澳洲牛肉的想法。过去几年，刘一手忙于将自己"推出去"，在海外站稳脚跟的同时，也逐渐发现将海外特产"引进来"的巨大发展前景与利润空间。

2016年9月，刘梅便带领着刘一手企业高管与集团优秀加盟商一行人，亲临澳洲进行考察与采购。刘一手集团赴澳考察的新闻，更是登上当地报纸的头版头条，澳洲人对于来自中国的美食文化一向是充满期待的，而刘一手集团则更希望能够在澳洲这片土地上引进全新的资源，更进一步拓宽刘一手全球化发展的道路。这次考察也是刘一手集团首次由高管与加盟商共同践行"走出去，带回来"的源头采购战略，并且成功引进了优质的澳洲肥牛与澳洲红酒。

国际市场上的稳健发展

1. 成立海外分公司，拓展市场布局

2014年，刘一手集团在北美的初期国际化基本完成，为了统一管理、彻底解决运输问题，降低开店前期调研所需成本，更大程度上发挥品牌影响力，经过多次会议讨论及实地考察，刘一手北美分公司选址温哥华。

海伦凭借其在刘一手国际化之初提供帮助，为刘一手打开加拿大市场，并实现盈利，加之她了解当地市场，拥有丰富的国际管理经验，而担任了刘一手北美分公司的总裁一职。在海伦的带领下，团队在加拿大、美国进行考察，根据当地市场制

323

定北美战略发展规划，先后开设加拿大本拿比店、罗布森店、多伦多店、埃德蒙顿店、士嘉堡店、渥太华店、美国旧金山店，迅速将刘一手品牌在北美打响，为刘一手集团未来的国际化布局产生深刻的影响。

而欧洲市场，作为刘一手国际市场的战略重地，也备受刘一手集团的高度关注。由于欧洲餐饮市场很大，开发难度更大，刘一手集团决定建立刘一手欧洲分公司，负责刘一手在欧洲市场的战略布局和海外业务。2014年刘一手欧洲分公司开始筹备，经过三年的沟通和了解，刘一手与欧洲4L公司达成合作意向，并于2017年1月19日在法国巴黎威斯汀酒店签署合作协议。

2. 构建"一台两翼"战略，打造全新国际火锅产业链

国际化的"连锁火锅产业生态系统"是火锅行业的必然趋势，也是具有远见性与卓越性的刘一手管理者们对企业未来的设想，而且刘一手具备足够的品牌实力与管理能力来打造全球火锅产业第一平台。为此，刘一手集团提出了发展火锅产业生态圈、构建"一台两翼"战略，其中，"一台"是指为全球伙伴搭建"开放、便捷、优质"的合作交流平台，以整合全球资源；"两翼"是指建立健全"全产业链生态食材""全方位的火锅事业解决方案"两大体系。其中，"全产业链生态食材"体系是从开店的设计、服装、食材供应、底料等全部包含在内的全产业供应链，可以为全球火锅事业爱好者提供创业平台；"全方位的火锅事业解决方案"可以根据世界各地加盟者的需求，提供相应供应链贷款、店铺选址、人才输出等系列方案。

由于政府的大力支持，加上刘一手集团对合作充满期待，2015年12月15日，刘一手集团在荆州市人民政府的见证下，与湖北重点农业科技项目对接，同湖北新力大风车签订共建全球火锅底料及食材加工生产中央工厂的协议，进一步开创火锅规模化、市场化、智能化的新模式，提高品牌创新能力，提供更美味、更健康的绿色火锅食材，打造从源头到餐桌的原生态全产业链供应体系，为刘一手进一步开拓国际市场奠定基础。

"一台两翼"的定位，指明了刘一手未来10年围绕国际化"连锁火锅产业第一平台"发展的目标，以及进一步转变企业经营理念，完善职能构架，将刘一手打造为国际化大型餐饮管理与服务平台的愿景。如今，刘一手"一台两翼"战略已覆盖亚洲、欧洲、北美和澳洲。

3. 实践国际化人力资源管理

刘一手集团从2010年开始正式以直营模式展开国际化战略，这对其人力资源管理模式提出了很大的挑战，在应对多变的经营环境的过程中，刘一手集团在海外管理模式、人才选拔、员工培训等方面走出了独具特色的实践之路。

（1）搭建海外人力资源管理体系。刘一手国际管理公司负责海外市场的发展，为各事业部提供服务及监督管理，各事业部的主要工作内容是成立分公司、制定分公司的战略发展规划，各区域事业部发门店开业筹备、品牌宣传等；而北美、欧洲采取分公司模式进行（目前已经形成体系，以分公司的形式在运营），其发展及岗位内容由分公司直接负责，澳洲、中东分公司正在筹备中，目前由刘一手国际管理公司直接管理。刘一手集团强调人力资源管理体系的搭建要因地制宜，在人才选用

上，统一在集团人力资源管理方案的指导下，各子公司进行细化并实施，主要任用当地员工，以减少文化差异带来的影响，保证较高的工作效率。

（2）高管人员的选拔更加关注多元化背景。选用当地高学历管理人才。刘一手集团海外管理人才的招聘采用用人本土化选用。以在当地国家的高学历毕业生为主，85%以上人员为"80后"，硕士占比60%，本科占比30%。以刘一手集团北美分公司为例，管理团队共30人，在高层管理人员中，外籍人士共3人，对外籍高管的选拔既是对其工作能力的肯定，也是刘一手集团进一步国际化的体现。为了提高高管人员的工作积极性，刘一手对于高管团队人员采用CEO+投资人的激励模式，采用小额干股激励计划，这不仅减少了集团现金流风险，还增加了员工的归属感，通过将管理人才与企业中长期发展目标相捆绑，使获得干股的管理人才在较长时间里安心努力工作，激发其创造性和责任感，从而推动刘一手集团国际发展战略实施。

（3）培训与激励更加注重国际化。在培训方面，刘一手集团坚持以国际化战略要求为导向。2016年，刘一手集团组织海外高管团队多次前往名校进行游学，拓宽国际视野，培养国际化、多元化、全方位的文化理念和思维习惯，学习借鉴先进的管理体系，刘一手集团至今为止外训费用达到了3 000多万元。不仅如此，刘一手集团还与多所高校建立了良好的校企合作机制，特别是与北京时代光华管理学院联合创建了时代光华刘一手卫星远程商学院，充分运用现代科技手段吸收前沿知识，对中高层管理人员进行全面的培训，从财务知识到法律知识，从人力资源管理到运营模式，形成了系统性的国际化人才培训系统。目前，刘一手北美餐饮行业"商学院"也在筹办当中，这将为国际化提供更多人才输入输出。

（4）注重文化差异。随着国际化进程的深入，刘一手集团所面临的经营环境更加复杂多变，尤其是文化差异给人力资源管理带来了巨大的挑战。刘一手集团时刻保持对当地文化的高度敏感性，并努力在文化框架下开展工作，一方面招聘当地员工实现文化的交流与融合，另一方面通过企业文化输入降低文化差异所带来的"烦恼"。刘一手集团把"关爱""家"的企业文化传递给海外的每一位员工，一直秉持着"团队协作、包容文化、兼收并蓄"的观点为海外员工创造良好的人才成长环境，有力推动了不同文化背景下人才的融合。

[案例思考]

1. 刘一手集团为什么要进军国际市场？

2. 刘一手集团将迪拜作为国际化发展的第一步，其依据是什么？

3. 刘一手集团在品牌国际化发展阶段面临的主要问题有哪些？

4. 刘一手集团在巩固其国际品牌地位做了哪些活动？

5. 如何评价刘一手集团制定的"一台两翼"战略措施？

参考文献

[1] 程宇宁. 品牌策划与推广 [M]. 北京：中国人民大学出版社，2020.

[2] 陈历清. 品牌势能：数字时代品牌升级的九大法则 [M]. 北京：企业管理出版社，2020.

[3] 蒋廉雄. 数字化时代建立领导品牌：理论与模式创新 [M]. 北京：社会科学文献出版社，2020.

[4] 何佳讯. 品牌的逻辑 [M]. 北京：机械工业出版社，2017.

[5] 柯桦龙，崔灿. 让品牌说话：品牌营销高效准则 [M]. 北京：机械工业出版社，2018.

[6] 李光斗. 情感营销：如何让消费者爱上你的品牌 [M]. 北京：北京大学出版社，2008.

[7] 刘磊，陈红. 品牌广告案例赏析：新媒体时代的市场行动方式与竞争之道 [M]. 南京：南京大学出版社，2019.

[8] 秦鑫. 营销内核：市场、品牌、消费者深层次洞察与创意策划 [M]. 北京：人民邮电出版社，2020.

[9] 田友龙，孙曙光. 链接：社交时代的品牌法则 [M]. 北京：清华大学出版社，2019.

[10] 唐玉生. 赢在变革：品牌营销战略40年 [M]. 北京：电子工业出版社，2020.

[11] 王海忠. 品牌管理 [M]. 北京：清华大学出版社，2020.

[12] 卫军英. 品牌营销管理 [M]. 2版. 北京：经济管理出版社，2017.

[13] 王新刚. 品牌管理 [M]. 北京：机械工业出版社，2020.

[14] 万木春，郭宏超. 爆款营销：杰出品牌营销案例精选 [M]. 北京：机械工业出版社，2020.

[15] 汪同三. 品牌蓝皮书：中国品牌战略发展报告（2019—2020）[M]. 北京：社会科学文献出版社，2020.

[16] 许晖，陈家刚. 品牌寻迹 世界著名品牌的成长之路 [M]. 北京：中国经济出版社，2020.

[17] 余明阳，杨芳平. 品牌学教程 [M]. 2版. 上海：复旦大学出版社，2009.

［18］余晓莉. 数字品牌营销［M］. 北京：科学出版社，2020.

［19］周廉春. 品牌偏爱：抢占心智的品牌营销方法论［M］. 北京：人民邮电出版社，2020.

［20］周志民. 品牌管理［M］. 2版. 天津：南开大学出版社，2020.

［21］张翠岭. 品牌传播［M］. 北京：清华大学出版社，2016.

［22］里斯，特劳特. 定位：有史以来对美国营销影响最大的观念［M］. 谢伟山，苑爱冬，译. 北京：机械工业出版社，2011.

［23］布欧纳. 奢侈与数字 数字时代品牌生存之道［M］. 袁鹰，叶欣欣，译. 北京：人民邮电出版社，2018.

［24］卡恩. 沃顿商学院品牌课：凭借品牌影响力获得长期增长［M］. 崔明香，王宇杰，译. 北京：中国青年出版社，2014.

［25］阿克. 管理品牌资产［M］. 吴进操，常小虹，译. 北京：机械工业出版社，2018.

［26］阿克. 创建强势品牌［M］. 李兆丰，译. 北京：机械工业出版社，2018.

［27］阿克，乔基姆塞勒. 品牌领导［M］. 耿帅，译. 北京：机械工业出版社，2019.

［28］阿克. 品牌组合战略［M］. 周晓萱，译. 北京：机械工业出版社，2020.

［29］阿克. 品牌相关性：将对手排除在竞争之外［M］. 金珮璐，译. 北京：中国人民大学出版社，2014.

［30］科耐普. 品牌智慧：品牌培育（操作）宝典［M］赵中秋，罗臣，译. 北京：企业管理出版社，2001.

［31］科特勒，弗沃德. 要素品牌战略：B2B2C的差异化竞争之道［M］. 李戎，译. 上海：复旦大学出版社，2010.

［32］特劳特. 大品牌大问题［M］. 耿一诚，译. 北京：机械工业出版社，2019.

［33］凯勒，斯瓦. 战略品牌管理：创建、评估和管理品牌资产［M］. 5版. 何云，吴水龙，译. 北京：中国人民大学出版社，2020.

［34］彻纳东尼. 品牌制胜：从品牌展望到品牌评估［M］. 蔡晓煦，译. 北京：中信出版社，2002.

［35］莱兹伯斯等. 品牌管理［M］. 李家强，译. 北京：机械工业出版社，2004.

［36］林斯特龙. 感官品牌［M］. 赵萌萌，译. 天津：天津人民出版社，2011.

［37］诺伊迈尔. 品牌异化：高绩效品牌的差异化战略［M］. 罗立彬，康路，译. 北京：机械工业出版社，2020.

［38］黑格. 品牌失败［M］. 战凤梅，译. 北京：机械工业出版社，2004.

［39］施密特. 体验营销：如何增强公司及品牌的亲和力［M］. 刘银娜，高靖，梁丽娟，译. 北京：清华大学出版社，2004.

［40］史蒂夫麦基. 品牌力：世界级品牌的管理艺术［M］. 刘祯，译. 北京：

经济管理出版社，2017.

[41] 迦得. 品牌化思维：引爆用户购买力的十五大品牌逻辑 [M]. 王晓敏，胡远航，译. 北京：中国友谊出版公司，2020.

[42] BASTIEN V，KAPFERER J N. 奢侈品战略 [M]. 谢绮红，译. 北京：机械工业出版社，2013.

品/牌/营/销/学